区域国别商务环境研究系列丛书

总主编　杨言洪

西亚北非卷

主编　杨言洪　杨　光

对外经济贸易大学出版社
中国·北京

图书在版编目（CIP）数据

区域国别商务环境研究系列丛书．西亚北非卷／杨言洪主编；杨言洪，杨光分册主编．—北京：对外经济贸易大学出版社，2012
ISBN 978-7-5663-0362-2

Ⅰ.①区… Ⅱ.①杨…②杨… Ⅲ.①国际商务—经济环境—介绍—西亚②国际商务—经济环境—介绍—北非
Ⅳ.①F74

中国版本图书馆 CIP 数据核字（2012）第 146753 号

区域国别商务环境研究系列丛书·西亚北非卷

杨言洪 杨 光 **主编**
责任编辑：郭华良 崔紫方

对 外 经 济 贸 易 大 学 出 版 社
北京市朝阳区惠新东街 10 号 邮政编码：100029
邮购电话：010－64492338 发行部电话：010－64492342
网址：http://www.uibep.com E-mail：uibep@126.com

唐山市润丰印务有限公司印装 新华书店北京发行所发行
成品尺寸：210mm×285mm 31.25 印张 685 千字
2012 年 8 月北京第 1 版 2012 年 8 月第 1 次印刷

ISBN 978-7-5663-0362-2
定价：165.00 元

本专著系：

对外经济贸易大学“211 工程”三期重点学科建设项目重大课题《主要贸易对象国投资及商务环境研究》（批准号：73800008）的研究成果

对外经济贸易大学重点研究基地——区域国别研究中心的研究成果

区域国别商务环境研究系列丛书
编 委 会 名 单

总序

20世纪90年代以来，经济全球化不断加速发展，区域经济一体化势头方兴未艾，发展开放型经济逐渐成为世界各国的主流选择。党的“十七大”确立了我国建设开放型经济的战略发展目标，明确提出要“拓展对外开放广度和深度，提高开放型经济水平”，为我国进一步深化改革，扩大对外开放明确了目标和方向。

经过30多年改革开放和经济高速发展，中国已成长为世界第二大经济体、第一大货物贸易出口国和第二大货物贸易进口国，吸引外资规模长期居发展中国家之首，越来越多的中国企业“走出去”，在全球范围内配置资源、拓展发展空间。同时，随着经济实力与国际影响力的不断增强，我国也积极参与和推动区域经济一体化进程，并在国际金融危机蔓延引发全球经济衰退，世界经济结构大调整的环境下，中国经济保持平稳、快速发展成为世界经济的稳定力量和恢复增长的强大引擎。

由此，中国经济已经跨入了开放型经济建设的新阶段，对外开放迈入了新的历史时期，我国同世界各国的经济合作、政治交往与文化交流空前活跃，中国比以往任何时候都更加需要增进对世界各地区和国家的了解。因此，从国家战略的高度认识国际区域与国别研究的重要意义，大力发展国际区域、国别研究已经成为我国外向型经济研究迫在眉睫的重大课题，国际区域、国别研究也因此担负起攸关中华民族伟大复兴事业成败的历史使命。

国际区域研究（regional studies），又称地区研究（ area studies），是指从多个研究角度对其他国家或地区的研究，“跨学科”或“多学科”是其本质特征之一，基本上包含了4个主要内容：国际关系（政治）、比较政治、区域（国别）研究和外交学，是国际问题研究的一个组成部分。

国际区域、国别研究是伴随着国家海外利益的扩展而兴起的，国家崛起带来海外利益的不断扩展，需要更全面而深入地开展相关研究，而研究成果则对国家构建国际战略和扩展海外利益提供支持。第一个使国际区域国别研究成为一门学问的国家，是第一个成为世界性大国的大英帝国，并在此后200年间一直是该领域研究的领先者。第二次世界大战后，成为全球国家的美国出于面对纷杂的全球事务的需求，一跃成为国际区域国别研究最为发达的西方国家，一种结合国家资源、私人基金和智库与高校系统的“美国式区域研究”（American style of area studies）便应运而生，成为美国国际问题研究的支柱之一。

我国在新中国成立初期，国际区域国别研究基本上由政府职能部门完成，主要局限于一些历史和文化方面的研究。改革开放后，随着中国融入世界步伐的加快，中国面临着一个利益分布越来越广，因而必须与越来越多的国家和地区进行各种交往的前所未有的局面。与此同时，我国的国际区域国别研究开始逐渐真正地成为一门独立的学问，获得了长足的发展，取得了一大批学术价值较高、社会影响较大的科研成果，形成了以满足政府的决策需要为主要目标，以满足专业学问和公共消费的需要为次要目标的基本格局。

对外经济贸易大学是国内开展国际区域国别研究较早的高校之一。2001 年，为适应我国加入 WTO 后对外经贸蓬勃发展的形势，学校依赖经、管、文、法四大优势学科，充分发挥国际经济贸易基础理论研究资源与外语语种众多，涵盖国家和地区广泛的优势，积极整合学校各学科科研力量，加强对世界各地区和国家经济、文化以及政治的研究，建立了区域国别研究所等科研平台。

自 2009 年我担任对外经济贸易大学校长以来，学校学术研究强调以服务国家发展战略为中心，兼顾学科发展。为抢占国内国际区域国别领域学术研究的制高点，打造国家国际区域国别研究领域的智库，学校进一步加大了对涉及国家发展重大课题和国家关切热点问题研究的支持力度。

为了深化国际区域与国别商务环境领域的学术研究，并使之更好地服务于我国开放型经济建设事业，帮助更多从事中外经贸交往，尤其是实践我国企业“走出去”发展战略的政界、企业界、学术界人士，较为系统地把握我国主要贸易对象国家商务环境的现状及发展趋势，我们组织全国知名的区域国别与经济学研究领域的专家撰写了《区域国别商务环境研究系列丛书》。

本系列丛书作为我校“国际区域国别商务环境长期研究规划”的重要组成部分，基本涵盖了我国在全球各地区的主要贸易伙伴国，就我国企业在各国开展经贸业务将要面临的贸易、投资、金融及社会文化等商务环境，做了较为系统而深入的剖析，具有较为重要的决策参考价值和指导实践意义。

希望通过我们的努力，能够为实践我国企业“走出去”发展战略的各界有识之士提供智力支持，共同推动我国企业迈向世界，向更高层次、更宽领域转变，为实施我国开放型经济战略及中外经贸往来与合作可持续发展做出贡献。

对外经济贸易大学校长

施建军

2012 年 3 月

前　言

改革开放以来，我国经济持续快速发展。随着我国成为世界第二大经济体、第一大货物贸易出口国和第二大货物贸易进口国，以及一大批企业实施“走出去”战略，未来我国参与世界经济活动的广度与深度将会与日俱增，我们比以往任何时候都更加需要对世界各地区和国家的了解。

在这个多元的世界上，各个地区、各个国家、各个民族历史经历不同，文化背景迥异，经济和社会发展程度存在差异，政治体制、社会结构、法律法规更是千差万别。这就需要我们认真研究，为我国企业“走出去”投资经商、工程承包提供智力支撑。

国际区域国别研究是一个跨学科的、综合性研究工作，它涵盖有关区域或国别的历史、地理、文化、经济、政治、军事、外交等多个方面。美国学者詹顿（D. L. Szanton）认为，区域研究的“跨学科”或“多学科”特征是其本质特征之一。因为没有任何单一学科可以概括区域的全貌，而须通过跨学科、多学科的综合研究来认识、分析、诠释异质文化与社会。

按照我国目前高等教育的学科分类，从学理上来讲，国际区域国别研究至少涉及政治学、经济学和外国语言文学三个学科。而从国外大学的经验来看，许多知名大学通常将这种跨学科的研究与人才培养设置在外国语言文学学科。

对外经济贸易大学是一所涉外财经类大学，在人才培养和学术研究等方面具有鲜明的国际化特色。2001 年，对外经济贸易大学成立了区域国别研究所，并按照世界各国的地区分布，设立了 6 个研究中心，即东亚研究中心、西亚非洲研究中心、拉美研究中心、北美研究中心、欧洲研究中心、俄罗斯与中亚研究中心。2012 年年初，又设立了葡语国家研究中心。

区域国别研究所成立以来，各中心举办了大量学术活动，出版与发表了许多国际区域国别研究的专著和论文，并在人才培养方面做了有益的尝试。

国家经济社会的发展需要我们开展国际区域国别的研究和人才培养，以适应 21 世纪建设开放型经济的发展战略。由区域国别研究所组织编撰的《区域国别商务环境研究系列丛书》正是我们这种努力的一部分。

对外经济贸易大学区域国别研究所所长

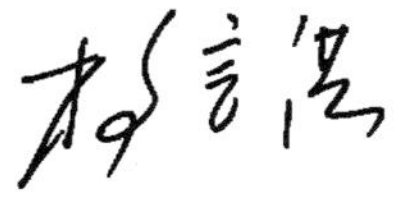

2012 年 3 月

目　录

第二篇 阿联酋商务环境

第三篇 阿曼商务环境

第七篇 伊拉克商务环境

第八篇　埃及商务环境

第九篇　苏丹商务环境

第十一篇　利比亚商务环境

第十二篇　伊朗商务环境

第十三篇　土耳其商务环境

第十四篇　以色列商务环境

导　　论

本书所论及的西亚北非地区，包含地理学概念中的西亚和北非两个地区，有时也被称作“中东北非”或“中东”。这一地区共有25个国家（地区），尽管其经济规模不大，2008年GDP总量只有10 740亿美元，与澳大利亚或墨西哥相仿，仅占世界各国GDP总量的1.7%，① 但在国际经济中却拥有不容小觑的重要地位。该地区是世界最大的国际建筑工程承包市场和军火市场之一，也是重要的粮食进口市场。西亚北非国家正在进行的经济调整，使该地区市场的对外开放程度日益提高，开展对外经贸合作的条件不断改善，外国直接投资的数额大幅度上升。特别引人注目的是，来自该地区的石油、天然气供应可以对国际能源供应安全发生至关重要的影响，而依靠石油收入积累起来的巨额石油美元，成为扰动国际金融市场的一支重要力量。新世纪以来，西亚北非国家与中国的经贸关系迅速发展，已经成为中国的主要石油进口来源，以及最具增长潜力的国际建筑工程承包和机电产品出口市场。中国与西亚北非一大批国家的关系已经提升到战略合作的水平。尽管西亚北非国家的发展不断受到战争和冲突的干扰，贸易和投资环境还有诸多不尽如人意之处，但地区经济发展前景总体向好，经贸环境的改善是大势所趋，中国与西亚北非国家经贸关系基础牢固。西亚北非是一个值得中国高度关注、大力开拓并可以大有作为的重要市场。

一、西亚北非经济发展趋势

西亚北非经济发展走过了坎坷的历程。在20世纪70—80年代初，曾经出现过一度辉煌，但从20世纪80年代中后期开始，总体上陷于发展困境。1980—1990年西亚北非地区国内生产总值年均增长率仅为0.4%，是世界上经济增长最慢的地区。② 同期人均国内生产总值平均每年下降2%。③ 20世纪90年代，经济增长虽然有所恢复，但1990—2000年全地区国内生产总值年均增长率仅达到3%，④ 1990—2001年人均国内生产总值每年平均增长速度只达到0.7%。⑤ 2001年西亚北非地区的石油输出国的人均国民收入水平达不到1980年的水平，非石油输出国的人均国民收入水平比20年前略有提高。从20

① 世界银行：《2010年世界发展指标》，中国财政经济出版社2010年版，第232页。

② 世界银行：《1998—1999年世界发展报告》，中国财政经济出版1999年版，第211页。

③ 世界银行：《开拓未来：选择中东北非的繁荣》，世界银行1995年版，第15页。

④ 世界银行：《2003年世界发展报告》，中国财政经济出版2003年版，第245页。

⑤ 联合国开发计划署：《2003年人类发展报告》，中国财政经济出版社2003年版，第285页。

世纪90年代中期开始，西亚北非经济发生了明显的转折，尽管各个国家经济转折的情况并不平衡，但总体上进入经济增长较快的时期。2000—2008年，西亚北非国家的GDP年均增长率提升到4.8%。① 2008年发生的国际金融危机，对于西亚北非国家的经济造成了明显的冲击，但并没有扭转这些国家经济发展向好的基本趋势。西亚北非国家的经济增长在2009年陷入低谷，但此后已呈恢复势头。西亚北非经济的恢复，主要得益于3个因素的推动。在这些因素的推动下，西亚北非经济发展活力增加，经济发展前景总体向好。

1. 油价升高使石油收入出现新高潮

石油出口收入对于西亚北非国家的经济具有决定性影响。这不仅是因为石油收入在主要石油输出国的国内生产总值与出口额和政府财政收入中占有相当大的比重，而且是由于主要石油输出国的石油收入会通过一些转移机制，影响到该地区非石油输出国的经济。这些传导机制有多种形式。首先是主要石油输出国以及石油输出国组织对非石油输出国提供经济援助，接受这种援助的通常是西亚北非地区没有石油出口的阿拉伯国家；其次是从主要石油输出国的劳务市场流向非石油输出国的侨汇资金，例如，来自海湾地区的侨汇收入是埃及的四大外汇收入来源之一；再次是主要石油输出国出口石油所产生的过境运输费，例如，土耳其对伊拉克收取的石油管道过境费就属于这种情况，而埃及收取的苏伊士运河使用费中也包括一部分油轮通航的费用。石油收入在全地区的这种转移分配，使主要石油输出国的石油收入变化，成为影响全地区经济的重要因素。西亚北非经济在20世纪70—80年代中期的发展，与这一时期的国际市场高油价有直接关系。而20世纪80年代到90年代的长期经济低迷，与这一时期的国际市场油价长期不振有直接关系。新世纪以来，特别是2003年伊拉克战争以来，石油输出国再次迎来国际石油价格的上涨和石油收入的急剧增加。首先，国际石油价格在波动中总体趋于升高。把1990—2000年与2000—2010年两个时期对比可以发现，西亚北非地区仅沙特阿拉伯、阿联酋、科威特、伊拉克、卡塔尔和利比亚6个主要石油输出国的石油出口收入总额，从9 713亿美元猛增到33 897亿美元，后一时期的石油收入相当于前一时期的3.5倍。② 正是在石油收入的又一次高峰推动下，西亚北非国家的经济才实现了复苏和较快增长。

新世纪的国际石油价格暴涨，并不是偶然的现象，而是受到石油工业某些长期发展趋势推动的结果。其中最重要的原因是，一方面，随着世界上新油田勘探开发成本的上升、新发现的大型油田减少、北海和北美地区油田老化、小型油田和深海油田在世界石油供应中的比重上升等因素，都在推动着世界石油生产边际成本上升。其次，随着世界经济的持续增长和石油需求的不断上升，以及石油工业的相对投资不足，在国际石油供应中可以发挥保障作用的世界石油剩余产能不断减少，在2007—2008年的时候已经下降到大约每日200万桶的危险水平，使国际石油供应能力逐渐逼近绝对短缺的门槛。再次，新世纪以来，世界主要产油区中东地区不断爆发局部战争，国际石油供应中断的风险比

① 世界银行：《2010年世界发展指标》，中国财政经济出版社2010年版，第228页。

② 统计数据来自OPEC，*OPEC Annual Statistical Bulletin*，Austria，2005 p.15 & 2011 p.17.

20 世纪 90 年代明显提高，国际石油价格中的战争升水始终保持在较高的水平。除此之外，美元的贬值也在不断抬高国际石油市场的名义价格，国际期货市场的炒作也对油价的推高发挥了推波助澜的作用。在这些导致国际油价上升的因素中，至少边际成本上升和剩余产能下降都具有长期性的趋势，而中东地区局势动荡也将使油价中的战争升水难以消除。因此，世界已经进入一个新的高油价时期，这也是石油输出国保持高额石油收入，加快经济增长的机遇期。

2. 经济调整为经济增长带来新活力

西亚北非地区的许多国家在取得民族独立以后，在以经济独立巩固政治独立的政治理想指引下，在主张与国际市场“脱钩”的“依附论”发展理论指导下，选择了内向型的进口替代工业化发展战略。这种战略过分强调资源配置的计划化，经济主体的国有化和贸易制度的内向化，忽视了市场在资源配置中的积极作用，压制了私营经济和外国直接投资，对缺乏比较优势的产业进行过度保护。结果是好梦难圆，在 20 世纪 70 年代末到 80 年代纷纷陷入经济滞涨和债务危机之中。

从 20 世纪 80 年代初期开始，这类国家纷纷开始进行经济调整，彻底转变经济发展的战略和体制，重新为经济增长注入活力。经济调整的主要内容包括：第一，宏观经济稳定化。从 80 年代初开始，坚持实行从紧的财政和货币政策以遏制通货膨胀，通过货币贬值促进出口以改善国际收支状况，通过谈判重新安排对外债务，成为许多国普遍采取的宏观经济政策。及至 21 世纪的头 4 年，该地区国家的宏观经济状况已经普遍好转，绝大多数国家的通货膨胀率保持在 1 位数，通货膨胀比较严重的土耳其的通货膨胀率也趋于下降。绝大多数国家的国际收支经常项目由逆差转为顺差，或逆差趋于减少。绝大多数国家的外债还本付息率都保持在安全水平，外债已经不再是制约这些国家经济发展的突出问题。第二，资源配置市场化。在绝大多数国家，政府放开了对多数商品价格的控制，逐步放开利率和汇率，以及对工资的控制，减少了财政补贴的种类和范围，多数国家都开办了证券交易市场，市场在配置资源方面的作用显著增强。第三，市场主体民营化。扩大国有企业的自主权、实行国有企业私有化、鼓励私营企业发展和吸引外国直接投资是经济调整的重要内容。为此，几乎所有国家都制定了具有鼓励性质的投资法规，不少国有企业被出售给外国投资者，允许私人和外国直接投资的领域从加工制造工业逐步扩大到金融业和电力、电讯和环保等基础设施领域。在突尼斯、摩洛哥、土耳其等国家，私人投资在投资总额中的比重或对国内生产总值的贡献，已经超过国营部门，成为经济增长的主要动力。第四，贸易制度自由化。各国普遍降低了进口关税水平，缩小了许可证的使用范围和限制进口商品的范围，通过货币贬值纠正了货币定值过高的现象。越来越多的国家已经走上与欧盟和美国建立自由贸易区的进程。多数国家已经成为世界贸易组织成员国。第五，政府干预合理化。在经济调整进展比较快的国家，政府在逐渐放弃对经济的过度直接干预的同时，把更多的精力转移到宏观经济调控、规划产业政策、完善市场制度、完善社会保障体系、保护资源环境等方面。在 1992 年世界环境首脑会议以后，一些国家的政府已经开始通过减少补贴和课征税收的手段，赋予空气、水等资源以价格，通过这种适度干预并利用市场推动可持续发展。

从20世纪90年代以来，在实行经济调整较早的国家，经济调整的效果开始显现出来。土耳其、突尼斯、埃及等国的年平均经济增长速度超过了全地区的平均水平。它们普遍通过实行审慎的财政和货币政策实现了宏观经济的稳定，在发挥市场对资源的合理配置作用、调动私营部门和外资的积极性，实行宽松的贸易制度基础上，促进纺织服装、钢铁、化工、旅游等具有比较优势的产业发展，比较明显地改变了以初级产品生产和出口为主的产业结构和出口结构，同时利用与发达国家的经济合作，增加了援助，扩大了市场，在更加广泛的基础上恢复了持续的经济增长。在环境保护方面也取得了相当明显的进展。阿尔及利亚、叙利亚等国家的经济调整虽然开始相对较晚，但在实现宏观经济稳定和恢复经济增长方面也已经显示出一定的效果。经济调整正在给中东国家带来经济发展的新动力。

3. 区域经济集团化呈现新局面

从20世纪80年代开始，西亚北非国家的经济集团化开始全面起步，在20世纪90年代开始从地区内的经济集团化走向跨地区经济集团化。如今已呈现“南南合作”与“南北合作”并举的崭新局面。

阿拉伯国家自从阿拉伯国家联盟成立之时，就怀有实现阿拉伯经济统一的梦想。它们在阿拉伯国家联盟框架下，从20世纪80年代开始加快建设大阿拉伯自由贸易区的步伐，迄今已有16个阿拉伯国家正式加入。海湾国家在1981年成立的海湾合作委员会，起初是以提高共同防御能力为目的而建立的，但建成后经济合作的内容逐步增加。伊朗、土耳其和巴基斯坦也在1985年成立了经济合作组织。马格里布地区国家在1989年成立了大阿拉伯马格里布联盟。尽管由于西亚北非国家相互之间在经济上互补性较弱，在政治上矛盾错综复杂，影响到了集团内部投资贸易的发展，但一些经济集团的内部合作仍然取得了一定业绩。海湾合作委员会在2003年建立了关税同盟，对内实现了贸易自由化，对外实现了统一关税，并且提出了建立海湾合作委员会统一货币的设想。2000—2008年，海湾合作委员会的内部贸易额从80亿美元增加到327亿美元，2008年占集团出口总额4.7%；在同一时期，经济合作组织内部贸易额从45亿美元增加到267亿美元，占集团出口总额比例从5.6%提高到6.8%；大阿拉伯自由贸易区内部贸易额从162亿美元增加到835亿美元，占集团出口总额比例从7.2%提高到9%；阿拉伯马格里布联盟的内部贸易额也从10亿美元增加到46亿美元，但2008年占集团贸易总额比例仅为2.5%。①

从20世纪90年代开始，随着冷战后世界格局的变化和经济全球化趋势的发展，西亚北非国家的区域经济合作开始走出局限于本地区和本民族的狭窄领域，西亚北非国家与欧盟和美国的跨地区经济集团化开始迅速发展，打开了经济集团化的新局面。1995年欧盟与南地中海的西亚北非国家在西班牙的巴塞罗那召开会议，决定欧盟与南地中海国

① 世界银行：《世界发展指标2010》，中国财政经济出版社2010年版，第374—375页。

家分别签署新地中海联系协定，并根据新协定推动南地中海国家改革并最终与欧盟建成自由贸易区，欧盟增加对南地中海国家的援助。南地中海国家与欧盟的这一合作被称为“巴塞罗那进程”。迄今为止，南地中海国家除利比亚以外，绝大多数国家都已经与欧盟签署新协定。叙利亚与欧盟签署新协定的谈判也在进行之中。从20世纪60年代就提出加入欧共体的土耳其，经过长期不懈追求，在1996年与欧盟建立了关税同盟。美国在上个世纪，仅仅在80年代与以色列建立了自由贸易区，而2003年伊拉克战争以后，出于对中东国家进行改造，以及与欧盟争夺中东国家市场的战略需要，也加紧了与中东国家开展自由贸易的步伐，并与约旦、巴林和摩洛哥先后签署了建立自由贸易区的协定。中东国家与欧盟和美国等世界主要经济集团的跨地区贸易自由化进程，具有更好的经济互补性基础，逐步减少了进入世界主要市场的障碍，对于扩大出口和吸引外国直接投资，效果逐渐显现出来，发展前景广阔。

中东国家经济当前发展面临的最大障碍，来自于地区冲突对经济发展的影响。从20世纪80年代到新世纪的第一个十年，中东一直是世界上战争和冲突最频繁的地区，西撒哈拉冲突、黎巴嫩内战、阿富汗战争、两伊战争、黎巴嫩战争、海湾战争、巴以冲突、阿富汗战争、伊拉克战争、伊朗遭受国际制裁、中东地区局势动荡、苏丹分裂、利比亚战争等重大冲突和局部战争此伏彼起，给该地区经济发展造成严重影响，许多国家的多年经济建设成就毁于冲突和战火之中。战争和冲突使中东国家本来可以用于经济发展的大量资金被挪用，2008年中东国家军费开支与国内生产总值的比率达到2.8%，与世界各地区相比居于首位。① 战争和冲突加上体制方面的制约，增大了外国投资的风险，不仅使外资对动乱国家望而却步，而且造成这些国家的资金外流。战争和冲突严重阻碍了区域经济合作。20世纪80年代成立的阿拉伯马格里布联盟多年毫无建树，阿拉伯合作委员会自生自灭，20世纪90年代启动的（阿拉伯和以色列）中东北非经济合作进程半途而废，都有地区冲突的背景。战争和冲突也加剧了资源、环境和人口问题，为可持续发展的实现制造了严重障碍。20世纪90年代初爆发的海湾危机和海湾战争，造成大量原油泄漏和空气、海水污染。海湾战争对中东地区的人口控制产生负面影响，战后许多中东国家都减少了对计划生育计划的支持。实现地区和平与稳定，仍然是中东经济发展面临的最大挑战。

二、西亚北非贸易投资政策的变化

1. 贸易投资市场的特点

西亚北非经济的好转，带动了贸易和投资市场的繁荣兴旺。

西亚北非地区是一个迅速扩大的货物和服务市场。1995－2008年，仅中东国家货物进口总额，就从772亿美元增加到3 156亿美元，增加了3.1倍，与同期世界各国货物进口额平均增长2.1倍相比，其扩展速度远远超过了世界平均水平。同期服务业进口总额从196亿美元增加到660亿美元，增加了2.4倍，与同期世界各国服务业进口额平均增

① 世界银行：《世界发展指标2010》，中国财政经济出版社2010年版，第318页。

长 1.8 倍相比，也超过了世界平均增速。①

西亚北非地区是粮食进口市场。西亚北非国家总体上来说受自然条件限制，沙漠面积较大，耕地仅占全地区面积的 6%，明显低于世界其他地区，人均耕地面积较小。除了土耳其和伊朗可以基本做到粮食自给以外，绝大多数国家的粮食供应严重依赖进口。因此，西亚北非是世界上粮食在进口中占比最高的地区，2008 年粮食占进口总额的比重为 12%，进口额为 379 亿美元，占世界粮食进口总额的 3.3%。西亚北非地区也是工业制成品的进口市场。西亚北非国家的工业以采掘业为主，而制造业发展水平较低，2008 年制造业占 GDP 比重仅有 12%，在世界各地区中排名最低。在现有制造业中，除以色列拥有一定规模的高科技产业，以及土耳其、伊朗、沙特阿拉伯、摩洛哥等国拥有一定规模的机电、钢铁或化工产业以外，多数国家的制造业以食品加工和纺织服装为主。因此，西亚北非国家无论是日用消费品还是资本货物，都难以自给自足，严重依赖进口供应。2008 年工业制成品在西亚北非国家的进口总额中占比高达 50%，进口额为 1 578 亿美元。中东地区是世界主要军火市场。由于地区局势长期动荡，战争冲突此起彼伏，中东国家武器进口额长期遥居世界各地区首位，2008 年占世界各国武器进口总额的 11.7%。②

西亚北非地区也是一个重要的劳务进口市场。特别是海湾地区国家的石油收入数额大，经济社会发展速度快，但人力资源薄弱，需要大量依靠进口劳务，满足建筑工程和各多种服务行业的发展需求，因此形成世界重要的劳务进口市场。20 世纪 90 年代，由于国际石油价格低迷，西亚建筑工程承包市场曾经一度萎缩，在世界各地区的排位下降到第 5 位，但新世纪以来乘国际油价高峰重新崛起，2008 年已经恢复世界第二的排位，仅次于欧洲。2005 年中东地区的国际移民存量达到 1 000 万人，其中绝大多数是在海湾国家的务工人员。建筑工程承包是中东地区，特别是海湾国家服务贸易的主要项目。2008 年全球最大的 225 家国际建筑工程承包公司中有 155 家在西亚地区开展业务，在该地区实现 774.7 亿美元营业额，占其全球营业额的 20%。③ 建筑工程承包的领域广泛，2010 年海湾合作委员会在建和已经列入计划的项目总额为 13 684 亿美元，其中房屋建设项目 11 509 亿美元，基础设施建设项目 1 903 亿美元，给排水和废物处理项目 272 亿美元。④

21 世纪的第一个十年，是西亚北非国家吸引外国直接投资取得显著成就的十年。随着经济全球化的加速发展，以及西亚北非国家普遍进行经济调整，改善投资环境，该地区国家的外国投资数量明显增加。外国直接投资的快速增长，成为新世纪以来西亚北非各国的普遍现象。根据联合国贸易与发展会议统计，2000 年西亚北非国家的外国直接投资流入量只有 46 亿美元，在当年世界外国直接投资流入总量中占比仅有 0.3%，⑤ 而 2008 年西亚北非地区外国直接投资流入量已达到 1 156 亿美元，占世界外国直接投资流

① 世界银行：《2010 年世界发展指标》，中国财政经济出版 2010 年版，第 244 和 252 页。
② 世界银行：《世界发展指标 2010》，中国财政经济出版社 2010 年版，第 244 和 318 页。
③ 美国《工程新闻纪录》2009 年 10 月号。
④ 美国《中东经济文摘》副刊文章“2010 年海湾建筑业：地区项目指南”第 7 页。
⑤ UNCTAD，*World Investment Report* 2003，pp. 249—251.

入总量的比重提高到6.6%。此后，尽管由于国际金融危机和西亚北非国家局势动荡影响，该地区的外国直接投资流入量有所减少，2010年下降到751亿美元，但其在世界外国直接投资流入量中的占比仍然保持在6%的水平。① 外国直接投资的领域相当广泛。石油、天然气勘探开发是外国直接投资的主要领域，美国、欧洲和亚洲的资本在利比亚、伊朗、苏丹、埃及、阿尔及利亚、叙利亚、阿联酋、阿曼等国的石油工业中都相当活跃。在海湾主要石油输出国，许多炼油厂和石化企业都是与外国合资建立的。在旅游资源比较丰富的北非国家埃及、摩洛哥和突尼斯等国，旅游业也是吸引外国投资的重要行业。在高技术产业比较发达的以色列，外国投资的主要行业是电子商务软件开发、生物工程产业、高科技农业以及医疗设备、安全技术和通讯设备等领域。除此之外，外国资本在中东地区还广泛地投入金融、电子、制药、纺织品、制鞋、家用电器和汽车组装等行业。西亚北非地区的外国直接投资来源比较广泛，以欧洲、美国和日本的投资为主，阿拉伯国家、土耳其等亚洲发展中国家的投资也在逐渐增多。

2. 贸易投资政策的调整和问题

贸易和投资恢复发展的一个至关重要的深层原因是，西亚北非国家自从20世纪90年代以来进行经济改革和相应的贸易与投资政策调整。

西亚北非国家普遍开展的经济调整，是改善贸易和投资环境的重要动力。在经济调整的过程中，减少政府对贸易和投资的直接干预，是贸易和投资政策调整的基本方向。在经济调整过程中，以前采取进口替代工业化发展战略的国家，普遍采取了减少和取消贸易许可证制度、降低平均关税水平、设立保税区、改变本币定值过高和多重汇率等措施，放开国际收支经常项目、采取BOT方式发包工程、减少外国建筑商的保人制度等多种措施，减少货物和服务进口的壁垒和障碍。为了吸引外国直接投资，西亚北非各国政府普遍采取的措施包括，推动国有企业私有化进程，向外国投资者提供并购本国企业的机会；通过修订和完善相关的法律体系，为外国直接投资创造更加宽松和可靠的法律环境；设立专司外国直接投资的政府机构，简化外国投资的审批程序；逐渐放宽外资在投资项目中的持股比例，扩大允许外国直接投资的产业范围；降低企业需要缴纳的各种税负，在税收方面对外国投资者给予国民待遇；建立形式多样的经济特区，向外国投资者提供特殊优惠待遇；适度放松对国际收支资本项目的控制，允许外国投资者汇出所得利润；加入世界贸易组织和其他有关公约，接受国际通行的投资和贸易争端解决机制；积极参与本地区和跨地区的经济集团化进程，由此扩大本国市场的辐射范围。这些贸易自由化和改善投资环境的举措，代表了西亚北非国家贸易和投资政策调整的基本方向，对于开放西亚北非国家市场，增加货物与服务进口和吸引外国直接投资，发挥了关键性的作用。

但是，西亚北非国家的贸易投资政策调整，还有很大的潜力可挖。根据世界银行对近年来世界各国工商业环境进行的企业调查结果，西亚北非国家的贸易投资环境还有许

① UNCTAD, *World Investment Report* 2011, pp. 187－189.

多明显的差距。外国直接投资的规模与世界其他地区相比，仍然排在各个地区的最后一位。该地区各国之间的投资和贸易自由化进展差距较大，海湾国家和土耳其、摩洛哥、突尼斯、埃及、约旦、黎巴嫩、以色列等国已经取得显著进展，而伊朗、叙利亚、阿尔及利亚、苏丹等国则进展比较迟缓。地区局势长期动荡不安，是影响外国投资的重要因素。新世纪以来，阿富汗、伊拉克、伊朗、利比亚、叙利亚等地区大国，均曾受到战争影响或国际社会制裁，令外国投资望而却步，其外国直接投资的数量与这些国家在西亚北非地区的大国地位有很大差距。2010 年底发生并席卷一大批的阿拉伯国家的地区局势动荡说明，西亚北非地区复杂的民族宗教矛盾、政治经济社会发展问题，以及地缘政治关系，容易引发始料不及的大规模局势动荡，地区局势的不确定性增加了外国投资者的担忧。西亚北非国家一些最有吸引力的产业还没有对外国投资开放，一些国家对于外国投资的领域还有许多限制，例如沙特阿拉伯、科威特和伊拉克的石油工业上游部门，至今仍然拒绝接受外国直接投资，伊朗因受宪法限制，在石油、天然气领域也只能采取“回购”方式，吸引外资和技术。西亚北非国家的金融业对外开放程度还普遍比较低，且其企业经营环境也存在不利因素。尽管各国都制定了比较完善的法律体系，但在一些阿拉伯国家，法治建设有待近一步完善。从监管和税收方面来评价，由于程序仍然复杂以及办事效率较低，企业每年与官员打交道往往要占用大量管理时间。企业获得营业执照所需时间也很长，例如在埃及需要 90.8 天。从用工情况来看，西亚北非国家普遍存在劳动力素质比较低的问题，而企业雇佣本地人通常面临比较严格的条件。由于金融市场不发达以及政策的缺陷，在一些西亚北非国家中小企业的发展面临融资的困难。2009 年中东国家股票市场资本总额只有 2 097 亿美元，上市公司数量只有 717 家，均远远落后于世界其他地区。① 据调查，利用银行为投资融资的企业占企业总数的比例，在阿尔及利亚为 4%，在埃及为 5.6%。就税收负担而言，尽管西亚北非国家已经做出降低税收负担的明显的努力，但该地区仍然是世界上企业税负较高的地区。从总税收占企业毛利润的比重来看，在海湾国家较低，以色列、埃及、伊朗、苏丹、伊拉克和土耳其等国达 28%—44%之间，居世界平均水平上下，但在阿尔及利亚仍高达 72%。从简单平均关税来看，西亚北非国家的关税壁垒水平为 12.8%，仍是世界上关税水平最高的地区之一，仅略低于南亚地区。突尼斯和阿尔及利亚的关税分别为 18.3%和 16.3%，而伊朗的平均关税高达 24.8%。从信息化程度来看，西亚北非国家在数量和质量上总体还处在世界的中下游水平，2008 年每百人的移动电话用户为 58 户，每百人互联网用户为 18.9 人，而人均每秒国际互联网宽带只有 0.84 比特。这些指标虽然好于南亚和撒哈拉以南非洲地区，但与信息化程度较高的欧美、拉美和亚太地区相比还有很大差距。就基础设施条件而言，按照世界银行对港口设施质量的评价指标，把各国港口质量按最差到最好顺序分成 7 类，西亚北非地区国家大多处于中游，只有海湾国家的港口可以达到 5 级以上标准，阿尔及

① 世界银行：《2010 年世界发展指标》，中国财政经济出版社 2010 年版第 306 页。

利亚的港口设施质量只达到2.9级。[①] 如果这些问题能够得到西亚北非国家的重视和解决，中东国家的贸易和投资政策环境将获得进一步的显著改善。

三、中国的出口和投资前景

对于中国来说，西亚北非地区是一个快速成长的货物和劳务出口市场，也是一个颇具潜力的投资市场。尽管迄今为止西亚北非地区在中国的出口和对外投资中所占比重还不大，但其具有良好的发展前景。

根据世界银行公布的统计数据，西亚北非国家从中国进口商品额的增加速度最快。1998—2008年西亚北非国家从中国进口商品额年平均增长30.1%，而同期从全世界进口额增长速度只有15.8%，[②] 从中国进口增长速度遥居世界首位，远远超过了从世界其他各地区进口增长的速度。2009年，中国对西亚国家的货物出口额达到538亿美元。中国对西亚北非货物出口结构以机电产品为主。据统计，2010年在中国对阿拉伯国家的出口总额中，机械设备和电器占32%，是最大的出口类别，服装纺织占16.1%，位居第二。[③] 此外，鞋类、箱包、轮胎、旅行用品等，也是中国向西亚北非国家大量出口的货物。2008年，中国企业在西亚北非地区的建筑承包工程完成营业额81亿美元，占中国对外承包工程营业总额的14.4%。建筑工程承包的主要市场集中在海湾地区的阿联酋、沙特阿拉伯和伊朗，承包的大型项目包括住房商厦、公路、铁路、桥梁、能源、电信和水坝等。中国对西亚北非地区的直接投资数额较小，2009年中国对西亚国家的投资仅占中国对外投资总额的0.9%，[④] 但中国投资几乎遍及所有西亚北非国家，大型投资项目集中在阿尔及利亚、苏丹、沙特阿拉伯、土耳其、埃及和阿联酋等国。

中国与西亚北非国家的贸易和投资也面临一些挑战。由于双方基本上都是发展中国家，某些劳动密集型产业结构雷同，中国制造业的强大出口能力，在一定程度上冲击着该地区比较优势较差的民族工业，导致中国与一些西亚北非国家，特别是那些对工业制成品出口依赖较重并且与中国有贸易逆差的国家，不时发生贸易摩擦。随着中国石油进口的增加，中国对主要石油输出国的贸易逆差逐年递增。2009年中国与沙特、伊朗、阿曼、科威特和伊拉克5国的逆差就达到280多亿美元。同年由于增加从约旦的钾肥进口，对约旦的贸易也从顺差转为逆差。[⑤] 在中国对外贸易顺差逐渐缩小的大趋势下，中国面临着通过增加货物和服务贸易，加速回流石油美元，保持对外贸易平衡的潜在问题。中国对西亚北非的投资，也面临着前文所阐述的诸多投资环境问题。但是，这些问题并不能阻挡中国与西亚北非国家贸易投资关系快速发展的步伐。

---

① 这一部分引用的世界银行数据来自中国财政经济出版社2010年出版的世界银行《2010年世界发展指标》公布的相关列表。

② 世界银行：《2010年世界发展指标》，中国财政经济出版社2010年版第363页。

③ 中国—阿拉伯经贸论坛：《中阿经贸关系发展进程2011年度报告》，黄河出版传媒集团和宁夏人民出版社2011年版，第28页。

④ 杨光主编：《2010—2011年中东非洲发展报告》，社会科学文献出版社2011年版，第246页。

⑤ 杨光主编：《2010—2011年中东非洲发展报告》，社会科学文献出版社2011年版，第237页。

首先，中国和西亚北非国家的政府普遍从战略高度重视和推动相互关系的发展。到2010年为止，中国与埃及、阿尔及利亚、沙特阿拉伯和土耳其等一批中东大国建立了战略伙伴关系。在2010年5月于中国天津举行的中阿合作论坛第四次部长级会议上，与会的中国和阿拉伯国家联盟22国的部长或代表一致同意在论坛框架下建立全面合作、共同发展的战略合作关系，并发表《关于中阿双方建立战略合作关系的宣言》。2004年，中国与阿拉伯国家联盟共同创立了旨在加强对话与合作，促进和平与发展的中阿合作论坛。论坛先后设立了中阿企业家大会、中阿能源合作大会等机制，以推动双方经贸关系的发展。2011年中国国务院又批准成立了中国一阿拉伯经贸合作论坛。迄今为止，中国政府已经与几乎所有中东国家都签署了双边政府经济贸易和技术合作协定，与多数国家签署了投资保护协定和避免双重征税协定。

其次，中国对西亚北非国家的出口具有进一步发展的良好条件。首先，中国的国际承包工程企业具有劳动力成本的比较优势、吃苦耐劳的光荣传统、守时保质的良好市场信誉、工程设计和设备供应与日俱增的能力，承揽大型和特大型项目的能力正在不断提高，在西亚北非建筑工程承包市场上的发展势头强劲，2001－2008年中国企业在海湾国家完成的建筑工程承包营业额以平均每年76％的高速递增。建筑工程承包的发展不仅可以使中国企业通过承揽更多的大型项目，扩大对西亚北非国家的劳务出口规模，而且也可以为扩大成套机电设备出口，发挥强大的带动作用。其次，中国与海湾国家的自由贸易谈判正在进行之中。双方在2004年签署了《中国一海合会经济贸易投资和技术合作框架协议》，并共同宣布启动中国一海合会自由贸易区谈判。迄今为止，双方谈判已经取得进展，在货物贸易谈判的大多数领域达成共识，并且已经启动了服务贸易谈判。中国与海湾国家建立自由贸易区，总体上有利于双方实现互利双赢和共同发展，其最终实现将为中国的货物和劳务大规模进入海湾国家市场，创造更加有利的条件。海湾合作委员会目前正在与包括欧盟在内的多个经济集团进行自由贸易谈判。因此从长远来看，实现中国与海湾合作委员会的自由贸易，对于扩大中国对外贸易的空间，可能具有更加深远的意义。再次，随着中国国内劳动力成本提高，以及经济增长方式转变和产业转型升级，劳动密集型产品的成本将上升，高附加值的产品出口将增加，在中国出口额继续增长的同时，西亚北非个别国家在劳动密集型产品层面与中国发生的贸易摩擦也有望逐渐减少。

再次，中国对西亚北非国家的投资也存在大规模发展的可能。在2006年召开的中非合作论坛北京峰会上，中国国家主席胡锦涛宣布，要在非洲国家建立境外经济贸易合作区。通过建立经济贸易区，为中国企业的进入创造有利的投资小环境。中国的这一战略决策的积极效果已经开始显现。中国企业在埃及承建的苏伊士经贸合作区已初具规模，并已带动一批中国的纺织服装、箱包、文具和塑料制品加工企业入驻，有的外国企业也闻风而至。到2010年6月为止，该经贸合作区已经聚集中外企业近30家。这一经贸合作区的成功实践，对于促进中国企业到埃及投资，发挥了明显的推动作用，不失为值得推广的投资促进模式。西亚北非海湾国家具有丰富和廉价的石油天然气资源，发展炼油和石化工业的比较优势十分明显。中国作为油品和石化产品消费大国，在科学发展观指导下，完全可以利用该地区国家的比较优势，借助双方可能达成的自由贸易协议，通过到当地投资炼化工业，满足当地和我国市场的需要。2012 年 1 月中石化与沙特阿美石油公司签署在沙特延布合资建造炼油厂的协议，可能成为实践这种投资新思路的良好开端。

为此，我们完全有理由对扩大中国与西亚北非国家的经贸合作，实现双方的互利双赢和共同发展，充满信心。

第一篇

沙特商务环境

沙特阿拉伯（以下简称沙特）以石油及石化产品为主的对外贸易是拉动其经济增长的核心动力。出口主要以石油和石油产品为主，石化及某些工业产品的出口量也在逐渐增加。主要的非石油出口产品有石化产品、塑料、金属和转口货物。进口主要货物为机电产品、设备、工具、运输设备、金属及制品和食品。

沙特主要的贸易伙伴是美国、日本、韩国、中国、印度、新加坡、泰国、意大利、西班牙和南非等。其中，美国一直是与沙特贸易量最大的国家。

沙特负责贸易管理的机构是商业与工业部，其职能主要是制定贸易法律法规，并实施贸易政策；与其他国家和国际经济贸易组织进行多双边磋商。

沙特没有外汇管制，资金进出自由。

沙特执行进口许可证制度，要求关系到公共安全的商品必须接受强制认证后才能进入沙特市场。

沙特为保护国内产业，实行关税和关税管理措施及其他一些贸易壁垒。作为海湾合作委员会的成员国，沙特在货物贸易的很多领域需要遵循海合会国家的统一标准。在商品质量和安全卫生标准方面，沙特绝大多数标准是以海合会统一标准为基础。而且，在海关监管和关税制度方面，沙特需要遵守《海合会成员国统一关税法》。

沙特实行开放性市场和投资政策，成功地吸引了众多外商直接投资，并成为阿拉伯国家中吸引外国直接投资最多的国家。特别是2003年沙特开始尝试在天然气上游领域实行对外开放后，大大吸引了外国直接投资的流入，外资主要集中在能源相关的产业，包括石油冶炼和石化。沙特外资引进以合资、并购的形式进行。在沙特直接投资额最大的前十名国家和地区是：美国、日本、阿联酋、法国、约旦、荷兰、科威特、英国、中国台湾和巴林。沙特为世界第八大吸引外国直接投资的国家，在中东国家中长期居首位。沙特对外直接投资的流出逐年增加，并且在海湾合作委员会（GCC）成员国对外直接投资中名列前茅。中国与沙特双方投资近年不断增长。沙特对中国的投资居海合会国家对中国投资的首位。中国对沙特的投资量虽然较小，但逐年增加。中国对沙特的投资主要集中在与石油相关的领域。

沙特金融业在海湾地区发展水平较高。1953 年，沙特第一家银行沙特国民商业银行成立，沙特开始拥有自己的货币和金融系统。1976 年，沙特银行业开始实行本土化战略，沙特政府规定外资银行必须将 60%的股份出售给沙特政府和人民，随后，一系列外资银行经过重组成立，其中包括沙特美国银行、沙特法兰西银行，沙特英国银行等。

沙特银行业的主管机构是沙特中央银行——沙特货币机构（SAMA）。2002 年沙特银行业开始走向开放，一些外国银行得到了经营许可。外国银行在沙特可以以两种方式建立实体，即合资银行或外国银行的分行。沙特银行业由 11 个本地商业银行组成，其中 10 个银行为私有。沙特阿拉伯从未有过银行倒闭。

沙特实行盯住美元的汇率制度，本币里亚尔对美元的汇率长期稳定于 3.75：1 的水平。

沙特金融业发展非常迅速，比较发达。沙特现已形成包括银行业、保险业、资本市场在内的完善的金融体系，国内金融法律完备，功能齐全。沙特阿拉伯是伊斯兰国家，沙特金融业也受到伊斯兰教法限制。但是，除少量伊斯兰融资机构以外，沙特金融机构的实际操作与西方国家并无差异，银行业对外开放度较高。在中东地区最安全的十家银行中有五家来自沙特。

第 1 章

沙特贸易环境

1.1　沙特进出口贸易

1.2　沙特外贸管理机构

1.3　沙特进口管理制度

1.4　沙特出口管理制度

1.5　沙特贸易协定

1.6　沙特贸易习惯

1.7　沙特海关监管制度

1.8　沙特关税计征制度

1.9　沙特海关行政处罚规定

1.1 沙特进出口贸易

1.1.1 进出口概况

对外贸易是沙特经济增长的核心动力，而对外贸易中主要是石油及石化产品，其占对外贸易的比重为90%。由于石油是沙特的经济支柱，因此以石油及石化产品为主的对外贸易随着近年来国际石油价格的不断攀升，使沙特对外贸易长期保持顺差。但是，随着金融危机在世界范围内的扩展，各发达经济体经济衰退，导致对石油的需求降低。受金融危机通过石油价格变化的传导作用影响，2009年沙特商品进出口总额比2008年大幅下降。2009年，沙特商品进口总额为871亿美元，出口总额为1 923.1亿美元，贸易顺差达1 052.1亿美元。随着经济的复苏及石油价格的上升，2010年商品进出口总额有较大增加，达3 637.1亿美元①。受益于世界石油价格的上升，2009年石油出口额为1 574亿美元，2010年为1 772亿美元。

沙特的出口主要以石油和石油产品为主，石化及某些工业产品的出口量也在逐渐增加。主要的非石油出口产品有石化产品、塑料、金属和转口货物。进口货物主要为机电产品、设备、工具、运输设备、金属及制品和食品。

沙特主要的贸易伙伴是美国、日本、韩国、中国、印度、新加坡、泰国、意大利、西班牙和南非等。其中，美国一直是与沙特贸易量最大的国家。

2009年沙特进口主要国家和地区是：美国（12.32%）、德国（7.67%）、日本（6.15%）、韩国（5.32%）、印度（4.99%）、英国（4.72%）、法国（4.05%）等。

2009年沙特出口主要国家和地区是：日本（15.33%）、韩国（12.71%）、美国（12.2%）、中国（10.38%）、印度（7.12%）、中国台湾（4.54%）、新加坡（4.25%）等②。

1.1.2 主要贸易伙伴关系

沙特奉行独立自主、温和务实、不结盟的外交政策，主张国与国之间相互尊重、和平共处、互不干涉内政。在继续坚持以美国为核心的外交主线的基础上，进一步加强与欧盟和包括中国在内的其他新兴国家的交往，积极推行外交多元化战略。

与美国的关系："9.11"事件后，两国关系走向低潮。但是美国依然是沙特最重要的战略合作伙伴，并且是沙特最主要的武器供应者。美国是沙特第一大贸易伙伴，沙特是美国重要的石油来源地，两国有着共同的战略利益。由于沙特丰富的石油蕴藏及其在伊斯兰世界的重要地位，美国出于战略利益的考虑，严重关注沙特政局的动荡。沙特也是

① EIU, Country Report July 2011

② EIU, Country Report July 2011

美国和西方争相拉拢的对象，而沙特自身的局限性也需要获取大国的支持和保护。

与欧盟的关系：能源安全是欧盟对外政策中首要问题，沙特在确保能源供应方面担当着重要角色。因此，欧盟希望促使沙特进行符合国情的渐进式民主改革，让沙特这种稳定的君主制国家通过民主改革缓解社会矛盾以及维护稳定局面。欧盟积极支持沙特加入世界贸易组织，积极参与以沙特为首的海合会国家的经贸活动并签订相关协定。欧盟重视本土和中东的伊斯兰文明，并以此发展与沙特官方联系，谋求对王室内的改革派施加影响。沙特则希望通过发展与欧盟的关系增加对待美国的砝码。

与俄罗斯的关系：沙特希望通过加强与俄罗斯的合作实现对外关系多元化，寻找新朋友，减轻对美国的依赖。同时为保证在美数千亿沙特资金的安全，寻找新的投资市场。加强与俄能源合作，巩固和扩大沙特在国际石油市场的地位和影响力，并借俄技术开发本国油气资源，进一步提高沙特的油气竞争力，并力图改变西方企业垄断本国石油技术和开发的局面。

与以色列的关系：沙特较注意发挥地区大国的作用。并于 2002 年提出了自己的中东和平计划，要求以色列完全撤军以换取阿以的关系正常化，这一和平计划在一定程度上体现了沙特在该地区的大国作用，这也是沙特首次提出地区安全解决方案。2009 年 7 月 31 日，沙特外交大臣费萨尔亲王在华盛顿会见美国国务卿希拉里，指责以色列轻慢对待中东和平进程，并拒绝了美方提出的要求其与以色列改善关系的建议，认为阿以之间的核心问题必须解决。

沙特与伊朗的关系：沙特和伊朗同属伊斯兰国家，但前者是逊尼派，后者则是什叶派政权，这两个教派的冲突已持续千年。两国在欧佩克内部对待增产与减产问题以“鸽派”和“鹰派”著称，在 2011 年 6 月初举行的欧佩克全体大会上，沙特曾极力要求成员国增产以抑制高油价对经济复苏的负面影响，并填补利比亚危机造成的供应下降的空间。但由于伊朗等欧佩克内部“鹰派”国家的强烈反对，这一提议最终遭否决。这一事件成为沙特和伊朗两国紧张关系再度升级的因素。沙特方面表示，如果伊朗不放弃核武器项目，沙特将使用石油武器打击伊朗经济，并发展核武器。但是，如果伊朗作出强硬回击，沙特东部什叶派占多数的产油区将受到影响，而且伊朗控制的霍尔木兹海峡也将对沙特的石油出口构成威胁。

沙特与叙利亚的关系：叙利亚与沙特自 2005 年 2 月黎巴嫩时任总理拉菲克·哈里里遇害后一直关系紧张。哈里里生前与沙特关系密切，而叙利亚被控制造了哈里里遇刺案。近年来出现的一些暴力事件也使得两国关系紧张。2011 年 5 月，叙利亚指责据称受到沙特境内一名男子资助的“恐怖分子”参与了之前南部城市德拉的暴力活动。

与巴林的关系：在巴林动乱中，以沙特为主的海湾合作委员会提出支持巴林为维护国家稳定和安全所采取的措施，表示将与巴林共同维护国家和地区的安全与稳定。在巴林流血冲突发生之后，于 2011 年 3 月 14 日派遣 1 000 名沙特士兵出兵巴林，以防止巴林动乱蔓延到沙特境内，产生可能激发沙特国内什叶派穆斯林的反政府活动。尤其是沙特与巴林接壤的东部地区，是沙特的主要产油区，动乱将会对沙特经济产生重大的影响。

与中国的关系：1990 年 7 月 21 日，沙特同中国建交。建交后，两国在各领域的友好合作关系发展顺利。1992 年 11 月，中国与沙特签订了《中华人民共和国政府和沙特王国政府经济、贸易、投资和技术合作协定》。2006 年 1 月，沙特国王阿卜杜拉对中国进行国事访问，两国签署能源等领域合作文件。2006 年，中国与沙特元首实现互访，就建立两国战略性友好合作关系达成共识，将双边关系提升到新的高度。

2008 年 6 月，中国国家副主席习近平对沙特进行访问期间，双方发表了《中华人民共和国和沙特王国关于加强合作与战略性友好关系的联合声明》，以进一步加强两国在政治、经贸、财政、人文等领域和国际事务中的交流合作。2008 年 6 月 21 日，中国和沙特政府在沙特吉达市签署了《中华人民共和国政府和沙特王国政府关于加强基础设施建设领域合作的协定》，该协定将 2007 年 6 月 23 日在利雅得签署的《中国商务部和沙特城乡事务部工程项目合作谅解备忘录》提升为两国中央政府协定，给中沙两国企业在工程项目合作上提供了更广阔的平台，对加强和促进两国经济关系有非常积极的作用。20C9 年 2 月，胡锦涛主席再次访问沙特，同阿卜杜拉国王举行会谈。两国有关部门签署了能源、检疫、卫生、教育、交通等领域的 5 项合作文件。2011 年 3 月 18 日，沙特国王特使、国王安全事务顾问班达尔亲王访华，胡锦涛主席会见，杨洁篪外长与班达尔举行了会谈。2011 年 6 月 13 日，中国国务院总理温家宝在人民大会堂会见沙特王国协商会议主席阿卜杜拉。

1.2 沙特外贸管理机构

1.2.1 立法制度

根据中华人民共和国商务部《对外投资合作国别（地区）指南：沙特阿拉伯》（2010 年版）介绍，沙特采用最为复杂的伊斯兰法律体系，《古兰经》和《圣训》是沙特的宪法。沙特无成文的民法与刑法，罕百里学派的解释是法律的主要内容。西方法律概念尚未渗透到沙特法律系统的核心部分，但很多现代化的法律概念频繁运用于日常商业运作中。

沙特负责贸易管理的机构是商业与工业部，其职能主要是制定贸易法律法规，并实施贸易政策；与其他国家和国际经济贸易组织进行多双边磋商。

1.2.2 行政机关

沙特与贸易相关的行政机构有：

沙特商工部：负责贸易政策的制定和调整，企业注册，进出口商品检验检疫、进口商品许可审批等。

沙特海关：负责进出口商品通关管理。

沙特标准局：制定标准，进口商品认证等。

沙特农业部：农产品进口管理，进口许可审批等。

沙特卫生部：药品、化妆品等的进口许可审批等。

沙特商会：企业管理。

1.2.3 司法体系

沙特贸易法规体系主要分为3部分，第一部分包括：商业资料法、商标法、商标名称法、版权法、商业竞争法、进口许可原则、海关估价程序。第二部分包括：沙特投资总署法令、外国投资法、外国投资法实行条例、私营实验室法、商业注册法、商业账簿、反洗钱法、仲裁法、所得税法、执法准则、沙特标准技术指南。第三部分包括：关于合作保险公司管理法执行规定、关于保护商业信息机密的规定。

1.3 沙特进口管理制度

1.3.1 进口配额

沙特没有外汇管制，资金进出自由，也没有配额限制。

1.3.2 进口许可证制度

沙特要求关系到公共安全的商品必须接受强制认证后才能进入沙特市场。这些商品共分5类，包括玩具、电器和电子设备、汽车、化学药品及其他一些商品。出口沙特需要的单证：商业发票、原产地证明、提货单（或航运收据）、船（空）运单、保险单（如果出口商已经投保）、装箱单。

特殊货物，或者信用证有规定，可能还需要另外的单据。出口商负责对原产地证明、商业发票及其他特殊单证进行认证。

沙特的进出口商品检验检疫：沙特商工部、标准局、海关及相关实验室依法对进出口商品实施检验检疫。

沙特标准局（SAUDI ARABIAN STANDARDS ORGANIAZATION，SASO）制定了进口标准和进口程序，阐明了对所有进口商品、产品以及与度量、标度、商标、商品和产品的鉴定、检验方法和检验、测试标准。

沙特商务部于1995年9月实行国际统一证书程序（ICCP）制，以有利于沙特标准局标准的执行。在颁布实行沙特规格标准的初始阶段，为保护消费者利益，沙特标准局主要依赖国际标准，SASO统一规格标准适用于所有当地生产的和进口的产品。所有经SASO批准的手续和程序，包括ICCP程序，均符合国际标准组织的指导原则。

SASO ICCP要求每批依沙特规定到达沙特口岸的货物均须附有统一证明书。目前，仍然在使用三种不同的取得统一证书的方法。这些不同的方法依产品类型和产品出口到沙特的次数而有所不同。统一证书签发前，必须按照沙特的要求提供统一证明书。无证载运到沙特进口港的货物将被拒绝入港。SASO在全世界各地设立了（沙特）国家办事处，以便在货物离港前签发统一证书。此外，SASO授权地区许可证中心管理登记注册的手续、签发统一证书和经批准的SASO式样的许可证。在某些情况下，SASO办事处还可要求进行任意抽样检验和检测。

获得统一证书的程序：

对需要统一证书的出口产品，出口商须向SASO（沙特）国家办事处提交进行检验检测的书面申请，并须附有详细的发货说明。

按照SASO的要求，沙特国家办事处将对产品进行适当的检验检测。这些检验检测步骤将依据现有的产品说明书，并检查产品的有效使用期，该产品的出口次数（频率）。如果该项产品已注册登记，该办事处将对该项产品设立抽样检测的档案。

如果该项出口产品没有登记注册过，将依据SASO的要求对产品进行抽样检和检测。如果检验检测合格，将予以签发统一证书。统一证书将与其他运单一起作为出口产品的装船单据。

如果该项产品不符合SASO的要求，该办事处将给予出口商以拒签的详细解释。如果出口商不采取适当的改正措施，将不得签发统一证书，并通知沙特商务部、SASO办事处代表及进口商。

当货物到达沙特港口时，沙特商务部官员和SASO技术人员将检验随附的统一证书。查验统一证书的真实性以及是否与所运货物相符。经仔细检验后，如果一切相符，SASO将签发放行证。

1.3.3 原产地标志要求①

在国际经济组织或地区组织现行的框架内，根据与原产地达成的货物原产地证明进口货物。

从2009年2月1日起，对于抵达沙特的所有进口货物，进口商品的原产国（Country of Origin/Made in...）必须以标刻或贴纸等无法移除的方式铭记在所有货物上。外包装盒/纸箱也必须注明原产国。货物送达后未标示原产国者，将不得再进行补标示的动作，直接由沙国海关退回出货港，不再另行通知，且费用由托运人/承销人负担②。

1.3.4 其他贸易壁垒

沙特的贸易壁垒主要表现在以下几个方面：

1. 关税及关税管理措施：为保护国内产业，沙特对492种产品征收12%的关税，例如地毯。沙特一些幼稚产业的产品享受20%的关税保护，其中包括芝麻、家具、食盐、可食用内脏、兔肉、矿泉水和塑料管等。此外，对经过保质处理的牛奶以及其他9种农

---

① 技术壁垒资源网 http://www.tbtmap.cn/portal/Contents/Channel_2125/2009/0612/75940/content_75940.jsf? ztid=2171

② 商务部网站 http://www.shoeschina.net/article_view.asp? carticleid=10001304

产品征收25%的关税。沙特还对海枣征收40%的关税，对香烟及其他烟草制品征收100%的关税。

进口限制：某些商品进口需经沙特有关当局的特别批准，其中包括：农用种子、活动物和新鲜及冷冻肉、书籍、杂志、宗教书藉、电影和磁带、化学及危险物品、药品、无线设备、马匹、含酒精产品（如香水）、天然沥青等。

2. 技术性贸易壁垒：根据沙特标准组织的有关规定，部分进口产品必须依据沙特国际规范认证标准获得认证，方可进入沙特市场。国际规范认证标准给予海湾地区生产的产品优惠待遇，但对其他国家的产品提出了超出必要的贸易限制要求，并征收与成本无关的从价费用，同时缺少必要的透明度。中方对该国际规范认证标准与WTO《技术性贸易壁垒协定》的一致性表示关注。

3. 服务贸易壁垒：沙特政府给予本国国有海运公司特别优惠，将超过40%的与政府相关的货物交由这些公司进行运输。根据沙特有关法规，沙特国有海运公司和联合阿拉伯海运公司享受该优惠政策。

4. 投资壁垒：沙特允许外国公司以投资者的身份注册独资公司，但中国公司按规定办理了注册手续取得投资许可证后，还必须有“资质证书”，即参与投标和承包项目的级别证明，否则无权参加投标甚至无法购买标书。“资质证书”由城乡事务部负责颁发，办理的手续繁琐，且中国注册公司所属母公司的业绩不予承认，需重新审核。这造成了中国公司虽然已经完成了注册，但是无法正常开展业务，而且即使审批通过，由于总公司的业绩不予承认，中国公司所能取得的等级不高，可能直接影响今后业务的开展。中方对重新审核中方公司业绩的合理性表示关注，并要求沙特政府在申领“资质证书”方面给予中国公司与其他国家公司相同的待遇。

1.4 沙特出口管理制度

1.4.1 出口管制

沙特禁止出口的商品：

13种商品被认为属于沙特特有，即除了沙特天然出生地之外都不存在的物种。包括纯正血统的阿拉伯马、跑马、小型马、牛、绵羊、山羊、骆驼；属于珍稀品种的椰枣树、鲜草和干草料，以及古董和有历史和考古价值的工艺品。

须事先取得出口许可证的商品：

共有47种，主要为原油、各种能源气体、沥青、大理石和沙土。这些产品的出口要事先取得沙特石油和矿产资源部的许可证。一些农产品的出口也要事先得到财政部的许可证，如大麦、玉米、面粉。面粉出口前需要得到“粮食储备和生产组织”的许可证，以证明此农产品所享受的国家补贴已经在出口前全额退回。医药产品出口也需要事先取得出口许可证。

1.4.2 出口鼓励

沙特发展基金提供优惠金融鼓励出口。支持的出口产品均为非石油类国有产品，主要涉及灌溉机械、农业设备、钢铁容器、拖车等①。

1.5 沙特贸易协定

1.5.1 沙特与29个国家签署了避免双重征税协定和经济贸易技术合作协定

与意大利、德国、比利时、中国、中国台湾、法国、马来西亚和奥地利签署了投资促进与保护协定。

沙特2005年12月加入世界贸易组织。

沙特是下列机构和组织的成员：

世界银行；

国际货币基金组织；

阿拉伯货币基金组织；

海湾国家合作理事会；

泛阿拉伯自由贸易区；

伊斯兰会议组织经济贸易合作常务委员会；

伊斯兰发展银行。

1.5.2 海湾阿拉伯国家合作委员会（Gulf Cooperation Council）

海湾阿拉伯国家合作委员会简称海湾合作委员会或海合会，于1981年5月在阿联酋阿布扎比成立。其成员国为阿拉伯联合酋长国、阿曼、巴林、卡塔尔、科威特、沙特6国。总部设在沙特阿拉伯首都利雅得。2001年12月，也门被批准加入海合会卫生、教育、劳工和社会事务部长理事会等机构，参与海合会的部分工作。海合会的宗旨是加强成员国之间在一切领域内的协调、合作和一体化；加强和密切成员国人民间的联系、交往与合作；推动6国发展工业、农业、科学技术，建立科学研究中心，兴建联合项目，鼓励私营企业间的经贸合作。2003年1月1日，海合会6国正式启动关税联盟。该联盟规定，对从海合会成员国以外地区进口的商品征收5%的统一关税，同时6国之间将最终取消关税壁垒。2008年1月1日起正式启动海湾共同市场。此外，2001年年底，海合会6国财长会议决定在2010年实现成员国货币统一，以推动地区经济一体化。但这一计划的推行并不顺利，先是阿曼于2007年宣布因本国经济准备不足将无法参加货币联盟，此后阿联酋由于不满海湾货币委员会（海湾中央银行）总部落户沙特首都利雅得，在2009

① 商务部网站 http：//sa.mofcom.gov.cn/aarticle/jmxw/200506/20050600123437.html

年 5 月份决定退出海湾统一货币计划。2009 年 6 月，沙特、科威特、卡塔尔和巴林四个海湾国家在利雅得签署海湾货币联盟协议。同年 12 月，科威特国民议会批准海湾货币联盟协议。至此，该协议在全部四个签署国均得到了批准。

1.5.3 大阿拉伯自由贸易区（Greater Arab Free-Trade Area）

1997 年 2 月 19 日，阿拉伯社会经济委员会在第 58 次例会上发布了 1317 号决议，宣布从 1998 年 1 月 1 日起的 10 年内建成大阿拉伯自由贸易区。迄今已有 17 个阿拉伯国家加入该协定。大阿拉伯自由贸易区协定是一个多边协定，其目的是要在 10 年内消除各协约国之间的所有关税和非关税壁垒。① 虽然该协定有效降低了阿拉伯国家之间的贸易障碍，在一定程度上促进了阿拉伯国家之间的商贸交往，但该协议追求的协约国零关税的目标至今仍未实现。

1.6 沙特贸易习惯

1.6.1 通用的贸易方式

按照沙特《沙特商业代理规定及执行细则》（以下简称《商业代理规定》）规定，在沙特的任何贸易活动，需通过沙特人或者全资的沙特公司来垄断从事。所谓商业活动包括进口及采购本地商品再零售。因此，要从事上述贸易活动的外国公司，必须指定沙特代理或经销商，代理协议要在沙特商工部进行登记。代理必须持有有效的允许其从事代理业务的商业登记证，方可从事代理业务。从事代理业务的主管人员或代表，必须是沙特人。《商业代理规定》禁止“借壳代理（shell agent）”，即代理权直接或间接被外国委托人掌控。

代理不一定是唯一的，但商工部通常不会为同一个外国委托人注册一个以上的代理协议。

《商业代理规定》中还明确了终止代理协议要为代理提供补偿。依据商工部代理协议样本，在业务已经取得明显成功的情况下终止代理协议应给予代理合理的补偿。

在未与原代理解除代理关系之前，商工部不会为新代理登记注册代理协议。解除代理协议通常需要原代理出具同意解除代理关系的确认函，或在代理协议到期后，由商工部来解除代理关系。

1.6.2 对沙特贸易应注意的问题

沙特关税相对较低，贸易壁垒较少，但某些特殊商品如钢材、水泥等建材商品的关

① Jordan industry& trade Ministry. Available at: http: //www.mit.gov.jo/Default.aspx? tabid = 732. July 12th, 2011.

税的征免以及一些商品的进出口的允许与限制措施等经常会因国内市场情况而变动，应随时给予关注。对国际贸易中的单证、标签等要给予足够重视。

因注册贸易公司门槛过高（必须是合资公司，外方可控股，投资额不低于 2 700 万里亚尔），对沙特出口仍需通过代理和分销的方式进行。代理和分销商的选择余地较大，但须花时间进行细心地筛选。

1.6.2.1　商品质量

沙特商工部、标准局、海关及相关实验室依法对进出口商品实施检验检疫，以保证进出口商品的质量。

1.6.2.2　安全卫生标准

沙特制定了《食品卫生和动植物检验检疫统一程序》，以保持与 WTO 协议要求的一致性。新法规承诺采用与 WTO 协议相一致的食品安全和动植物检验检疫措施，以国际通用的科学标准和操作方法作为此法的执行依据，当其他 WTO 成员方建议的方法与沙特本国实行的方法等效时，接受并执行其他成员方建议的方法。

对动物源性食品有严格规定。我国向其出口动物源性食品时，应出具无猪肉证明和牛羊按伊斯兰宗教程序宰杀的证明。

1.6.2.3　沙特标准

沙特政府发布的皇家法令 Royal Decree No. M/10 1392－03－03（1992 年）规定由沙特标准化组织（Saudi Arabian Standards Organization，SASO）负责沙特标准化工作，其宗旨为根据伊斯兰法通过在不同标准化领域采用国际最佳做法维护消费者安全与公众健康和保护环境，并提高产品的竞争力。其职责为：

制定和批准所有产品的沙特国家标准，包括关于计量、校准、标记、产品认证、取样方法、检验和测试以及其他由 SASO 主管负责的标准；

通过最恰当的方式出版沙特标准；

通过宣传和其他方式提高公众的标准化意识，协调在沙特进行的所有有关标准化和测量法的活动；

制定关于批准符合性认证和质量标记的规则和管理它们的发布和使用；

参加阿拉伯地区、区域性或国际性组织。

沙特标准化组织（SASO）按照农业食品、建筑、化工、电子电气、金属机械、纺织、计量检测 7 大行业领域，分别成立了总的委员会，由各总委员会根据需要组织成立分技术委员会，由技术委员会制定相关的标准，标准草案经一定的讨论程序之后，报 SASO 的管理委员会审核后，交 SASO 董事去批准发布。

SASO 标准。目前，SASO 已发布沙特标准 4 200 多项，其中在电子电气方面发布了 358 项，主要涉及各类电气产品的安全要求和检测方法，每种产品的标准都分别编制了安全、性能要求和测量方法两份标准。

SASO 标准中有很多是在相关的 ISO、IEC 等国际标准和 GCC 等区域性标准的基础上建立的。像很多其他国家一样，沙特根据自己国家的民用及工业电压，地理及气候环境，民族宗教习惯等在标准中添加了一些特有的项目。为了实现保护消费者的目的，SASO 标准不只针对从国外进口的产品，对于在沙特本土生产的产品也同样适用。

1.6.2.4　包装与商标

对进口商品要求严格，如产品及包装上必须标注原产地，空调、洗衣机、冰箱等家电产品必须加贴能耗分级标签等。

1.6.3　纠纷处理方式（协商、仲裁、法律程序）

自 2005 年沙特成为世界贸易组织成员以来，开始运用世界贸易组织规则来处理国际贸易中出现的争端问题，有时也会联合海合会其他成员国共同对某国或某一产品采取措施。

1.7　沙特海关监管制度

1.7.1　对进出境货物的监管

沙特执行海合会成员国统一海关法。在海、空港或陆路设置海关，办理海关事务。按海合会海关法执法的规则条例执行。

沙特要求关系到公共安全的商品必须接受强制认证后才能进入沙特市场。这些商品共分 5 类，包括玩具、电器和电子设备、汽车、化学药品及其他一些商品。

沙特禁止出口 13 种沙特独有的物种。包括纯正血统的阿拉伯马、跑马、小型马、牛、绵羊、山羊、骆驼；属于珍稀品种的椰枣树、鲜草和干草料，以及古董和有历史和考古价值的工艺品。

沙特规定 47 种商品需事先取得出口许可证方可出口，主要是原油、各种能源气体、沥青、大理石和沙土。这些产品的出口要事先取得沙特石油和矿产资源部的许可证。一些农产品的出口要事先得到财政部的许可证，如大麦、玉米、面粉。面粉出口前需要得到“粮食储备和生产组织”的许可证，以证明此农产品所享受的国家补贴已经在出口前全额退回。医药产品出口也需要事先取得出口许可证。

沙特禁止猪及制品、麻醉品、含酒精饮料、石棉及制品、古兰经、各种赌具、外国企业的空白发票、卫星互联网接收器等 33 种商品的进口。

对出口到沙特的商品要求下列单证：商业发票，原产地证明，提货单（或航运收据），船（空）运单，保险单（如果出口商已经投保），装箱单，特殊货物，或者信用证有规定的，还需要另外的单据。对所有进口商品需使用阿拉伯语作为标识，或同时使用阿拉伯语和英语①。

① 资料来源：商务部：《对外投资合作国别（地区）指南：沙特阿拉伯》（2011 年版）。

1.7.2 对进出境运输工具的监管

根据《海合会成员国统一海关法》部分陆路、海上海关监管的范围，包括：

（1）海关规定的水路；

（2）海关规定的陆路；

海关线/国与国之间的政治分界线，国土周围的海岸线。

本法各条款在主权国家领土、领海内有效，同时允许主权国家在其领土内设立自由贸易区，本法各条款在自由贸易区部分或全部失效。

根据本法规定，所有进出口货物都必须报关。

根据本法规定，海关总署可以在各海关执法，也可在其领土、领海任何地点执法。

根据大臣或主管部门决定设立海关关口。

根据大臣或主管部门决定制定海关职能和海关工作时间。

考虑到商品检验因素，通关必须在指定的海关办理。

1.7.3 保税制度

凡与本地产货品构成竞争的进口商品，包括水泥、钢材及肥皂，须缴纳20%进口税。烟草产品的进口税率是100%。必需品（例如食品、教育与卫生用品）及本地工业所需的材料和设备进口可豁免进口税。

1.8 沙特关税计征制度

1.8.1 沙特海关税则归类

沙特多数基本消费品免税，如糖、大米、茶叶、未经焙烧的咖啡、豆蔻、大麦、玉米、牲畜、肉类（鲜肉或冻肉）；最高关税为20%，以此保护沙特自己的幼稚产业；还有一些进口商品的海关关税是按照重量或体积，而不是按价计算，关税可能更低；签有贸易促进协议的阿盟成员国可享受优惠的关税；签有双边经贸协定的阿拉伯国家享有更加优惠的关税。沙特要求关系到公共安全的商品必须接受强制认证后才能进入沙特市场。这些商品共分5类，包括玩具、电器和电子设备、汽车化学药品及其他一些商品。

1.8.2 沙特海关征税制度

入境货物必须根据海关统一关税征收关税，根据《海合会成员国统一海关法》豁免关税或与海湾国家合作委员会签订有协议的，或在海合会框架内签订的其他国际条约免除关税的除外。

关税的种类按货物价值比例或货物重量分别征收，也可同时按货物价值比例和货物重量征收。

根据海合会所有成员国现行的法律和海合会成员国签订的国际条约修改或免除关税。

进口货物应在海关登记之日向海关缴纳关税，与海关修改条款有抵触的除外。

存放在保税库到期货物的纳税，按货物申报登记之日的征税条款执行。

本地区以外货物以及本地区免税区的货物，按出关当日的征税条款执行。

认定走私货物或违禁货物，应以从高原则确定。

海关对变卖货物征收关税，应根据《海合会成员国统一海关法》在变卖当日确定。

对已损坏的商品，海关根据货物申报登记时的价值认定。

1.8.3 沙特海关关税优惠制度

海合会成员国统一经济公约规定的免税货物应免征关税。

根据通用的国际公约、法律、法规，外交使团、领事馆、国际组织负责人及外交人员、驻在国认可的领事人员对等免征关税。

在下列情况下可以处理豁免不满三年的免税汽车：

(1) 豁免受益的外交人员或领事人员结束所在国任期的汽车。

(2) 交管部门和行政主管部门联合建议不宜使用的事故车。

(3) 双方享受外交豁免的外交、领事人员之间的买卖、转让汽车。

持各国内阁或其授权部门批文，为武装部队、国内安全部队等进口的武器弹药、军事装备、军用运输工具、零备件及其他材料免征关税。

旅居国外的公民、第一次来该国定居的外国人携带入境的个人财物、家庭用品，按海关总署署长规定的条件免征关税；旅客携带有条例明文规定不具有商业特性的个人财物、礼品免征关税。社会公益慈善用品免征关税。

1.9 沙特海关行政处罚规定

1.9.1 沙特海关扣留与没收规定

海关怀疑货物涉嫌违法、违规，海关有权在货主或其代理人不在场的情况下开包检查，在通知货主后，货主仍拒绝接受检验的，经海关总署署长的批准，海关有权在通知货主或代理人之前开箱检验、撰写检验报告。

海关有权将货物交由相关部门对商品规格、类型依法进行核实。

货物是否分解检验分析视当时具体情况而定，如有必要，海关总署署长有权决定打开货物包装。

海关总署署长有权对经检验分析有害，或不符合标准的货物进行销毁，或退回原出口港。费用由货主或代理人承担。如有必要海关可出具相关报告。

海关依据报关清单内容计算税额，如申报内容与实际检验结果有出入，按实际检验结果征税，并根据《海合会成员国统一海关法》加征罚金。

如海关通过检查货物、单据仍不能确定报关单所报内容的真实性，海关有权停止检验并要求货主补报相关证明材料。

1.9.2 沙特海关对违约金的征收规定

除依据《海合会成员国统一海关法》第 143 条裁定走私外，在不违反国际通行公约的前提下，以下违规行为依本法征收罚金：

1. 违反进出口规定的；
2. 违反海关申报规定的；
3. 违反货物过境规定的；
4. 违反仓储规定的；
5. 违反海关监管区规定的；
6. 违反临时进口规定的；
7. 违反转口规定的；
8. 其他违规行为。

第 2 章

沙特投资环境

2.1 沙特投资概况

2.1.1 外资引进规模

沙特实行开放性市场和投资政策，成功地吸引了众多外商直接投资，并成为阿拉伯国家中吸引外国直接投资最多的国家。特别是2003年沙特实行了石油上游对外开放的政策后，大大吸引了外国直接投资的流入。外资主要集中在与能源相关的产业，包括石油冶炼和石化。其他外资投入的领域主要有：水利及电力、矿业及铁路、阿美石油公司的采购、通讯及信息工程、金融保险服务、房地产和租赁及化学和塑料制造企业等。外国直接投资逐年增加，根据沙特投资总局的数据显示，从2000年到2006年，进入沙特的外商直接投资总体上呈连年快速增长态势。2000年1.83亿美元，2001年5.04亿美元，2002年4.53亿美元，2003年7.78亿美元，2004年19.42亿美元，2005年120.97亿美元，2006年355.14亿美元。但是，2010年，沙特的外国直接投资有所下降，为255.7亿美元。

2.1.2 外资引进方向

在沙特直接投资额最大的前十名国家和地区是：美国、日本、阿联酋、法国、约旦、荷兰、科威特、英国、中国台湾和巴林。

2.1.3 外资引进模式

沙特外资引进以合资、并购的形式进行：如阿美石油公司分别与法国道达尔石油公司和美国康菲石油公司投资建设了两座原油炼化厂。阿美公司和美国道化公司投资建设的化工产品综合体。韩国三星工程有限公司与沙特矿业公司（MA'ADEN）投资建设的合成氨生产厂等。

2.1.4 外资与生产力的转换

沙特投资总署为吸引国际投资商的投资做出了积极努力，该机构不断设计和提供在沙特的投资项目，其中包括今后3年涉及沙特各经济领域的总价值为2 830亿美元的基础设施开发项目，这些项目为国际投资商提供了在沙特投资的更多机会。沙特政府目前执行的新“投资管理法”为在该国的投资商创造了一个极为宽松和优惠的投资大环境，引起了越来越多的投资商关注，使沙特的经济发展受益匪浅。

沙特近年来还实施了一系列“亲商”改革。目前，改革的成果已初步显现，沙特吸引的外资规模远远领先于海湾合作委员会（GCC）的其他国家。2009年沙特吸引外资的占整个西亚地区的51.9%。沙特引入的大型外资项目如阿美石油公司分别与法国道达尔石油公司和美国康菲石油公司投资124亿美元的原油炼化厂。

近年来，沙特在改进其投资环境上取得显著成果。根据世界银行报告，在2011年世界最佳营商国家排名中，沙特较前一年继续上升，位居第11位，在北非及中东地区排名第一。而2004年沙特仅为67位。投资环境的改善有利于外国投资的持续流入，根据联合国贸易与发展组织（UNCTAD）对2010年全球投资的统计，沙特为世界第八大吸引外国直接投资的国家，在中东国家中长期居首位。

2.1.5 主要经济区域

外商在沙特政府规划的六座经济城（拉比格阿卜杜拉国王经济城、麦地那经济城、吉赞经济城、哈伊勒经济城、塔布克经济城、阿赫萨经济城）和两座工业区（朱拜勒工业区、延布工业区）内投资可享受到沙特政府提供的更加优惠的地区性投资优惠待遇，尤其是能够获得包括廉价能源供应、廉价项目用土地、优惠劳工措施、减免企业所得税等在内的一系列优惠措施。

2.1.6 沙特地区内部投资情况

沙特对外直接投资的流出逐年增加，并且在海湾合作委员会（GCC）成员国对外直接投资中名列前茅，2009年，沙特对外直接投资总额达65.3亿美元，占GCC对外直接投资的32%。

2.2 沙特投资政策

2.2.1 政府的外资政策

沙特于2000年4月10日公布的《外国投资法》给外国投资者众多优惠，鼓励外国投资者在沙特各个发展领域投资，配套的《外国资本法》允许外国资本享受《保护和鼓励民族工业法》赋予本国资本的同等优惠条件；在沙特加入世界贸易组织后，打开了外国资本在沙特更多行业投资的大门。

沙特《外国投资法》规定：外国资本在沙特任何长期的或短期的投资活动都有投资总局发给许可证。总局须在收到执行条例所要求的文件之后三十天内对投资要求做出决定。如果总局在规定期限内未作出裁决，总局应给投资者发给所要求的许可证。如果总局在上述期限内拒绝了投资要求，被拒绝者可因此按照法律提出申诉。

根据本法律规定获得许可的外国投资可以采取下列两种方式中的一种：1. 由本国投资者和外国投资者共有的企业。2. 完全由外国投资者所有的企业。外国投资者有权将他出售自己的股份或它得到的企业结算的盈余或利润汇往国外，或用其他任何合法的手段使用。还可以汇出必要的款项用于履行同项目有关的任何合同义务。投资总局为有意投资者提供所有必要的资料说明和统计，并为他们提供一切便利和完成投资所需的服务和措施。

沙特《外国投资法》还规定：不得全部或部分没收外国投资者的投资，除非根据司法判决；不得全部或部分取消其投资的所有权，除非为了公共利益，并根据法律和指示给予公正的补偿。

沙特对工业性投资采取鼓励机制，视情况给予海关免税和对特需人员工作签证采取便利措施，其中包括对外资项目免收15年的所得税和沙特化推迟5年执行。此前沙特规定外资企业必须拥有25％的沙特籍员工即沙特化的内容。沙特还计划对一般工业、采矿、农业、渔业、淡化水、铁路、公路及排水等项目实行上述优惠政策。另外，对在沙特不发达地区的投资者也给予鼓励措施。如在延布工业城对外国投资有更加优惠的政策支持，这里允许设立外商独资企业，所有企业不论何种资本类型均享受同等的国民待遇；所有生产所必需的原材料免进口关税；建设项目可获得项目成本50％，最高1亿美元的无息贷款；租购房屋土地可享受较低的价格和长期固定的租金；政府采购将倾向于在本国制造的产品；回撤资金无严格限制等。沙特投资总局采取多方面的措施力争简化、改善沙特在贸易纠纷、保证投资者利益、妇女工作、商品进口手续等方面的工作。

在开办业务方面，减免50％的港口税、增强对交易各方的法律保障、提高技术含量以及取消公司最低注册资本，改革还注重于鼓励中小企业发展，增加注册公司数量和职位数量，号召采用先进技术。此外，不断扩大外商投资领域。

沙特是《关于解决国家与其他国家国民之间投资争端公约》（简称《华盛顿公约》）和《联合国承认和执行外国仲裁裁决公约》（简称《纽约公约》）的签字国，这将保障投资纠纷的解决和仲裁结果的执行。

2.2.2 其他产业限制政策

沙特投资总局官方网站发布的禁止外商投资的领域：

石油资源的勘探和生产（不包括国际分类码883、5115项下与冶金相关的服务）；军用机械设备及服装生产；民用爆炸物生产、服务领域内的军用物资供给、安全领域、麦加和麦地那不动产投资、与朝觐和小朝觐相关的导游服务、劳务生产和销售、城市间陆地客运（除铁路外）、护理服务、医疗服务及国际分类码93191项下的半医疗服务、鲜活水产捕捞、毒剂中心、血液银行及卫生检疫机构。

2.3 沙特投资管理体制[①]

2.3.1 投资准入程序

在沙特投资的企业首先需要向沙特投资总署立项；由沙特商工部发放营业执照；再

① 资料来源：商务部：《对外投资合作国别（地区）指南：沙特阿拉伯》（2010年版）。

由沙特商工会发给会员证。

2.3.2 投资管理制度

沙特政府最高官方机构——沙特最高经济委员会负责，研究、制定、执行、管理沙特经贸和金融决策。沙特投资总局（SAGIA）直接负责协调沙特政府各部门处理沙特境内外商投资事务，以改善沙特国内投资环境，提高对外资的吸引力，为境内外投资者提供全方位的服务，尤其鼓励在能源、运输及知识产业领域的投资。

2.3.3 国民待遇和部门限制

沙特允许外资以合资或独资的方式在沙特设立公司、工程或开设办事处（无经营权限）。沙特尚未明文禁止外资大规模并购行为，除投资总局公布的外资进入行业清单所含行业外，外资可自由进入沙特市场，有影响力的大公司大都采取分股上市的形式运作，政府此举的目的也是为了全民获益，防止外资垄断。

延布工业城对所有企业不论何种资本类型均享受国民待遇。

2.3.4 对外投资协定

与沙特签订投资促进与保护协定的国家和地区有：意大利、德国、比利时、中国台湾、中国、法国、马来西亚、奥地利。与 29 个国家签订了经济技术贸易投资协定。与中国等多个国家和地区签订了避免双重征税协定。

2.4 沙特税收制度与激励政策

2.4.1 税收优惠

沙特从 2004 年开始实行新的税法，将外国公司的所得税从 35%削减为 20%。在新税法中有些部分可以减税或免税，如研发和地质勘测，另外，亏损可转入下一年。和沙特商人合作的合资企业，只征收外方的所得税，沙特方或海湾国家的商人仍交纳当年营业额 2.5%的宗教税。在沙特营业的国际航空公司每年需交纳 5%来自售票、货运和邮件营业额的税。

2.4.2 地区和产业优惠

除在沙特政府规划的六座经济城（拉比格阿卜杜拉国王经济城、麦地那经济城、吉赞经济城、哈伊勒经济城、塔布克经济城、阿赫萨经济城）和两座工业区（朱拜勒、延布工业区）内投资可享受到沙特政府提供的更加优惠的地区性投资优惠待遇，尤其是能够获得包括廉价能源供应、廉价项目用土地、优惠劳工措施、减免企业所得税、免除原材料及器械进口关税等在内的一系列优惠措施。此外，沙特投资总局在其网站上还公布了以下六大类鼓励性投资行业：

1. 以能源为基础的产业：包括原油炼化、石化、化肥、淡化水与发电业、冶金开矿业等方面；

2. 运输物流：包括航空、铁路、港口码头、道路、物流等；

3. 信息通讯技术产业；

4. 医疗卫生；

5. 生命科学；

6. 教育。

2.4.3 税收鼓励措施

沙特政府鼓励在经济城投资的投资者因项目需要而当地又无法解决的机械设备、原材料的进口免除关税，所生产的产品属于民族工业产品，受政府政策的保护，同类的外国进口产品将增加关税。经济城发展基金税每平方米 0.5 沙特里亚尔。

在延布工业城所有生产所必需的原材料免征进口关税。

2.4.4 其他非税收鼓励措施

延布工业区建设项目可获得项目成本 50%，最高 1 亿美元的无息贷款；租购房屋土地可享受较低的价格和长期固定的租金；政府采购将趋向于本国制造的产品；回撤资金无严格限制等。

在沙特经济城投资的投资者可以享受到“工业发展基金”50%的 10 年低息贷款。投资者可以根据项目需要引进劳务人员。

2.5 沙特主要贸易投资管理部门

1999 年 8 月 28 日成立的沙特最高经济委员会是负责研究、制定、执行、管理经贸和金融决策的沙特政府最高官方机构，2000 年 4 月 10 日根据该委员会决议成立的沙特投资总局（SAGIA）是直接负责协调沙特政府各部门处理沙特境内外商投资事务的官方机构。其宗旨是改善沙特国内投资环境，提高对外资的吸引力，为境内外投资者提供全方位的服务，尤其鼓励在能源、运输及知识产业领域投资，现任局长是阿穆尔－阿卜杜拉－达巴赫博士。

2.6 沙特注册企业程序

2.6.1 注册企业的一般形式

在沙特注册企业先要设立企业的形式，可以申请的执照有两种：一种是有限责任公司，另一种是国内母公司的沙特分公司。

沙特没有管理代表处的法规，不接受设立代表处的申请，但是可以和投资总署协调设立分公司而履行代表处职能。

2.6.2　注册企业的规定

1. 在国内准备以下 4 个文本，译成阿拉伯文，并做公证、认证：公司章程（母公司的公司章程）复印件；公司营业执照（母公司营业执照）复印件；任命分公司总经理董事会决议；沙特分公司总经理必须持有沙特居民证。在沙特负责注册公司人员的授权书。内容包括：有权代表公司签署与注册公司有关的任何法律文件；有权授权第三人或公司代理注册公司有关事宜；在当地银行有权开立公司账户和管理账户。

2. 在沙特寻找一家代理公司协助办理注册公司工作。代理公司的主要工作是与各政府部门打交道，了解具体操作程序和填写阿拉伯语的申请和表格。沙特政府原则上不允许外国人与他们直接打交道（在很多情况下中国人除外）。

3. 在沙特投资总局申请公司许可证，需要递交以下文件：

申请书；

公司章程；

公司营业执照；

任命分公司总经理董事会决议；

在沙特负责注册公司人员的授权书；

许可证由在利雅得的沙特投资总署颁发，投资总署承诺在一个月内颁发证书。

4. 到当地一家具有实力的银行开立账户，注入注册资金。根据公司性质不同，资金多少有一定区别，一般需要 50 万里亚尔左右。资金到位后，银行出具一份注册资金到位证明函。

5. 在沙特工商部申请 CR（COMMERCIAL REGISTRATION）需递交如下文件：

申请书；

银行出具的注册资金证明函；

分公司在沙特办公室租赁协议；

公司章程；

公司营业执照；

任命分公司总经理董事会决议；

在沙特负责注册公司人员的授权书；

分公司总经理沙特居住证复印件；

公司许可证复印件；

银行出具的注册资金证明函复印件；

入会会费发票复印件。

2.7 中国与沙特的投资关系

2.7.1 相互投资概况

中国与沙特双方相互投资近年不断增长。沙特对中国的投资居海合会国家对中国投资的首位，2008 年沙特对中国的投资额达 61.31 亿美元。沙特对中国的投资通过主权财富基金和合资的方式进行。如沙特王国控股公司董事长、沙特阿齐齐亚商业投资集团董事会主席瓦利德·本·塔拉勒亲王联合其他数家投资公司共同购买中国银行 20 亿美元的股份。如沙特基础工业公司（SABIC）和中国石化按 50∶50 的股份比例，于 2009 年 11 月合资组建了中沙（天津）石化有限公司，该项目主体建设投资 268 亿元，加上配套工程，投资总额达到 340 亿元。中国石油化工股份有限公司与沙特基础工业公司（SABIC）总投资约为 183 亿元建设天津百万吨乙烯项目。双方各持股 50%①。

中国对沙特的投资量虽然较小，但逐年增加。中国对沙特的投资主要集中在与石油相关的领域，并与沙特开展互利合作，寻求优势互补和共赢。在油气投资方面，一系列重大能源合作项目取得实质性进展。由沙特阿美公司、福建石化有限公司与埃克森美孚公司在中国福建合资建设的福建炼油一体化项目，以及由中国石化集团和沙特基础工业公司合资兴建的天津炼油化工一体化项目，已于 2009 年建成投产。2011 年 3 月 16 日，中国石油化工集团公司（SINOPEC）与沙特石油巨头阿美石油公司（Aramco）签署了建立伙伴关系合作备忘录，商定共同开发日产量达 40 万桶的延布红海炼油项目②。2011 年 6 月，中石化集团（SINOPEC）所属沥青公司与沙特沥青集团（Saudi Bitucorp）在上海签署合作协议，为沙特沥青集团的聚合物改性沥青（PMB）及其他沥青产品生产提供最新技术和支持。

2.7.2 国家间的投资协定

中国与沙特签订了《中国商务部和沙特城乡事务部工程项目合作谅解备忘录》、《中沙农业合作协定》和《中沙关于对所得和财产避免双重征税和防止偷漏税的协定》、《中华人民共和国政府和沙特王国政府关于加强基础设施建设领域合作的协定》。

2.7.3 未来投资合作趋势

今后 10 年，沙特将斥巨资兴建大型项目，并改善国内投资环境。沙特企业界强烈希望加强同中国的合作，欢迎中国企业到沙特投资，并将沙特作为其通向中东、海湾地区市场的门户。

---

① http：//energy. people. com. cn/GB/11589049. html 2011/08/19

② http：//intl. ce. cn/zj/201103/21/t20110321_22315731. shtml 2011/08/19

随着沙特对外国直接投资的鼓励政策的不断实施和对外开放力度的加大，投资市场将会不断扩大。中国对沙特的直接投资虽然逐年增加，并且在中国对海合会国家的投资中占第一位，但是占中国对外总投资的比重较小，大有潜力可挖。特别是随着沙特加入WTO之后，其服务业 FDI 将更加开放。中国可以更关注和重视对沙特的直接投资，为中国经济发展寻求新的更具发展潜力的投资市场。沙特正在积极促进外国投资进入油气下游产业，这是中国增加投资，进入沙特市场的机会。从沙特进口石油是中国石油供应的一个重要方面，如果投资当地石化行业，也是保证中国能源安全的一种方式。

但是，应当注意到，由于高油价为沙特带来的高收益使得沙特经济近年来处于快速发展的增长期，沙特政府提出一系列发展国民经济的战略性投资项目，其主要特点就是投资额巨大且时间跨度较长，这对于中国企业的投资资金链的运作是个巨大的考验，因此应谨慎应对。另外，在投资区域的选择上，沙特政府为发展多元化的民族工业，开辟了以阿卜杜拉国王经济城为代表的六个经济城作为沙特经济的未来发展战略。这也是沙特向东看的一种变化，借鉴中国对外开放政策。政府为经济城中的外国投资商提供包括税收、能源利用在内的一系列优惠待遇，中国企业投资可以考虑在上述经济城设立项目，尤其是沙特政府推进的吉赞经济城可以对其进行考察。对沙特投资，是未来双边经贸合作的主要增长点。

第 3 章

沙特金融环境

3.1 沙特货币体系

3.1.1 货币体系概况

沙特货币名称为沙特里亚尔。沙特货币政策中较为突出的是采用与美元联系的汇率制度。沙特里亚尔和美元可以自由兑换，实行固定汇率，汇率稳定。目前人民币与里亚尔还不能直接结算。

3.1.2 沙特汇率制度

沙特实行盯住美元的汇率制度，本币里亚尔对美元的汇率长期稳定于 3.75∶1 的水平。因此美元利率的不断下降也迫使里亚尔利率不断下调。

3.2 沙特金融机构

沙特于 1952 年开始创建本国的金融系统，沙特货币机构（Saudi Arabian Monetary Agency）在美国的技术支持下成立并开始行使中央银行的职能。于 1953 年开始发行本国货币，并积极推动本国银行体系的建立。1953 年，沙特第一家银行沙特国民商业银行成立，沙特开始拥有自己的货币和金融系统。1976 年，沙特银行业开始实行本土化战略，沙特政府规定外资银行必须将 60%的股份出售给沙特政府和人民，随后，一系列外资银行经过重组成立，其中包括沙特美国银行、沙特法兰西银行，沙特英国银行等。

1996 年沙特颁布了《银行管理法》，对沙特银行业务进行了规定，该法适用于国有银行和私营银行。2003 年 6 月制定的《资本市场法》，在现行商业银行的框架外，允许投资开办银行、经纪公司。

3.2.1 中央银行体系

沙特银行业的主管机构是沙特中央银行——沙特货币机构（SAMA），成立于 1952 年，负责发行、管理货币，监督管理商业银行，以及管理国家外汇。货币机构的主要职能包括：发行货币（包括纸币和硬币）、管理公共债务、保持物价及汇率稳定、管理外汇储备、监管商业银行、管理金融市场（包括证券市场）、确保本国金融体系的稳定和发展。同时，沙特货币机构还是沙特的投资机构，负责管理沙特的海外资产。沙特货币机构的工作重点在不同时期有所不同。机构组建之初的任务是实行货币改革和推动银行业的发展；从 1960 年到 1972 年，沙特货币机构的主要任务是促成里亚尔可兑换性的银行业法规的制定；1973 年到 1982 年，机构的主要任务是控制“石油繁荣”时期的通胀，管理外汇储备及外资银行分支机构的沙特化；20 世纪 80 年代中期以后，机构的首要工作则是推动金融市场的改革以及帮助政府解决债务问题。

沙特银行业由 11 个本地商业银行组成。11 个银行中 10 个为私有。沙特阿拉伯从未有过银行倒闭。2002 年沙特银行业开始走向开放，一些外国银行得到了经营许可，如：阿联酋银行、科威特国家银行、巴林国家银行。德意志银行是 2003 年后期首个获得许可的非海合会国家的外国银行。2004 年 BNP Paribas、摩根银行获得许可。之后马斯喀特银行、印度国家银行、巴基斯坦国家银行与 HSBC 一起获得许可。HSBC 除了作为沙英银行（Saudi British Bank）的合作伙伴，还获得了投资银行的许可。到 2005 年底，这些银行在沙特都建立不同阶段的实体。

外国银行在沙特可以以两种方式建立实体，即合资银行或外国银行的分行。合资银行是指那些外国银行可以拥有 60%资产净值的银行，而沙特对于外国银行分行的管理体制正准备着手进一步改善，将符合国际惯例。

除了私有银行外，在沙特还有 5 家国有的专业金融机构：

1. 沙特阿拉伯农业银行

向农民和农业项目提供无息贷款，偿还期为 15—20 年。

2. 房地产开发基金

为住房开发提供相当于房屋价值 70%的无息贷款，还款期超过 25 年。为非住房建设提供 50%的贷款。

3. 沙特工业发展基金

向私有的工业项目提供中长期信贷。贷款额可达项目金额的 50%，而且可以向全资外国公司或沙特公司提供贷款。

4. 公共投资基金

为公共项目提供资金。对于非常重要的、非常大的项目，私人投资者很难筹集资金，公共投资基金可以在商业运作的基础上，与商业银行或者为其提供长期资金支持。公共投资基金也是政府拥有股份的国有贸易公司的监管人。

5. 沙特信托银行

为低收入者的个人需求，如结婚、小型商业活动以及职业培训等提供无息信贷。

3.2.2 沙特的主要银行

沙特 2003 年 6 月制定的《资本市场法》，在现在商业银行的架构外，允许投资开办银行、经济公司。沙特阿拉伯货币署（沙特央行）负责银行业管理。

截至 2010 年一季度，沙特阿拉伯境内有本国商业银行 10 余家：

国民商业银行（National Commercial Bank）成立于 1953 年，注册资本 300 万里亚尔，是沙特第一家国有银行，1997 年，国民商业银行重组上市，1999 年，沙特政府通过财政部的公共投资基金收购了国民商业银行的多数股份。国民商业银行是中东最大的银行，其资本金为 16 亿美元，2005 年，银行利润为 133 亿美元。截至 2005 年底，国民商业银行在全国共有 261 个分支机构（其中 243 个提供伊斯兰银行业务），在贝鲁特和巴林设有分行，在伦敦、首尔、东京和新加坡设有办事处。

利雅得银行（Riyadh Bank）成立于1957年，注册资本500万里亚尔，是沙特最重要的商业银行之一。2007年，利雅得银行本金达到132亿里亚尔，资产总额为1 210亿里亚尔，存款总额为843亿里亚尔，贷款总额为673亿里亚尔。该行在全国有300个分支机构，并设有1 560个ATM机。2007年，该行净利润为30亿里亚尔。

阿拉伯国民银行（Arab National Bank）成立于1979年，资本金为17.3亿美元，雇员3 532人，位列中东十大银行之一。该行在全国设有143分行并于1991年在伦敦设立一个海外分行。2007年，该行净利润为6.56亿美元。

沙特英国银行（Saudi British Bank）成立于1978年，汇丰集团占40%的股权。汇丰于1959年收购中东英格兰银行的时候，同时接管其在沙特的分行。由于沙特英国银行只是汇丰的联营银行，所以并未使用汇丰品牌。2007年，该行资本金为60亿里亚尔，资产总额为262亿美元，实现利润6.95亿美元。截至2007年，该行在全国设有75个分支机构，其中包括12个女士银行，雇员2 865人。该行主要经营商业银行、投资银行及伊斯兰银行业务。

沙特美国银行（Saudi American Bank）成立于1980年，沙特政府接管沙特花旗银行在沙特的十个分支机构并组建了沙特美国银行，花旗银行占该行40%股份（截至2003年，花旗集团已售出该行全部股份）。1999年，沙特美国银行与联合沙特银行合并并保留沙特美国银行的名称。2006年，该行总资产为1 240亿里亚尔，实现利润72.7亿里亚尔。

沙特法兰西银行（Banque Saudi Fransi）成立于1977年，法国农业信贷银行旗下的克莱因银行占其股份的31.1%。该行总部设在利雅得，全国拥有3个地区分行和75个分行以及321台ATM机。2007年，该行存款总额为740亿里亚尔，信贷总额511亿里亚尔，实现净利润27.11亿里亚尔。

沙特荷兰银行（Saudi Hollandi Bank）成立于1976年，注册资本4.2亿里亚尔，其前身是由荷兰人在沙特创办的最早的银行，荷兰最大的银行荷兰银行（ABN AMRO）拥有其40%股份，2007年10月，荷银被并购，沙特荷兰银行40%的股份也被转入由苏格兰皇家银行、西班牙国家银行和富通银行组成的财团。2007年，该行雇员为1 737人，在全国设有43个分支机构和188个ATM机。截至2008年，该行总资产为584亿里亚尔，总负债为533亿里亚尔，2008年第1季度实现纯利润6.09亿里亚尔。

贾兹拉银行（Bank Al-Jazira）成立于1975年，是沙特重要的伊斯兰银行。2007年，该行资本金为46.8亿里亚尔，资产总额215.6亿里亚尔，净利润8.1亿里亚尔。该行在全国设有24个分支机构和267个ATM机。

沙特投资银行（Saudi Investment Bank）成立于1977年，主要从事商业银行和投资银行业务。2006总资产为40.8亿里亚尔，净收入为20.06亿里亚尔。

其他还有：比拉德银行、半岛银行、沙美财团、拉吉赫银行、发展银行。

除了私有银行外，在沙特阿拉伯还有5家国有的专业金融机构：沙特阿拉伯农业银行、房地产开发基金、沙特工业发展基金、公共投资基金、沙特信托银行①。

① 资料来源：商务部：《对外投资合作国别（地区）指南：沙特阿拉伯》（2010年版）。

3.2.3 保险公司

2007年，沙特共有42家公司经营保险业务，但2003年颁布的《合作保险法》规定，从2008年4月9日开始，保险公司必须获得沙特货币机构授权的经营执照才可经营保险业务，但在办理执照期间，可获得2—6个月的宽限期。截至2008年第一季度，沙特共有13家保险公司获得沙特货币机构颁发的从业执照，其中大多具有外资背景。

《合作保险法》规定，只有资本金大于1亿里亚尔的保险公司才可以在沙特从事保险业务，只有资本金大于2亿里亚尔的保险公司才可以从事再保险业务。有保险业从业执照的保险公司，主要经营保险和再保险业务，主保险种为：交通险、海事险、火险、医疗险、工程险、航空险、意外险及伊斯兰保险业务。目前，合作保险公司是沙特规模最大的保险公司，截至2007年底，公司资本金为18.5亿里亚尔，资产总额为53.1亿里亚尔，总承保保费19.1亿里亚尔，实现净利润5.3亿里亚尔。

3.2.4 证券公司

沙特证券市场将上市公司分为银行、工业、水泥、服务业、电力、电信、保险业和农业八大板块。以市值来看，工业板块市值最大，紧随其后的是服务业和农业。

沙特拥有1家证券交易所，即沙特阿拉伯证券交易所（TADAWUL），拥有中东地区最多数量的蓝筹公司。截至2011年底，沙特上市公司总数146家，TASI指数为6 358点。

3.3 沙特金融市场

3.3.1 资本市场

沙特资本市场的监管机构是沙特资本市场机构（Capital Market Authority），该机构基于2003年出台的《资本市场法》组建，拥有独立的行政执法权，直接对总理负责。该机构的主要职能是负责资本市场的立法工作，促进有价证券交易的公正、流畅、透明，防范资本市场出现欺诈、非法操作及内部交易等伤害投资者的行为以及监管资本市场经营机构等。

沙特资本市场发展迅速，截至2007年底，沙特共有经纪公司和咨询公司68家，其中经纪公司21家，咨询公司47家。沙特资本市场各项指标都表现良好，截至2007年底，Tadawul股指达到11 175.96点，较上年上涨40.87；商业银行当年购买政府债券1 442亿里亚尔，较上年上涨16.9%；专门信贷机构拨发贷款165亿里亚尔，较上年上涨62%。

3.3.1.1 债券市场

沙特政府有价证券分为两种，政府发展债券（Government Development Bonds）和国库券（Treasury bills）。沙特政府发展债券建于 1988 年，当年 6 月由沙特财政部发行并通过沙特货币机构发售。政府发展债券是期限为 2—5 年不等的付息债券，每周六由沙特货币机构与国内商业银行及其他金融机构进行交易。沙特政府债券允许沙特国民和非沙特国民通过沙特国内银行进行购买。沙特货币机构与国内银行安排有回购协议，规定市场经营者可以回购拥有债券总数的 25%，非市场经营者可以回购拥有债券的 10%，回购期为隔夜到 28 日。目前，沙特 12 家国内银行的 9 家已成为政府发展债券的市场经营者。

沙特国库券于 1991 年 11 月推出，以替代 1984 年推出的银行抵押存款账户（Bankers' Security Deposit Accounts），沙特国库券分为短期国库券和一年期国库券两类，短期国库券由沙特货币机构于每周一与银行进行交易，一年期国库券则在每个月的最后一个周二进行交易。沙特政府对国库券的投资人没有任何限制。为了增加国库券的流动性，沙特货币机构与银行安排有国库券回购协议，银行最多可回购持有国库券总数的 70%。沙特银行也可向外销售国库券。

沙特政府有价证券的二级市场也已建立，可通过沙特货币机构进行交易。2007 年，沙特银行持有政府有价证券 1 442 亿里亚尔，较上年上涨 17.1%，其中政府发展债券数额为 1 274 亿里亚尔，占总数的 88.3%。

3.3.1.2 股票市场

20 世纪 30 年代，沙特就已出现最初的证券交易，到 20 世纪 70 年代，随着石油繁荣和外资银行的沙特化，证券市场得到了迅速发展。不过沙特的证券市场一直处于无序状态，直到 1984 年，沙特才成立由财政和国民经济部、商业部、货币机构组成的经济委员会负责国内证券市场的机制建设和立法工作。此后，沙特货币机构一直是国内证券市场的监管机构，直到 2003 年，才将此职能移交给新成立的沙特资本市场机构。

2001 年，沙特政府采用新型股票交易系统 Tadawul，以取代 1990 年投入运行的电子证券信息系统（Electronic Securities Information System）。2007 年 3 月 Tadawul 公司成立，Tadawul 是沙特唯一的证券交易所，位列全球第 11 位，截至 2007 年底，沙特 Tadawul 综合指数（TASI）为 11 175.96 点，市值为 19 463.5 亿里亚尔，2007，该所股票交易量为 685.2 亿股，交易金额为 25 577.1 亿里亚尔①。

沙特资本市场监管局（Capital Market Authority）2008 年 8 月 7 日宣布，允许外国人通过合法中介公司从股票市场购买股票。这一决定被视为沙特政府对外国投资者开放的重大举措，离完全开放仅一步之遥。此前沙特不允许外国投资者进入其股票市场。除了通过共同基金外，只有海湾合作委员会成员国的居民才可以直接投资沙特公司。②

3.3.1.3 基金市场

沙特的投资基金始于 1979 年底，当年 12 月，沙特国民银行设立了“短期美元基

① 资料来源：SAMA，Forty Fourth Annual Report，2008
② 商务部：《对外投资合作国别（地区）指南：沙特阿拉伯》（2011 版）。

金”。为了规范国内投资基金的运作，沙特政府于 1993 年颁布了投资基金管理条例。沙特民间资本丰富，2007 年，沙特共有各类投资基金 252 个，均由各银行经营，管理的资金总额为 1 051 亿里亚尔，合 280 亿美元，其中沙国内投资占 75.8%，国外占 24.2%。投资人共 41.3 万人。上述资金中投资本地和国外股市的占 58.5%，投资于本地和国外证券市场的占 0.8%，投资于本地和国外货币市场的占 31.3%，其他投资占 9.4%。

3.3.2 外汇市场

沙特外汇管理没有具体立法。但是，沙特阿拉伯货币管理机构即沙特阿拉伯货币署（沙特阿拉伯央行）会采取措施控制货币的数量和流通，货币署禁止银行在没有征得货币署事先同意的情况下用里亚尔进行国际金融交易。金额超过 10 万里亚尔的交易必须通知货币署。任何沙特阿拉伯居民、外国投资者的常设机构向沙特境外汇款时，应按以下比例缴纳预提费：特许税 15%；管理费 20%；租金 5%；机票、航空运费和海运费 5%；国际电信服务费 5%；其他类别汇款单预提费不超过 15%，待出具完税证明后，款项全部退回。

沙特当地货币，除了禁止与以色列进行交易外，沙特在资本项下不论是对本国居民还是非本国居民都没有外汇管制，各种货币可以在沙特自由兑换，各种资金、利润及外籍人员的收入可以自由汇入汇出。

3.4 沙特金融监管

3.4.1 金融监管机构

沙特资本市场的监管机构是沙特资本市场机构（Capital Market Authority），该机构基于 2003 年出台的《资本市场法》组建，拥有独立的行政执法权，直接对总理负责。该机构的主要职能是负责资本市场的立法工作，促进有价证券交易的公正、流畅、透明，防范资本市场出现欺诈、非法操作及内部交易等伤害投资者的行为以及监管资本市场经营机构等。

3.4.2 金融监管制度

1984 年，沙特成立由财政和国民经济部、商业部、货币机构组成的经济委员会负责国内证券市场的机制建设和立法工作。此后，沙特货币机构一直是国内证券市场的监管机构，直到 2003 年，才将此职能移交给新成立的沙特资本市场机构。

3.4.3 金融监管法规

金融市场按《资本市场法》管理。

3.5 沙特金融市场融资

3.5.1 信贷融资

沙特信贷机构的主要任务是向对国民经济十分重要的特定部门，包括农业、工业、房地产，以及向专业性企业和小型企业提供长期贷款。截至2007年，这些专业信贷机构的资产总额已达3 198亿里亚尔，较上年增长17%，2007年，专业信贷机构实际发放贷款总额为165亿里亚尔，较上年增长62%，收回贷款总额为71亿里亚尔，较上年增长19.2%。截至2007年底，专业信贷机构未收回贷款总额为1 335亿里亚尔，较上年增长8%①。

沙特主要的专业贷款机构有：

沙特阿拉伯农业银行（Saudi Arabian Agricultural Bank）于1965年正式投入运行，是为全国各种农业活动提供财政支持的政府信贷机构。该行职能是：通过为农民购买农业机械、水泵、牲畜等提供软贷款支持农业发展，促进农业效率的提高和农业现代化。该行资本金为108.39亿里亚尔。2007年，该行发放贷款6.65亿里亚尔，收回贷款6.84亿里亚尔，净贷款−0.19亿里亚尔。截至2007年底，该行未收回贷款总计为94.32亿里亚尔。

沙特信贷银行（Saudi Credit Bank）成立于1971年，该行资本金为95.9亿里亚尔，专门为本国经济能力有限的公民提供无息贷款，该行对贷款人贷款资格有很严格的要求：确实需要贷款、年收入不超过3.6万里亚尔、没有沙特信贷银行的贷款、并须遵守信贷银行的特殊条款，并且每笔贷款的金额都不超过2万里亚尔。该行主要提供婚姻贷款、房屋维修贷款、家庭贷款（应付基本生活开支）、职业贷款等。2007年，该行发放贷款10.40亿里亚尔，收回贷款5.54亿里亚尔，净贷款4.86亿里亚尔。截至2007年底，该行未收回贷款总计为17.99亿里亚尔。

沙特银行可以向外国公司在沙特的分、子公司发放贷款。贷款申请通常需要以下文件：最近连续3年的年度财政报表；现金流量预测；贷款偿还来源说明；项目可行性研究报告；商业注册概要和税收评估；贷款计划说明等。银行通常要求贷款人提供相应的担保。银行接受以下形式的担保：贷款人票据；银行承兑汇票、可交易证券（公债、股票和债券等）；银行和母公司担保等。

3.5.2 债券市场融资

公共投资基金（Public Investment Fund）成立于1971年，主要是为企业因资金或者经验不足难以独立投资的，对国家发展至关重要的商业项目和生产项目提供金融支持。

---

① 资料来源：SAMA，44th Annual Report，2008

2002年起，该基金开始与相关部委协作促进本国的私有化进程，2006年，基金资本金增至200亿里亚尔。2007年，该行发放贷款70.06亿里亚尔，收回贷款22.56亿里亚尔，净贷款47.49亿里亚尔。截至2007年底，该行未收回贷款总计为225.67亿里亚尔。

沙特工业发展基金（Saudi Industrial Development Fund）成立于1974年，2005年，资本金为200亿里亚尔。基金旨在促进本国工业基础的发展，其职能主要是向私人工业项目提供中长期软贷款及管理、金融、技术、营销服务。基金可以为符合要求的企业发放最长为15年，最多为项目所需资金50%的贷款。2007年，该行发放贷款42.44亿里亚尔，收回贷款15.25亿里亚尔，净贷款27.19亿里亚尔。截至2007年底，该行未收回贷款总计为138.57亿里亚尔。

房地产发展基金（The Real Estate Development Fund）1976年正式投入运行，基金主要是为沙特公民建造房屋提供贷款服务，基金最初资本金为2.5亿里亚尔，随后追加到827.69亿里亚尔。2007年，该行发放贷款35.58亿里亚尔，收回贷款20.39亿里亚尔，净贷款15.20亿里亚尔。截至2007年底，该行未收回贷款总计为733.93亿里亚尔。

3.6 沙特与国际金融市场

3.6.1 沙特在国际金融市场的角色

沙特阿拉伯是伊斯兰国家，沙特金融业也受到沙里亚法的限制。不过，沙特金融机构的实际操作与西方国家并无差异。与其他国家不同的是，伊斯兰金融机构在20世纪80年代开始出现并不断发展壮大，现已成为传统金融机构的重要补充。

沙特金融业从无到有，发展非常迅速，沙特现已形成包括银行业、保险业、资本市场在内的完善的金融体系，国内金融法律完备，功能齐全。2005年，沙特正式加入WTO，随后，沙特也加快了国内金融业对外资的开放程度。目前，已有10个海湾国家及其他国家的银行在沙特开展银行业务，不过规模都比较小。沙特于2003年颁布了《资本市场法》，该法要求所有银行都需要分离其投行业务并且银行开设投行业务需要单独向资本市场局（Capital Market Authority）申请。至今，该局已发放若干投行经营执照，这些执照大多发放给由外资银行和沙特本地合作方联合组建的投资机构。沙特金融业的另一项改革是废除了国家联合行动保险公司（National Company for Cooperative Insurance）对国内保险业的垄断。沙特阿拉伯货币机构已向很多新成立的保险公司发放了经营执照。这些新成立的保险公司已于2007年按照沙特法律的要求首次公开募股上市。

沙特金融业比较发达，银行业对外开放度较高。在沙特阿拉伯的11家大银行中，有7家是合资银行，分别是沙特英国银行、沙特荷兰银行、沙特法国银行、阿拉伯国有银行、沙特美国银行、半岛银行和沙特投资银行。在前4家合资银行中，外国资本所占比例在31%到40%之间。沙特阿拉伯在2005年年底前把外国投资者持有沙特银行股份的比例上限从目前的49％提高到60％。随着沙特经济的强劲增长和利率的走低，有力地促进了银行业盈利水平的提升。

2011年9月，环球经融杂志（GFmag）根据穆迪、标准普尔、惠誉等机构对银行长期信用评级情况评估后发布一项排名报告显示，中东地区最安全十家银行中有五家来自沙特，即Samba金融集团，国家商业银行，Al Rajhi银行、利雅得银行，沙英银行①。

据沙特《经济报》2010年2月17日报道，尽管遭受国际金融危机和地区经济的影响，国际著名评级机构穆迪（MOODYS）根据沙特银行业的综合表现，仍然将沙特沙美银行（Samba）、沙英银行（SABB）、沙法银行等三大银行的远期外币存款等国际信用等级由A1调高至Aa3级。另据沙特利雅得银行宣布，该行获国际评级机构S&P信用评级A＋级。利雅得银行是沙特第三大银行，2009年纯收入8.08亿美元，同比增长14.8％；存款增长19.2％；贷款增长10.5％②。

据沙特《利雅得报》报道，沙特2010年底已成为拥有世界第四大外汇储备的经济体，其当时的外汇储备（含黄金）高达1.7万亿里亚尔，约4 451亿美元③。

3.6.2 中国在沙特金融市场角色

中国在沙特金融市场进入起步阶段。2010年9月27日，上海渣打银行（中国）有限公司宣布为沙特Alinma银行成功开设了人民币同业往来账户。这是跨境贸易人民币结算项目推出以来的第一个伊斯兰银行人民币同业往来账户④。2011年10月，中国工商银行正式向沙货币总署提交了在沙特阿拉伯设立分行的申请。但是，尚无中国商业银行在沙特阿拉伯设立分行或办事机构。

① 中华人民共和国商务部网站 http：//sa.mofcom.gov.cn/aarticle/jmxw/201109/20110907731381.html
② 中华人民共和国商务部网站 http：//sa.mofcom.gov.cn/aarticle/jmxw/201002/20100206787167.html
③ 中华人民共和国商务部网站 http：//sa.mofcom.gov.cn/aarticle/sqfb/e/201112/20111207860936.html
④ 中国证券报 http：//stock.sohu.com/20100930/n275362643.shtml

第二篇

阿联酋商务环境

阿联酋是一个高度开放的经济体，是继中国香港和新加坡之后的全球第三大转口贸易中心。阿联酋的主要出口商品有：石油及石油产品、天然气、铝及基本金属、矿产品、橡胶塑料制品。主要进口商品有：机械、电机、电子设备、汽车与飞机等交通运输工具、宝石、基本金属、纺织品、化学品。阿联酋主要货物贸易伙伴有：印度、日本、中国、韩国和美国。与中国签订了《关于鼓励和相互保护投资协定》、《中国与埃及经济贸易协定》和《关于对所得避免双重征税和防止偷漏税协定》。

阿联酋由七个酋长国构成，是一个松散的联邦制国家。阿联酋贸易政策的制定和实施、进出口贸易和工商企业的管理主要由阿联酋经济部和外贸部具体负责。但实际上，阿联酋各酋长国均都设有半官方性质的商工会，商工会对于酋长国境内的商业活动具有很高的管辖权。阿联酋于 1996 年加入世界贸易组织，该国奉行贸易自由和低关税政策，进口商品的数量不受配额和许可证限制。自加入 WTO 以来，阿联酋从未对其他国采取过反倾销和反补贴行动，该国也未设立相关贸易法规。但是，在货物进口方面，阿联酋施行了严格的商业代理制，《阿联酋商业代理法》规定，外国公司和商人不得直接在阿联酋市场上销售产品，外国商品须通过当地代理才能进口和销售。在货物出口方面，自加入 WTO 以来，阿联酋从未采用过 WTO《补贴与反补贴措施协定》中禁止使用的出口补贴措施。在国际合作方面，阿联酋是海湾阿拉伯国家合作委员会成员国和大阿拉伯自由贸易区的成员国，此外，阿联酋还与叙利亚、约旦、黎巴嫩、摩洛哥、伊拉克等国签署了双边贸易协定。

作为海湾合作委员会的成员国，阿联酋在货物贸易的很多领域需要遵循海合会国家的统一标准。在原产地规则方面，阿联酋与其他海合会国家一样将从价百分比40%作为确定原产地的标准。在商品质量和安全卫生标准方面，阿联酋绝大多数标准是以海合会统一标准为基础。而且，在海关监管和关税制度方面，阿联酋需要遵守《海合会成员国统一关税法》，这就是说，阿联酋进出口货物的监管、进出境运输工具的监管、海关税则归类、海关征税制度、海关退税制度、海关扣留和没收、海关对违约金的征收都受《海合会成员国统一关税法》的管辖。但是，阿联酋各酋长国设立的自由区却不被认为属于阿联酋的关税领土。阿联酋的自由区受各酋长国海关监管，但货物进出自由区并不按照一般的海关通关流程进行操作。

阿联酋外商投资活动十分活跃，外国直接投资的来源地主要有：英国、日本、美国、印度、冰岛、科威特；投资领域主要集中在：石油天然气、房地产业、金融中介、保险业、建筑业。外国人在阿联酋开展投资活动，必须按照《公司法》、《商业代理法》和《劳动法》的相关规定办理公司注册。不过，阿联酋是个松散的联邦制国家，各酋长国的具体规定也略有差异。根据阿《商业代理法》的规定，只有阿联酋公民拥有51%股权的公司才能够注册。外国公司对阿投资必须采取合资形式或是通过代理机构开展经营活动。不过，阿各酋长国设立的自由贸易区不受《商业代理法》的约束，外国公司在自贸区投资不但可拥有100%股份，还能享受很多其他优惠政策。

阿联酋金融业十分发达，各种金融机构十分完备。阿联酋金融机构既能按照国际规则提供现代化存贷款服务、投行服务和保险服务。也开设有符合伊斯兰规则，照顾当地传统的融资和金融服务。阿联酋金融监管机构有阿联酋中央银行、阿联酋保险机构、阿联酋证券和商品机构以及迪拜金融服务机构。

第 4 章

阿联酋贸易环境

4.1 阿联酋进出口贸易

4.1.1 进出口概况

阿联酋是一个高度开放的经济体。2009 年，阿联酋进出口总额达 3 422 亿美元，同比下降 17.6%。其中出口 1 922 亿美元，同比下降 19.7%；进口 1 500 亿美元，同比下降 14.9%，顺差 422 亿美元，同比下降 33.0%。① 目前，阿联酋是继中国香港和新加坡之后的全球第三大转口贸易中心，2009 年，阿联酋再出口总额达到 402 亿美元，占出口总额的 20.9%。②

阿联酋的主要出口商品有：石油及石油产品、天然气、铝及基本金属、矿产品、橡胶塑料制品。主要进口商品有：机械、电机、电子设备、汽车与飞机等交通工具、宝石、基本金属、纺织品、化学品。

2009 年，阿联酋位列前五位的货物贸易伙伴有：印度（15.8%）、日本（10.1%）、中国（8.3%）、韩国（6.6%）、美国（5.4%）。2009 年，阿联酋位列前 5 位的货物进口国是：印度（14.6%）、中国（13.3%）、美国（8.6%）、德国（5.9%）、日本（4.6%）；位列前 5 位的出口对象国分别是日本（17.3%）、韩国（10.5%）、印度（10.0%）、伊朗（6.8%）和泰国（5.1%）。③

此外，阿联酋也是全球第三大转口贸易中心。根据我国商务部统计，2009 年，阿联酋主要位列前 10 位的再出口目的地包括：伊朗、印度、伊拉克、沙特、杰贝·阿里自贸区、卡塔尔、瑞士、巴林、阿富汗和中国香港，阿联酋对这 10 个国家的再出口贸易总额为 267 亿美元。④

在建筑工程承包方面，阿联酋是中东地区规模最大的工程承包市场。据本地商业媒体报道，“截至 2010 年 6 月，阿联酋国内各类在建及规划立项的大型工程项目总金额超过4 598 亿美元，占海湾阿拉伯国家工程市场总量的 44.4%。就项目内容而言，房地产和基础设施建设仍然在阿联酋工程市场占据最大份额，两者累计达到 4 016 亿美元，其中 2 136 亿美元工程项目位于阿布扎比酋长国境内，1 836 亿美元位于迪拜酋长国境内。”⑤

4.1.2 主要贸易伙伴关系

阿联酋奉行中立、睦邻友好和不结盟的外交政策。主张通过和平协商解决争端，维

① EIU，Country Report：United Arab Emirates，April 2011.

② UN，Comtrade database. 2011 年 7 月 4 日。

③ IMF，DOT database. 2010 年 9 月 16 日。

④ 商务部：《对外投资合作国别（地区）指南：阿联酋》(2010 年版)，http：//fec. mofcom. gov. cn/gbzn/upload/alianqiu. pdf. 2010 年 7 月 5 日。

⑤ http：//news. xinmin. cn/rollnews/2010/06/27/5447890. html. 2010 年 7 月 5 日。

护世界和平。阿联酋在加强同美国等西方国家关系的同时，重视发展与阿拉伯、伊斯兰、不结盟等第三世界国家关系，主张加强海湾合作委员会国家的团结与合作。

与美国的关系：阿联酋与美国保持着十分密切的双边关系。双方军政要员互访频繁，经常会就两国关系、中东与海湾地区的局势进行磋商。2009 年 1 月，阿美签署了和平使用核能的协定。目前，美国正与阿联酋进行关于签订自由贸易区协定的谈判。

与印度的关系：阿联酋与印度有着十分密切的经贸关系。印度是阿联酋第一大贸易伙伴，也是阿联酋最大的外籍劳动力来源国，2009 年，大约有 175 万印度人生活在阿联酋。近些年，印阿两国高层互访频繁，2009 年阿联酋副总统兼总理谢赫·穆罕默德·本·拉希德·阿勒马克图姆访印，2010 年 11 月，印度总统普拉蒂巴·帕蒂尔前往阿联酋进行国事访问。

与韩国的关系：近些年，韩国与阿联酋的经贸关系发展非常迅速。2009 年 12 月 27 日，韩国总统李明博访问阿联酋，双方签订了韩国帮助阿联酋建设 4 座核反应堆的协议。2009 年 12 月 20 日，阿布扎比炼油公司宣布与韩国三家公司签订总额为 44 亿美元的合同，用于鲁韦斯炼油厂的扩建公司。2009 年 12 月 28 日，韩国现代重工公司与阿布扎比天然气液化公司签署了一项价值 10 亿美元的有关在阿联酋达斯岛建造一个综合天然气开发厂的协议。2011 年 3 月，韩国国家石油公司在阿布扎比酋长国获得了 3 个岸上和近海油田的开发权，根据双方协议，韩国国家石油公司将拥有这些油田的 100％权益，2014 年租矿权到期之时，韩国国家石油公司将会从阿联酋获得 10 亿桶的原油产量。

与日本的关系：阿联酋与日本保持着非常密切的经济政治关系。日本是阿联酋第一大石油出口对象国。阿联酋则是日本的第二大石油进口来源国。近些年，日阿双方政界要员互访频繁。2009 年，阿联酋外长阿卜杜拉访日，日本前首相福田康夫作为特使访阿。

与欧洲国家的关系：历史上，阿联酋曾是英国的殖民地。阿独立后，仍与英国保持着传统的关系。英极为重视其在海湾地区的政治和经济利益，经常派军政要员访阿，参加历届迪拜国际航空展和阿布扎比防务展；阿联酋与法国在军事合作方面有着十分密切的关系，法国参加历届迪拜国际航空展和阿布扎比防务展，法国是阿主要的武器供应国。2008 年 1 月，阿联酋同法国签订了和平使用核能备忘录；近些年，阿联酋与德国关系发展迅速，两国均视对方为地区的重要合作伙伴，两国高层往来增多。

与中国的关系：1984 年 11 月 1 日中国与阿联酋建交。建交以来双边关系发展顺利。两国高层和各级别人员互访不断，在国际和地区事务中相互支持与配合。2010 年 5 月，阿联酋外长阿卜杜拉来华出席“中阿合作论坛”第四届部长级会议；9 月，全国人大常委会副委员长李建国访阿；10 月，国务委员兼公安部长孟建柱访阿；阿联酋外长阿卜杜拉正式访华；11 月，中共中央政治局委员、中央军委副主席徐才厚，中共中央政治局委员、天津市委书记张高丽访阿。2011 年 1 月，外交部长杨洁篪访阿；7 月，中共中央政治局常委、中央纪委书记贺国强访阿。

4.2 阿联酋外贸管理机构

4.2.1 立法制度

阿联酋贸易政策的制定和实施是由阿联酋经济部具体负责。贸易相关立法的程序如下：1）阿联酋经济部协同其他相关部委、贸易团体和各酋长国相关部门起草贸易法规草案。可以协助经济部参与贸易法规起草的其他机构有：财政部、联邦标准化与计量局、劳工部、司法和伊斯兰事务部、联邦海关、卫生部、能源部、各酋长国市政厅等；2）经济部协同其他相关部委依次向内阁、国民议会和联邦总统提交贸易法规草案进行审议；3）贸易法规草案经最高委员会批准和联邦总统签署后，即成为正式法律条文。

根据1972年颁布的联邦1号法令，阿联酋各部委有权在各自的司法权限内负责国际协定和条约的具体协商。阿联酋最高委员会负责国际协议和条约的审批和认可。不过，在国际协议的具体签订上阿联酋外交部是唯一有权代表阿联酋签订国际协议的政府机构，其他部委协商确定、并经由最高委员会批准的国际协议，也应由阿联酋外交部代其签署。阿联酋宪法规定，内阁有义务告知国民议会签署的所有国际协议和条约。国际协议和条约一经签订后，其法律效力高于阿联酋本国法律。

4.2.2 行政机关

阿联酋由七个酋长国构成，是一个松散的联邦制国家。联邦政府负责外交和国防事务，并制定国家的总体经济政策，各酋长国政府负责制定和实施各自的经济发展战略、政策、措施、法规，并承担具体的经济管理工作。阿联酋联邦政府负责对外贸易投资管理的部门主要包括经济贸易部、财政工业部和外交部。

经济贸易部的主要职能包括：制定经济贸易政策；制定规范经济贸易活动的法律法规；协调政府部门和企业间的关系；

财政工业部的主要职能包括：负责政府间避免双重征税和投资保护协定等方面工作；

外交部的主要职能是：处理与经济有关的外交事务。

除以上联邦政府部门外，阿联酋7个酋长国均设有商工会，商工会属半官方机构，主要职能包括：贯彻执行本酋长国有关工商业政策，管理本酋长国私人公司和企业，负责公司和企业的登记注册，发放营业执照和商工会会员证书等事宜，为本酋长国商工会会员提供有关经济贸易和市场等方面的信息，介绍客户。7个酋长国商工会联合组成阿联酋联邦商工会（FCCI），总部设在阿布扎比，主要负责协调各酋长国商工会之间的关系、组织参加酋长国间商工会活动、推动阿联酋企业家对外交往与合作。

4.2.3 司法体系

阿联酋是一个十分开放的经济体，奉行贸易自由的政策，除军事装备和武器由政府统一进口、大型项目采购由政府统一进口外，对一般消费品和机械设备的进口都没有限制。阿联酋一直坚持实行无配额、无贸易壁垒的贸易制度，国内无内贸、外贸之分。也无反倾销法律，更无反倾销的先例。

目前，阿联酋涉及对外贸易及投资的相关法律主要包括：《公司法》、《商业代理法》、《商标法》、《保险法》、《审计法》、《商品交易法》和《劳动法》等。

4.3 阿联酋进口管理制度

4.3.1 进口配额

阿联酋奉行贸易自由的政策，对进口商品的数量不设定配额。

4.3.2 进口许可证制度

阿联酋奉行贸易自由的政策，国内并未设立进口许可证制度。但是，特定商品，特别是涉及健康、安全、道德、宗教的一些产品，进口商在进口前必须首先向相关部门提出申请，获得进口许可证。

4.3.3 原产地标志要求

阿联酋政府奉行贸易自由的政策，不要求进口商提供原产地证明。阿联酋也未在原产地问题上与其他国家发生过贸易摩擦，或是在原产地问题上向 WTO 提出过诉讼。

不过，作为海合会成员国，根据海合会关税同盟协定的相关要求，阿联酋需要遵守海合会制定的统一的原产地规则。海合会目前采用两种不同的原产地规则：非优惠原产地规则和优惠原产地规则。对于适用于优惠原产地规则的第三国商品。在判定产品原产地时，首先确认该产品是否为“完整产出产品”。如产品在第三国完成了全部的生产过程，则依据“完整产出原则”，判定该国为产品的原产地。如该产品的生产涉及 2 个以上国家时，则依据“实质性改变原则”，应用从价百分比标准确定原产地的进口产品，作为判定标准的从价百分比为 40%，即如认定商品的原产地为第三国，该商品在该国加工后产生的附加值占商品总价的比重，应不低于 40%。对于适用于优惠原产地规则的来自第三国的商品，也是按照“完全产出原则”和“实质性改变原则”进行断定，但是作为判定标准的从价百分比不再是 40%，而是按照具体的条款进行确定。

4.3.4 反倾销税

阿联酋并未设立与反倾销税相关的贸易法律和法规。自 1996 年加入 WTO 以来，阿联酋从未采取过反倾销行动，也未征收过反倾销税。但是阿联酋已经采用了海合会条约（The GCC Treaty）中的反倾销等保护规定，也已经起草联邦反倾销法草案。具体何时实施还没有最后规定。

4.3.5 反补贴税

阿联酋并未设立与反补贴税相关的贸易法律和法规。自 1996 年加入 WTO 以来，阿联酋从未采取过反补贴行动，也未征收过反补贴税。但是阿联酋已经采用了海合会条约中的反补贴等保护规定。

4.3.6 其他贸易壁垒

【商品贸易壁垒】阿联酋奉行贸易自由政策，阿联酋至今未与任何国家、任何公司签署过限制其对阿商品出口的任何协议。自加入 WTO 以来，阿联酋也未收到过任何国家提起的针对阿联酋的贸易保护方面的指控，阿联酋也从未出于平衡国际收支的目的采取过任何限制外国商品进口的措施。不过，作为海合会成员国，对阿出口的隶属于已经发布海湾技术法规的产品，都必须强制性加贴海湾合作委员会符合性标志，以表示产品至少符合健康、安全和环境的基本要求。

【与宗教相关的贸易壁垒】阿联酋是一个伊斯兰国家，阿进口的食品须符合伊斯兰教教规的要求，猪肉产品的进口需获得进口许可证。

【服务贸易壁垒】阿联酋不允许外国独资公司和阿联酋方持股比例低于 51%的合资公司参与工程承包。阿联酋政府规定，外国公司在阿联酋承包工程不能享受工程预付款，须带资承包。从而加大了外国承包商固定资产和流动资金投入量，延长了回收期。同时外国公司在购置工程用大型机械设备上受到某些限制，以及面临指定材料供应商等问题。

【商业代理制】与其他海合会国家一样，阿联酋对国内贸易一直实行保护政策，如《阿联酋商业代理法》规定，外国公司和商人不得直接在阿联酋市场上销售产品，外国商品须通过当地代理才能进口和销售。

4.4 阿联酋出口管理制度

4.4.1 出口管制

出于安全、环境以及遵守国际协议、国际条约（例如：《巴塞尔公约》、《濒危野生动植物种国际贸易公约》、《禁止化学武器公约》、《不扩散核武器条约》）的考虑，阿联酋对部分产品、特别是对可用于制造大规模杀伤性武器和常规武器的产品实行出口管制，这些商品的出口需获得相关部门发放的出口许可证。阿联酋动物及动物制品、麻醉剂等产品的出口也需获得相关部门发放的出口许可证。① 此外，作为欧佩克（OPEC）的成员国，阿联酋石油产量和出口量也会受到欧佩克配额调整的影响。

① Federal Environmental Agency online information. Available at：http：//feaapp. fea. gov. ae. July 6th，2011.

4.4.2 出口鼓励

自加入 WTO 以来，阿联酋从未采用过 WTO《补贴与反补贴措施协定》中禁止使用的出口补贴措施。不过，为刺激国内非石油产品的出口，国有的酋长国工业银行会在“合理条款下”向工业企业提供包括出口信贷、股权筹资在内的资金支持。但是，只有设立在阿联酋境内的，资产总额至少 51%归属阿联酋公民或海合会国家公民所有的、获得工业生产许可证的企业，才有资格获得酋长国工业银行（Emirates Industrial Bank）提供的资金支持。①

阿联酋是一个松散的联邦制国家，各酋长国独立制定各自的出口鼓励政策。不过，阿联酋目前有计划建立一个协调各酋长国出口鼓励活动的统一的联邦机构。

4.5 阿联酋贸易协定

阿联酋是海湾合作委员会成员国及大阿拉伯自由贸易区的成员。

阿联酋分别于 2001 年 3 月 17 日、2002 年 3 月 2 日、2002 年 3 月 17 日和 2002 年 4 月 2 日与叙利亚、约旦、黎巴嫩、摩洛哥和伊拉克签署了双边贸易协定。

4.6 阿联酋贸易习惯

4.6.1 通用的贸易方式

【代理制度】根据阿联酋《商业公司法》的规定，除在自由区内，外国公司不得在阿联酋境内直接从事经营活动。只有通过阿联酋公民或由阿联酋公民完全所有的企业法人作为保人或代理，外国公司方可从阿联酋经济部取得营业执照。

根据《商业代理法》的有关规定，外国公司可以在阿联酋境内委托一家代理，也可以在一个或几个酋长国委托一家代理，但不可在一个酋长国委托多家代理。外国公司和阿联酋代理必须签订书面代理协议。外国公司在阿联酋境内以代理的名义销售产品和提供售后服务。没有合理的理由，外国公司不得任意终止代理协议。除非原代理协议到期失效或双方同意解除原代理协议或经法院判决解除原代理协议，否则，外国公司不得变更代理人。代理协议终止所造成的任一方的损失，可以要求另一方补偿。②

---

① Central Bank of the United Arab Emirates (2003), *Annual Report*, 2003. Available at: http//centralbank.ae. July 12th, 2011.

② 商务部：《对外投资合作国别（地区）指南：阿联酋》(2010 年版)，http://fec.mofcom.gov.cn/gbzn/upload/alianqiu.pdf. 2011 年 7 月 4 日。

4.6.2 对阿联酋贸易应当注意的问题

4.6.2.1 海合会标准

在 2001 年通过的海合会经济协议中，海合会国家承诺采用统一的商品标准。2002 年海合会标准组织（GCC Standardization Organization）成立后对各类货物制订了具体的质量标准和规范。海合会秘书处资料显示，截至 2008 年 9 月，海合会标准组织总共制定了 4 951 项商品标准，其中 1/3 是强制性标准。在这些标准中，绝大多数已被海合会成员国所采用。而在阿联酋标准化与计量局（Emirates Authority for Standardization And Metrology-）设置的产品标准中，有 95%都是以海合会标准为基础的。

4.6.2.2 安全卫生标准

阿联酋的绝大多数食品法规都是以海合会标准为基础的。如果没有可适用的海合会标准，阿联酋国家食品安全委员会（National Food Safety Committee-NFSC）和检疫委员会就会分别对有关食品以及肉禽类标准提出建议，由市政综合秘书处制定相应的食品条例。而且，当世界卫生组织宣布哪个国家有某种疾病，或海合会总秘书处宣布禁令，阿便宣布禁止从该国进口相关产品。此外，阿联酋各酋长国政府均有权对当地口岸的进口产品实施进口禁令。

4.6.2.3 包装和商标

【产品包装和标签】阿联酋标准化与计量局设定的产品包装和标签规定是以海合会标准为基础的。但是，目前，阿联酋仅对食品标签推出了强制性要求。阿联酋食品标签可以只用英文表示，规定的主要内容如下：(1) 任何包装食品的标签必须：不易去掉或更改；产品若含有动物脂肪、酶、胶或其他任何动物产品，该标签应表明其来源；标签上的信息必须清楚；(2) 标签的内容必须含有：食品的生产日期和有效期；食品的名称；产品的原料（按含量降序排列）；食品的重量（或体积）；生产厂家的名称和地址；商标；原产国；贮藏条件（如有必要）；食用方法（如需要）；此外，香烟的包装上必须用阿拉伯文印上“政府警告，吸烟有害健康”等内容；(3) 标签不得出现以下情况：虚假、误导或具有欺骗性；与包装内的实际产品不一致；标签资料被覆盖、更改或涂改。①此外，阿联酋食品标签规定还对食品的生产日期、有效期以及食品原料和添加剂做出了更为细致的规定。不过，目前阿联酋还没有转基因食品生产和进出口的有关规定。因此阿联酋对转基因食品没有标签要求。

【商标】阿联酋管辖商标事宜的法律是 1992 年出台的《第 37 号商标法》，该法第二条对商标的含义做出了界定，其内容如下：因为商标拥有者制造、挑选或经营该商品、产品，或提供相关服务而具有明显的形状，用于或意图用于区分商品、产品或服务的来源，或表示商品或产品属于该商标拥有者的名字、词、签字、字母、数字、图画、象征标志、地址、印记、印章、肖像、装饰图案、告示、包装、任何其他图案或图案的组合。

---

① GCC Technical Regulation No. 9 of 1995.

如果声音伴随商标，则被认作是商标的一部分。该法主要内容有：商标注册人是商标唯一拥有人；商标注册人自注册之日起，至少连续使用 5 年，无人对其提出无商标拥有权的诉讼，则不能再对商标拥有权产生争议；如证实已注册商标连续 5 年没有使用，有关民事法庭可判处撤销该商标注册。阿联酋商标法并包含平行进口、权利穷竭的条款，不过，该法第 30 条规定：商标拥有人根据经公证的书面合同，可许可其他 1 人或多人使用其注册商标；该注册商标的使用范围包括其所对应的全部或部分货物或服务。除非另有协议，商标拥有人本人也可以使用该注册商标。

4.6.2.4 清真认证

阿联酋是一个伊斯兰国家，每一批出口阿联酋的肉类食品都必须拥有能够证明其符合清真要求的认证，具体包括：(1) 由海湾国家驻出口国使领馆或他们的授权机构颁发的认证；(2) 由得到海湾国家有关机关认可的伊斯兰组织颁发的认证。该认证必须经海湾国家驻出口国使领馆或他们授权的机构检查，同时该认证上的印章必须是防伪的，且使用的墨迹需清晰且对健康无害。认证上必须有该伊斯兰组织授权人的签名，证明该产品的生产过程符合伊斯兰律法。

4.6.3 纠纷处理方式

阿联酋当地所有企业均为阿各商工会会员，当国外企业与阿本国企业出现贸易纠纷时，可向当地商工会投诉，请其出面予以处理。阿联酋各地商工会对贸易纠纷的处理通常采用仲裁方式。在接受商工会仲裁时，相关企业需要准备的文件有：合同、发票、估价单、交货通知、订购单、提货单、报表、付款凭单、来往函件以及其他支持性文件。①

4.7 阿联酋海关监管制度

4.7.1 对进出境货物的监管

阿联酋对进出口货物的监管依照《海合会成员国统一海关法》(GCC Common Custom Law) 执行，该法对于进口货物的监管要求如下：

【对于海路到港的货物】报关单需载明通过海路进口到该国的货物；由船长签署的包含所有货物的报关单②；船长在进入海关管辖范围时应向相关部门出示原始货单；船长还应向港口方提供：原始货单、船员自用物品清单、乘员名单、在本港卸货的清单、海关要求提供的所有相关文件和提单；船只进入港口 36 小时内提供相关单据、文件，公共假日不计在内；无到港代理的货船、帆船的保管清单必须签有装船港口海关的签证；所有水上运载工具不经港口海关允许不得卸载货物，货物的卸载、转运必须在海关的监督之下进行；根据海关总署署长的指示要求进行卸载、转运；货物在海关保税库提货时发

① Dubai Chamber. Available at: http: //www. dubaichamber. com/services/legal-services. July 15th 2011.

② 报关单应注明：船舶名称、国籍以及货运注册地；货物的总重量、散装货物的重量、如有未尽货物应如实申报；货物的包装、件数、标志、说明和编号；托运人和收货人的名称、货物起运港口名称。

现货物数量、货值出现短缺，船长、大副或其他代表人负全责；货物数量、货值出现短缺或货单所列货物不符，船长或代理人负责解释并提供相应的证明文件；如果未能提供相应的文件，在船主做出保证的前提下海关给予不超过6个月的宽限期。

【对于陆路到港的进口货物】通过陆路进口的货物必须在第一个关口办理通关手续，经海关总署署长批准也可转其他关口办理；由陆路运输进口的货物报关单由承运人或承运人的代表签署，报关单应包括所有的运载工具资料、所载货物资料及海关总署署长要求的其他资料；货到后，承运人或其代表及时向海关提供报关清单。

【对于空运到港的货物】飞机必须按规定的航线飞越国境，在设有海关的机场降落；机长签字提交所载所有货物的报关清单；飞机到港后机长或其代表应及时向海关提供货物报关清单；除安全因素等特殊要求外，飞机在飞行过程中不许卸载货物，如有必要应及时通知海关，参阅其他相关法律的相关条文。

该法对于出口货物的监管规定如下：货物承运人或其代理人在离境时，无论满载或空载都应向海关申报，领取离境许可，《海关法》特例条款；货物出口商应向海关提供货物报关清单，禁止陆路承运人偷逃海关监管。①

4.7.2 对进出境运输工具的监管

阿联酋对进出境运输工具的监管依照《海合会成员国统一海关法》执行，该法对于进出境运输工具的监管要求如下：禁止所有海上运输工具在法定港口外装卸货物；禁止吃水在200吨以下、搭载限制进口或禁止进口或海关列为高税率的商品的船只进入海上海关管辖区，但境内港口转运及已办妥海关手续的除外；禁止所有进出境的飞机在没有设有海关的地点起降；禁止陆路运输工具在没有设海关的地点进出国境。②

4.7.3 自贸区的监管

阿联酋各酋长国设立的自由区虽然是其领土的一部分，但不被认为属于阿联酋的关税领土。阿联酋的自由区受各酋长国海关监管，但货物进出自由区并不按照一般的海关通关流程进行操作。

阿联酋自贸区商品进出口的一般规则有：进口商必须获得海关颁发的、有效的进口代码；货物必须与企业经营许可证规定的经营活动相符；货物进入自由区不能晚于海关申报日期的72小时；货物到达自由区、接受海关核验前，进口商不能打开、变更或分发货物；货物进入自由区或转运至仓库需接受核查；如果申报人提供的材料不完整，则需要上交一定数量的押金。

---

① 中国驻沙特经商处网站。http://sa.mofcom.gov.cn/aarticle/ddfg/sshzhd/201106/20110607599101.html. 2011年7月5日。

② 同上。

4.8 阿联酋关税计征制度

4.8.1 阿联酋海关税则归类

阿联酋的关税是在海合会外部关税（The GCC Common External Tariff）的基础上设立的。根据海合会统一规定，阿联酋各酋长国将一般商品的进口关税设定为5%。不过，阿联酋对少数产品征收较高的关税（如含酒精食品的税率为50%、烟草制品的税率为100%），并保留征收附加进口税的权利。此外，阿联酋对进口样品不征收关税，对420项产品免征关税，免征关税进口商品包括食品、本地工业生产所需的原材料和有关设备、药品、钢铁、化肥、农药、农产品等。阿联酋及其他海合会国家对进出口货物的归类是以《商品名称及编码协调制度》（简称“协调制度”，又称“HS”）为基础。根据《海合会成员国统一海关法》的相关规定，属于海合会海关税则目录未归类的货物按世界海关组织的条例归类，属于阿联酋本国子目录项下的货物在海合会框架内归类。①

4.8.2 阿联酋海关估价制度

阿联酋是根据WTO的《海关估价协议》对进口货物做出估价的。

4.8.3 阿联酋海关征税制度

阿联酋只征收进口关税，不征收出口关税。阿联酋海关关税的征收规则是以《海合会成员国统一海关法》为基础制定的。其海关关税征收的具体规定如下：入境货物必须根据《海合会成员国统一海关法》征收关税，根据本法豁免关税或与海湾国家合作委员会签订有协议的，或在海合会框架内签订的其他国际条约免除关税的除外；关税的种类按照货物价值比例进行征收；进口货物应在海关登记之日向海关缴纳关税；存放在保税库到期货物的纳税，按货物申报登记之日的征税条款执行；本地区以外的货物以及本地区免税区的货物，按出关当日的征税条例执行；认定走私货物或违例货物，应以从高原则确定；海关对变卖货物征收关税，应根据本法在变卖当日确定；对已损坏的商品，海关根据货物申报登记时的价值确定；商品在交清税款和其他手续费之前，货物不得放行；税收工作人员应向进口商开具由大臣或主管机构指定的正式收据；经海关总署署长批准，持银行保函、现金或其他有价证券的担保手续可以在缴纳关税前先行放货。

4.8.4 阿联酋海关退税制度

虽然《海合会成员国统一海关法》对海关退税制度做出了规定，但阿联酋目前还没

---

① 中国驻沙特经商处网站。http：//sa.mofcom.gov.cn/aarticle/ddfg/sshzhd/201106/20110607599101.html. 2010年7月15日。

有设立海关退税制度。

4.8.5 阿联酋海关关税优惠制度

与工业支持相关阿联酋法律规定，对于阿联酋本国工业所必需的部分机械、零部件、原材料和半成品以及包装材料实行关税优惠与减免的政策。对于用于转口目的的进口货物，可用银行担保代替关税。进口货物完成转口贸易后，贸易商提交证明文件，银行担保责任撤销。此外，对于原产地是海合会其他国家和大阿拉伯自由贸易区协议国（烟草和含酒精饮料除外）的货物免征关税。①

此外，根据《海合会成员国统一海关法》的规定，以下商品免征关税：海合会统一经济条约、公约规定的免税货物；外国使团、领事馆、国际组织负责人及外交人员、驻在国认可的领事人员对等免征关税；持内阁或其授权部门批文，为武装部队、国内安全部队等进口的武器弹药、军事设备、军用运输工具、零备件及其他材料；社会公益慈善用品；本地生产，出口转进口的商品；一年之内出口再转进口的外国商品；临时出口进行精加工或修理的物品持海关总署署长的批文免税。

4.9 阿联酋海关行政处罚规定

4.9.1 阿联酋海关扣留和没收规定

在扣留和没收方面，阿联酋海关遵守《海合会成员国统一海关法》的相关规定，该法对于海关扣留和没收的规定如下：

与扣留相关的规定：海关人员依照本法登船检查，有权要求提供报关单及其他文件，有权扣押拒绝提供或没有相关文件的涉嫌违禁或走私的货物，并把船只押送至最近的海关机构；海关人员有权查阅与海关通关直接或间接相关的文件、记录、商业合同及任何形式的文件，如发现从事导航、运输事务、从事报关业务的自然人、法人涉嫌违规，海关人员可立即扣押上述人员；海关人员有权扣留涉嫌犯罪、企图犯罪或者涉嫌走私、隐匿、运输走私物品的人员；海关可以扣押走私和违规的货物以及用于藏匿货物的物品、汽车、动物等运输工具，但专门用于运输乘客的飞机、船只和巴士除外；取证人员有权扣押涉嫌违规或走私的货物、用于藏匿的物品、交通运输工具、所有文件资料、没收违规走私犯罪证据以保证税款和罚款的征缴；如果没有足够的财产作补税抵押，海关总署署长有权要求主管部门限制走私嫌疑人离境。满足所需押金或能够说明被扣押货物价值足以满足补税所需者，可撤销走私嫌疑人的出境限制令。

根据《海合会成员国统一海关法》，阿联酋海关可以没收走私物品（如果货物未被扣

① 中国驻沙特经商处网站。http：//sa.mofcom.gov.cn/aarticle/ddfg/sshzhd/201106/20110607599101.html. 2010年7月15日。

押）或同等价值的其他物品；没收一切用于走私的工具、交通运输工具、材料物资。

4.9.2 阿联酋海关对违约金的征收规定

根据《海合会成员国统一海关法》规定，除依《海关法》第 143 条裁定的走私外，在不违反国际通行公约的前提下，阿联酋海关可对以下违规行为征收罚金：违反进出口规定的、违反海关申报规定的、违反货物过境规定的、违反仓储规定的、违反海关监管区规定的、违反临时进口规定的、违反转口规定的以及其他违规行为。

第 5 章

阿联酋投资环境

5.1 阿联酋投资概况

5.1.1 外资引进规模

2009年，受全球金融危机的影响，阿联酋吸引外商直接投资的规模开始收缩，当年吸引外商直接投资40.03亿美元，较2008年下降70.8%。2009年，阿联酋吸引外商直接投资存量达到734.22亿美元，占到当年GDP总量的29.5%。①

5.1.2 外资引进方向

根据阿联酋国家统计局的统计数据，2007年阿联酋外国直接投资的来源地主要有：英国、日本、美国、印度、冰岛、科威特、法国、新加坡和中美洲国家；投资领域主要集中在：石油天然气、房地产业、金融中介、保险业、建筑业、批发和零售贸易、制造业等。②

5.1.3 外资引进模式

根据阿联酋《商业公司法》，在阿联酋成立的所有公司（自由区除外）51%以上的股份必须由阿联酋籍公民所有。所以，外国公司在阿联酋除自由区外的其他区域的投资必须采取合资经营的模式，但在自由区可以采取独资经营的模式。

5.1.4 外资与生产力的转换

外国直接投资主要流向阿联酋石油天然气和房地产两个领域，并对这两个领域的发展产生了重大影响。首先，从石油天然气方面来看，进入新世纪以后，阿联酋石油产量的提高主要是依靠天然气回灌等新技术的应用，而新技术的应用与国际石油公司的投资有着密不可分的关系。而从房地产业来看，从2006年开始，流入阿联酋、特别是迪拜酋长国房地产业的外国投资开始增多，受房地产业繁荣的影响，阿联酋旅游业、金融业也获得了迅速发展，而这些行业的发展，对阿联酋实现经济多样化和劳动力本土化有着十分重要的意义。

5.1.5 主要经济区域

【阿布扎比工业城】阿布扎比工业城（Industrial City of Abu Dhabi）是阿布扎比酋长国建立的工业园区。阿布扎比工业城的建立旨在促进阿布扎比酋长国的工业发展，实现

① UNCTADStat. July 15th, 2011.

② 商务部：《对外投资合作国别（地区）指南：阿联酋》（2010年版），http://fec.mofcom.gov.cn/gbzn/upload/alianqiu.pdf. 2011年7月4日。

酋长国经济发展的多元化战略。阿布扎比工业城的经营和管理由 2004 年成立的阿布扎比经济特区最高机构（Higher Corporation for Specialized Economic Zones in Abu Dhabi）负责，此外，该机构还负责为工业区提供基础设施和服务。

阿布扎比工业城由五个工业城组成。这五个工业城的发展重点有所不同。其中，阿布扎比工业 1 号城的发展重点是重工业，包括工程、钢材、玻璃、纺织、化工、建材及医药工业。该工业城占地面积高达 14 平方公里，配有宾馆、文化娱乐中心、商业中心、银行、零售及诊所等基础设施。阿布扎比工业 2 号城的发展重点是制造业，包括木材、工程、油汽化工、建材及仓库等，该工业城的面积为 11 平方公里。阿布扎比工业 3 号城的发展重点是国际型工程、加工、化工、建材及高新技术等。该城占地面积为 12 平方公里。阿布扎比 4 号及 5 号城的发展重点是高附加值工业企业以及商业和服务型工业企业。这两个工业城占地面积总计为 36 平方公里。

【杰贝一阿里自由贸易区】杰贝一阿里自由贸易区成立于 1985 年 2 月，是阿联酋全国最大的自由区，自由区基础设施先进、行政管理简便、能源供应充足，是阿联酋最具吸引力的自由区。杰贝一阿里自由区位于欧亚中间地带，波斯湾之脚，迪拜市西南 50 公里处。得益于地理上的便利，该自由区内生产的产品可以很方便地运往欧亚，特别是海湾地区其他国家。杰贝一阿里自由区港口拥有 67 个泊位，15 公里长的码头，一个集装箱站和现代化的装卸设备。

杰贝一阿里自由区管理局负责自由区的管理工作，该局是由港口、海关和自由区组成的联合体。杰贝一阿里自由区的所有者迪拜酋长国在自由区的基础设施，包括交通、通信和高速数据传输等领域投入了大量资金。杰贝一阿里自由区内不但有向投资者出租的空地，还建有向投资者出租的办公室、厂房和仓库等工业设施。在企业的经营管理方面，自由区管理局具有相当高的自由权，管理局可以直接向投资者颁发营业执照，提供行政管理、工程、能源供应和投资咨询等多种服务。投资者在自由区可以建立两种企业，一种是独资企业，最低注册资本 27 万美元；另一种是有限责任公司，最低注册资本 13.5 万美元。

截止到 2007 年，已有 6 400 家企业入驻杰贝一阿里自由区，其中就包括 100 多家位列全球 500 强的企业。按照投资者的地域进行划分，欧洲公司占 28%，中东 11%，远东 9%，印度次大陆 15%，美国公司 7%，阿联酋公司 13%。按照从事行业进行划分，杰贝一阿里自由区 22% 的公司从事工业生产，75% 的公司进行贸易、仓储和分销，3% 的公司从事服务行业。全球很多知名跨国公司，如英国石油、德古士、柯达、索尼、诺基亚和 IBM 等均在杰贝一阿里自由区设有地区分部。①

① 中国驻迪拜总领事馆经济商务室。http：//dubai.mofcom.gov.cn/aarticle/ztdy/200706/20070604754790.html. 2011 年 7 月 15 日。

5.2 阿联酋投资政策

5.2.1 联邦政府的外资政策

外国人在阿联酋开展投资活动，必须执行《公司法》、《商业代理法》和《劳动法》的规定，办理公司注册。公司注册后加入商工会，成为企业法人，享有与阿联酋本国公司同样的权利和义务。不过，虽然阿联酋执行经济自由政策，无外汇管制、基本也没有税收。但外国投资者依然不能享有国民待遇。根据阿《商业代理法》的规定，只有阿联酋公民拥有51%股权的公司才能够注册。外国公司对阿投资必须采取合资形式或是通过代理机构开展经营活动。不过，阿各酋长国设立的自由贸易区不受《商业代理法》的约束，外国公司在自贸区投资可拥有100%股份。

5.2.2 各酋长国的外资政策

虽然外国人在阿各酋长国投资都需取得经营执照。但阿联酋是个松散的联邦制国家，各酋长国颁发的经营执照有所不同。例如，迪拜酋长国颁发的是三种不同的经营执照：为工业活动颁发的工业执照、为服务业和手工业颁发的专业执照以及为贸易活动颁发的商业执照。

5.2.3 产业限制政策

阿联酋的土地和自然资源归属各酋长国统治家族所有。因此，阿联酋各酋长国对于外国人拥有土地和房地产的规定也有所不同。例如，迪拜酋长国允许外国人在三个政府部分拥有的，享有豁免的三个房地产项目中拥有私人产权，其中两个项目的产权为永久产权，另外一个项目的产权为99年使用权。而阿布扎比酋长国依然不允许外国人购买本国的房地产项目。

在石油和天然气工业方面，各酋长国的政策也有不同。例如，迪拜酋长国不允许外国公司投资本国油气上游领域。而阿布扎比酋长国允许外国公司与阿布扎比国家石油公司合作投资上游领域。

5.3 阿联酋投资管理体制

5.3.1 投资准入程序①

5.3.1.1 外资公司的进入程序

阿联酋《公司法》规定，外国公司想要在阿开办企业，首先要有明确的意图，并且

① 中国国际贸易促进委员会经济信息部：《阿联酋投资环境及相关政策》。http：//aaa.ccpit.org/Category7/Asset/2007/Dec/10/onlineeditimages/file71197254600343.pdf. 2011年7月15日。

要做好项目计划和成立企业的战略定位与目标。然后，就是与当地代理机构签订代理协议，向当地经济局提出申请。经济局接到申请后，会协调市政府有关部门做好相关审批工作。对于外国企业来说，在阿联酋开办企业最为关键的一环是寻找到合适的合作人。阿联酋的《公司法》规定，在公司基本章程中应明确规定各合伙人所分摊的盈利与亏损的比例。如果没有明确的规定，那么合伙人分摊的比例按照他在资本中所占的比例而定。若章程中只明确了合伙人分摊盈利的比例，那么他分摊亏损的比例与分摊盈利的比例相同。外资公司建立的具体程序参见：5.6.2。

5.3.1.2　劳工进入要求和工作签证

阿联酋为保护本国人就业，对外籍劳工的进入有着比较严格的规定。自 2006 年开始，阿联酋规定凡负责办理签证及其他与签证护照相关事务的人必须为阿联酋本国人。因此，如果公司规模不大，一般都是把申请签证的事务交由其保人处理。在阿联酋办理工作签证需要用人单位向其合作方，也即保人提交书面的申请文件。然后经保人签字同意后，向移民局提交申请工作签证的相关文件。

经移民局审核批准后，移民局会出具一份临时工作签证，有效期为三个月。该员工必须在三个月之内，凭该份临时工作签证抵达阿联酋。

随后，该员工须在抵达阿联酋后的 30 天内，凭该份工作签证及公司执照复印件、购房或租房合同复印件到政府指定的医院进行体检。主要检查艾滋病、肺结核、乙肝。如果不合格，则必须遣返。体检合格后，领取健康卡，并将体检结果单提供给公司保人。

随后，保人持该份检查结果单和临时工作签证再次去移民局，办理真正的工作签证。该签证的有效期为三年。

而根据阿联酋的《劳动法》，非本国公民必须经劳工部同意，发给工作许可证才能在阿联酋工作。所以最后还需要委托保人，持工作签证、相关学历证明及其他相关材料去劳工部办理劳工卡。

5.3.2　国民待遇和部门限制

在阿联酋登记注册，加入商工会的企业都能享有与阿联酋本国企业同等的待遇。但是，外国人只能在自由区开办独资企业。如果要在自由区外投资，必须采用合资形式，并且阿联酋人在企业中占有的股份至少为 51%。

在阿联酋，一些行业只能由阿联酋公民或由阿联酋公民完全所有的企业法人进行经营，这些行业有：商业机构、汽车租赁服务、农业、狩猎和林业服务、渔业服务、人力资源服务、证券服务、公路运输服务、开设旅行社和提供导游服务，药品、药剂仓库、疾控中心。

此外，WTO 服务贸易领域中的娱乐、文化、体育服务和视听服务中，仅有少数几个领域允许外商投资，这些行业有：艺术、电影工作室、剧团、电影院、剧场、艺术品展馆，体育活动。①

5.3.3 对外投资协定

阿联酋已与下述国家签署了双边投资协定：阿尔及利亚（2001年4月24日）、澳大利亚（2001年6月17日）、白俄罗斯（2000年3月27日）、中国（1993年7月1日）、捷克（1994年11月23日）、埃及（1997年5月11日）、芬兰（1996年3月12日）、法国（1991年9月9日）、德国（1997年6月12日）、意大利（1995年1月22日）、韩国（2002年6月9日）、黎巴嫩（1998年5月17日）、马拉西亚（1991年10月11日）、蒙古（2001年2月21日）、摩洛哥（1999年2月9日）、莫桑比克（2003年9月24日）、巴基斯坦（1995年11月5日）、波兰（1993年1月31日）、罗马尼亚（1993年4月11日）、苏丹（2001年2月18日）、瑞典（1993年11月10日）、叙利亚（1997年11月26日）、塔吉克斯坦（1995年12月17日）、突尼斯（1996年4月15日）、土库曼斯坦（1998年6月9日）、乌克兰（生效日：2004年2月28日）、美国（2004年3月15日）、也门（2001年2月13日）。

5.4 阿联酋税收制度和激励措施

5.4.1 税收优惠

虽然阿联酋各酋长国会根据本酋长国的自身情况向合资企业征收一些种类的税收，但阿联酋的整体税收水平非常低。阿联酋联邦对企业和个人，包括对外商合资、独资企业基本上实施无税收政策，不征收所得税、也不征收增值税和中间环节的各种税收。

5.4.2 地区和产业优惠

对于外国投资者来说，在阿联酋自由区投资可以享受很多优惠政策，这些优惠政策有：（1）外资可100%控股；（2）进出口商品100%免税；（3）100%资本和利润汇出；（4）15年免交公司所得税，期满后免税期可再延长15年；（5）免征个人所得税；（6）协助雇佣劳工、并提供赞助和住房等其他服务；（7）股东责任仅限于公司资本金；（8）完善的基础设施、支持服务及通讯条件。②

不过，即使在阿联酋关税领土内，外资企业也能享受到低税收政策。虽然阿联酋各酋长国税法大多规定年净收入在100万迪拉姆以上的经营实体需要缴纳10%—55%不等的税。但实践中，仅有油气及石化类公司以及外国银行分支机构需要纳税。油气公司依照特许经营协议中的规定缴纳赋税。此外，阿联酋各酋长国也会对某些商业及服务业企

① 商务部：《对外投资合作国别（地区）指南：阿联酋》（2010年版），http：//fec.mofcom.gov.cn/gbzn/upload/alianqiu.pdf. 2011年7月4日。

② 中国国际贸易促进委员会经济信息部：《阿联酋投资环境及相关政策》。http：//aaa.ccpit.org/Category7/Asset/2007/Dec/10/onlineeditimages/file71197254600343.pdf. 2011年7月15日。

业征收一些“间接税”，其中包括房租、诊所、旅馆和娱乐设施等。房租征收标准一般为：私人出租房年租金纳税率为5%、商业房出租年租金纳税率为10%、旅馆和娱乐场所年租金纳税率为5%。①

5.4.3 税收鼓励措施

阿联酋实行低税收政策，外国公司在自由区外经营不享有其他税收鼓励措施。

5.4.4 其他非税收鼓励措施

为刺激国内非石油产品的出口，国有控股的酋长国工业银行会在“合理条款下”向工业企业提供包括出口信贷、股权筹资在内的资金支持。但是，只有设立在阿联酋境内的，资产总额至少51%归属阿联酋公民或海合会国家公民的、获得工业生产许可证的企业，才有资格获得阿联酋工业银行提供的资金支持。②

5.5 阿联酋主要贸易投资管理部门

5.5.1 政府行政部门

阿联酋联邦政府负责贸易投资管理的部门主要包括：经济贸易部、财政工业部和外交部。

5.5.2 各酋长国商会

除以上联邦政府部门外，阿联酋7个酋长国均设有商工会，商工会属半官方机构，主要职能包括：贯彻执行本酋长国有关工商业政策，管理本酋长国私人公司和企业，负责公司和企业的登记注册，发放营业执照和商工会会员证书等事宜，为本酋长国商工会会员提供有关经济贸易和市场等方面的信息，介绍客户。7个酋长国商工会联合组成阿联酋联邦商工会（FCCI），总部设在阿布扎比，主要负责协调各酋长国商工会之间的关系、组织参加酋长国间商工会活动、推动阿联酋企业家对外交往与合作。

5.6 阿联酋注册企业程序

5.6.1 注册企业的一般形式

《公司法》规定所有在阿联酋建立的公司必须采用以下七种公司形式之一：普通合伙

① 商务部：《对外投资合作国别（地区）指南：阿联酋》（2010年版），http：//fec.mofcom.gov.cn/gbzn/upload/alianqiu.pdf. 2011年7月4日。

② Central Bank of the United Arab Emirates (2003), *Annual Report*, 2003. Available at: http//centralbank.ae.

公司（GENERAL PARTNERSHIP）；合伙有限公司（LIMITED PARTNERSHIP）；合资公司（JOINT VENTURE）；公开合股公司（PUBLIC JOINT_STOCK COMPANY）；不公开合股公司（PRIVATE JOINT_STOCK COMPANY）；责任有限公司（LIMITED LIABILITY COMPANY）；股份合伙有限公司（PARTNERSHIP LIMITED BY SHARES）。其中，前两种是资本100%归属阿联酋人所有的企业。

5.6.2 注册企业的规定

5.6.2.1 公司注册需要提交的文件①

阿联酋本国独资企业（100%本国人）需要提交的文件：

1. 公司名称（由商工会批准）；

2. 用于从事业务活动的公司总部的租房合同、护照复印件及本人照片；

3. 经营活动的描述（确定公司专业范围）；

4. 有些行业在申请营业执照前，须事先获得有关部门的批准；填妥的营业执照申请表（市政府当局印制的），企业登记，商工会颁发的“会员证书”。

外国独资企业（这种企业营业范围有限，如承包公司，只能从事本国有资格公司不能承担的，如技术咨询方面的业务）需要提交的文件：

1. 公司名称（由商工会批准）；

2. 经营活动的描述（有些行业营业执照的申请还需有关部门的批准，按照有关法律规定有些行业只能由本国人从事）；

3. 和当地代理人（担保人）之间所签订的代理合同；

4. 用于从事业务活动的公司总部的租房合同；

5. 护照复印件及本人照片；

6. 填妥的营业执照申请表（市政府当局印制的），企业登记，商工会颁发的“会员证书”。

商业公司（本国股份至少51%）需要提交的文件：

1. 按照《商业公司法》规定选择的公司名称（由商工会批准）；

2. 经公证的合资协议（本国股份不少于51%），协议不得违反《商业公司法》的有关公司类型和法律地位的规定；

3. 用于从事业务活动的公司总部的租房合同；

4. 护照复印件及各合资人的照片；

5. 经营活动的描述（有些行业营业执照的申请还需有关部门的批准）；

6. 由阿联酋当地银行出具的投资双方按各自比例存入银行的注册资本的证明文件；

7. 填妥的营业执照申请表（市政府当局印制的），企业登记，商工会颁发的“会员证

① 中国投资指南网。http：//www.fdi.gov.cn/pub/FDI/dwtz/ggtzzc/yz/alblhqzg/t20060718_54748.htm. 2011年7月15日。

书”；

8. 登记的合资协议。

外国公司分支机构需要提交的文件：

1. 采用母公司名称（由商工会批准）；

2. 分公司经营活动的描述（有些行业营业执照的申请还需有关部门的批准，分支机构经营活动不得超越母公司的经营活动范围）；

3. 经公证的与当地担保人之间所签订的合同；

4. 经公证的母公司“保证书”，承诺将承担分支机构的所有经济责任；

5. 经公证的母公司做出的关于在阿联酋设立分支机构的决定；

6. 经公证的该国有关部门所出示的证明该公司是按国家现行法律规定所注册的企业的文件，同时还要说明该公司的法律地位和资本数额以及其主要负责人的姓名、身份和权限；

7. 经公证的母公司的合同和章程的副本；

8. 经公证的母公司的最近两年经过认可的资产负债表、审计报告、损益表及其他有关资产负债表的解释；

9. 母公司在阿联酋以外的主要经济活动及经营业绩；

10. 经公证的分支机构负责人的权限说明，负责人的护照复印件及照片；

11. 如果当地担保人为自然人，则需附上他本人的护照副本及照片；如果当地担保人是法人，则应附上经过有关部门认证的该担保人的营业执照副本，以及能够说明该担保人的所有合伙人均为阿联酋本国人的官方证明文件；

12. 分支机构预计的雇员人数；

13. 分支机构的资本金不得少于25万迪拉姆；

14. 所有文件必须由经授权的法律翻译机构翻译成阿拉伯语，并由阿联酋司法部公证。

5.6.2.2 在阿注册企业的程序

根据阿联酋《公司法》规定，在阿开办企业的具体步骤如下：①

1. 项目立项准备。立项准备工作有：制定项目建议书，包括确定成立公司的形式、营业执照的类别、经营范围等；

2. 做好市场调研报告；

3. 指定当地代理机构；

4. 选址和签订场地租赁协议；

5. 场地施工与装修；

6. 申请商业执照（营业证书），并登记成为当地商工会会员。分别在当地经济局和商

① 中国国际贸易促进委员会经济信息部：《阿联酋投资环境及相关政策》。http：//aaa. ccpit. org/Category7/Asset/2007/Dec/10/onlineeditimages/file71197254600343. pdf. 2011年7月15日。

工会申请营业证书，注册成为商工会正式会员；

7. 员工引进。制定工作职位描述和培训计划。

企业申请营业执照需要向经济局提交的文件有：

1. 公司名称（由商工会批准）；

2. 经法院公证的代理协议，协议不得违反《商业公司法》规定的有关公司类型和法律地位的规定；

3. 用于从事商业活动的企业总部所在地租房合同；

4. 护照复印件及所有合作人的照片；

5. 经营活动的描述，即项目计划与调研报告；

6. 由阿当地银行出具的投资双方按各自比例存入银行的注册资本证明文件；

7. 填妥的营业执照申请表（市政府当局印制的），企业登记，商工会颁发的“会员证书”；

8. 在经济局登记的合作协议。

5.6.2.3 *在阿联酋注册企业的类别及规定*①

外国人在阿联酋只能注册合资公司、公开合股公司、不公开合股公司、责任有限公司 、股份合伙有限公司，其具体规定如下：

公开合股公司。公开合股公司至少51%的本国资本、公司合同和章程需遵照指定的格式，经公证并履行商业注册登记手续。公开合股公司的合伙人人数至少为10人。公司名称须遵守公司法的规定，体现公司的宗旨，不能用自然人的名字。公司合伙人的责任只限于出资额；公司股份可流通。公司资本至少1 000万迪拉姆，每股价值1—100迪拉姆。公司经营活动应当是考虑到公司的独特宗旨和行业的任何合法经营活动。公司管理需遵守公司法的规定，由董事会管理。

责任有限公司。责任有限公司至少51%的本国资本，公司的成立契约需为阿拉伯文，经公证并履行商业注册登记手续。责任有限公司的合伙人人数为2—50人。公司名称要体现公司的宗旨或是使用某个合伙人的名字，或是其他任何名字。公司合伙人的责任只限于出资额。公司资本金至少15万迪拉姆，每股价值至少1 000迪拉姆。公司经营范围包括除保险、银行及他人投资以外的任何合法经营活动。公司管理需依照合伙人之间的契约或与其他人的契约进行。

不公开合股公司。不公开合股公司。不公开合股公司至少51%的本国资本，公司的成立契约需为阿拉伯文，经公证并履行商业注册登记手续。不公开合股公司的合伙人人数至少为3人。公司名称要体现公司的宗旨。公司合伙人的责任只限于出资额。公司资本金至少200万迪拉姆。公司经营活动应当是考虑到公司的独特宗旨和行业的任何合法经营活动。公司管理需遵守公司法的规定，由董事会管理。

① 中国投资指南网。http：//www.fdi.gov.cn/pub/FDI/dwtz/ggtzzc/yz/alblhqzg/t20060718_54748.htm. 2011年7月15日。

股份合伙有限公司。股份合伙有限公司至少 51%的本国资本，公司的成立契约需为阿拉伯文，经公证并履行商业注册登记手续。股份合伙有限公司的合伙人人数至少为 2 人。公司名称须是共同责任合伙人的名字，或其他任何名字。公司本国的共同责任合伙人以其全部资产共同承担公司的一切责任，持股合伙人的责任只限于出资额。公司资本至少 50 万迪拉姆。公司经营活动应当是考虑到公司的独特宗旨和行业的任何合法经营活动。公司管理需由一个或多个共同责任合伙人管理。

合资企业。合资企业至少有 51%的本国资本，公司的成立不需公开宣布，公司的成立契约需为阿拉伯文，经公证，但可以不履行商业注册登记手续。合资企业的合伙人人数至少为 2 人。公司名称须是合伙人的名字，或其他任何名字。公司的成立不须公开宣布，但如果合资方通知第三方关于合资企业的存在，那么合资企业将被视为一个普通合伙公司。公司资本金数额不限。公司经营活动应当是考虑到公司的独特宗旨和行业的任何合法经营活动。公司应由第三方知道的合伙人管理。

5.6.3 外国企业在阿布扎比酋长国开设承包公司的规定①

根据阿布扎比酋长国政府有关规定，对于政府招标的建设项目，已经取得营业执照的承包公司必须在阿布扎比酋长国经济规划局履行分级登记手续并取得分级证书之后，才有资格进行投标，担当总包商。

阿布扎比酋长国政府在 1980 年颁发的关于承包商分级的第四号章程中规定：各级公司根据其财务条件、技术条件、前期承包经验、可承包的项目规模等条件，总共可以划分为 6 级，即特级和 1 至 5 级。阿布扎比酋长国对承包公司的分级标准如下：

特级承包公司。特级承包公司的注册资本最少 2 000 万迪拉姆。拥有 15 年工作经验的高级工程师 1 名，12 年工作经验的工程师 1 名，10 年工作经验的工程师 2 名，专职会计 1 名。至少承建过 3 个平均造价均超过 8 000 万迪拉姆的项目。特级承包公司有资格承包 5 000 万迪拉姆以上的项目。

一级承包公司。一级承包公司的注册资本最少 1 000 万迪拉姆。拥有 12 年工作经验的工程师 1 名，5 年工作经验的工程师 1 名，专职会计 1 名。至少承建过 2 个平均造价均超过 4 000 万迪拉姆的项目。一级承包公司有资格承包 2 000 万迪拉姆以上的项目。

二级承包公司。二级承包公司的注册资本最少 500 万迪拉姆。拥有 10 年工作经验的工程师 1 名，5 年工作经验的工程师 1 名，专职会计 1 名。至少承建过 2 个平均造价均超过 2 000 万迪拉姆的项目。

三级承包公司。三级承包公司的注册资本最少 500 万迪拉姆。拥有 7 年工作经验的工程师 1 名，专职会计 1 名。至少承建过 2 个平均造价均超过 1 000 万迪拉姆的项目。

四级承包公司。四级承包公司的注册资本最少 100 万迪拉姆。拥有 5 年工作经验的

① 商务部：《对外投资合作国别（地区）指南：阿联酋》（2010 年版），http：//fec.mofcom.gov.cn/gbzn/upload/alianqiu.pdf. 2011 年 7 月 4 日。

工程师 1 名。至少承建过 2 个平均造价均超过 300 万迪拉姆的项目。

五级承包公司。五级承包公司的注册资本最少 50 万迪拉姆。拥有 3 年工作经验的工程师 1 名。

承包企业向经济发展局分级委员会申请办理分级登记手续时，需要提交的文件有：(1) 阿布扎比商工会会员证；(2) 阿布扎比市政府颁发的营业执照；(3) 经阿布扎比登记注册的有资格的审计师认可的驻阿联酋经理部（或分公司）的资产负债表，并需要由审计师提交出一份审计报告；(4) 经过公证和认证的常驻人员的学历、资历、职称证书；(5) 申请分级登记时，前六年完成的承包工程项目经过公证和认证的竣工报告。

收到上述文件后，分级委员会根据承包公司的资金、技术、前期经历等条件，审定公司级别，并颁发给分级证书。承包商分级每两年更新一次。承包商只有在承包商分级委员会分级后，才允许参加政府各部招标的工程投标。投标范围可以在其被划分的那一级或比该级低两级的范围投标和承包项目。

5.7 中国与阿联酋的投资关系

5.7.1 相互投资概况

目前，中国在阿联酋设立的公司有数百家，集中于迪拜，沙迦和阿布扎比。大多数以商品贸易为主，从事生产性经营的较少。中国在阿联酋的直接投资以私人投资为主，总体上趋于增长，但规模还比较有限。2009 年，中国企业对阿联酋投资 8 890 万美元。到 2009 年底为止，中国在阿联酋的直接投资存量为 4.4 亿美元。①

目前，阿联酋对我国投资规模也还很小，2009 年阿联酋对我国直接投资约为 1 亿美元。

5.7.2 两国家间的投资协定

2003 年中国与阿联酋双方签订《关于对所得避免双重征税和防止偷漏税的协定》和《关于相互促进和保护投资协定》。2004 年 7 月，中国与包括阿联酋在内的海湾合作委员会六国缔结了《经济、贸易、投资和技术合作框架协议》，并从 2005 年开始进行自由贸易区谈判。2008 年中国与阿联酋签署《关于双边劳务合作的谅解备忘录》。

5.7.3 未来合作趋势

阿联酋经济与我国经济具有非常高的互补性，在相互投资方面具有非常大的潜力。随着双方一些行业限制政策的退出以及在人民币持续升值的压力下，中阿双边投资规模

① 中华人民共和国商务部、中华人民共和国国家统计局、国家外汇管理局：《2009 年度中国对外直接投资统计公报》，http://hzs.mofcom.gov.cn/accessory/201009/1284339524515.pdf. 2011 年 7 月 28 日。

将会继续扩大。

首先，我国是石油进口大国，而阿联酋却是石油出口大国。作为石油进口国，我国需要确保的是石油进口安全，而作为石油出口国，阿联酋需要确保的是石油出口安全。与沙特和科威特不同的是，阿联酋并未向国际石油公司关上上游投资的大门，因此，我国石油企业在阿联酋还是拥有非常广阔的投资机会。从另一方面，阿联酋在石化产业方面拥有技术和成本的优势，并且在发展战略上致力于实现国际炼化一体化，因此，如果我们能够对其敞开油气下游领域投资的大门，阿联酋对我们的投资将会有大幅提高。

其次，我国是制造业出口大国，但是，随着人民币汇率的不断上升，以及后金融危机时代一些国家贸易保护主义的抬头，我国企业的出口压力也不断增大。而阿联酋各酋长国设立的自由区具有非常优越的外商投资条件，并且也不限制对外籍劳工的使用，因此，我们制造业企业完全可以通过在阿联酋设立的自由区投资设厂，降低汇率升值和贸易壁垒给其带来的经营压力。

第 6 章

阿联酋金融环境

6.1 阿联酋货币体系

6.1.1 阿联酋汇率制度

阿联酋对外汇没有管制，对商人进口用汇没有任何限制。外汇的汇进和汇出完全自由，无需经任何行政机构审批。进出境人员携带外汇进出，不需申报。

阿联酋实行固定汇率制度，阿联酋迪拉姆与美元汇率挂钩。

6.1.2 阿联酋汇率的历史进程

1971年阿联酋建国之后，其货币币值经历了为期10年的不断升值的过程，阿联酋迪拉姆对美元的汇率由1971年的4.75∶1下降至1980年的3.71∶1。从1981年开始，阿联酋迪拉姆对美元的汇率一直固定在3.67∶1。

6.2 阿联酋金融机构

6.2.1 金融机构体系

6.2.1.1 阿联酋中央银行

阿联酋中央银行成立于1980年，其前身是1973年成立的阿联酋货币发行局。阿联酋中央银行的主要职能是：发行货币；确保货币汇率的稳定和货币的自由兑换；制定和实施信贷政策，确保国民经济的稳定发展；监督银行系统的运行；管理外汇储备和黄金储备等。

6.2.1.2 商业银行

阿联酋商业银行可以划分为两大类：本土综合商业银行和外国商业银行的分支机构。阿联酋规模较大的本土综合商业银行有：阿布扎比国民银行（National Bank of Abu Dhabi）、阿布扎比商业银行（Abu Dhabi Commercial Bank）、联合国民银行（Union National Bank）、迪拜国家银行（National Bank of Dubai）和酋长国国际银行（Emirates Bank International）。截至2010年底，阿联酋本土综合商业银行已有23家，在全国设有732个分支机构。①

阿联酋规模较大的外国银行分支机构有：汇丰银行中东分行（HSBC Bank Middle East Limited）、渣打银行（Standard Charted Bank）、哈比卜银行A.G.苏黎世（Habib Bank A.G Zurich）、哈比卜银行（Habib Bank Ltd.）和伊朗赛德拉特银行（Bank

① Center bank of the U.A.E, Available at http://www.centralbank.ae/en/pdf/bsed/1－1-LB% 20br.%20List%2031－10－2010_english.pdf. July 15th 2011.

Saderat Iran)。截至2010年底，阿联酋外国银行的分支机构已达28家，在全国共设有108个分支机构。①

此外，近些年外资银行在阿联酋设立的代表处数量也在不断增加。2010年底，外国银行在阿设立的分代表处数量已达102家。但是，根据阿央行的规定，所有外国银行代表处都不得行使一般金融机构的职能，如房贷、开立账户、开具保函、信用证和经营本币及外币业务，代表处在阿开设账户只能用于支付日常开支，但代表处可以提供金融、信贷和投资方面的咨询服务。

6.2.1.3 投资银行

根据阿联酋中央银行的规定，投资银行是不能吸收存款，但可以从总部、当地银行、外国银行和金融市场借入资金，开展金融业务的金融机构。在阿联酋，投资银行、批发银都被看做是投资银行，其登记注册均需受1988年出台的No. 21/2/88法令的管辖。截至2009年年底，阿联酋总共有2家投资银行，分别是阿拉伯酋长国投资银行（Arab Emirated Invest Bank）和汇丰银行金融服务（中东）公司（HSBC Financial Services (Middle East)。截至2009年年底，阿联酋总共有2家批发银行，分别是德意志银行和中国工商银行。此外，截至2010年1月底，被阿联酋中央银行认为是投资银行的还有一家金融投资公司，这就是穆巴达拉GE资本（Mubadala GE Capital)。②

6.2.1.4 政府专业信贷银行

阿联酋专业信贷银行有两家，一家是酋长国工业银行，另外一家是房地产银行(Real Estate Bank)。

酋长国工业银行建于1982年，是一家国家控购（51%股份）的政策性信贷银行。该行建立的目的是要促进阿联酋经济的多样化、为阿联酋经济基础设施建设提供资金支持。该行主要任务是为从事工业活动的私人企业、半私人企业以及合资企业（阿联酋人占股51%）提供信贷支持。此外，该行还可提供工业部门所需的其他服务。

房地产银行是隶属于阿联酋财政部，具有独立法人身份的专业信贷银行，该行建于1999年，注册资本为20亿迪拉姆。该行的主要任务是在政府经济和社会发展框架内，为阿联酋政府所有的、阿联酋公民完全所有的、阿联酋公民占股80%以上的公司、企业和合作社以及为阿联酋公民提供房地产信贷支持。

6.2.1.5 保险公司

阿联酋的保险业十分成熟。截至2007年底，阿联酋总共有51家保险公司，其中24家为本国保险公司，27家为外国保险公司。阿联酋比较大的保险公司有阿布扎比国民保险公司（Abu Dhabi National Insurance Company)、迪拜保险公司（Dubai Insurance

---

① Center bank of the U. A. E, Available at http: //www. centralbank. ae/en/pdf/bsed/1 — 1-FB% 20br. %20List%2031—10—2010_english. pdf. July 15th 2011.

② Center bank of the U. A. E, Available at http: //www. centralbank. ae/en/pdf/bsed/Inv. Bank% 20WSB%20FI%20Co. %20. list—%20Dec. %2009 (EA) . pdf, July 15th 2011.

Company）等。2010年，阿联酋保险业承担的总保额达到220亿迪拉姆，较2009年增长10%。①

6.2.1.6 证券公司

阿联酋证券市场十分活跃，国内证券公司的数量非常庞大。来自阿联酋证券和商品机构（Securities and Commodities Authority）的资料显示，在该机构登记证券公司多达107家。

6.2.1.7 其他金融机构

除以上各类金融公司外，阿联酋其他金融机构还包括金融投资公司和金融公司。

根据1995年阿联酋央行通过的No. 164/8/94号决议，金融投资公司法人必须拥有至少2 500万迪拉姆的资本金，并且阿联酋人占有公司股份的51%以上。根据阿联酋中央银行规定，阿金融投资公司可以从事以下一项或多项业务：（1）开设投资账户、为其他个人或公司管理投资组合；（2）为上市公司的项目投资、营销方案出具可行性报告；（3）建立和/或管理投资信托基金；（4）建立和/或管理其他投资基金以及在其他投资人的委托下代其管理基金；（5）认购公司股份、参与联合贷款。② 截至2010年年底，阿联酋共设有21家金融投资公司。③

根据阿联酋中央银行董事会1996年的No. 58/3/96号决议和2004年的No. 165/06/2004决议，阿联酋金融公司实收资本至少为3 500万迪拉姆，并且阿联酋人拥有的实收资本至少占60%。根据阿联酋中央银行规定，阿金融公司可以从事以下一项或多项业务：（1）为个人消费提供预付款和/或个人贷款；（2）为贸易和商务活动提供金融支持、为客户开立信用证和提供信用担保；（3）认购项目股份和/或股票、债券和/或定期存单。④ 截至2009年年底，阿联酋共设有24家金融公司。⑤

6.2.2 金融机构的特点

阿联酋金融业十分发达，各种金融机构十分完备。阿联酋金融机构既能按照国际规则提供现代化存贷款服务、投行服务和保险服务，也开设有符合伊斯兰规则，照顾当地传统的融资和金融服务。

---

① http：//www. uaeinteract. com/docs/Insurance_premiums_up_to_Dh22_billion_in_2010_/45991. htm. July 5th 2011.

② Center bank of the U. A. E，Available at http：//www. centralbank. ae/en/index. php? option = com _ content&view=article&id=134&Itemid=99，July 28th 2011.

③ Center bank of the U. A. E，Available at http：//www. centralbank. ae/en/pdf/bsed/InvestmentcomlistDec2010. pdf，July 28th 2011.

④ Center bank of the U. A. E，Available at：http：//www. centralbank. ae/en/index. php? option = com _ content&view=article&id=139&Itemid=126，July 28th 2011.

⑤ Center bank of the U. A. E，Available at：http：//www. centralbank. ae/en/pdf/bsed/Fin. co. %20Dec. 09. pdf，July 28th 2011.

6.3 阿联酋金融市场

6.3.1 资本市场

6.3.1.1 债券市场

阿联酋的债券市场十分不发达。目前阿联酋最为流行的是带有股权投资性质的可交换的伊斯兰债券。就现代化的债券市场而言，阿联酋目前还没有建立二级债券市场，债券发放仅存在于政府与银行之间、银行与大企业之间以及银行之间的一级债券市场，而且阿联酋债券还有采用浮动利率定价和偿还期短（一般是 3～5 年）的特点。目前，在阿联酋上市的债券主要集中在迪拜金融市场，其中主要是伊斯兰债券和迪拜政府债券，而商业债券则是两只房地产债券，并且这些债券均不能在二级市场自由交易。

6.3.1.2 股票市场

阿联酋两个主要的证券交易市场是阿布扎比证券市场（Abu Dhabi Security Market）和迪拜金融市场（Dubai Financial Market）。这两个市场都是成立于 2000 年。目前，为方便投资者及时获取信息，这两家交易市场已有电子网络连接。酋长国证券与商品机构（Security& Commodities Authority）的资料显示，截至 2010 年年底，这两家证券交易所共有上市公司 129 家，上市公司市值为 3 854.3 亿迪拉姆，其中，服务部门上市公司总计为 48 家，占上市公司市值总额的 45.2%，银行业上市公司 24 家，占上市公司市值总额的 40.6%。2010 年，阿联酋两个交易所的交易量高达 560 亿股，交易值高达 1 038 亿迪拉姆。①

除了阿布扎比证券市场和迪拜金融市场外，阿联酋另外一家证券交易市场是位于迪拜国际金融中心（Dubai International Financial Centre）的纳斯达克迪拜交易所（NASDAQ Dubai），其前身是 2005 年建立的迪拜国际金融交易所（Dubai International Financial Exchange）。虽然该所的目标是成为中东股票、债券、基金、伊斯兰金融产品及其他有价证券的顶尖金融交易所，但直到 2010 年年底，在该所上市的公司仅有 10 家，并且迪拜世界（DP World）占有该所上市公司市值总额的四分之一以上。

6.3.1.3 基金市场

阿联酋的基金市场仍然很不成熟。截至 2011 年 7 月，在阿布扎比证券市场、迪拜金融市场和纳斯达克迪拜交易所上市的基金分别为 10 支、16 支和 2 支。②

---

① Security& Commodities Authority, *Annual Report: Emirates Securities Market Performance& Summary of SCA Achievements* 2010, Available at: http://www.sca.gov.ae/English/Publications/Pages/Reports.aspx, July 28th 2011.

② Abu Dhabi Security Market, Available at: http://www.adx.ae/English/Securities/Pages/InvestmentFunds.aspx, July 28th 2011; Dubai Financial Market, Available at: http://www.dfm.ae/pages/default.aspx?c=1020, July 28th 2011; NASDAQ Dubai, Available at: http://www.nasdaqdubai.com/marketinfo/list_of_securities.html?category=securities_funds&name=Funds, July 28th 2011.

6.3.2 金融衍生品市场

6.3.2.1 期货合约

阿联酋国内有两大期货市场。一个是受阿联酋证券和商品机构监管的迪拜黄金和商品交易所（Dubai Gold & Commodities Exchange），另一个是受迪拜金融服务机构（Dubai Financial Services Authority）监管的迪拜商品交易所（Dubai Mercantile Exchange）。

迪拜黄金和商品交易所成立于2005年，该所是由迪拜多种商品交易中心（DMCC）、印度金融技术公司、印度多种商品交易有限公司（MCX）联合组建的商品交易所。该所目前设立的期货品种有四类：贵金属期货、货币期货、能源期货和基本金属期货。其中贵金属期货包括：黄金期货、白银期货；外汇期货包括：澳元/美元期货、英镑/美元期货、加元/美元期货、欧元/美元期货、卢比/美元期货、日元/美元期货；能源期货包括：WTI轻质油期货、布伦特原油期货、富查伊拉380 CSR燃料油期货；基本金属期货是螺纹钢期货。

迪拜商品交易所位于迪拜国际金融中心，成立于2005年，是中东地区第一国际能源期货交易所。2007年6月，迪拜商品交易所正式开始交易阿曼原油期货合约及两个非实物交割的期货合约：布伦特一阿曼价差合约及WTI一阿曼价差合约。阿曼原油期货合约是中东地区唯一的、以实物进行交割的能源期货合约。自上市之后，该期货合约的交易量和影响力不断上升，其交易量由2007年的2亿桶上升至2010年的7.4亿桶，而且阿曼石油和天然气部决定将以迪拜商品交易所阿曼原油期货合约每个交易日收盘价平均值来确定其原油官方售价，每个月更新一次。截至2010年年底，共有超过50家会员企业和超过20家做市商成为了迪拜商品交易所的会员，包括中国石油国际事业有限公司、摩根士丹利、花旗银行、高盛公司、MBF清算公司等等。

6.3.2.2 期权合约

目前，在阿联酋交易的期权合约仅有在迪拜黄金和商品交易所上市的黄金期货期权合约和印度卢比期权合约。

6.3.3 外汇市场

6.3.3.1 阿联酋主要外汇市场

【外汇兑换公司】阿联酋国内有大量外籍劳工，这些外籍劳工每年要从阿联酋汇出大量侨汇。这也就带来阿联酋外汇现货交易的发展。阿联酋的外汇兑换业务主要是通过外汇兑换公司（Moneychangers）完成的。根据阿联酋央行在1992年通过的No. 123/7/1992号决议。阿联酋外汇兑换公司的法人必须是年满21周岁的阿联酋人，货币兑换公司的资本金至少为100万迪拉姆，并且阿联酋人所占股份至少为60%。① 截至2010年年

① Center bank of the U.A.E, Available at: http://www.centralbank.ae/en/index.php?option=com_content&view=article&id=136&Itemid=103, July 28th 2011.

底，阿联酋共有外汇兑换公司 114 家。①

【迪拜黄金和商品交易所】阿联酋采用迪拉姆盯住美元的汇率制度。因此，迪拜黄金和商品交易所开设的外汇期货和期权合约均是外币产品。

6.3.3.2 外汇市场投资方式

阿联酋外汇投资方式包括外汇期货交易和外汇期权交易。阿联酋的外汇投资均是在迪拜黄金和商品交易所完成的。该所开设的外汇期货品种有：澳元/美元期货、英镑/美元期货、加元/美元期货、欧元/美元期货、卢比/美元期货、日元/美元期货。2011 年 9 月 26 日，该所又新设立了外汇期权交易品种——印度卢比期权合约。②

6.4 阿联酋金融监管

6.4.1 金融监管机构

【阿联酋中央银行】根据 1980 年第 10 号联邦法（Union Law No.（10）of 1980），阿联酋中央银行于 1980 年 12 月 11 日正式开始履行其职能。该法第 5 款定义了中央银行目标：中央银行将按照政府总体政策制定并实施货币、信贷和银行政策，保持国民经济发展和币值稳定。

为了实现这些目标，上述法律赋予中央银行以下权力：行使发行货币的特权；努力维护货币对内对外价值稳定，确保货币自由兑换；制定信贷政策，使国民经济均衡增长；统筹组织银行业，推动银行业发展，监管银行体系的有效运行；在法律规定的限度内行使政府银行的职能；就金融货币事务向政府提出建议；维持黄金和外汇储备；作为本国银行的银行；在国际货币基金组织、世界银行及其他国际与阿拉伯基金和机构中代表政府处理金融事务。

【阿联酋保险机构】根据 2007 年第 6 号联邦法（Federal Law 6 of 2007），半官方的阿联酋保险机构于 2007 年建立。根据 6 号联邦法的相关规定，阿联酋保险机构的职能有：监管阿联酋保险公司以及在保险机构注册的代理机构；依法对保险公司进行检查；就保险业事务向政府提供建议等。

【阿联酋证券和商品机构】根据 2000 年的第 4 号联邦法（Federal Law 4 of 2000），阿联酋证券和商业机构于 2000 年成立。阿联酋证券和商业机构的主要任务是：保护投资者利益；维护资本市场的公平与健康；通过必要的立法促进阿联酋资本市场的健康发展；监管阿联酋资本市场的运行。

【迪拜金融服务机构】该机构是迪拜国际金融中心的金融监管机构。该机构负责监管

---

① Center bank of the U. A. E，Available at：http：//www. centralbank. ae/en/pdf/bsed/Monychangers－31－12－10. pdf，July 28th 2011.

② Dubai Gold & Commodities Exchange，Available：http：//www. dgcx. ae/Images/FileManager/1784. pdf，July 28th 2011.

迪拜国际金融中心的所有金融业务，包括：资产管理、银行和信贷服务、证券业务、投资基金、托管服务、商品期货交易、伊斯兰金融、保险服务、国际股票交易、国际商品衍生物交易等。

6.4.2 金融监管政策

阿联酋金融监管的特点是：阿联酋政府或酋长国订立完善的金融管理法规，金融监管机构根据法律赋予的权力，对金融市场，尤其是金融企业进行全方位、全过程的监督和管理。阿联酋金融监管机构对金融企业的监管分为三个部分：（1）金融机构设立的监管，即金融业从业许可证的监管；（2）对金融机构经营状况的监管，包括：金融企业资产负债表审核、资本金运用的审查，金融机构违法行为的处理等；（3）对金融企业破产和清算的监管。

根据相关法律规定，阿联酋中央银行负责监管本国银行业及其他信贷机构。阿联酋的商业银行、投资银行、批发银行、金融投资公司、金融公司、外汇兑换公司、金融咨询公司等金融机构均受阿中央银行监管。

阿联酋保险机构负责监管本国的保险业，阿联酋境内的保险公司和在阿保险机构注册的机构均受阿联酋保险机构监管。

阿联酋证券和商品机构负责监管本国资本市场。阿布扎比证券市场、迪拜金融市场、迪拜黄金和商品交易所均由阿联酋证券和商品机构监管。

但是，设在迪拜国际金融中心的金融机构并不受以上三个联邦机构的监管。根据迪拜酋长国 2004 年出台的法令。迪拜金融服务机构是迪拜国际金融中心的金融监管机构。纳斯达克迪拜交易所和迪拜商品交易所均受迪拜金融服务机构管辖。

6.4.3 金融监管法规

阿联酋管辖银行业及其他金融企业的法规有：

关于中央银行、货币体系和银行系统的 1980 年第 10 号联邦法（Union Law No.（10）of 1980 Concerning the Central Bank，the Monetary System and Organization of Banking）。

关于伊斯兰银行、金融机构和投资公司的 1985 年第 6 号联邦法（Federal Law No—（6）of 1985 Regarding Islamic Banks，Financial Institutions and Investment Companies）。

阿联酋管辖保险业的法规有：

关于建立保险机构和保险机构组织运作的 2007 年第 6 号联邦法（Federal Law No. 6 of 2007 on Establishment of the Insurance Authorit & Organization of its Operations）。

阿联酋管辖资本市场的法规有：

关于酋长国证券和商品机构以及证券和商品市场的 2000 年第 4 号联邦法（Federal law no（4）of 2000 concerning the emirates securities & commodities authority and market）。

6.5 阿联酋市场融资

6.5.1 信贷融资

阿联酋银行业十分开放和自由，在操作层面基本上与国际接轨，并且，阿联酋联邦政府以及阿联酋各酋长国政府几乎很少干预国内金融市场。因此，具有良好信誉的阿联酋合资企业和设立在自由区的外国独资企业能够非常容易地从阿联酋银行系统获得贷款。

此外，阿联酋国内还有众多从事借贷业务的金融公司和金融投资公司。这些公司的操作比银行系统更为灵活，在阿联酋从事经营的企业也可以通过这些从事金融业务的公司筹集资金。

6.5.2 债券市场融资

阿联酋债券市场还很不发达，债券交易仅存在于政府与银行之间，银行与大企业之间，以及银行与银行之间，二级债券市场尚未形成。因此，在阿联酋从事经营的企业很难通过债券市场融资。

6.5.3 股票市场融资

根据阿联酋相关法律规定，符合一定条件的阿联酋本国企业和外国企业都可在阿联酋股票市场上市。阿联酋两个主要的股票市场，阿布扎比证券市场和迪拜金融市场，这两个证券市场对公司上市，特别是对外国公司上市的规定基本相同。以迪拜金融市场为例，该证券交易所对企业上市的要求如下：

本国企业在迪拜金融市场上市需符合以下条件①：

1. 必须是在阿联酋经济部注册的企业；
2. 公司有具备为上市公司进行审计的审计公司开具的至少两年的财务报表；
3. 公司资本金不应少于股东权益的 35%，或是不应低于 2 500 万迪拉姆，两者以高者为准；
4. 股东权益与公司其他股份的权益具有同等地位；
5. 申请上市时，公司资本金不少于股东权益；
6. 公司必须证明其每年召开过至少一次公司大会；
7. 公司在公开交易股票前向阿联酋媒体公布资产负债表和财务业绩；
8. 满足机构董事会提出的其他要求。

外国企业在迪拜金融市场上市需符合以下条件②：

---

① Dubai Financial Market，Available at：hhttp：//www. dfm. ae/pages/default. aspx？ c=601，July 28th 2011.

② Dubai Financial Market，Available at：hhttp：//www. dfm. ae/pages/default. aspx？ c=602，July 28th 2011.

1. 公司填写机构上市申请表，然后由经授权的个人或机构将其提交给迪拜金融市场；

2. 公司在阿联酋上市应符合公司母国的法律规定；

3. 公司必须是在母国证券交易所上市的公司或是受母国证券监管机构监管的公司；

4. 公司有具备为上市公司进行审计的审计公司开具的至少两年的财务报表；

5. 公司资本金最少为 4 000 万迪拉姆，并且至少拥有 100 个股东；

6. 公司净资产至少是其资本金的 120%，或者，公司上市前两年每年发放给股东的平均净收益至少为公司资本金的 5%；

7. 公司必须证明其每年召开过至少一次公司大会；

8. 不能全面限制非母国公民对公司股权的转让，如要设置股权转让的规定，则应做出声明；

9. 公司在公开交易股票前向阿联酋媒体公布资产负债表和财务业绩；

10. 公司必须指定阿联酋国内符合资质的代理处理公司的股票登记、红利发放、提交报告等工作；

11. 满足机构董事会提出的其他要求。

6.6 阿联酋与国际金融市场

6.6.1 阿联酋在国际金融市场的角色

阿联酋地处中东，地理位置十分优越，可以实现同日与亚洲和美洲资本市场交易，具有发展国际金融业的巨大潜力。不过，虽然近些年阿金融业的发展非常迅速，阿联酋金融业的潜力却仍未得到充分挖掘，阿联酋金融业在国际金融市场的影响力依然十分有限，除银行业外，阿其他金融行业的发展仍然十分落后。制约阿金融业发展的主要是国内存在的限制外国人投资金融业的各种障碍，这些障碍主要是阿国内存在的商业代理制度，以及对外国银行投资阿联酋的限制。实际上，从 20 世纪 80 年代开始，阿联酋在近 20 多年的时间里没有向外国银行颁发过新的银行经营许可证。这一政策直到最近才有所松动。

虽然为克服金融业发展的这些困难，迪拜酋长国建立的迪拜国际金融中心于 2004 年 9 月正式投入运用，并在短期内获得了快速发展。但是，迪拜酋长国石油资源接近枯竭，国内资金十分有限，迪拜金融中心的发展完全是依靠该地区蓬勃发展的房地产业。2008 年全球金融风暴爆发之后，迪拜金融中心的快速发展也随该地区房地产泡沫的崩溃戛然而止。再加上邻国巴林、卡塔尔等国的竞争。未来迪拜酋长国的金融业发展之路必然要面对重重挑战。

6.6.2 中国在阿联酋金融市场的角色

近些年，中国与阿联酋的金融合作不断加强。中国银行，中国建设银行，国家开发银行纷纷派出高级代表团访问阿联酋，与当地金融和投资机构进行广泛接触和交流。目前在阿设有代表处的中资银行有中国工商银行和中国银行。

中国工商银行中东有限公司于2008年10月20日在迪拜开业，设在迪拜国际金融中心（DIFC），这是中国商业银行在中东地区设立的第一家全资子银行。从事包括信贷、自营投资、代理投资、资产管理、金融产品及融资顾问等金融服务。2010年11月7日在阿拉伯联合酋长国首都阿布扎比宣布，该行阿布扎比分行近期已获得阿联酋中央银行批准，正式开始营业。工商银行于2009年12月获得了阿联酋中央银行颁发的批发银行业务牌照，成为第一家在中东地区获得中央银行颁发营业牌照的中资银行。同时，这也是阿联酋央行自1982年以来首次向非海湾地区国家的银行机构颁发银行牌照。阿布扎比分行开业后，工商银行将可以经营阿联酋本币（迪拉姆）业务，并加入当地银行间电子清算系统和支票清算系统，直接服务本地客户，同时帮助有潜力的中资公司开拓区域市场。

中国银行在迪拜设立的一家代表处于2010年3月1日正式对外开业。作为营销前端，服务地区公司客户；协调中行国内分支机构，满足客户金融需求；外交机构服务工作；协调中行与地区代理行的业务往来；市场调研和分析等。

中国银联（CUP）2009年4月与阿联酋马仕礼格银行（Mashireq Bank PSC）达成协议，中国银联用户可以在该银行所有网点刷卡并提现。2010年7月，中国银联与阿联酋签订合作协议，旨在将银联卡业务范围扩大到西亚非洲20多个国家。

但是，也应看到，我国金融企业在阿联酋开展的金融业务十分单一，除在银行业有少量投资外，并未涉足其他金融行业。总体来看，我国金融企业在阿联酋金融市场中发挥的作用仍然十分有限。

第三篇

阿曼商务环境

从贸易环境来看，阿曼长期实行低关税，外汇基本不管制的自由贸易政策。这种宽松的自由贸易政策和环境，为各国与阿曼开展经贸合作提供了良好的条件。进出口贸易在阿曼国民经济中占有重要地位，阿曼对外贸易的特点是进口产品的广泛性和出口产品的单一性。2010年阿曼进口商品第一大类是机械及运输设备，第二大类的是制成品，食品及活动物大类排位第三。石油、天然气及其相关产品的出口是阿曼对外贸易的第一大项目。近年来，由于国际油价持续在高位徘徊，阿曼一直保持对外贸易顺差。

2000年11月，阿曼加入世界贸易组织（WTO），作为履行WTO义务的一部分，阿曼已经着手放开服务业，外商可进入阿曼的计算机、银行、保险和金融等领域。除石油和铜矿的出口由国家垄断，其他商品一律放开经营。

阿曼实行外贸管理立法制度，阿曼商工部负责实施、执行与外贸相关的法律、法规，制定相关细则和规章，依法对贸易企业进行监督。

从投资环境来看，阿曼经济部公布的调查数据显示，2008年外国对阿曼的直接投资（FDI）达43.6亿阿曼里亚尔（113.4亿美元），比2007年的35亿阿曼里亚尔增长24%。经济部的数据还显示，2008年阿曼所吸收的全部外国投资总额为111亿阿曼里亚尔（288.6亿美元），比前一年的99亿阿曼里亚尔增长12%。①

① 中国驻阿曼大使馆经商处网站：阿曼吸收外资大幅增长 http：//om.mofcom.gov.cn/aarticle/jmxw/201004/20100406872783.html，2010年4月17日。

外国对阿曼的直接投资主要集中在石油天然气勘探领域，2008年占比为45.5%；其次是石油天然气工业下游产业，占比为17.5%；第三是商务经纪服务，占15%。① 对阿曼直接投资最多的国家是英国，排第二位的是美国，阿联酋排第三位。

阿曼外资引进的模式有多种，为了给当地和国际投资者营造更好的投资环境，阿曼制订了一系列优惠政策和法规。对外资投资的产业和部门的限制比较宽松。

阿曼的应征税收是经审计的财务报表上所列明的净利润。阿曼税制简单，税率较低。阿曼税收分直接税和间接税两种，无增值税、个人所得税、遗产税、房地产税等。直接税即向公司、贸易和工业实体征收的收入税，以及向饭馆、酒店征收的市政税、奢侈税等。间接税就只有海关关税。目前阿曼主要的税种有海关关税和公司所得税。一般进口商品的关税为5%。

中国企业在阿曼的投资增长较快，根据阿方统计，截至2009年年底，中国对阿曼的投资（包括再投资）已超过1亿美元，主要集中在油气区块风险勘探开发领域。据商务部统计，截至2009年年底，中国在阿曼的累计投资为797万美元。

工程承包是双边经济合资的主要形式，未来两国在石油、天然气、矿产、公路修建、通讯、计算机和程序开发方面的合作潜力巨大，并且两国在人力资源和技术培训方面也开展了富有成效的合作。

从金融环境来看，阿曼货币政策稳定，从1973年2月开始，阿曼采用了阿曼里亚尔与美元挂钩的固定汇率。1986年由于世界范围内石油价格下跌，阿曼石油收入骤减，同年1月25日，阿曼宣布货币贬值，阿曼里亚尔对美元比价下调10.2%，调整后1美元＝0.384 5里亚尔。预计2011～2012年阿曼仍不会加入海湾货币一体化市场，仍将保持1986年以来阿曼里亚尔与美元挂钩的固定汇率。阿曼金融体系由中央银行（CBO）、商业银行、非银行金融机构及租赁公司、货币兑换公司以及保险公司、养老基金和资本市场组成。②

为了应对国际金融危机，中央银行采取了前瞻性的干预措施，帮助银行业抵御金融风暴。为确保充足的流动性，央行实行了宽松的货币政策，以实现充分的流动性来满足真实的信贷需求。尽管阿曼受全球金融危机影响较小，但在像阿曼这样一个相对开放的经济环境下，世界上任何地区的金融动荡都会影响本地金融业。

---

① 中国驻阿曼大使馆经商处网站：阿曼吸收外资大幅增长 http：//om.mofcom.gov.cn/aarticle/jmxw/201004/20100406872783.html，2010年4月17日

② 中国驻阿曼大使馆经商参处：《阿曼银行业概况》，2010年8月30日。http：//om.mofcom.gov.cn/aarticle/ztdy/201008/20100807109900.html

第 7 章

阿曼贸易环境

7.1 阿曼进出口贸易

阿曼长期实行低关税、进口无定向、外汇基本不管制的自由贸易政策。宽松的自由贸易政策和环境，为阿曼开展对外经贸合作提供了良好的条件。

7.1.1 进出口概况

进出口贸易在阿曼国民经济中占有重要地位。阿曼对外贸易的特点是进口产品的广泛性和出口产品的单一性，进口产品主要来自阿联酋、日本、美国和德国。主要进口产品有运输设备（汽车及其配件）、机械、工业制品、食品、饮料、烟草和牲畜等。近年来阿曼对消费品、工业设备和食品的需求不断增加，由于美元疲软，阿曼与主要贸易伙伴之间以美元结算使阿曼进口额不断增加。根据阿曼央行数据，2010 年阿曼进口总额为 197.7 亿美元，比 2009 年的 178.5 亿美元增长 10.8%，但仍低于 2008 年的高点 229.2 亿美元。

2010 年，排在阿曼进口商品第一类的是机械及运输设备，进口额为 91.3 亿美元，同比增长 4.2%，占比高达 46.2%。排在第二类的是制成品，进口额 32.8 亿美元，同比增长 5%，占比为 16.6%；食品及活动物类排位第三，进口额 20.3 亿美元，同比大幅增长 21.8%，占比为 10.2%。上述前三类商品进口额在阿曼进口商品总额中所占比重高达 73%。此外，化工品进口额达 17.4 亿美元，同比增幅达 16%，占比为 8.8%；矿产品、燃料、润滑油及相关产品进口 14.5 亿美元，同比大幅增长 44.4%，占比为 7.4%。在进口来源国别统计中，阿联酋和日本继续稳居前二位，两者合计占阿曼进口商品总额的 45.1%；其中阿联酋对阿曼出口 56.1 亿美元，同比大幅增长 32.1%，占比达 28.4%；日本对阿曼出口 33.1 亿美元，同比增长 23.4%，占比为 16.7%。2010 年阿曼从中国进口 9.6 亿美元，同比增长 11.5%，占比达 4.5%；排位超过印度，从 2009 年的第五位升至第四位，与第三位的美国仅有 0.1%的差距。而美国和印度对阿曼的出口去年均有较大幅度的减少，分别为 9.7 亿美元（下降 15.4%）和 8.9 亿美元（下降 15.0%）。

出口产品方面，1967 年出口石油之前，阿曼出口产品主要是椰枣、鱼类产品、烟草、皮革、水果、蔬菜、石灰和棕红染料等。现在，石油、天然气及其相关产品的出口是阿曼对外贸易的第一大项目，出口主要面向中国、韩国、日本和泰国。阿曼出口的非石油产品主要有纺织品、家畜、肉类产品、鱼类、矿产等。转口贸易也是阿曼外贸出口的一个重要项目。2010 年推动阿曼出口大幅增长的主要因素是石油和液化天然气（LNG）出口，石油和液化天然气的出口额分别为 208.2 亿美元（增长 49.4%）和 30.6 亿美元（增长 21.3%）；而成品油出口则出现下降，总额仅 13.5 亿美元，同比减少 16.1%。非油气出口去年也取得飞跃性增长，总值达 63.7 亿美元，增幅近三分之一（32.4%）。[①]

① 中国驻阿曼大使馆经商参处：2010 年阿曼贸易简析，2011 年 8 月 8 日。http：//om.mofcom.gov.cn/aarticle/ztdy/201108/20110807684791.html

近年来，由于国际油价持续在高位徘徊，阿曼一直保持对外贸易顺差。2006 年、2007 年和 2008 年阿曼的贸易顺差分别是 202.02 亿美元、121 亿美元和 206 亿美元。受国际金融危机影响，2009 年阿曼贸易顺差下降为 116 亿美元。随着国际经济形势回暖和石油价格上升，阿曼经济逐渐摆脱国际金融危机影响，对消费品需求不断增加。2010 年阿曼国际收支状况大为改善，进出口贸易总额达 565.6 亿美元，比 2009 年的 455.7 亿美元增长 24.1%，占当年 GDP 比重达 97.8%。其中出口总值 365.9 亿美元，同比增长 32.4%,；进口总值 199.7 亿美元，同比增长 11.4%；贸易顺差 187.2 亿美元，同比增长 71.1%，占 GDP 比重由前一年的 20.7%升至 28.7%。转口贸易也是阿曼出口的一个重要组成部分，2010 年转口贸易总额达 50 亿美元，在出口总值中的比重为 13.7%。其中机械与运输设备达 42.4 亿美元，同比增长 15.5%，占转口总额的 84.9%。而各类加工产品（占比 4.2%）和矿产品、燃料、润滑油及相关产品（占比 4.1%）转口则分别下降 11.2%和 67.9%。①

2000 年 11 月，阿曼加入世界贸易组织（WTO），作为履行 WTO 义务的一部分，阿曼已经着手放开服务业，外商可进入阿曼的计算机、银行、保险和金融等领域。除石油和铜矿的出口由国家垄断，其他商品一律放开经营。

7.1.2 主要贸易伙伴

目前，阿曼与世界上 110 多个国家和地区建立了贸易关系，主要贸易伙伴有中国、阿联酋、日本、韩国和印度等。美国和欧盟也是阿曼的传统贸易对象，英国和美国是阿曼军事装备的供给国，贸易额不完全对外公布。

中国与阿曼自 20 世纪 50 年代开始有民间贸易往来。1978 年两国建交后，贸易额有了较大幅度的增长，中国在中阿贸易中长期保持贸易逆差。1997 年，中国政府开始进口阿曼的液化气，并在沿海建设了天然气接收终端。中国自 2003 年起成为进口阿曼石油的第一大国后，已连续多年稳居阿曼原油第一大进口国地位。2010 年，阿曼对华出口原油 1.114 亿桶，同比大幅增长 43.6%，占当年阿曼原油出口总量的 41.5%。排在中国之后的主要进口国为日本、印度和泰国，在阿原油出口中所占比重分别为 14.1%、13.6%和 10.7%。其中对印度出口大幅增长 36.1%，而对日本和泰国的出口则分别下降 6.7%和 11.9%。此外，2009 年阿曼对韩国、中国台湾和美国的原油出口也大幅减少，而对新加坡的出口则大幅增加。②

我国向阿曼出口产品主要为机电产品、钢铁及其制品、高新技术产品、纺织品等。2010 年双边贸易额达 107.2 亿美元，其中中方出口 9.4 亿美元，进口 97.7 亿美元，分别

① 中国驻阿曼大使馆经商参处：2010 年阿曼贸易简析，2011 年 8 月 8 日。http：//om.mofcom.gov.cn/aarticle/ztdy/201108/20110807684791.html

② 中国驻阿曼大使馆经商参处网站：2010 年阿曼贸易简析，2011 年 8 月 8 日。http：//om.mofcom.gov.cn/aarticle/ztdy/201108/20110807684791.html

同比增长 74%、26.4%和 80.6%。[1] 1980 年，中阿签订了《中华人民共和国政府和阿曼苏丹国政府贸易协定》，协定有效期 1 年，如任何缔约一方未以书面形式提出修改或废止该协定，协定有效期将自动顺延。1995 年中国与阿曼签订《中华人民共和国与阿曼苏丹国鼓励与保护投资协定》，协定有效期 10 年，如果任何一方不提出终止要求，协定自动延期 10 年。2002 年 3 月，中国与阿曼签署了《中华人民共和国与阿曼苏丹国避免双重征税及防止偷漏税协定》，该协定于同年 7 月正式生效。

阿曼与韩国一直保持良好的经济合作关系，阿曼是韩国的主要能源供应国。韩国的汽车、电器、通讯等产品也大量出口阿曼。两国签署了避免双重征税协定，相互承认驾驶执照、旅游互免签证。

日本曾长期是阿曼原油第一大出口市场，2010 年日本进口阿曼原油 4 060 万桶，名列阿曼原油第二大进口国。日本出口阿曼的产品主要有汽车、机械设备、电子产品等。目前日本在阿曼投资和合作的主要领域是石油、天然气，日本也是阿曼液化天然气的主要进口国。

在转口贸易方面，据统计 2009 年阿联酋是阿曼最大贸易转口国，阿联酋从阿曼进口 1.174 亿阿曼里亚尔，卡塔尔从阿曼进口 4 890 万阿曼里亚尔，位列第二，伊朗从阿曼进口 2 030 万阿曼里亚尔，排名第三。[2]

阿曼与美国 2006 年 1 月签订了自由贸易协定，阿曼成为与美国签订此协议的第二个海湾合作委员会成员国和第四个阿拉伯国家。协定签署后双边的贸易额从 2000 年的 4.8 亿美元增加到 2007 年的 21 亿美元。[3] 该协定自 2009 年 1 月 1 日生效，从而消除两国间的工业品和消费品的关税壁垒。美国在阿曼的电子、机械、汽车、光学及医疗设备、菜油和糖等农产品的出口将增加。协定同时也会促进劳动和环境法律的实施，加大保护知识产权的力度。

7.2 阿曼外贸管理制度

7.2.1 立法制度

阿曼商工部负责实施、执行与外贸相关的法律、法规，制定相关细则和规章，依法对贸易企业进行监督。政府重视外贸立法，在紧急贸易救济、政府采购、贸易公司和投资等方面均进行立法。

世贸组织协议和海合会国家协定是阿曼制定贸易政策主要考虑的因素。阿曼与贸易

---

① 中国商务部网站：http://www.mofcom.gov.cn/aarticle/i/jshz/rlzykf/201007/20100707033808.html，2010 年 7 月 20 日。

② 中国驻伊朗使馆经商参处网站：http://www.mofcom.gov.cn/aarticle/i/jyjl/j/200909/20090906509430.html，2009 年 9 月 10 日。

③ HIS *Global Insight Report*：*Oman*（*Country Intelligence*），13，May 2010，p.3.

相关的主要法律法规有：《商业法》、《代理法》、《商标法》和《专利法》等。

7.2.2 行政机关

阿曼商工部是负责贸易管理的主管部门，其主要职责为：制定有关规定、原则，组织和加强阿曼与世界贸易组织、阿拉伯贸易组织及其他区域性或国际贸易组织的联系；提出政策和必要的规划建议，以推动贸易发展，并服务于阿曼经济的发展；规范进出口贸易程序，确保当地市场商品充裕、质量合乎标准，价格稳定，公布信息和贸易数据；与相关部门协调对贸易企业、商店进行检查，确保所售商品正宗，符合技术标准；发放商业许可证及企业、代理、商标注册；为投资者提供服务。①

阿曼商工业协会（OCCI）1973年成立，代表私营企业的利益，支持私有化和制造业国有化。私营部门通过阿曼商工业协会参与贸易政策的规划。

7.2.3 司法体系

阿曼司法机构由宗教和世俗两套机制组成。沙里亚法院由三名伊斯兰法官掌管，最终的立法解释权掌握在卡布斯苏丹手中。1970年阿曼新内阁成立司法部，1997年，卡布斯将司法部、内政部与伊斯兰事务部合并在一起，统称司法部。阿曼法院分为三个级别：初级法院、上诉法院和最高法院。最高法院是阿曼司法系统中权力最大、级别最高的司法部门。其职责是监控法律实施，并享有法律解释权，该委员会作出终审判决，经苏丹卡布斯批准后，则不再接受申诉。

7.3 阿曼进口管理制度

7.3.1 进口配额

阿曼无关税配额。

7.3.2 进口许可证制度

包括阿曼在内的海湾合作委员会（GCC）会员国针对食品进口及安全检查将使用新的进口条例，GCC国家将采用统一的标准。新食品进口条例规定，经过检查认证为无公害食品可以进入GCC，而且只要食品可出口至GCC任何一个国家，便可直接进入GCC其他5个会员国，无需再重新检验。GCC新进口条例可减少提交文件、检验程序，还可降低食品价格。因为只需经过一个国家的检查认证，使提交文件的手续费降低，并可避

① 中国对外投资和经济合作网：《对外投资合作国别（地区）指南：阿曼》（2010年版），第27页。http：//fec.mofcom.gov.cn/gbzn/gobiezhinan.shtml

免各国进口标准不一等问题。①

7.3.3 原产地标志要求

除价值低于1 000阿曼里亚尔或者自用进口商品外，所有出口到阿曼的商品必须附有商业发票、提货单，如需要还应附上原产地证书。阿曼原产地证书规定，出口商应在原产地证明上签署具有法律约束力的声明，包括原产地声明和生产商说明。并需在货物出口至阿曼之前由阿曼在原产国的领事馆或者其他代理处办理领事认证。②

7.3.4 反倾销和反补贴措施

阿曼本国没有反倾销政策、补贴、反补贴和保障等相关的法律条例。根据2006/39号皇家法令，它采取了包含在海合会协议中的一些条款作为紧急情况下的贸易救助措施。阿曼尚未采取过反倾销、补贴或者反补贴等措施。

7.3.5 其他贸易壁垒

2000年12月，阿曼签署了世界贸易组织的技术性贸易壁垒协定，成立了国家咨询和信息中心（NEPIC），隶属于阿曼商工部规格和度量总局（DGSM）。DGSM负责为阿曼制定与贸易相关的标准、测试、质量控制、品质保证、合格评定、证明和认证等。阿曼大多数经济领域允许外国投资，但外国投资者的所有权份额经常受限，且每个投资项目需经政府批准。按照规定，外国投资者必须雇用一定数量的阿曼员工。

阿曼的有些规章是不透明的，甚至是相互矛盾的；官僚机构可能会成为投资者沉重的负担，耗费投资者大量的时间。

7.4 阿曼出口管理制度

7.4.1 出口管制

只有在阿曼商工业部的商业注册部门登记过，并且是阿曼商工业协会会员的公司或者个人才可以进行出口贸易。从事出口业务需要得到阿曼商工业协会盖章的商业发票和原产地证书文件。如果是从事受限制商品的出口，可能海关还需要出口方提供相关部门的许可证。

阿曼禁止出口文物、古代手稿和阿曼里亚尔。在鱼类繁殖的禁渔期，鱼苗、龙虾、鲍鱼和鲨鱼限制出口。本地开采的矿产品出口需要出口许可证。

---

① 中国商务部网站：http：//www.mofcom.gov.cn/aarticle/i/jyjl/j/201107/20110707630429.html，2011年7月4日。

② Royal Police online information. Viewed at：http：//www.rop.gov.om/English/dg_customs_importing.asp.

7.4.2 出口鼓励

阿曼不征收任何出口税，国家鼓励非石油产品的出口，对生产出口产品的原材料免征进口关税。国家发展银行对有关企业出口工业品提供信贷，还建立了出口补贴制度，对工业制成品的出口给予10％－25％的价格补贴。

7.5 阿曼贸易协定

7.5.1 阿曼自由贸易协定

阿曼2000年11月9日加入世贸组织，是世贸组织信息技术协议的签约国和政府采购诸边协议的观察员。阿曼没有直接或间接参与任何世贸组织争端解决机制。作为海湾合作委员会（GCC）的成员国，阿曼加入了海合会关税同盟，参与GCC与欧盟、中国及其他国家的自由贸易协定谈判。阿曼还是环印度洋集团的创始国和阿拉伯自由贸易区成员。

7.5.2 阿曼—美国贸易协定

2006年1月，阿曼与美国签订了自由贸易协定，该协定自2009年1月1日生效，从而消除两国间的工业品和消费品的关税壁垒。美国对阿曼的电子、机械、汽车、光学及医疗设备、菜油和糖等农产品的出口将增加。协定同时也会促进劳动和环境法律的实施，加大保护知识产权的力度。

7.6 阿曼贸易习惯

7.6.1 通用的贸易方式

7.6.1.1 代理

1999年7月阿曼制定商业代理法，规定来自阿曼苏丹国境外的制造商或者供应商应寻找一个或多个阿曼当地的商人或者公司作为代理来销售、推广或分发产品，生产产品或提供服务。并视代理能力大小来确定身份，作为在阿曼无合法身份的制造商或供应商在阿曼的代理商、代表或中介机构，不收取利润或佣金。一般而言，商业代理应该为机构开展业务和组织正常的商务活动。代理合同的签订或者合同的修改都应诉诸书面，并经阿曼商工业协会证明。

7.6.1.2 直接销售、寄售

根据海合会关税同盟成立后的阿曼新关税制度，如果是来自海合会国家之外的整批交货的完全寄售的进口商品，则根据海合会国家关税同盟规定，进口到阿曼（或其他海

合会国家）和转口到其他海合会国家的商品，根据单一入境口岸原则，只在进入海合会国家的第一个入境口岸交纳海关关税。

7.6.1.3　补偿贸易和易货贸易

目前，阿曼没有签订任何旨在影响进口商品数量和价值的官方的易货贸易或者补偿贸易协议。①

7.6.2　对阿曼贸易应注意的问题

7.6.2.1　交货期

与阿曼进行贸易重要的一点是诚信守约，双方一旦签订合同均应严格履行合同，按期交货。

7.6.2.2　商品质量

在贸易过程中应按照合同要求，把好商品质量关，努力提高产品质量和信誉。不能因贪图一时之利，以次充好，以假充真。

7.6.2.3　安全卫生标准

在海湾合作委员会国家食品安全委员会第六次会议上，各成员国对进口食品的卫生检疫实行统一标签，对进口肉类及其制成品、牛奶及其制成品、海产品执行统一的卫生证明，同时对进出口食品实行统一的证明。

7.6.2.4　包装与商标

向阿曼出口的商品在内外包装上及产品本身不能印有违反伊斯兰教传统的图片、文字等。出口食品应在包装上用阿拉伯语注明食品的成分、产地、生产企业名称、生产日期和有效期等信息。

阿曼的商标保护期是10年，商标注册可以不定期更新。商标注册后即可保障商标持有人的独家经营权利免受不法侵害。除非商标持有人提出没连续使用商标的客观原因，连续使用未满5年的商标可以被注销。商标持有人拥有生产、进口和销售该品牌产品的独占权和禁止其他未经授权人使用商标的权利。商标持有人在相关部门登记后可以给商标颁发许可证。

7.6.2.5　低价倾销

阿曼没有竞争法和专门控制价格的立法，但是苏丹第38/2000号法令规定反对不公平竞争。尽管如此，某些产品，如天然气、石油、电和水、一些服务（如电信等）的价格都受政府控制。通常，政府给这些物资和服务设定最高价格，公司照此进行价格调整。

7.6.3　纠纷处理方式

阿曼解决关税估价和各种争端的程序是，首先向阿曼皇家警察局（ROP）下属的海关总理事会提出上诉；再转到隶属阿曼皇家警察局的警察与海关总巡视员处；再到财政

① WTO document G/PSI/N/1/Add. 10，19 July 2004. p. 38.

部；最后到达阿曼仲裁法院。

7.7 阿曼海关监管制度

7.7.1 对进出境货物的监管

所有进口商品的文件都必须经阿曼驻原产地国家领事馆、代表或者其他阿拉伯国家在原产地国家使馆的代表机构认证。一切进口产品除了价格低于 1 000 阿曼里亚尔和自用物品外，都要提供商业发票、（航空或者海运）装货单，必要时还需提供原产地证明。商业发票和原产地证明必须是经阿曼驻原产地国家领事馆、代表或者其他阿拉伯国家在原产地国家使馆的代表机构认证。如果文件未经认证，则商品也有可能在海关检查，交税后被清理出境。如经海关评估，交纳 20 阿曼里亚尔现金作为押金，在 90 天之内补齐文件押金退还。①

7.7.2 对进出境运输工具的监管

按照海关当局统计，在手续齐全的情况下，无论是采用何种运输工具，货物报关平均用时 10 分钟。大概有 2%进口货物按照风险管理系统被随机抽查。阿曼没有与装船前检验协议相关的法律或法规。②

7.7.3 保税制度

保税制度是指经海关批准暂时缓办纳税等手续进境的货物在海关监管下储存、加工、装配后复运出境的海关监管制度。换言之，保税制度是海关对保税货物实施进境、储存、加工、装配、出境全过程监管的作业制度。

阿曼的自由区类似于海关保税区。2002 年 5 月，苏丹卡布斯发布第 56 号/2002 令正式颁布了“阿曼自由区法”。“自由区法”规定：区内企业不得违规经营、不得在自由区以外从事经营活动；区内企业免征一切税收并由财政事务主管大臣根据自由区委员会规定的原则公布免税命令；允许区内企业 100%为外资。该法规定除严禁进口的货物外，任何货物均可自由进入自由区或在自由区之间相互往来。自由区内的进口货物，除管理方视货物的品质规定期限的以外均可不受时间限制地停留。在自由区内加工或组装后的再出口的产品将参照阿曼政府签署的国际协议而被视为阿曼本国产品。若区内生产的产品进入阿曼关内，则被视为进口产品对待，即使产品中含有当地原材料。③

位于苏哈尔的 CSO（C. Steinweg Oman LLC）港口建立于 2004 年初，可以认为是

① Royal Police online information. Viewed at：http：//www. rop. gov. om/English/dg_customs_importing. asp.

② WTO document G/PSI/N/1/Add. 10，19 July 2004.

③ 中国驻阿曼大使馆经商参处网站：http：//om. mofcom. gov. cn/aarticle/ddfg/tzzhch/200208/20020800038045. html，2002 年 8 月 22 日。

阿曼的一个指定保税区，区内设有海关的办公室。它有指定的仓库区，可以按照自由区的原则经营，因此可以简化将货物从CSO向自由区的运输手续。一切停靠在CSO的货船均可享受海关优先放行。①

7.7.4 对外贸加工区的监管

阿曼政府对在萨拉拉自由贸易区的企业提供许多优惠政策和便利措施，包括免除贸易公司法所规定的最低资本要求，免公司所得税、利润税30年，免交有关土地、房产、市政等费用，规定阿曼化比例不低于10%。②

7.8 阿曼关税计征制度

7.8.1 阿曼海关税则归类

1978年阿曼海关法制定了进口关税表，此后进口关税多次调整。最后一次调整是根据1999年12月13日阿曼国民经济大臣第99/131号决议进行的。目前阿曼一般进口商品的关税为5%。猪肉类、烈性酒类等与伊斯兰教规相左的物品征收100%的关税，烟草制品的税率为75%，食品进口免税。

目前关税情况如下：

一、除下列阿曼进口商品按下述条件征收相应的进口关税外，所有阿曼进口商品均按货值CIF价的5%征收关税。

二、免税商品。

1. 牲畜；
2. 可食用牲畜的鲜、冰、冻肉和内脏（猪肉除外）；
3. 除香味奶外的各类鲜奶、消毒奶、奶粉；
4. 酥油；
5. 种子；
6. 树苗；
7. 新鲜蔬菜；
8. 水泥；
9. 除香蕉、椰枣之外的新鲜水果；
10. 茶叶；
11. 大米、小麦、面粉、大麦、玉米；
12. 各类烹调油、脂（人造酥油和猪油除外）；

① CSO网站：http://www.steinwegoman.com/terminal.html，2011年8月14日。

② 中国驻阿曼大使馆经商参处网站：http://om.mofcom.gov.cn/aarticle/ddfg/sshzhd/200607/20060702630939.html，2006年7月13日。

13. 糖；

14. 从石油中提炼的产品；

15. 农业专用杀虫剂；

16. 各类印刷书籍、报纸、杂志、期刊、地图、工程图纸；

17. 农业用机械和工具；

18. 法定货币；

19. 金条和金币；

20. 饲料；

21. 政府进口的物品；

22. 根据有关机构出具的原产地证，产自海湾合作委员会国家的产品免征进口关税。

三、征收保护性关税的商品及税率。

1. 干酸橙（100%）；

2. 椰枣（20%）；

3. 鲜香蕉（25%）。

四、高关税商品及税率。

1. 特殊种类的肉和肉制品（猪肉 100%）；

2. 各类酒精饮料（100%）；

3. 对进口烟草及其制品征收价值 100%的关税，并不得低于下列价值：

生烟草或未加工烟草及其制品（2 阿曼里亚尔/公斤）；碾碎、压制或加工的烟草（6 阿曼里亚尔/公斤〔净重〕）；香烟（10 阿曼里亚尔/千支）；雪茄（20 阿曼里亚尔/公斤〔含包装〕）。

五、限制或禁止进口的物品。

1. 武器和军火；

2. 可被改装成真武器的假武器、假手枪和其他工具；

3. 烟花、爆竹；

4. 色情出版物、图片、书籍、卡片、录制品、钢笔、铅笔、玩具、仿制品和其他不体面的物品；

5. 有企图煽动国家暴力内容的任何报纸、出版物、广告、书籍或图片；

6. 印有阿曼政府或其他政府发行的纸币、汇票或有价证券的各类纺织品；

7. 与军服相似的服装；

8. 印有古兰经经文的女内裤；

9. 不体面的服装；

10. 印有名人图片或其他国家旗帜的服装；

11. 印有阿曼皇家徽章（皇冠和匕首）或任何违反阿曼传统的词汇、字母（不包括数字）、图片的阿曼帽（库马斯）；

12. 攻击伊斯兰的任何物品；

13. 与阿曼警官权杖相似的棍子；
14. 印有万能真主之名“安拉”的轮胎和鞋类；
15. 皇家徽章；
16. 印有纳粹徽记的物品；
17. 印有“万物非主，唯有真主”或万能真主之名“安拉”的服装或电灯；
18. 儿童用的烟花、爆竹、武器和手枪；
19. 印有不体面或违反阿曼传统的图案、短语或画像的备用轮胎罩；
20. 有关机构的法律或决议所禁止的任何其他物品。

7.8.2 阿曼海关估价制度

根据苏丹 67/2003 号法令，阿曼执行世界贸易组织的海关估价协议（CVA）。但 2011 年 1 月它将其在海关估价立法的情况向世界贸易组织海关估价委员会（CCV）作了相关说明，海关关税的征收按照进口产品的到岸价格（CIF）计算。

7.8.3 阿曼海关征税制度

自从海合会国家关税同盟 2003 年 1 月 1 日生效以来，根据苏丹 67/2003 号法令，阿曼即实行海合会的共同海关法律和相关条例。进口到阿曼（或其他海合会国家）和转口到其他海合会国家的商品，根据单一入境口岸原则，只在进入海合会国家的第一个入境口岸交纳海关关税。海合会成员国的海关程序和需要的文件都是相同的。①

7.8.4 阿曼海关关税优惠制度

阿曼的最初关税优惠原则是基于附加值的标准，根据协议有所浮动。来自太平洋自贸区的进口商品，根据特惠协议在当地的附加值最少为 40%。根据阿曼与美国的双边贸易协议，附加值最少在 35%。

① For a description of the GCC customs procedures, see GCC online information. Viewed at: http: //www.gcc-sg.org/GCC-Customs/gcc_cu01e.html.

第 8 章

阿曼投资环境

8.1　阿曼投资概况

8.2　阿曼投资政策

8.3　阿曼投资管理体制

8.4　阿曼税收制度与激励措施

8.5　阿曼主要贸易投资管理部门

8.6　阿曼注册企业程序

8.7　中国与阿曼的投资关系

8.1 阿曼投资概况

8.1.1 外资引进规模

阿曼经济部公布的调查数据显示，2008 年外国对阿曼的直接投资（FDI）达 43.6 亿阿曼里亚尔（113.4 亿美元），比 2007 年的 35 亿阿曼里亚尔增长 24%。经济部的数据还显示，2008 年阿曼所吸收的全部外国投资总额为 111 亿阿曼里亚尔（288.6 亿美元），比前一年的 99 亿阿曼里亚尔增长 12%。① 根据英国经济学家情报社资料统计，2009－2011 年阿曼接受外国直接投资额分别为 22.1、25.0 和 28.0 亿美元，分别占当年 GDP 的 4.7%、4.5%和 3.9%。②

8.1.2 外资引进方向

英国是对阿曼直接投资最多的国家，2008 年其对阿曼的 FDI 总额达 11.4 亿阿曼里亚尔（29.6 亿美元），比 2007 年的 8.46 亿增长 34.8%。英国在阿曼投资最多的领域是石油天然气，2008 年占其对阿曼直接投资的 84.8%。排第二位的是美国，2008 年为 8.83 亿阿曼里亚尔（23 亿美元），比前一年的 6.27 亿增长 40.8%；其中的 93%用于石油天然气勘探。阿联酋 2008 年对阿曼直接投资额为 8.38 亿阿曼里亚尔（21.8 亿美元），仅次于美国排第三位；其投资领域主要集中在下游和商务服务，占比分别为 40.4%和 23%。外国对阿曼的直接投资主要集中在石油天然气勘探上面，2008 年占比为 45.5%；其次是下游工业，占比为 17.5%；第三是商务经纪服务，占 15%。③

8.1.3 外资引进模式

阿曼外资引进的模式有多种，其中第一种是独资经营模式，只允许阿曼公民和其他海合会成员国家的公民经营独资企业，最低资本额为 3 000 阿曼里亚尔。第二种是建立商业公司，普通合伙公司至少需要 2 位合伙人；有限合伙公司至少 1 位合伙人；合资公司至少 2 位合伙人；还有公开合股公司和不公开合股公司；责任有限公司至少 2 位合伙人，至多 40 位合伙人，外资至少 15 万里亚尔，阿曼本国人至少 2 万里亚尔。第三种是专业与服务公司，由专业人士共同成立，进行非商业性经营活动的机构。如法律活动和顾问，审计、会计、承包工程和技术咨询、服务、管理和经济顾问服务和研究、技术服务、医疗和医药服务、教育服务和其他类似服务。专业公司不能介入商业经营活动领域。

---

① 中国驻阿曼大使馆经商处网站：阿曼吸收外资大幅增长 http：//om.mofcom.gov.cn/aarticle/jmxw/201004/20100406872783.html，2010 年 4 月 17 日。

② EIU 各年资料，其中 2010 年为估计值，2011 年为预测值。

③ 中国驻阿曼大使馆经商处网站：阿曼吸收外资大幅增长 http：//om.mofcom.gov.cn/aarticle/jmxw/201004/20100406872783.html，2010 年 4 月 17 日

第四种是控股公司，该公司可以是合股公司，也可以是责任有限公司的形式。控股公司持有子公司至少51%的资本额。控股公司资本额至少200万阿曼里亚尔，且不得持有普通合伙公司或有限合伙公司的股权，或其他控股公司的股份。①

8.1.4 外资与生产力的转换

阿曼政府近年来加大招商引资力度，并取得显著效果。截至2007年底，阿曼外资存量达245亿美元，比上年增长51.6%，设立外资企业457家。其中外国直接投资额90.5亿美元，占存量的37%；其他外国投资额，如商业信贷、货款、项目融资等达134亿美元，占存量的54.7%；外国证券投资额20.4亿美元，占存量的8.3%。2007年当年流量为83.4亿美元，其中外国直接投资额32亿美元，占比为38.3%；其他外国投资额48.6亿美元，占比58.3%；外国证券投资额2.8亿美元，占比3.4%。据2010年世界投资报告的统计数据显示，2009年阿曼吸收外资22.11亿美元；截至2009年，阿曼累计吸收外资达132.68亿美元。②

8.1.5 主要经济区域

阿曼鼓励外资在信息技术、旅游、加工制造、农牧渔业、采矿、医疗、私有化项目及在自由区和工业区的投资。

8.1.6 地区内部投资情况

阿曼对外国投资的地区鼓励政策主要通过工业区、知识园区、自由贸易区来实现。阿曼主要的工业区、知识园区和自由贸易区有：鲁塞尔工业区，主要生产消费品及与工业相关的产品，如化学品、纺织品、油漆、建材、食品、家具和文具等；苏哈尔工业区，设有许多大型石化企业和冶金企业；还有莱苏特工业区；苏尔工业区有一个天然深水港口，区内的主要企业有阿曼液化天然气公司、盖尔哈特液化天然气公司、阿曼－印度化肥厂；尼兹瓦工业区，进驻企业主要生产陶瓷、汽车配件、塑料制品、矿泉水和食品等；布莱米工业区与阿联酋交界。

马斯喀特知识园区（KOM）位于距离马斯喀特市区30公里处，进驻的优惠条件如下：企业可以不需要当地保人和公司并且100%持股；有竞争力的通信费用；第一年阿曼本土化比例只要求10%，以后每年递增5%；KOM的公司可在竞标委员会登记，投标政府的项目；没有个人所得税及外汇控制；从阿曼到海湾国家的产品进出口免征关税。

萨拉拉自由区成立于2006年，正在进行分期建设。主要为分销、物流、运输和加工业服务，部分企业已开始进驻。该自由区地理位置优越，紧邻萨拉拉港，接近赤道贸易

① 台商网：http：//61.218.5.43/countryPage.do？id=12&country=OM，2008年5月

② 商务部国际贸易经济合作研究院、商务部投资促进事务局和中国驻阿曼大使馆经济商务参赞处合作出版《对外投资合作国别（地区）指南：阿曼》（2010年版），第20页。

路线，比停靠海湾内港口再转运非洲或欧洲要节省5天航程。该区的特殊优惠政策有：租期达50年，可再续50年；100%外国独资；进出口零关税；无最低投资额限制；利润和分红30年免税；阿曼化比例可降低至10%。①

8.2 阿曼投资政策

8.2.1 政府的外资政策

阿曼政府重视吸引外资发展国家经济。为了给当地和国际投资者营造更好的投资环境，阿曼制订了一系列优惠政策和法规。如，简化外来投资项目的程序、扩大外商投资权限。还颁布了新投资法对外国企业实行优惠政策。如：免征公司所得税至少5年，机器设备免税进口；自动调动利润，不收个人所得税，外汇可直接汇出国外；利用本地劳动力和原料的公司，可获得政府的长期低息贷款。2003年，阿曼政府修改了部分税收法，给予私营部门和外资更多的优惠条件，税收法的修改促进了外资的投资信心。目前，阿曼资本投资法允许外资的项目投资额度升至70%，2003年1月起，在银行、保险和经纪等服务行业投资的外国投资者可以拥有100%的股份。

阿曼政府为了补充本国经济建设资金的不足，非常重视引进外国直接投资，采取多种措施积极争取国外贷款和赠款。为了给外国投资者营造更好的投资环境，阿曼政府制定了一系列政策和法规，并对《商业法》、《商务代理法》、《公司所得税法》、《公司法》和《外国投资法》等做了重要的修订，同时起草了有关金融证券的法律，为国外公司前来阿曼创办企业提供便利条件。

1995年5月5日阿曼缔结了《华盛顿公约》，1999年2月25日，阿曼签署了《纽约公约》。2000年11月，阿曼正式成为WTO的成员，此后颁布了《知识产权法》、《商品法》和《著作权法》等，并进一步放宽了对外国投资者的限制。通过一系列的制度和法规改革，阿曼的投资环境不断完善。

8.2.2 其他产业限制政策

阿曼《外国投资法》第三条规定：不允许外国投资的范围包括经苏丹敕令批准为阿曼政府执行特殊合同或协议的公司；由内阁宣布从事国家需要工作的公司。

8.2.3 双边投资协议

阿曼是多边投资担保机构（Multilateral Investment Guarantee Agency）成员，截至2007年12月，阿曼与包括中国在内的30个国家签订了投资框架协议。

① 参见商务部国际贸易经济合作研究院、商务部投资促进事务局和中国驻阿曼大使馆经济商务参赞处：《对外投资合作国别（地区）指南：阿曼》（2010年版），第32～33页。

8.3 阿曼投资管理体制

8.3.1 投资准入程序

阿曼投资法第一条规定：未经阿曼商工业部许可，任何非阿曼籍的自然人或法人均不得在阿曼境内从事商业、工业或旅游活动，或加入阿曼公司。取得商工业部的商业许可，办理商业执照之前必须找到阿曼籍的合伙人，其中阿曼籍至少占30%的比例，而外资方最多占70%的比例。在阿曼自由贸易区设立公司或工厂就可以不受外资须有本地合伙人的困扰，还可以简化繁杂的行政手续，园区管理部门还可以协助办理引进员工所需要的签证和居留证等手续。

8.3.2 投资管理制度

在阿曼，一般性投资项目，外国投资比例不能超过49%，项目最低投资额为39万美元。经商工大臣批准外国投资比例可放宽至70%。对于个别对国民经济发展具有重要作用的投资项目，经商工大臣推荐，内阁批准，外国投资比例可达100%，但投资额不少于130万美元。

8.3.3 国民待遇和部门限制

阿曼对外国投资实行“国民待遇”，所有外国投资者享有与阿曼当地投资者同等待遇，可以与阿曼企业或个人合资经营，也可以独资经营。

对外资投资的产业和部门没有明确限制规定，但以下商业活动只能由阿曼人经营：宗教朝觐活动；劳务雇佣和提供；保险业务；商业代理；海关清关服务；机场货物处理；海运服务；政府部门的跟踪服务；房地产服务、土地和建筑租赁与管理；相关社会活动；残障人士福利机构、残障人士康复机构、老年人福利机构、任何形式的社会服务中心；相关文化活动，如出版印刷、报刊杂志、照相与电影、艺术生产、商业演出、电影院、博物馆；租车服务；广告服务；各类运输服务和旅行社等。①

8.4 阿曼税收制度与激励措施

8.4.1 税收优惠

阿曼税收分直接税和间接税两种。直接税即向公司、贸易和工业实体征收的收入税，

---

① 参见商务部国际贸易经济合作研究院、商务部投资促进事务局和中国驻阿曼大使馆经济商务参赞处：《对外投资合作国别（地区）指南：阿曼》（2010年版），第28、29页。

以及向饭馆、酒店征收的市政税、奢侈税等。间接税就只有海关关税。应征税收入指的是经审计的财务报表上所列明的净利润。阿曼税制简单，税率较低。无增值税、个人所得税、遗产税、房地产税等，目前阿曼主要的税种有海关税和公司所得税。一般进口商品的关税为5%。猪肉类、烈性酒类等与伊斯兰教规相左的物品征收100%的关税，烟草制品的税率为75%，食品进口免税。2003年，阿曼政府修改了部分税收法，给予私营部门和外资更多的优惠条件。

2009年6月阿曼颁布新的《公司所得税法》，新税法于2010年1月1日起生效，旧税法中与新税法冲突部分废除。新的税法中取消了原来外资占比达70%的公司最高征所得税30%的条款，不管公司是否有外资参与，一律与本国公司使用相同的所得税计算方法。新税法不再区分本国公司和海合会国家公司与其他外资公司的区别，更加有利于外资公司及其分支机构和本地企业在当地的投资，新税法将激励和促进外资的投资信心，吸引更多的外资前来阿曼。

8.4.2 地区和产业优惠

地区优惠方面，阿曼政府在自由区、IT园和工业区投资，外资可拥有100%股份。对在萨拉拉自由贸易区的企业提供许多优惠政策和便利措施，包括免除贸易公司法所规定的最低资本要求，免征公司所得税、利润税30年，免交有关土地、房产、市政等费用，规定阿曼化比例不低于10%。

产业优惠方面，对于符合阿曼鼓励政策的产业投资可享受低息贷款；制造业和战略工业投资项目进口的机械设备、零配件、原材料、半成品在生产期前5年免关税；原材料和半成品免征关税可再延长5年；产品可免税进入海湾合作委员会成员国以及大阿拉伯自由贸易区的17个阿拉伯国家；免征企业所得税5年，并可再延长5年；提供出口信用保险。[①] 阿曼新投资法对外国企业实行优惠政策，免征公司所得税至少5年，机器设备免税进口；利用本地劳动力和原料的公司，可获得政府的长期低息贷款。目前，阿曼资本投资法允许外资的项目投资额度升至70%，2003年1月起，在银行、保险和经纪等服务行业投资的外国投资者可以拥有100%的股份。

8.4.3 税收鼓励措施

为鼓励一些特定经济领域的投资，阿曼对企业前5年经营期可免征税；经财政与能源委员会决定，免税期可再延长，至多不超过5年。这些经济领域包括：海湾合作委员会工业法所确定的工业；根据采矿法提及的采矿业；当地制造或经处理的产品出口；旅游村和宾馆的经营；农业、畜牧业生产与加工、渔业及养殖与加工；大学教育、高等教育，私立学校或幼儿园或培训机构；私立医院。

---

① 商务部国际贸易经济合作研究院、商务部投资促进事务局和中国驻阿曼大使馆经济商务参赞处：《对外投资合作国别（地区）指南：阿曼》（2010年版），第31页。

免征所得税的收入包括：应税人对其所拥有的其他公司的股票、份额及投资所产生的分红；在阿曼证券交易所的证券交易所得收入；在阿曼设立的投资基金所得收入或在国外设立的投资基金交易在阿曼证券市场的证券所得。

免征所得税的经营活动有：任何阿曼个人所有企业或阿曼公司从事海运经营活动；外国公司经营的海运和空运业务，前提是外国对阿曼公司给予同等待遇。

8.4.4 其他非税收鼓励措施

阿曼还有一些非税收优惠政策对外资具有吸引力。如，简化外来投资项目的程序、扩大外商投资权限等。

8.5 阿曼主要贸易投资管理部门

8.5.1 阿曼商工业部

阿曼商工业部是外国投资的主管部门，其职能包括向投资者提供相关服务，审核投资申请，发放许可和商业注册。

8.5.2 政府行政部门

除阿曼商工业部外，一些其他相关部门可在外国投资项目的建设和经营期间就环境、卫生、安全等方面的标准进行检查。

8.5.3 投资政策的协调部门

阿曼商工业部下属的“外国投资委员会”具体负责审核外国投资申请，并就投资领域、是否属于经济发展项目、是否存在与《外国投资法》相冲突之处等方面向大臣提出意见和建议。

8.6 阿曼注册企业程序

8.6.1 注册企业的一般形式

根据相关法律法规规定，外国企业在阿曼的法律实体形式有：合资企业、独资企业、分公司和代表处四类。

8.6.2 注册企业的规定

阿曼投资法规定，颁发许可证需满足下列条件：商务活动应由资本不少于 15 万里亚尔（约 39 万美元）、外资不超过其总资本 49%的阿曼公司来进行。经外国投资委员会的推荐，由商工大臣批准，外资可超过上述比例至总资本的65%。若项目有助于阿曼国民经济的发展且总投资在50万阿曼里亚尔（约130万美元）以上，经商工大臣推荐，上述外资比例可超过65%乃至100%；业已存在的合资公司参与新的合资公司时，外资股份应视为在每个公司的所有股份，阿曼人的股比不得低于上述规定的比例。

阿曼商工业部是负责外国企业注册的主要部门，为了方便投资者设立企业，该部在其办公所在地设立了专门的窗口，为在马斯喀特地区设立企业提供一站式服务“One-Stop-Shop”（简称“OSS”）。商工部、阿曼皇家警察、马斯喀特市政局、旅游部、环境保护与气候事务部、人力资源部，以及银行等相关部门均在此派驻办事人员，为企业办理相关手续。如果在马斯喀特以外的地区设立企业，涉及的相关机构和许可基本相同，投资者需分别前往各机构办理手续。①

8.7 中国与阿曼的投资关系

8.7.1 相互投资概况

中国企业在阿曼的投资增长快，根据阿曼方面统计，截至2009年底，中国对阿曼的投资（包括再投资）已超过1亿美元，主要集中在油气区块风险勘探开发领域。据中国商务部统计，截至2009年底，中国在阿曼的累计投资为797万美元。

工程承包是双边经济合资的主要形式，据中国商务部统计，2009年中国企业在阿曼新签订承包工程和劳务合作合同36份，合同金额103 176万美元。2009年完成营业额27 193万美元。年末在阿曼劳务人数1 253人。新签大型项目包括山东电力建设第三工程公司的阿曼430MW燃气机组工程、上海振华港口机械（集团）股份有限公司的ZP1306阿曼14门机和中国石油集团长城钻探工程有限公司的阿曼钻井服务项目等。②

8.7.2 国家间的投资协定

1980年10月中阿两国签订了政府贸易协定。1989年两国签署了政府贸易协定修改议定书，并成立了两国经贸混合委员会。1995年中国和阿曼两国政府签署了《中华人民共和国和阿曼苏丹国鼓励与保护投资协定》。2002年3月两国签署了《中华人民共和国和阿曼苏丹国避免双重征税及防止偷漏税协定》。

① 参见商务部国际贸易经济合作研究院、商务部投资促进事务局和中国驻阿曼大使馆经济商务参赞处：《对外投资合作国别（地区）指南：阿曼》（2010年版），第43～44页。

② 商务部国际贸易经济合作研究院、商务部投资促进事务局和中国驻阿曼大使馆经济商务参赞处：《对外投资合作国别（地区）指南：阿曼》（2010年版），第22～23页。

8.7.3 未来投资合资趋势

未来两国在石油、天然气、矿产、公路修建、通讯、计算机和程序开发方面的合作潜力巨大，并且两国在人力资源和技术培训方面也开展了富有成效的合作。2006年4月，阿曼旅游大臣访华期间，双方签署旅游合作协定，阿曼成为我国公民旅游目的地国，双方在旅游业的发展前景也很广阔。

第 9 章

阿曼金融环境

9.1 阿曼货币体系

9.1.1 货币体系概况

1972年以前，阿曼一直使用同英镑等值的特种印度卢比。马斯喀特货币局于1970年成立，1972年更名为阿曼货币局，废除了特种印度卢比，开始发行本国货币——阿曼里亚尔。1975年，阿曼中央银行正式营业后，取代了阿曼货币局的职能，同年取消阿曼货币局。1995年为庆祝卡布斯苏丹执政25周年，中央银行发行了新纸钞，面值分别为50、20、10、5、1阿曼里亚尔和500、200、100比萨（1阿曼里亚尔合1 000比萨）。硬币最大为50比萨，最小为5比萨。同年，中央银行还发行纪念金币和银币。到1998年年底，新钞已基本占领了货币流通市场，发行量约2.8亿阿曼里亚尔。

9.1.2 汇率制度

阿曼货币政策稳定，从1973年2月开始，阿曼采用了阿曼里亚尔与美元挂钩的固定汇率。1986年由于世界范围石油价格下跌，阿曼石油收入骤减，同年1月25日，阿曼宣布货币贬值，阿曼里亚尔对美元比价下调10.2%，调整后1美元=0.384 5里亚尔。预计2011～2012年阿曼仍不会加入海湾货币一体化市场，仍将保持阿曼里亚尔与美元挂钩的固定汇率。

9.2 阿曼金融机构

9.2.1 金融机构体系

阿曼金融体系由中央银行（CBO）、商业银行、非银行金融机构及租赁公司、货币兑换公司以及保险公司、养老基金和资本市场组成。[①]

9.2.1.1 中央银行体系

阿曼中央银行（CBO）成立于1974年，是阿曼金融政策的制定和金融机构的监督与管理部门，也是阿曼的外汇管理部门。截至2009年年底，阿曼中央银行净资产为130.9亿美元，比上年增长8.9%。外汇储备达119亿美元，可满足8个月的商品进口需要。[②]

9.2.1.2 商业银行

截至2009年年末，阿曼共有17家商业银行，其中7家是本地银行，10家为外国银

① 中国驻阿曼大使馆经商参处：《阿曼银行业概况》，2010年8月30日。http://om.mofcom.gov.cn/aarticle/ztdy/201008/20100807109900.html

② 商务部国际贸易经济合作研究院、商务部投资促进事务局和中国驻阿曼大使馆经济商务参赞处：《对外投资合作国别（地区）指南：阿曼》（2010年版），第23页。

行的分行。

9.2.1.3 政府专业信贷机构

除商业银行外，阿曼还有两家专业银行，分别是阿曼发展银行和阿曼住房银行。

9.2.1.4 保险公司

阿曼保险业起步晚，是处在初级阶段的新兴行业，但是它对于社会稳定和保障国民的合法权益，提高公民的社会福利待遇有积极作用。2001 年阿曼国家保险公司倒闭后，阿曼的保险行业隶属阿曼资本市场管理局（CMA）管理，不再接受阿曼商工业部监管。阿曼的保险市场由 20 家直接保险业务公司组成（没有再保险公司），其中 11 家为本国保险公司。阿曼保单数量从 2004 年的 48.69 万份增加到 2007 年的 70 万份（85％为汽车保险）。承担的保费数额也从 1.03 亿阿曼里亚尔增加到 1.75 亿阿曼里亚尔。保险公司最小资本金额为 500 万阿曼里亚尔。2005 年阿曼资本市场管理局加入了国际保险监督官协会（IAIS）。新成立的保险公司可以是合资公司的形式，对公司所有人没有限制。阿曼的保险公司根据营业执照的不同分别可以办理普通保险、人寿保险或者两者兼营。不管包括人寿保险业务与否，保险公司最少都要在 CMA 存入押金 7.5 万里亚尔。汽车保险是必须办理的，而且必须由本国保险公司经营。①

9.2.1.5 证券公司

1988 年 6 月，阿曼成立了马斯喀特证券市场（MSM），1989 年 5 月开始运营。MSM 既是阿曼证券市场的管理者也是经营者。1998 年，为使阿曼资本市场更加稳定、透明和得到有效管理，MSM 的证券管理者和经营者的身份被分离。由阿曼资本市场管理局（CMA）来负责对阿曼证券市场的监管。另外，马斯喀特信托和证券注册公司负责对证券持有者的登记和过户。2008 年 3 月，MSM 共有 128 家上市公司，其中包括 4 家投资基金。②

9.2.1.6 其他金融机构

经央行批准，阿曼有 40 家可以从事汇兑业务的公司，其中有 16 家还可以签发汇票。汇兑公司开设的钱庄共 149 家。阿曼本地银行在国外设有 13 家分行和 1 个代表处。③

9.2.2 金融机构特点

阿曼金融业很发达，银行和证券系统都引进了国际先进的管理系统。在外汇管理上，阿曼实行基本无管制的自由汇兑政策。阿曼中央银行每天公布阿曼里亚尔与其他 44 种外币的汇率，各商业银行和汇兑钱庄均可换汇，外汇与阿曼里亚尔可以实现完全不受管制的自由汇兑。

---

① WTO document G/PSI/N/1/Add. 10，19 July 2004. pp. 76，77.

② WTO document G/PSI/N/1/Add. 10，19 July 2004. p77.

③ 商务部国际贸易经济合作研究院、商务部投资促进事务局和中国驻阿曼大使馆经济商务参赞处：《对外投资合作国别（地区）指南：阿曼》（2010 年版），第 24 页。

9.3 阿曼金融市场

9.3.1 资本市场

马斯喀特证券市场（MSM）1989年开始运行，主要有30家公司影响马斯喀特的股票指数，这30家公司占所有上市公司市场价值的80%。该市场向境外投资者开放，主要吸引了海合会国家的一些投资者。2007年1月，阿曼资本市场监管局颁布了《证券发行人披露与内部交易规则与指南》。目前，MSM已加入国际证券委员会组织，并与道琼斯联合推出了DJ MSM综合指数和DJ MSM琼斯指数。

2004年阿曼引进了新的证券交易系统，投资者和经纪人可以通过网络进行交易，也可以通过便捷方式在地区性证券市场和阿拉伯证券市场进行股票交易。①

9.3.2 金融衍生品市场

阿曼银行业专注于核心业务，在投行和金融衍生品方面的资产有限。

9.3.3 外汇市场

9.3.3.1 外汇市场

美元是阿曼外汇市场的主要外币，商业银行的美元存款占外币总存款的90%，而美元信贷占商业银行所发外汇信贷的97%。截止到2009年底，阿曼央行净资产为130.9亿美元，比上年增长8.9%。外汇储备达119亿美元，可满足近8个月的商品进口需要。②

9.3.3.2 外汇市场投资方式

阿曼实施外汇自由汇入汇出政策，外资企业经批准设立后即可在当地开立外汇账户。阿曼对外国人携带现金出入境无明确规定。

9.4 阿曼金融监管

9.4.1 金融监管机构

1998年阿曼成立资本市场监管局（CMA），阿曼股市由CMA进行管理，主要负责监管股市、发放营业许可证、保证交易安全等，并监控各上市公司的行为，确保其按照

① 商务部国际贸易经济合作研究院、商务部投资促进事务局和中国驻阿曼大使馆经济商务参赞处：《对外投资合作国别（地区）指南：阿曼》（2010年版），第24页。

② 参见商务部国际贸易经济合作研究院、商务部投资促进事务局和中国驻阿曼大使馆经济商务参赞处：《对外投资合作国别（地区）指南：阿曼》（2010年版），第23页。

各项法律规章制度要求办事。

9.4.2 金融监管政策

在监管措施方面，阿曼中央银行主要采取现场和非现场监管两种方式。作为改善风险管理的重要步骤，阿曼正实行基于风险管理的监管机制。根据此次经济危机的教训，央行的金融监管不仅针对金融机构，还包括金融市场和金融创新产品。为了预防金融危机，阿曼正在制定一个更加严格的监管机制，包括拨备、经济周期缓冲资本以及根据资产负债规模和风险敞口补充资本和拨备等一系列规定。①

9.4.3 金融监管法规

阿曼中央银行为提高工作效率，支持和鼓励本国银行进行合并，还要求商业银行提高它们的最低资本金和资金偿还能力，并规定本国银行最低资本金为 2 000 万阿曼里亚尔，外国银行为 500 万阿曼里亚尔。中央银行还规定，资本的有效利用率不得低于 12%，此标准远高于巴塞尔国际清算银行 8%的要求。央行采取强有力的措施通过反洗钱法令打击“洗黑钱”的非法行为。

9.5 阿曼金融市场融资

9.5.1 信贷融资和其他融资方式

阿曼自 2000 年加入 WTO 后，对外开放了项目融资业务。面对外国金融机构的竞争，阿曼银行和金融机构将联合组成融资集团，在信用安排中起主导作用；并与地区和国际金融机构合作，共同为项目提供融资。近年来，阿曼政府在招商引资方面取得了显著的成效。2007 年底，阿曼外资投资存量达 245 亿美元，比上年增长 51.6%。其中商业信贷、贷款、项目融资等达 134 亿美元，占当年外国投资存量的 54.7%。②

9.5.2 债券和股票市场融资

阿曼鼓励外国企业投资阿曼资本市场。外国投资者无须事先得到允许即可投资上市公司股票或投资基金；对于利润所得免税；对于资金和利润转移无限制；有独立机构对证券市场进行监督，以确保投资者的合法权益。2007 年，阿曼外国证券投资额 20.4 亿美

① 中国驻阿曼大使馆经商参处：《阿曼银行业概况》，2010 年 8 月 30 日。http：//om.mofcom.gov.cn/aarticle/ztdy/201008/20100807109900.html

② 参见商务部国际贸易经济合作研究院、商务部投资促进事务局和中国驻阿曼大使馆经济商务参赞处：《对外投资合作国别（地区）指南：阿曼》（2010 年版），第 20、24 页。

元，占当年外国投资存量的8.3%。①

9.6 阿曼与国际金融市场

9.6.1 阿曼在国际金融市场的角色

马斯喀特证券市场交易活跃，并对外国投资者开放，主要吸引了海合会国家的一些投资者。2007年，阿曼证券交易所表现强劲，成为海湾国家获利最多的市场。为了应对国际金融危机，中央银行采取了前瞻性的干预措施，帮助银行业抵御金融风暴。为确保充足的流动性，央行实行了宽松的货币政策，以实现充分的流动性来满足真实的信贷需求。尽管阿曼受全球金融危机影响较小，但在像阿曼这样一个相对开放的经济环境下，世界上任何地区的金融动荡都会影响本地金融业。

2009年，由于阿曼中央银行采取了适当的监管政策，商业银行虽然受到金融危机的影响，但依旧保持稳健和盈利。银行业在维持适度流动性的同时，调整存款政策，使存款增幅和贷款增幅保持一致。该措施成功地使银行利息收入增长率达到了14.9%。当许多西方银行忙于改善财务报表，补充资本金，摆脱信用危机的时候，阿曼商业银行2009年利润总额达到1.98亿阿曼里亚尔（2008年为2.34亿阿曼里亚尔）。2009年阿曼本地银行中，资本回报率最高的是马斯喀特银行。②

9.6.2 中国在阿曼金融市场的角色

据中国商务部统计，截至2009年年底，中国在阿曼的累计投资为797万美元，投资主要集中在油气区块风险勘探开发领域，在阿曼金融市场的投资不明显。

① 参见商务部国际贸易经济合作研究院、商务部投资促进事务局和中国驻阿曼大使馆经济商务参赞处：《对外投资合作国别（地区）指南：阿曼》（2010年版），第20、38页。

② 中国驻阿曼大使馆经商参处：《阿曼银行业概况》，2010年8月30日。http://om.mofcom.gov.cn/aarticle/ztdy/201008/20100807109900.html

第四篇

科威特商务环境

科威特石油和天然气储量丰富，现已探明的科威特石油储量为968亿桶，占世界储量的10.8%，居世界第四位。天然气储量为1.498万亿立方米，占世界储量的1.1%。为世界主要产油国和出口国之一，2011年我从科威特进口原油954万吨。

石油、天然气工业是科威特国民经济的主要支柱，以石油、天然气和石化工业为主的产业结构单一。近年来，政府在重点发展石油、石化工业的同时，强调发展多种经济，减轻对石油的依赖程度，不断增加国外投资。工业以石油开采、冶炼和石油化工为主，其他工业有面粉、建筑材料、食品加工等。

科威特人均国内生产总值2008—2010年分别为34 203.8美元、44 418.6美元、32 543.9美元。

世界经济论坛《2009—2010年全球竞争力报告》显示，科威特在全球竞争力排名中位列第39位。

科威特贸易环境

对外贸易在科威特经济中占有重要地位。出口商品主要有石油、天然气和化工产品，石油出口占出口总额的95%。进口商品有机械、运输设备、工业制品、粮食和食品等。

1. 贸易法规体系

科威特对外贸易及投资的相关法律主要包括：《贸易公司法》、《公共招标法》、《外国直接投资法》、《自由区法》、《公共招标法》、《商业代理法》、《合营公司法》、《补偿计划》和《所得税法》。

2. 贸易管理的相关规定

科威特工商部主管贸易方面的事务。科威特对部分产品实行进口管制。禁止进口的产品有：麻醉剂、酒精饮料及其原料、气枪、猪肉或者含猪肉食品、色情和反政府材料、5年以上旧车、具有核辐射的产品、废旧轮胎、工业废物、赌博用具。另外，出于保护当地产业的需要，目前仍然禁止进口的产品有：石棉管、面粉、工业和医药用氧气、浇铸铁、焊管等。限制进口的产品有：烟花鞭炮、马科动物、盗版制品、武器弹药、部分药品、爆炸物等。

3. 海关管理规章制度

科威特整体关税水平较低，自2003年1月1日起，根据海湾关税同盟的规定，科将一般商品的进口关税统一为5%（CIF价），对少数产品征收较高的关税，（如对香烟、烟草制品和各种酒精饮料征收高达100%的关税），而对于食品、生活必需品、药品以及新设企业所需进口的机械设备免征关税，对来自GCC其他国家的工业产品及部分农产品享受免关税待遇。另外，科威特在1995年成为WTO成员，根据规定，从2004年起，科威特取消所有与WTO原则相悖的关税和保护性措施。

4. 进口许可证

科威特政府规定，领取进口许可证须在科威特工商部进行登记注册，进口商必须为科威特本国居民、全部合伙人均为科籍居民的公司或者科威特的有限责任公司。外国公司只能通过科威特的代理商、科威特中间人以及科威特批发商向科威特出口商品。

科威特投资环境

科威特投资环境有许多优势：政局稳定、经济增长前景良好、市场化程度较高。科威特国家信用等级标准普尔指数为：AA—，穆迪指数为Aa2。

科威特工商部是负责所有外国直接投资提案的权威机构。科威特确定的引资重点领域均为高科技领域，如电子网络建设、电信、环保、先进的石油技术等，而不鼓励投资那些能力过剩的行业，如旅馆业等。

外资投资委员会（FIC）的主席由工商部大臣担任，其委员来自私营企业和国营部门，该委员会按照以个案处理的原则，在《吸引外国投资法》的规定下，制定并实施投资的优惠政策。

目前，科威特虽然有《吸引外国投资法》，但其相对其他阿拉伯国家来说在吸引外资方面比较保守，在实施方面缺乏具体措施。

科威特金融环境

1. 外汇管理

现金与资本账户可在科威特境内的任何一家银行或“钱庄”自由兑换，无条件交易。股票、贷款、利息、利润以及个人存款可不受任何限制地转入转出科威特。根据新的《外国投资法》规定，投资者也可将其投资的全部或部分转让给其他外国或本地投资者。

2. 融资条件

外国公司在科威特进行贸易与项目融资的渠道很多。只要外国公司提供他们的财务报表或者有信誉良好的银行作担保，就可以直接获得科威特银行融资的便利。针对客户委托的不同要求，科威特的银行可以采取各种各样不同的融资方法，包括直接支付、提前付现、单据托收、信用证和保函。在科威特中央银行监管下的商业银行，都符合国际银行的标准，还有三家专门的政府银行提供中长期的融资。

外国公司通过当地的代理，就可以获得融资。除此之外，外国公司还可以通过当地一些资信良好的代理，例如投资公司或银行，以公司的名义在科威特发行科第债券。如果要发行债券，不仅要提交公司的财务状况和一份市场调查报告，而且要经过科威特中央银行的批准。以发行债券作为一种融资手段，其优点在于它可以避免在合同期间发生的汇率波动。把融资方案包括在项目计划书中，也可以为外国公司顺利完成项目创造极大的便利。

3. 税收体系和制度

科威特税赋较少，实行属地税制。外国独资企业和合资企业是企业营业税的唯一征收对象，并适用于该公司的国内和国外收入。目前科威特外资利润税为15%。

科威特公司不需交纳企业营业税，但在科威特股票交易所上市的企业，必须将其收入的国有部分的2.5%捐给科威特科学发展基金（KFAS）。国家雇用法规定对科威特企业征收2.5%的附加税，该税将用来支持在私营部门工作的科威特人获得与政府工作人员相同的社会和家庭津贴。科威特不征收个人所得税。

第 10 章

科威特贸易环境

10.1　科威特进出口贸易

10.2　科威特外贸管理机构

10.3　科威特进口管理制度

10.4　科威特出口管理制度

10.5　科威特贸易协定

10.6　科威特贸易习惯

10.7　科威特海关监管制度

10.8　科威特关税计征制度

10.9　科威特海关行政处罚规定

10.1 科威特进出口贸易

科威特整体关税水平较低，货币可自由兑换，直接与美元挂钩，虽然对部分产品实行进口管制，但整体上来说贸易政策和环境相对宽松自由，加之其政治稳定、经济增长前景良好、市场潜力大、市场化程度高，这些都为其对外贸易提供了良好的条件。

根据传统基金会（the Heritage Foundation）和华尔街日报（the Wall Street Journal）发布的《2010 经济自由度指数》（《2010 Index of Economic Freedom》），科威特的经济自由度在 183 个国家和地区中排名 42，在中东和北非地区排名第 3（巴林和卡塔尔在其之前）。在该指数涵盖的经商自由度、贸易自由度、财政自由度、政府开销、货币自由度、投资自由度、金融自由度、财产权、腐败自由度和劳工自由度等分项指标中，投资自由度、金融自由度、财产权和腐败自由度得分较低，特别是腐败自由度，在透明国际（Transparency International）发布的《2009 腐败认知度指数》（《Corruption Perceptions Index 2009》）中，科威特在 180 个国家中排名第 66。

10.1.1 进出口概况

对外贸易在科威特经济中占有重要地位。科威特经济对外贸依存度高：经济开放度（外贸出口总额/GDP）很高，对石油出口依赖程度（石油出口/外贸出口总额）长期保持在 90%以上，对进口的依赖程度高，除能源外的生产资料和生活资料大部分依赖进口。出口商品主要有石油、天然气和化工产品，石油出口占出口总额的 95%。进口商品有机械、运输设备、工业制品、粮食和食品等。科威特外贸一直存在顺差，国际收支经常账户年年有大额盈余，外汇支付能力强。根据科威特海关数据，科威特 2009 年进出口贸易总额 678.54 亿美元，其中出口 506.48 亿美元，进口 172.06 亿美元；2008 年进出口贸易总额 1 034 亿美元，其中出口 818.2 亿美元，进口 215.8 亿美元，2009 年进出口贸易总额与 2008 年同比下降 34%。2009 年科威特石油出口 468.93 亿美元，占其出口总额 93%。由于世界经济危机及国际石油价格下降，科威特 2009 年的石油出口总量比 2008 年略低，石油收入减少 39.6%；科威特 2009 年贸易进口额 172.06 亿美元，同比减少 20%（见表 10－1）。

表 10－1　科威特近年外贸情况一览表　（单位：亿美元）

	2007	2008	2009
出口	611.8	818.2	506.48
进口	182.5	215.8	172.06
总额	794.3	1 034	678.54

据科威特海关统计数据，2008 年科威特进口贸易伙伴前十位分别是：美国 30.92 亿美元，占进口贸易总额的 11.95%；中国 27.42 亿美元，占 10.6%；日本 21.98 亿美元，占 8.5%；沙特 21.21 亿美元，占 8.2%；德国 17.11 亿美元，占 6.61%；意大利 10.83 亿美元，占 4.2%；印度 10.6 亿美元，占 4.1%；阿联酋 9.07 亿美元，占 3.5%；韩国 7.56 亿美元，占 2.92%；英国 7.52 亿美元，占 2.91%。

10.1.2 主要贸易伙伴关系

主要出口国家和地区：沙特阿拉伯、伊拉克、阿联酋、印尼、印度等。科威特由于资源单一，主要以出口石油和石油附属产品为主。从出口统计情况分析，科威特非石油产品出口，主要以亚洲和远东等国家为主。因为这些国家资源相对缺乏，对石油等化工产品的需求量较大。向美国、德国等发达国家出口量很小。由于每年科威特石油出口占出口总量的 93%，因此科威特对外贸易始终保持较大顺差，这是科威特进出口贸易中又一个比较突出的特点。

主要进口国家和地区：美国、德国、日本、沙特、中国等。科威特从每个国家所进口的商品侧重点不同。机电产品、运输车辆等商品主要从西方发达国家进口。各类生活消费品和副食品主要从中东、亚洲等国家进口，从欧美等国进口量较少。科威特的建筑材料（钢材、石材、木材、玻璃等）主要从意大利、西班牙、日本、中国、印度等国进口。科威特每年黄金珠宝进口量仅次于运输机械、机电产品和农副产品，主要进口国家和地区为：意大利、印度、中国香港等。

由于科威特进口的主要目的为国内生产和生活消费，因此消费习惯和消费结构对进口有较大影响。科威特拥有丰厚的石油美元，国内对车辆和运输工具要求的档次较高，所以这类产品一般都从西方发达国家进口。近年，随着中国等一些发展中国家的产品质量在不断提高，科威特每年也从中国等国家进口一些车辆，但价位基本上是中低档产品。科威特农副产品主要从沙特、印度、阿联酋、中国等国家进口，特别是科威特周边国家，占有交通之便利，因此每年向科威特出口产品中，农副产品占有很大比重，且多年没有大的变化。值得注意的是以前家用电器（电视机、电冰箱、空调、电动机械）主要从美国、日本、德国进口，现在科威特已将进口方向开始转向中国等亚洲国家，这其中一方面是价格优势，另一方面是运输因素。

我国与科威特自 1971 年建交以来，中科政治、经贸关系一直健康稳定地发展，双方经济互补性强，经贸合作潜力大，尤其在近几年中，中科双边关系得到了长足的发展，中国企业积极开拓科威特市场，双边贸易快速增长。

目前中国是科威特的第二大进口国。近年来，我国从科威特进口的产品以原油、液化丙烷和液化丁烷等为主，这些产品的大量进口构成了我国对科威特贸易逆差的主要原因。2010 年中科贸易额为 85.4 亿美元，同比上升 69.4%。其中中国出口 18.48 亿美元，同比上升 20%；进口 66.88 亿美元，同比上升 91.1%。中国主要出口商品是机电产品、服装、纺织品等，主要进口商品是原油、初级形态塑料等（见表 10－2）。

表 10－2　　2010 中科进出口商品构成表　　（金额：美元）

商品构成（按 SITC 分类）	出口		进口	
	金额	占比％	金额	占比％
总值	1 848 469 348	100	6 687 897 842	100
一、初级产品	542 998 889	29.38	5 660 742 370	84.64
0 类 食品及活动物	72 187 848	3.89	98 668	0.001 5
1 类 饮料及烟类	323 161	0.02	0	0
2 类 非食用原料（燃料除外）	465 800 120	25.2	1 360 529	0.02
3 类 矿物燃料、润滑油及有关原料	4 687 760	0.25	5 659 283 173	84.62
4 类 动植物油、脂及蜡	0	0	0	0
二、工业制品	1 305 460 459	70.62	1 027 155 472	15.36
5 类 化学成品及有关产品	121 934 068	6.59	988 342 923	14.78
6 类 按原料分类的制成品	705 393 544	38.16	38 796 456	0.58
7 类 机械及运输设备	441 417 205	23.87	15 017	0.000 2
8 类 杂项制品	36 715 642	1.99	1 076	0
9 类 未分类的商品	0	0	0	0

数据来源：商务部驻科威特使馆经商处

10.2　科威特外贸管理机构

10.2.1　立法制度

科威特国民议会是科威特的立法机构，一院制。其主要职能有：制定和通过国家的各项法令和法规；监督国家财政执行情况；行使各项政治权力。议会通过的法案需经埃米尔批准才能生效，埃米尔有权否决或提请议会复议某项法案，但如议会仍以三分之二的多数通过或在以后某届议会以简单多数通过，该法案则自动生效。

科威特工商部负责实施、执行与外贸相关的法律、法规，制定相关细则和规章，依法对贸易企业进行监督。

科威特对外贸易及投资的相关法律主要包括：《贸易公司法》、《公共招标法》、《外国直接投资法》、《自由区法》、《公共招标法》、《商业代理法》、《合营公司法》、《补偿计划》和《所得税法》。

10.2.2　行政机关

科威特工商部和财政部是负责贸易管理的主管部门，主要职责包括：制定贸易政策及规划建议，促进双、多边合作，规范进出口贸易程序，监督贸易行为，以推动贸易发展和市场流通。除政府部门外，科威特还设有工商会，负责管理科威特私人公司和企业。

科威特工业总署（Public Authority for Industry）负责进口商品质量标准及检验。

10.2.3 司法体系

科威特的司法机构隶属于司法部。最高法院院长和总检察长由埃米尔任命，法院以埃米尔名义在宪法范围内行使司法权。

10.3 科威特进口管理制度

10.3.1 进口配额

科威特无进口配额。

10.3.2 进口许可证制度

科威特政府规定，领取进口许可证须在科威特工商部进行登记注册，进口商必须为科威特本国居民、全部合伙人均为科籍居民的公司或者科威特的有限责任公司。外国公司只能通过科威特的代理商、科威特中间人以及科威特批发商向科威特出口商品。

10.3.3 原产地标志要求

出口科威特的货物清关至少需要四种文件：商业发票、原产地证明、正式交货单和装箱单。发票、原产地证明和交货单（提单或航运收据），正本一式三份，由出口国商会盖章认证，并经科威特驻出口国领事认证。所有单据必须装订成册加上封面，列明单据目录。有些产品要求附加商检证、产品安全证等。每件外包装上必须标注原产地。未清关商品必须在一个月之内复运出口。

10.3.4 反倾销和反补贴措施

科威特没有专门的与反倾销政策、补贴、反补贴和保障等相关的法律条例，不过它采取了包含在海合会（GCC）框架内的一些协议和条款作为紧急情况下的贸易救助措施。迄今，科威特尚未采取过反倾销、反补贴措施。

10.3.5 进口管制

科威特对部分产品实行进口管制。禁止进口的产品有：麻醉剂、酒精饮料及其原料、气枪、猪肉或者含猪肉食品以及猪皮制品、色情和反政府材料、5 年以上旧车、具有核辐射的产品、废旧轮胎、工业废物、赌博用具等。绝对禁止从以色列进口。另外，出于保护当地产业的需要，目前仍然禁止进口的产品有：石棉管、面粉、工业和医药用氧气、浇铸铁、焊管等。限制进口的产品有：烟花鞭炮、马科动物、盗版制品、武器弹药、部分药品、爆炸物等。

10.3.6 其他贸易壁垒

【商品贸易壁垒】科威特规定，进口活畜、植物及其制品须获得科威特卫生许可和健康证书以及产品原产地的检疫证书，特别是进口的牛肉和家禽制品除须按照上述规定执行外，还须出具原产地以伊斯兰方式宰杀的证明书。对于原产地为以色列或者具有以色列标识的产品禁止进口。

【服务贸易壁垒】2003年科威特颁布了新版科威特外国直接投资法，该法允许外资在科威特内阁首肯的部分领域拥有100%的科威特公司所有权（尚未明确具体领域）；还允许外资进入科威特证券市场，但不能拥有超过上市公司49%的股份。此外，科威特的反投资法也给外国公司在科威特开展经贸合作设置了障碍。

除2003年新版外国直接投资法规定的领域外，营业执照只能颁发给科威特公民或者科威特人拥有的公司，GCC国家的公民或者公司在规定的领域可以拥有营业执照。对于石油上游以及房地产领域的外资则规定禁止进入，但根据GCC国家之间的互惠安排，在医药、法律、工程、会计、咨询领域，GCC国家公民可以拥有100%所有权。在工业、农业、承包、维护保养、旅游领域，GCC国家公民最多可以拥有75%的股份。

科威特的银行业已经对外资开放，外国资金最多可拥有科威特银行所有权的49%，如要拥有科威特银行50%以上的股份，必须经过科威特中央银行的批准。

【商业代理制】科威特政府规定，领取进口许可证须在科威特工商部进行登记注册，进口商必须为科威特本国居民、全部合伙人均为科籍居民的公司、或者科威特的有限责任公司。外国公司只能通过科威特的代理商、科威特中间人以及科威特批发商向科威特出口商品。外国公司通过科威特当地代理参与科威特对内招标项目，以及申请参加资格预审、参与国际招标项目。

10.4 科威特出口管理制度

出口管制

科威特限制出口的商品有：放射性材料；某些海产品（鱼苗、鲨鱼等，包括活体、冷藏品、冷冻品、干制品和加工制品）；研究用鱼类标本；某些动物产品及其制成品；皮革；古董、古籍；危险废品、化学品、废油；塑料废品；废旧电池；含有铜残留物的各种电缆和变压器；铜线、铝线等。从事受限制商品的出口，海关一般需要出口方提供相关部门的许可，或指定某些公司专门从事此类商品出口。

科威特禁止出口的商品有：某些麻醉剂、兴奋剂；受核污染的商品；伊拉克入侵遗留下的武器、装备、弹药；伊拉克非法占有的古董、艺术品、手抄本；水泥、钢筋（持有工商部颁发的专门的出口许可证的单位或个人除外）；海关所规定的斯德哥尔摩公约

（POPS）中包含的持久性有机污染物等。①

10.5 科威特贸易协定

10.5.1 世界贸易组织（World Trade Organization）

科威特在 1995 年成为 WTO 成员，根据规定，从 2004 年起，科威特取消所有与 WTO 原则相悖的关税和保护性措施。

10.5.2 海湾阿拉伯国家合作委员会（Gulf Cooperation Council）

2003 年 1 月 1 日，海合会 6 国正式启动关税联盟。该联盟规定，对从海合会成员国以外地区进口的商品征收 5%的统一关税，同时 6 国之间将最终取消关税壁垒。2008 年 1 月 1 日起正式启动海湾共同市场。2009 年 6 月，沙特阿拉伯、科威特、卡塔尔和巴林四个海湾国家在利雅得签署海湾货币联盟协议。同年 12 月，科威特国民议会批准海湾货币联盟协议。至此，该协议在全部四个签署国均得到了批准。

10.5.3 大阿拉伯自由贸易区（Greater Arab Free-Trade Area）

根据 2005 年 1 月生效的泛阿拉伯自由贸易协定（Greater Arab Free Trade Agreement，GAFTA），科威特将不再对来自 16 个阿拉伯国家的进口产品征收任何关税。

10.6 科威特贸易习惯

10.6.1 通用的贸易方式

科威特对外资进入科威特实行非常严格的代理制，没有在科威特建立合法的注册实体而希望在科威特开展业务的外国公司，必须要通过科威特代理来实现。

代理人应该通过签订正式的代理协议才能确定，该协议须在科威特工商部登记。任何外国公司都不允许在科威特直接参与投标。1964 年第 36 号法商业法（修改后的法律是 1980 年的第 68 号法）规定了商业代理协议。

商业代理人要为委托人的产品和服务提供促销服务、代表委托人进行谈判、签订协议并付诸实施。与科威特政府签订合同，所有标的超过 10 万科威特第纳尔（约合 34 万美元）的项目，都必须按照科威特相关法律的要求，由承包人或代理及时披露他们已经收到或将要收到的合同保证金，以确保项目的实施。

① 科威特海关总署 http：//www.customs.gov.kw/arabic/Law.aspx

代理协议经过科威特驻外使馆认证后，必须在2个月内到科威特工商部进行注册。科威特公司与外国公司间的代理或担保协议必须由官方的翻译机构翻译成阿拉伯文，然后到工商部商业代理局注册。随后，还要到科威特工商会登记注册。

10.6.2 对科威特贸易应当注意的问题

1. 我国出口企业在从事进出口贸易中要重信誉、守信用，严把商品质量关，特别是一些流通领域的贸易公司，在采购货物或委托加工产品时，要严格按照双方签订的协议，认真履行协议条款，按期交货，并保证质量。

2. 适应当地支付条件：对于大宗产品，科威特进口商会向出口商开立信用证，但部分进口商则习惯在签订合同后先付30%的定金，待收到发货通知单后再支付其余款项。

3. 科威特是个伊斯兰国家，由于宗教信仰原因，对进口产品的花色、图案有其特殊要求，我企业应充分了解这一特点，在出口产品时加以注意，防止出现不必要的麻烦。

4. 注重国际贸易常识。按照国际惯例，出口产品外箱唛头必须包括原产地（ORIGIN OF PRODUCT）、产品名称、产品编号（PART NUMBER）、数量和尺寸等，并且要附有英文标识和产品说明，但是国内很多厂家由于缺乏国际贸易的常识，常常在箱唛上犯一些致命的错误，小则处以罚款，大则没收货柜。另外还有的企业将多种产品混装或者拼柜以节省运费，致使科商无法提货，造成货物长时间滞留海关。由于科海关对长期滞留的货物一律处以较高罚款，所以此类事情的发生，给科商带来很大经济损失，也给中国企业在科威特的形象造成了极坏的影响。

5. 在国际贸易中双方产生贸易纠纷是难免的，但出现问题后，双方应本着互惠互利的原则，在平等的基础上协商解决，不能只考虑己方，要从长计议，特别是要从两国贸易发展的角度考虑，避免双方由于贸易纠纷演变成法律纠纷。科威特国家不大，科商之间联系频繁，因此每一次小的贸易纠纷都有可能在科商中产生较大影响，避免贸易纠纷的关键就是要严格按照双方签订的协议要求，认真履行协议。

10.7 科威特海关监管制度

10.7.1 对进出境货物的监管

科威特海关实行新的清关规定【（2011）（客）字第030号】，所有进口该国的货物，发票必须清晰和准确地申报货物的品名描述、货品的海关编码和原产地国家，其中货物的商品编码和生产国为必须申报项目，不能缺省，否则将产生清关延误。发货人须确保发票的申报内容齐全和正确，否则产生一切后果和费用由发货人承担。

10.7.2 对进出境运输工具的监管

根据《海合会成员国统一海关法》的规定，科威特对进出境运输工具的监管措施如下：禁止所有海上运输工具在法定港口外装卸货物，出现海上特殊状况，或不可抗力的因素除外；出现此种情况应及时向就近海关及安全中心报告；禁止吃水在 200 吨以下、搭载限制进口或禁止进口或海关列为高税率的商品的船只进入海上海关管辖区，出现海上特殊状况，或不可抗力的因素除外；出现此种情况应及时向就近海关及安全中心报告，境内港口转运及已办妥海关手续的除外；禁止境内所有往来飞机在没有海关的地点起降，出现特殊状况，或不可抗力的因素除外，出现此种情况驾机者应及时向就近海关及安全中心报告，并向海关提供报告，与相关法律有抵触及另有规定的除外；禁止陆路运输工具在没有设海关的地点进出国境。

10.7.3 保税制度

保税制度（Bonded System）是由国家在港口或机场附近设立保税区、保税仓库或保税工厂，外国商品运进这些保税区域不算进口，不缴纳进口税。

科威特的自由贸易区实行保税制度。它始建于舒维赫港西部，后扩建至科国际机场、舒艾巴工业区和舒艾巴港等区域。

10.8 科威特关税计征制度

10.8.1 海关税则分类

科威特整体关税水平较低，可临时携带的商品试样价值最高可达 5 000 科威特第纳尔。关税征收的依据是商品的 CIF 价，计价和征收的货币为科威特第纳尔。如果进口商的发票是以其他货币表示，则海关将依据一个“标准”汇率单换算为科威特第纳尔。

自 2003 年 9 月起，根据海湾关税同盟的规定，科威特将一般商品的进口关税统一为 5%。但对大部分进口商品仍然免征关税，包括：食品、药品、基本消费品、活畜、金锭、印刷品等，但当地有生产的（如面包）除外；

来自其他 GCC 国家的工业和农产品，如果其在 GCC 出口国有 40%以上增加值则可免税；

新设工业企业进口的原料、半成品、机械设备和零配件须经申请才能免税。

对于进口当地也能生产的烃类产品如润滑油，以及香烟和烟草制品将征收 100%的关税。如当地工业企业要求实施保护性关税，其产品必须或者将至少能够占当地市场需求的 40%。其关税随国内生产的增加值而变化。

10.8.2 科威特海关关税优惠制度

根据《海合会成员国统一海关法》的规定，科威特对部分进口商品实施关税豁免：

1. 免税商品

海合会成员国统一经济公约规定的免税货物应免征关税。

2. 外交豁免

根据通用的国际公约、法律、法规，外交使团、领事馆、国际组织负责人及外交人员、驻在国认可的领事人员对等免征关税。

3. 军事豁免

持各国内阁或其授权部门批文，为武装部队、国内安全部队等进口的武器弹药、军事装备、军用运输工具、零备件及其他材料免征关税。

4. 个人财物和家庭用品的免税

旅居国外的公民、第一次来该国定居的外国人携带入境的个人财物、家庭用品，按海关总署署长规定的条件免征关税；旅客携带有条例明文规定不具有商业特性的个人财物、礼品免征关税。

5. 公益慈善用品

根据条例规定，社会公益慈善用品免征关税。

6. 退换商品

（1）本地生产，出口转进口的商品。

（2）一年之内出口再转进口的外国商品。

（3）持海关总署署长批文，临时出口进行精加工或修理的物品免税。①

10.9 科威特海关行政处罚规定

10.9.1 科威特海关扣留与没收规定

科威特遵守《海合会成员国统一海关法》在海关扣留与没收方面的规定。其规定如下：

海关人员依照本法登船检查，有权要求提供报关单及其他文件，有权扣押拒绝提供或没有相关文件的涉嫌违禁或走私的货物，并把船只押送至最近的海关机构；海关人员有权查阅与海关通关直接或间接相关的文件、记录、商业合同及任何形式的文件，如发现从事导航、运输事务、从事报关业务的自然人、法人涉嫌违规，海关人员可立即扣押上述人员；海关人员有权扣留涉嫌犯罪、企图犯罪或者涉嫌走私、隐匿、运输走私物品的人员；海关可以扣押走私和违规的货物以及用于藏匿货物的物品、汽车、动物等运输工具，但专门用于运输乘客的飞机、船只和巴士除外；取证人员有权扣押涉嫌违规或走私的货物、用于藏匿的物品、交通运输工具、所有文件资料、没收违规走私犯罪证据以保证税款和罚款的征缴；如果没有足够的财产作补税抵押，海关总署署长有权要求主管部门限制走私嫌疑人离境。满足所需押金或能够说明被扣押货物价值足以满足补税所需

① 中国驻沙特经商处网站 http：//sa.mofcom.gov.cn/aarticle/ddfg/sshzhd/201106/20110607599101.html. 2010年7月15日。

者，可撤销走私嫌疑人的出境限制令。

根据《海合会成员国统一海关法》，科威特海关可以没收走私物品或（如果货物未被扣押）同等价值的其他物品；没收一切用于走私的工具、交通运输工具、材料物资。

10.9.2 科威特海关对违约金的征收规定

根据《海合会成员国统一海关法》规定，除依《海关法》第 143 条裁定的走私外，在不违反国际通行公约的前提下，科威特海关可对以下违规行为征收罚金：违反进出口规定的、违反海关申报规定的、违反货物过境规定的、违反仓储规定的、违反海关监管区规定的、违反临时进口规定的、违反转口规定的以及其他违规行为。

第11章

科威特投资环境

11.1　科威特投资概况

11.2　科威特投资政策

11.3　科威特投资管理体制

11.4　税收制度和激励措施

11.5　科威特主要贸易投资管理部门

11.6　科威特注册企业程序

11.7　中国与科威特投资关系

11.1 科威特投资概况

11.1.1 外资引进规模

科威特欢迎外国直接投资。2008 年，科吸收外国投资为 5 460 万美元；2009 年为 5 600 万美元。

11.1.2 外资引进方向

科威特允许外资进入的行业主要有：

1. 除了油气开采和生产以外的工业；
2. 供水、电力、排水和通讯等领域基础设施的建设、运营和管理；
3. 科威特中央银行同意注册成立的银行、投资公司和外汇公司；
4. 工商部同意注册成立的保险公司；
5. 信息技术和软件开发；
6. 医院和药品生产；
7. 陆海空运输；
8. 旅游、酒店和娱乐；
9. 文化、信息和营销，除了发行报纸和杂志以及开酒吧；
10. 综合住房项目和区域开发，除了房地产投机；
11. 根据 2002 年 20 号法律条款通过外国投资者认购科威特股份公司进行的房地产投资；
12. 仓储和物流服务；
13. 环保。

为了更多地吸引外国资金进入本国市场，促进本国经济多样化的发展，科威特议会通过了所得税法修改提案，将对外国商业机构征收的所得税率由目前的 55%大幅削减为 15%。外国商业机构通过购买在科威特股市上市公司的股票、基金等所得利润也在减税范围之内。

11.1.3 外资引进模式

《吸引外国投资法》规定：外资可在合资企业中占主要股权，甚至可以在某些工业中设立独资企业；外资占主要股权的企业不需当地代理（科威特企业法规定，所有外国企业或个人在科威特从事商业活动，都必须通过当地代理进行）。

科威特禁止外国人或外国公司在科从事商业经营活动和拥有房地产，外国人或外国公司在科威特从事商业经营活动或设立分支机构，必须通过科威特人作代理。除了直接代理以外，外国人或外国公司也可与科威特人组建公司，在科威特从事商业经营活动，但科威特合伙人的资本金必须超过 51%，银行投资和保险类必须超过 60%。

11.1.4 外资与生产力的转换

科威特的经济发展要求自发的资本和形成资本的基础所需的收入。合作合资经营将被用来评价外国合同商未来在科威特实现资本积累和推动经济发展的能力。特别是通过出口销售产生国外收入和从国外转移回的收入，通过国内基金推动发展和融资，及实现商品和服务的进口替代的商业能力将被给予重视。

11.1.5 主要经济区域

【科威特自由贸易区】1995 年 7 月，国民议会通过了第 26 号法律，授权工商部在科威特建立自由贸易区。1998 年 5 月，一家私营公司国家房地产公司与工商部签订合同，经营、管理并推销位于舒维赫港的面积达 50 平方公里的科威特自由贸易区（KFTZ），该区的正式开张是 1999 年 11 月。外国公司面对着许多限制，如公司税的规定并不适用于 KFTZ 内的办事处或工厂。

1. 区位优势独特

根据科内阁的决定，科威特自由贸易区先建在舒维赫港西部，成功后再将科国际机场、舒艾巴工业区和舒艾巴港等纳入自由贸易区。舒维赫港隶属科威特港务局，是科威特国内离国际机场和市中心最近的港口，也是距离伊朗最近的港口，从港口驱车前往机场只需十分钟，到市中心仅需 5 分钟。经过近几年对管理和运营机制的改进，该港生产能力和工作效率显著提高，成为本地区现代化港口之一。舒维赫港拥有 21 个码头，总长 4 公里，吃水 7.5 米的船只可随时停泊，吃水 9.5 米的船只则可在涨潮时停泊。船只通过科威特湾内 8 公里长、8.5 米深（最高潮时）的航道进出港口。

2. 海陆空交通运输系统完备，能源和水供应充足，水电监控系统先进

传统的水电消耗监控系统既耗时又不精确，KFTZ 内采用了以计算机和先进通讯手段为主的最新式的现代化技术。不论租期长短，电力网配备的自动读数仪都能快速、准确地记录实际耗电量，向管理者提供有关每个承租人使用水电的情况，用户也能通过这些仪表获得关于电压、负荷以及费用等必要资料。KFTZ 注重采用世界最先进的技术，水电监控系统就是一例。

3. 由私有企业经营管理

鼓励私有企业参与国家建设，努力搞活经济，是科威特政府和经济界人士近几年积极倡导的。机构庞大、人浮于事、手续繁杂、办事拖拉是许多科威特国有企业的通病，私有企业注重经济效益，经营手段灵活，由私有企业经营管理自由贸易区，可避免上述弊端，而且，只要依法行事，政府对其业务不作任何干预。

4. 免交关税

已在自由贸易区注册的客户，其商品进入自由贸易区并在区内存放、加工、展销或再出口均免交关税，不受配额限制，也不需办理海关手续。在区内存放超过 60 天的商

品，无需像海湾地区一些自由贸易区所规定的那样必须交纳关税。

5. 免征所得税

对区内的企业和个人所得不征税。

6. 对资本无限制

在区内设立公司，注册资金不设下限。外资投入比例不受限制，鼓励全资外企。不需代理。

7. 无外汇管制，资金和利润自由进出自由贸易区。

8. 商业环境开放

自由贸易区实行严格的自由贸易政策，相关各业，自由竞争，不征保护性关税。

9. 允许外国银行开设分行

只要办妥执照，外国银行和金融机构可在区内设立分支机构，为总部设在自由贸易区的公司提供服务。

10. 外国公司可在区内设立分公司或代表处。

11. 投资者可参与区内的多个项目，可参加科威特境内举办的任何展览。

12. 若有生产许可，各公司可在自由贸易区内从事多项生产活动。

11.2　科威特投资政策

11.2.1　政府的外资政策

【反投资计划】为了使科威特能够更加公平地分享到这些长期的经济利益和支持科威特在经济全球化进程中的地位，科威特政府决定实施补偿贸易反投资计划，旨在推动外国合同商与科威特私营领域之间建立的合作经营企业的发展。

为此，科威特内阁于1992年7月26日颁布的694号决议制定了《补偿贸易反投资计划》，要求满足规定标准的所有外国合同商参加《补偿贸易反投资计划》(反投资计划)。

该法有关原则和要求扼要介绍如下：

1. 列入反投资计划范围的供应合同为：

合同额不低于3百万科威特第纳尔的国防合同（与国防部、国家宪兵司令部和内务部签订的合同）；

合同额不低于1千万科威特第纳尔的民用合同（与除上述3个国防合同主体之外的所有政府部门签订的合同）。

2. 不适用反投资计划的合同类型为：

非工业相关的建设工程合同，如道路、基础设施、政府大楼、学校等；

所有与政府机构签订的公共—私人—合伙关系（Public-Private-Partnerships，PPP）合同；

直接或通过当地代理/分销商以FOB方式仅提供商品的外国供应商。

3. 反投资义务为供应合同货币价值的 35%；

4. 反投资计划的实施阶段：

合同阶段（标底—初审合格）→签订备忘录（签订供应合同）→反投资义务开始（在签订供应合同后 30 天内提供银行保函）→执行阶段（概念文件）→暂定乘数（商业计划；最终乘数）→在签订供应合同一年内反投资项目公司（OBV）启动（反投资信用积分；反投资外资合同）→继续；

5. 可以从反投资计划供应合同额中扣减的义务有：

授予当地公司的分包合同的合同额；

义务人获取银行保函产生的费用；

评估转移给反投资计划项目公司（Offset Business Venture，OBV）技术价值时产生的费用；

采购原产于当地的商品和服务的合同价值。

6. 先决条件：

在参与科威特政府合同的初审合格后外国承包商签署供应合同之前的项目概念文件；

在签订供应合同之前与 NOC 签订的备忘录；

提供供应合同价值 6%的银行保函。

7. 反投资计划的投资选项：

NOC 预先批准的直接或间接反投资项目；

经 NOC 后批准的自己建议的直接或间接反投资项目；

参与由 NOC 发起或批准的反投资基金。

8. 反投资计划项目乘数（OPM）值表（见表 11－1）。

表 11－1　　反投资计划项目乘数（OPM）值表

反投资计划项目类别	获得的目标类型			值域
	技术转让	创造就业	教育和培训	
直接	2	1.75	1.75	1.75—5.5
间接	1.5—1.8	1.0—1.6	1.0—1.6	1.0—5.0
基金		3.5—5.5		

11.2.2　双边投资协议

科威特与以下国家签署了投资协定或者投资协议：德国、法国、意大利、俄罗斯、中国、罗马尼亚、波兰、匈牙利、土耳其、马来西亚、瑞士、马耳他、埃塞俄比亚、塔吉克斯坦、克罗地亚、奥地利、保加利亚、哈萨克斯坦、摩洛哥、蒙古、捷克、巴基斯坦、丹麦、比利时、荷兰、泰国、乌克兰、拉脱维亚、立陶宛、利比亚、波黑和印度。科威特还是多边投资担保机构的成员。

11.3 科威特投资管理体制

11.3.1 投资准入程序

根据科威特《外国直接投资管理法》的规定，为成立新项目、扩建项目、或者更新已有项目，项目的所有人或者法律代表，按照规定模式提交投资许可申请，申请内容应包括：

1. 申请人的类别（外国投资者、或者法律代表）及项目合伙人；

2. 联系方式（邮政地址，电话、传真号码，电子邮件地址）；

3. 投资者投资行为的种类和目的；

4. 项目总部及行政中心总部；

5. 公司成立合同和基本章程的正式文本；

6. 关于融资渠道、全部和支付资本金情况、原材料、国内外销售、项目对科威特的经济、环境、社会影响情况的工作计划；

7. 项目执行的时间表；

8. 投资者执行项目的能力和资质；

9. 使用本国和外国劳动力情况的文件，阐述用工比例，用工比例应根据内阁依照《外国直接投资管理法》第十三条规定做出决定；

10. 项目所需进口产品的要求；

11. 在外国投资项目和第三方发生纠纷的情况下，应优先通过仲裁解决。

许可申请人得到含有申请号以及日期的回执，递交的日期就是上述条款生效期。

如投资申请获得批准，有关部门将会通知投资有关各方。如投资申请被拒绝，有关部门则以书面通知并做出解释。无论投资申请获得批准与否，都会通知申请递交人有关决定。

11.3.2 国民待遇和部门限制

科威特对外国投资实行“国民待遇”，对外资投资的产业和部门没有明确限制规定，但以下职业除外：大小朝觐业；本国职业介绍所和劳务供应；保险服务；商业代理；清关；机场装卸服务；装运业；政府机构后续服务；房地产服务、土地建筑物租赁、转租及管理；某些社会活动（残障人福利院所、残障人培训中心、老年人福利院所和俱乐部、社会服务中心等）；某些文化活动（设立印刷出版社、报纸杂志、照相、电影和艺术生产、商业性剧团、电影院、剧场、艺术展览馆）；汽车出租；宣传广告服务；各种运输服务；旅行社等。

在允许从业活动范围内，外商可组建公司及其分支机构或参股，并在其中拥有原料以及执业所必需的动产；按科威特公民同等条件取得从业所需的用电、用水及电话服务。

11.4 税收制度和激励措施

11.4.1 税收优惠

科威特税赋较少，实行属地税制。外国独资企业和合资企业是企业经营税的唯一征收对象，并适用于该公司的国内和国外收入。目前科威特外资利润税由55%削减至15%。

科威特公司不需缴纳企业营业税，但在科威特股票交易所上市的企业，必须将其收入的国有部分的2.5%捐给科威特科学发展基金（KFAS）。国家雇佣法规定对科威特企业征收2.5%的附加税，该税用于支持在私营部门工作的科威特人获得与政府工作人员相同的社会和家庭津贴。

科威特的所得税只对企业征收，没有个人所得税，因此只是企业所得税。科威特所得税的课税对象具体包括：在科威特全部或部分履行任何合同所实现的利润；出售、出租或授予使用或利用任何商标、发明专利设计的专利权或著作印刷版权所收取的款项；商务代表或商务中介协议应得或产生的佣金；工业活动的利润；资产处置所实现的利润；在科威特买卖财产或货物或其收益，在科威特开设常设办事处，进行买卖合同的缔结；在科威特境内经营其他的任何工业或商业项目；出租在科威特境内的财产，在科威特提供服务等。

表11—2　　科威特所得税税率

所得（KD）	税率（%）	所得（KD）	税率（%）
0—502 0	0	112 501—150 000	30
5 021—18 750	5	150 001—225 000	35
18 751—37 500	10	225 001—300 000	40
37 501—56 250	15	300 001—375 000	45
56 251—75 000	20	375 000 以上	55
75 001—112 500	25		

外国公司在科威特从事商业经营活动或设立分支机构通过科威特人作代理的情况下，外国公司应作为独立的纳税人申报缴纳所得税，同时保持单独的账簿，其向代理支付的代理费作为费用列支。

11.4.2 地区和产业优惠

科威特确定的引资重点领域是高新科技产业领域，如电子网络建设、电信、环保、先进的石油技术等，而不鼓励投资那些能力过剩的行业，如旅馆业等。

设立自由贸易区是科威特吸引外资的重要举措。早在1995年，科威特就颁布了《自由贸易区法》，1997年开始由私营企业管理和经营自由贸易区，1999年底，占地300万平方米的自由贸易区正式启用。设立该区的宗旨是，以促进贸易为先导，发展出口导向型加工业和其他服务业，吸引外资，促进经济发展。该区制定了许多优惠政策，包括免税。外资比例不受限制、不需当地代理等。这种由私有企业投资并经营管理的自由贸易区在全球并不多见。

11.4.3 税收鼓励措施

外商投资项目可享受的优惠包括：自投资项目正式运行起10年内免征所得税或任何其他税，对该项目的再投资同样免征上述税赋，免税期限与兴建该项目时的原始投资所享受的期限等同；对项目建设、扩建所需的机械、设备和零件，以及生产所需的原材料、半成品及包装和填充材料等物品进口全部或部分免征关税；依照国家现行法律和条例划拨投资所需的土地和房产；依照国家现行法律和条例聘用必需的外国劳动力。

11.4.4 其他非税收鼓励措施

按有关规定，凡经批准的外国项目均不得予以没收或国有化，唯有在公共利益需要时，方可依据现行法律对其实行征收，并给予相当于其征收时的实际经济价值的补偿，赔偿金额应根据上述项目在被施以征收前的经济状况进行评估，其应得的款项立即支付。

11.5 科威特主要贸易投资管理部门

11.5.1 科威特工商部

科威特工商部是科威特的贸易主管部门，也是负责所有外国直接投资提案的权威机构。

11.5.2 其他政府部门

除科威特工商部外，科威特财政部也负责管理一些与贸易投资相关的事宜。科威特与经济相关的部门还有：发展事务部、石油部、水电部、中央银行、海关总署、投资局、工业总局等。

11.5.3 工商会

科威特还设有工商会，负责管理科威特私人公司和企业。

11.6 科威特注册企业程序

11.6.1 注册企业的一般形式

科威特公司组建可采取股份公司（起额资本3000科威特第纳尔）、有限责任公司和两合公司（起额资本 500 科威特第纳尔）三种形式。

11.6.2 注册企业的规定

科威特负责企业注册的机构为科威特工商部商业注册局和科威特工商会。

11.7 中国与科威特投资关系

11.7.1 相互投资概况

中国在科威特的直接投资：

1979 年中国承包劳务公司进入科威特市场。截至 2000 年年底，共签订合同金额 15.5 亿美元，完成营业额 12.9 亿美元，主要承揽的大中型总包项目有：

艾哈迈迪炼油厂修复项目（1992 年 12 月—1994 年 4 月）

合同金额 5 100 万美元，完成营业额 7 100 万美元。签约单位：中国石油工程建设集团公司。实施单位：中国石化工程建设总公司。

舒埃巴油码头修复项目（1996 年 9 月—1999 年 2 月）

合同金额：6 107 万美元，完成营业额：5 100 万美元。承揽单位：中国港湾建设集团总公司。

四个三万吨浮顶油罐项目（1997 年 6 月—1998 年 9 月）

合同金额：967 万美元，完成营业额：860 万美元。承揽单位：中国石化工程建设总公司。

27 号、28 号集油站和配套管网工程（1996 年 1 月—2001 年 3 月）

合同金额：3.94 亿美元，承揽单位：中国石油工程建设集团公司。

2001 年常设中资承包公司分支机构有 12 家。中国派出劳务人数战前高峰期达 1.5 万人，现不足 2 000 人。

科威特在中国的直接投资：

PIC1998 年参股秦皇岛中国阿拉伯化肥有限公司（SACF）30%（总投资 5 800 万美元）。

KUFPEC1995 年参股中海油海南崖城 13－1 海上天然气项目 14.7%（总投资 12 亿美元）。

科威特投资项目公司 1990 年参股广东发展基金 3 000 万美元。

科威特投资署（KIA）在中国大型企业上市股份中有大额持股（间接投资）。

11.7.2 国家间的投资协定

1980 年 10 月两国政府签订《贸易协定》。

1985 年 11 月两国政府签订《鼓励和相互保护投资协定》。

1986 年 11 月 15 日两国政府签订《关于成立经济、技术和贸易合作混合委员会的协定》。

1989 年 11 月 25 日两国政府签订《经济技术合作协定》。

1989 年 11 月 25 日两国政府签订《避免双重征税协定》。

2004 年 7 月中科签署《经济技术合作协定》、《石油合作框架协议》。

海湾合作委员会还同中国签署了《经济、贸易和技术合作框架协议》。

11.7.3 未来投资合作趋势

科威特是世界产油及石油出口大国之一，而制造业在我国经济结构中所占比重较大，因此，中科贸易存在很强的互补性，双边经贸合作前景广阔。我国高速发展的经济需要大量石油能源，正在拟议待建的广东湛江原油炼化一体化项目，将由科威特石油公司及中国石化集团共同出资兴建，投资总额超过百亿美元。该项目建成后，必将对我国经济建设起到积极作用，为中科之间快速发展的经贸关系再添奇葩。

第 12 章

科威特金融环境

12.1 科威特货币体系

12.2 科威特金融机构

12.3 科威特金融市场

12.4 科威特金融监管

12.5 科威特金融市场融资

12.6 科威特与国际金融市场

12.1 科威特货币体系

12.1.1 货币体系概况

科威特货币为第纳尔（KD，科第），1科第为1 000菲尔斯（Fils），可自由兑换。科威特共发行有6种面值的纸币：20第纳尔（绿色和橙色）；10第纳尔（粉色和蓝色）；5第纳尔（红色）；1第纳尔（蓝色）；1/2第纳尔（绿色）；1/4第纳尔（褐色和橙色）。

12.1.2 汇率制度

科政府于2002年底决定，从2003年1月1日起，科威特第纳尔与美元直接挂钩，以适应GCC国家货币统一进程的要求。科威特在2003年决定，将第纳尔/美元的波动幅度控制在3.5%以内，但2006年美元兑欧元大幅下跌，导致第纳尔/美元已触及这一波幅的上限。2007年5月20日，科威特第纳尔汇率价格由单独与美元挂钩，改变为与一篮子货币相联系制度，科威特的进口商品以这些货币计价，且这些货币的所属国是科威特的投资目的地，美元在货币篮子中仍占主要部分。1998—2010年科第兑换美元的平均汇率为：1美元＝0.287科第。人民币与当地货币不可直接结算。

12.2 科威特金融机构

12.2.1 金融机构体系

科威特金融体系包含银行业、保险业、银行间市场、资本市场（证券交易所）、投资公司、投资基金及保险公司等。

12.2.1.1 银行业

科威特除中央银行外，共有19家银行。其中商业银行5家，最大的是科威特国民银行，也是2002年海湾地区第一个发行欧元债券的银行，其他商业银行还有海湾银行、科威特商业银行、科威特中东银行和布尔甘银行。4家以伊斯兰教义运作的银行包括：科威特国际银行、科威特投资银行、贾比尔伊斯兰银行和艾赫里银行（2010年初转为伊斯兰银行）。该国另有两家专业银行，即科威特工业银行和科威特不动产公司。此外，科威特还有外资银行分行8家。

科威特银行业资本充足，经营稳定，风险管理水平较高。据《银行家》杂志（The Banker）的《2009年中东银行100强》报告（数据源自14个中东国家），科威特有7家银行位列其中，资本额占100强总资本额的10.15%。《银行家》杂志报告，2009年科威特伊斯兰金融资产为676亿美元，居世界第五位，占海湾合作委员会国家伊斯兰金融资产的19.1%。其中，科威特投资银行位居500强中的第五位，资产400亿美元。①

① 姜英梅，王晓莉《科威特金融体制及中科金融合作前景》，《西亚非洲》2011年第8期

12.2.1.2 保险公司

据科威特工商部保险司一项统计显示，2009 年年底科威特登记注册的保险公司 34 家，其中，本地保险公司为 22 家、阿拉伯国家保险公司 7 家、其他外国保险公司 3 家。另外，科威特境内还拥有保险代理点 150 个。本地保险公司占据了 87%的科威特保险市场份额。在只有 344 万人口的国家，保险市场竞争十分激烈。2008 年，科威特保险市场保险总值 1.804 亿科威特第纳尔，同比增加 8.1%。

12.2.1.3 证券公司

科威特股票交易所是继沙特的 NCFEL 股票交易所之后，阿拉伯世界中的第二大交易所。科威特证券市场运行较为良好，国内证券公司的数量庞大。

12.2.1.4 其他金融机构

由于国内资金富余，科威特发展了大量的投资公司和投资基金。2009 年年末，科威特有国家投资局（KIA）、100 家投资公司（其中伊斯兰投资公司 54 家）、112 家投资基金（伊斯兰投资基金 54 个）和交易公司 38 家。受金融危机影响，科威特 100 家传统投资公司和伊斯兰投资公司 2008 年 7 月底时的资产为 300 亿第纳尔，而 2009 年 1 月底已缩水至 208 亿第纳尔，减少 30.7%。造成投资公司资产缩水的主要原因是其上市股票价格猛跌。科威特主权信用高，大企业以往极少有对金融机构违约的情况，但金融危机使最大的投资公司发生对银行到期贷款不能偿付的违约，超过半数的投资公司已有违约现象和违约端倪。

科威特主权财富基金在截至 2008 年 3 月 31 日的财年里获得较快增长，总规模达到 2 644 亿美元，比上一财年增长 14.4%。科威特主权基金由未来基金和公共储备基金两部分组成，由科威特投资局负责投资和运作。截至 2008 年 3 月 31 日，未来基金规模达到 2 180 亿美元，增长 15.4%；公共储备基金为 464 亿美元，增长 9%。受金融危机影响，2008 年科威特主权基金损失高达 940 亿美元。① 在过去的投资活动中，科威特投资局将主权基金中很大一部分资金投向了欧洲和美国的房地产、股票和债券市场。而近两年，科威特投资局将目光转向一些亚洲新兴经济体，以扩大投资渠道和分散投资风险。据美国主权财富基金研究所（Sovereign Wealth Fund Institute）的报告，2009 年第四季度，科威特投资局在全球主权财富基金透明度指数为 6 分，排名第五。

12.2.2 金融机构特点

科威特金融体制总体上比较封闭，政府认为银行部门具有战略意义，需要政府保护。监管部门以国内货币稳定、银行业稳健经营为目标。2004 年海湾合作委员会（GCC）国家银行业向外国投资者开放，此前只有海合会国家投资者允许在银行业进行投资。伊斯兰融资机构的作用也有所提高，但政府对伊斯兰融资机构仍持审慎态度，不允许国内和外国的世俗银行在科威特开设伊斯兰“窗口”。

① UNCTAD，World Investment Report 2009，July 2009，http://www.unctad.org/en/docs/wir2009_en.pdf

12.3 科威特金融市场

12.3.1 资本市场

12.3.1.1 债券市场

相对于银行信贷和股票市场而言，科威特的债券市场规模较小，其发展仍受制于二级市场的缺失。

12.3.1.2 股票市场

科威特股市是阿拉伯国家中第二大股市，共有 210 多家当地和外国公司上市，其中一半上市公司是投资公司。科威特证券市场运行较为良好，在资金配置、产业结构调整和升级方面，发挥着举足轻重的作用。

随着石油收入增加、股市对外开放，科威特国内的证券交易活跃，股票价格指数从 2002 年的 2 375 点上升到 2007 年的 12 469 点。受金融危机影响，科威特股市 2008 年交易额为 1 160.2 亿美元，收盘股指 7 782.6 点，年跌幅度 38%，资本额 1 135.3 亿美元。其中投资业损失最大，其指数下降了 53%，是 2008 年里损失最多的。排在其后的是食品业、房地产业和制造业。而受损较低的行业是银行业、服务型企业和保险业。为避免股价进一步下跌给投资者造成更大损失，2008 年 11 月 13 日，科威特股票交易所接法院命令后暂停了股票交易，但未能止住下跌趋势。2009 年 3 月底以来，股市在探底之后逐渐复苏，但复苏进程在海合会国家最慢。2009 年科威特证券交易所（KSE）现金流量为 852 亿科第，缩水降幅达 38%。科威特证券交易所（KSE）科籍投资方约占成交总量的 93%，海湾及其他外国投资方占比 7%。2010 年年初，科威特批准了有关资本市场法案，这将提高本国股市对外国投资者的竞争力，特别是提高对迪拜、沙特阿拉伯和巴林等邻国股市的竞争力。2010 年，由于投资者市场信心恢复、石油价格上升并稳定在每桶 70 美元以上、各大国经济体的复苏、国际金融市场的良好表现以及这些市场上大部分上市公司运营状况的明显改善，科威特股市继续回暖，股市市值从 2009 年底的 1 042 亿美元，上升到 1 249 亿美元，增长了 19.8%。① 但是，2010 年底以来，发端于突尼斯的中东地区政局动荡导致地区局势紧张，许多投资者担心动乱危及证券市场，纷纷开始减仓，并从海湾市场和阿拉伯市场上抽身，使阿拉伯证券市场总体损失很大。科威特证券市场也受冲击，截止到 2011 年 3 月 9 日，科威特股市市值下降到 1 123 亿美元，下降了 10%。

2010 年 9 月 8 日，科威特成立首个股票市场监管机构资本市场管理局（Capital Market Authority），其主要职责是保证透明度，并阻止内部交易以及其他形式的非法交易和诈骗。

① 阿拉伯货币基金组织网站，http://www.amf.org.ae/sites/default/files/econ/amdb/AMDB%20Performance/Yearly%20Performance/en/prv_yearly_summary.htm.

12.3.2 金融衍生品市场

科威特金融衍生品市场主要包括期货市场和期权市场。

12.4 科威特金融监管

12.4.1 金融监管机构

科威特中央银行是银行业监管调控机构，从 2004 年起有权干预各银行的董事任命和指控银行违法。

12.4.2 金融监管政策

科威特中央银行实施的金融监管相关政策主要包括以下内容：

第一，控制外资银行进入和持有股份。科威特金融改革缓慢，银行业虽已经对外资开放，但限制仍较严格。根据 2001 年的《吸引外国投资法》，外国银行在科威特设立分支机构之前必须得到科威特中央银行的同意。目前阶段，执照应仅限外国银行在科威特开设一家分支机构，且三年内科威特国民须占雇员半数以上。外国公司在银行业中拥有的股权不能超过 49%；外国公司不能涉入保险业。如果希望持有一家银行 50% 以上的股份，必须事先获得内阁（听取中央银行的意见后）同意。

第二，对银行业逐步开放。2004 年科威特通过 1968 年银行业法修正案，允许外国银行经科威特中央银行批准后在科威特开展业务，自 2005 年法国巴黎银行成为第一家在科设立分行的外资银行，至今已经有 8 家外资银行分行在该国成立。科威特曾禁止当地银行向其他国银行提供科威特第纳尔贷款，目前对海湾其他国家的银行可以提供此类贷款。银行业逐步开放将有利于该国经济自由化和金融市场资金流动。

第三，管理外汇及资本账户。科威特对外汇管理实行开放政策，经常账户和资本账户项下外汇可自由兑换。现金可在科威特境内的任何一家银行或钱庄自由兑换。股票、贷款、利息、利润以及个人存款可不受任何限制地转入转出科威特。外国公司融资便利，贸易与项目融资的渠道很多，其中包括世界级的商业银行、投资公司和伊斯兰金融机构。

12.4.3 金融监管法规

科威特金融监管方面的法律法规基本健全。《科威特外国银行分支机构执照和经营原则及经营规章制度》为外国银行在科威特获取执照及经营的最低要求标准。外国银行必须遵守 1968 年第 32 号《关于货币、科威特中央银行和银行业务组织法》、科威特中央银行对银行的监管和疏漏所颁布的指示和决议，及任何相关法律和决议。2004 年国民议会通过的 1968 年银行业法修正案标志科威特银行业进一步对外开放。但科威特法律仍有待进一步完善，对本国经济和金融具有保护主义特点。[①]

---

① 姜英梅，王晓莉《科威特金融体制及中科金融合作前景》，《西亚非洲》2011 年第 8 期

12.5 科威特金融市场融资

外国公司在科威特进行贸易与项目融资的渠道很多。只要外国公司提供他们的财务报表或者有信誉良好的银行作担保，就可以直接获得科威特银行融资的便利。针对客户委托的不同要求，科威特的银行可以采取各种各样不同的融资方法，包括直接支付、提前付现、单据托收、信用证和保函。在科威特中央银行监管下的商业银行，都符合国际银行的标准，还有三家专门的政府银行提供中长期的融资。

外国公司通过当地的代理，就可以获得融资。除此之外，外国公司还可以通过当地一些资信良好的代理，例如投资公司或银行，以公司的名义在科威特发行科第债券。如果要发行债券，不仅要提交公司的财务状况和一份市场调查报告，而且要经过科威特中央银行的批准。以发行债券作为一种融资手段，其优点在于它可以避免在合同期间发生的汇率波动。把融资方案包括在项目计划书中，也可以为外国公司顺利完成项目创造极大的便利。①

12.6 科威特与国际金融市场

12.6.1 科威特在国际金融市场的角色

科威特投资环境在国际上具有一定竞争优势，主要体现在：政治稳定、经济增长前景良好、市场潜力大、市场化程度高等方面。世界经济论坛发布的《2009—2010 年度全球竞争力报告》显示，科威特列居第 38 位。在传统基金和《华尔街日报》刊登的年度经济自由指数评比中，科威特居第 42 位。为确保银行稳定运转，科威特银行业制定了谨慎的管理和操作规定，严格按国际标准进行业务操作。该国主要银行资金充足，许多国际信贷登记组织给予科威特银行优惠的信贷等级。大部分银行经营状态良好，债务适中，利率较低。国际金融危机对科威特金融业产生了一定影响，但凭借累积的足够财政盈余和海外资产，科威特金融机构并未遭受重创。在当前形势下，政府正动用其财政储备刺激国内经济，摆脱全球经济衰退的影响，同时大力发展非石油经济，实现经济结构多元化，创造就业和引进外资，走开放经济的道路。在未来几年内，科威特以石油天然气为支柱的国民经济仍会保持稳定的增长，逐步实现建立中东地区商业金融中心的目标。

12.6.2 中国在科威特金融市场的角色

从 20 世纪 80 年代，科威特阿拉伯经济发展基金就在中国拥有了投资项目，开始了

① 商务部国际贸易经济合作研究院、商务部投资促进事务局和中国驻科威特大使馆经济商务参赞处：《对外投资合作国别（地区）指南：科威特》（2010 年版）。

两国间的投资合作往来。但由于科威特的金融保护政策及其他历史原因，中国与科威特金融合作不多。近年来，随着双方经贸关系的迅速发展，两国开始加强金融合作。合作形式主要包括：

第一，金融机构直接合作。2005 年 1 月 18 日，科威特国民银行股份有限公司上海代表处获准成立。科威特投资局在中国香港设立分公司。目前，尚无中国金融机构在科威特设立代表处和分支机构。据悉，中国工商银行正研究在科威特设立支行的可行性。

第二，资本合作。中国与科威特资本合作始于 2006 年 10 月中国工商银行首次公开募股。当年，科威特投资局购入 7.2 亿美元工行股份，成为当年中国工商银行上市后最大的投资者。这一年正值海湾股市大跳水。股市的不稳定性，使得海湾投资者意识到改变投资策略，分散投资的重要性。这标志着科威特投资中国的长期战略开始实施。2010 年，中国农业银行首次公开募股（IPO），科威特投资局原来的 8 亿美元追加到了 19.5 亿美元，在各大战略投资者中升居第二位。2010 年 5 月，科威特投资局与中国证监会签署备忘录，这是外国机构投资者在中国获取投资许可证的关键一步，并使国家投资局进入中国公司的证券交易，增加其在中国的投资份额。2011 年科威特最大的伊斯兰银行科威特投资银行将投资 2 000 万美元到中国的一家污水处理厂。

第三，成立投资公司。为加强科威特与中国和东南亚的经济联系，2004 年 7 月，由科威特国家投资公司运作，于 2005 年成立了科威特中国投资公司，注册资本 8 000 万科威特第纳尔，在中国和东南亚投资领域涉及能源、房地产、医疗护理、基础设施和金融。2009 年 11 月 24 日，科威特中国投资公司在科威特证券市场上市，属投资板块，简称“中国”。2009 年公司收益为 178 亿美元，盈利 860 万科第，净资产较上年增长 13%。

总体来说，中科双方经济互补性很强，且都在进行经济转型和结构调整。中国是拥有巨大市场和增长潜力的制造业大国，经济强劲增长，金融环境有序稳定开放，人民币不断升值。国际金融危机以来，中国等新兴国家领跑世界经济复苏，中东国家的外交策略出现“向东看”的趋势。科威特正是看好中国经济的未来而进行战略性投资，希望分享中国经济发展的果实。科威特丰富的石油资源和石油美元，以及辐射西亚北非的广阔市场，也符合中国企业和金融机构走出去的战略目标。可以预见，随着双方金融体系进一步对外开放，两国金融合作也将迈向新台阶。①

① 姜英梅，王晓莉《科威特金融体制及中科金融合作前景》，《西亚非洲》2011 年第 8 期

第五篇

卡塔尔商务环境

石油和天然气是卡塔尔的经济支柱。目前已探明石油储量为 20 亿吨，居世界第 13 位，天然气储量约为 25.78 万亿立方米，居世界第 3 位。

2008 年卡塔尔石油产量为 3 485 万吨，天然气产量 3 080 万吨，出口量 2 787 万吨，是世界第一大液化天然气生产（LNG）和出口国。

近年来，卡塔尔政府制定了开发天然气的中长期发展规划，将其作为经济发展的战略重点。卡塔尔还将发展非石油、天然气工业作为实现国民收入多元化和摆脱对石油依赖的主要途径，同时，卡塔尔还拥有世界上最大的液化天然气出口码头，大力发展石油天然气远洋运输船队。

此外，卡塔尔注重吸引外资和技术，建立卡塔尔金融中心。对外开放证券市场，陆续出台多项法律法规，改善投资环境，吸引外国投资和技术。

卡塔尔于 1994 年成为关贸总协定第 121 个成员国，1995 年成为世界贸易组织成员。第三届世界经济论坛阿拉伯国家 2007 年经济竞争力评估大会报告显示，卡塔尔竞争力位居阿拉伯国家第二，仅次于阿联酋。

按照国际货币基金组织 2010 数据，以国际汇率计算的人均 GDP 卡塔尔为 74 422 美元，位居世界第三。

卡塔尔有 14 家商业银行，其中 5 家为卡塔尔资银行，分别为：卡塔尔国家银行、多哈银行、卡塔尔商业银行、卡塔尔国民银行和卡塔尔伊斯兰银行。卡塔尔国家银行吸收了卡塔尔近 50%的存款，主要经营政府业务。

卡塔尔主要出口产品为石油、液化气、凝析油、合成氨、尿素、乙烯等，主要进口产品是机械和运输设备、食品、工业原材料及轻工产品、药品等。主要贸易伙伴有日本、韩国、新加坡、美国及欧盟国家。

2011 年中卡贸易额为 58.9 亿美元，比上年增长 78%。

第 13 章

卡塔尔贸易环境

13.1 卡塔尔进出口贸易

13.2 卡塔尔外贸管理制度

13.3 卡塔尔进口管理制度

13.4 卡塔尔出口管理制度

13.5 卡塔尔贸易协定

13.6 卡塔尔贸易习惯

13.7 卡塔尔海关监管制度

13.8 卡塔尔关税计征制度

13.9 卡塔尔海关行政处罚规定

13.1 卡塔尔进出口贸易

近年来，特别是2008年金融危机以后，卡塔尔经济持续快速增长。在2010年美国《金融杂志》公布的全球最富国家和地区排行榜中，卡塔尔更是以9万多美元的人均GDP高居榜首。这种强劲的经济增长势头很大程度上带动了卡塔尔进出口贸易的发展。

13.1.1 进出口概况

作为中东重要的石油（已探明储量世界第十三位）、天然气（已探明储量世界第三位）出口国，对外贸易在卡塔尔国民经济发展中扮演着重要的角色，对外贸易依存度高、贸易顺差大是卡塔尔进出口贸易的两大特征。卡塔尔统计局发布的进口数据显示，2009年卡塔尔外贸进出口总额为732.28亿美元，其中出口483.06亿美元，进口249.22亿美元，贸易顺差达233.84亿美元。① 依据海合会统计资料，2009年卡塔尔国内生产总值为983亿美元②，对外贸易依存度高达74.5%。

由于经济起步相对较晚，卡塔尔出口贸易市场辐射范围有限，主要集中于海湾地区、阿拉伯国家和南亚国家。2009年，卡塔尔的主要出口市场仍为亚洲国家，根据卡塔尔统计局公布的数据，其十大出口国依次为：日本（110.74亿美元）、韩国（68.83亿美元）、印度（36.95亿美元）、新加坡（33.36亿美元）、阿联酋（23.29亿美元）、泰国（13.33亿美元）、比利时（13.16亿美元）、西班牙（7.67亿美元）、菲律宾（6.26亿美元）、中国（6.21亿美元）。从商品结构来看，卡塔尔出口商品品种较为单一，主要为石油、天然气资源及其副产品。2009年卡塔尔主要出口产品为：液化天然气（160.35亿美元）、原油（140.53亿美元）、凝析油（100.12亿美元）、液化丙烷（20.31亿美元）、液化丁烷（13.05亿美元）、尿素（7.85亿美元）、航空汽油（7.73亿美元）、比重在0.94及以上的初级形状的聚乙烯（5.73亿美元）、比重在0.94以下的初级形状的聚乙烯（5.57亿美元）、汽油（3.86亿美元）。③

2009年，卡塔尔进口十大来源国依次为：美国（30.66亿美元）、中国（19.67亿美元）、德国（18.76亿美元）、意大利（18.66亿美元）、日本（18.14亿美元）、阿联酋（17.63亿美元）、沙特（13.30亿美元）、法国（12.32亿美元）、英国（11.33亿美元）以及印度（9.10亿美元）。其中，中国从2008年的第五位上升至第二位。④

---

① 中国驻卡塔尔经商处网站 http：//qa.mofcom.gov.cn/aarticle/jmxw/201104/20110407504838.html，2011年11月9日。

② 海合会网站 http：//www.gcc-sg.org/eng/index39fb.html？action=GCC-ShowOne&CountryID=5，2011年11月9日。

③ 资料来源：商务部：《对外投资合作国别（地区）指南：卡塔尔》（2011年版），http：//fec.mofcom.gov.cn/gbzn/upload/kataer.pdf，2011年11月4日。

④ 中国驻卡塔尔经商处网站 http：//qa.mofcom.gov.cn/aarticle/jmxw/201104/20110407504838.html，2011年11月9日。

2010 年，卡塔尔进口总额为 232.39 亿美元，相比 2009 年略有减少。该年，卡塔尔进口十大来源国依次为：美国（27.42 亿美元）、中国（21.04 亿美元）、日本（17.51 亿美元）、德国（16.84 亿美元）、阿联酋（15.92 亿美元）、意大利（15.11 亿美元）、沙特（12.20 亿美元）、英国（11.84 亿美元）、法国（11.06 亿美元）以及韩国（7.26 亿美元）。① 其中，中国对卡出口额与上年相比增长了约 7%，并继续保持卡第二大进口国的位置，而美国对卡出口额则略有减少。从进口产品结构上来看，卡塔尔 2010 年主要进口产品为：新款轿车、飞机及直升机配件、电缆等建筑原料、工程机械及配件、通信网络设备及配件等。②

13.1.2 主要贸易伙伴

目前，卡塔尔已同全世界 110 余个国家和地区建立了外交、贸易联系。卡塔尔是世界贸易组织、海湾合作委员会、石油输出国组织等多个世界或地区经济组织成员国，其主要贸易伙伴有日本、新加坡、美国、韩国及欧盟国家。近年来，卡塔尔注重发展同世界各国的贸易关系，并先后同美国、韩国、印度等国就签署双边《自由贸易协定》进行了谈判。

日本作为卡塔尔第一大贸易伙伴，是卡塔尔主权财富基金的长期战略合作伙伴，也是卡 LNG（液化天然气）的全球第一个客户，卡塔尔是世界 LNG 最大生产国，年产 7 700 万吨，其中，每年对日出口 600 万吨。据中国商务部统计，2010 年，卡日贸易总额为 228.4 亿美元，同比增加 30%，其中日本对卡塔尔出口大幅下降，而进口激增。在日本对卡塔尔出口的商品中，唯一增加的产品是汽车，其出口量增加 58%，总额达 7.75 亿美元。而导致日本从卡塔尔进口数额激增的产品是石油天然气，2010 年，日本从卡塔尔进口原油 158.9 百万桶原油，石油天然气产品 1 100 万吨，其中包括：液化天然气 760 万吨、丙烷气 260 万吨、丁烷气 80 万吨。国际油价的上涨直接导致了日本对卡塔尔贸易中进口额的大幅增长。③ 2011 年日本大地震发生后，日本对液化天然气的需求扩大，为帮助日本应对地质灾害带来的影响，卡塔尔决定向日本额外增加 400 万吨天然气出口，并于 2011 年 10 月同日本发表了联合公报，承诺向日本提供稳定的石油和液化天然气供应。这一需求的增长促使卡塔尔液化天然气产量大幅增加，日产量维持在 2 832 万至 3 398 万立方米之间。④

美国是卡塔尔的另一个重要贸易伙伴。长期以来，卡塔尔都是美国在中东地区的亲密盟友，双方政治、经济、军事关系紧密。卡塔尔作为世界第一大液化天然气出口国，在美国能源巨头埃克森美孚的海外投资中占有较大份额。2010 年，美国商务部副部长出访卡塔尔，表达了美国加强与卡塔尔经贸合作的愿望，并鼓励美国企业在卡塔尔进行长期投资。

---

① 中国驻卡塔尔经商处网站 http：//qa. mofcom. gov. cn/aarticle/jmxw/201104/20110407504838. html，2011 年 11 月 9 日。

② 资料来源：商务部：《对外投资合作国别（地区）指南：卡塔尔》（2011 年版），http：//fec. mofcom. gov. cn/gbzn/upload/kataer. pdf，2011 年 11 月 4 日。

③ 资料来源：http：//finance. ifeng. com/roll/20110613/4142011. shtml，2011 年 11 月 9 日。

④ 中国驻卡塔尔经商处网站 http：//qa. mofcom. gov. cn/aarticle/jmxw/201110/20111007793659. html，2011 年 11 月 9 日。

根据中国商务部统计，2010 年，中卡两国双边贸易额达 33.1 亿美元，同比增长 46.9%，其中，中国出口 8.6 亿美元，同比下降 1.9%，进口 24.5 亿美元，同比增长 77.8%。随着中卡双边贸易额的快速增长，中国将逐渐成为卡塔尔另一个重要贸易伙伴。中国主要从卡塔尔进口原油、液化天然气和石油化工产品，进口数额不大但近年增速较快；中国对卡塔尔出口商品则主要为机电产品、IT 产品、家用电器、汽车、建材、塑料制品、家具及服装鞋帽等。中国制造的消费品以其性价比高的特点在卡塔尔中低端市场中占据着绝对优势，但高端市场仍为欧美、日本产品占据。①

13.2 卡塔尔外贸管理制度

13.2.1 立法制度

卡塔尔政府重视外贸立法，并将世贸组织协议和海合会国家协定作为制定贸易政策的考虑因素。卡塔尔与贸易相关的主要法律法规有：1988 年第 5 号《海关法》、2000 年第 13 号《投资法》、2002 年第 5 号《公司法》、2002 年第 7 号《版权保护法》、2002 年第 8 号《商业组织法》和 2009 年第 9 号《商标、地理指标和工业设计法》等。

13.2.2 行政机关

卡塔尔的贸易主管部门为商业贸易部，简称商业部。依据 2009 年颁布的第 16 号埃米尔令第 12 条规定，该部职能如下：监管并指导贸易活动，使之适应国家发展需要；建议并执行政策，以吸引外资，支持出口发展；更新并发展支持商业及投资行业发展的手段；监管贸易活动并管理贸易、投资原产地登记；颁发从业许可证；进行市场监管；采取必要措施，保护消费者权益，打击商业欺诈；反垄断，保护竞争；监督旅游、展会、交通、通信相关的政策。②

此外，始建于 1963 年的卡塔尔工商会是海湾阿拉伯国家合作委员会中成立最早的工商会之一，该会在成立之初曾是一个政府机构，直到 1990 年 90（11）号令发布，才得以重组为一个独立的公益性机构，代表国内工、农、商各业私营经济经营者的利益。1996 年以前，该会一直由埃米尔任命理事会成员，并由这些成员推举出会长、副会长和名誉出纳，任期五年。1996 年 7 月 8 日，卡塔尔工商会第一次实行民主尝试，既通过全体大会选举产生理事会成员，由经贸部长同其他各部部长商定各行业的成员名额，任期四年。③

---

① 资料来源：商务部：《对外投资合作国别（地区）指南：卡塔尔》（2011 年版），http：//fec. mofcom. gov. cn/gbzn/upload/kataer. pdf，2011 年 11 月 4 日。

② 卡塔尔商贸部网站：http：//www. investinqatar. com. qa/Arabic/Pages/MBTDescription. aspx，2011 年 11 月 9 日。

③ 中国驻卡塔尔经商处网站：http：//qa. mofcom. gov. cn/aarticle/jmjg/zwqtjmjg/200210/20021000043412. html，2011 年 11 月 10 日。

13.2.3 司法体系

卡塔尔政府设置了司法部，主管司法、法律事务。2005 年，依据埃米尔令，司法研究中心成立。卡塔尔的司法制度基本依据伊斯兰教法建立，同时也一定程度上受到埃及法的影响，政府在 1971 年独立后颁布的一系列法令、规章也是卡塔尔法律的重要来源。

在卡塔尔有两种法律，即临时宪法与沙里亚法，有两种法庭存在，即现代法庭与伊斯兰法庭。以宪法为法律准则的法庭有下列五种：高级刑事法庭、低级刑事法庭、商业与民事法庭、劳动法庭和上诉法庭。伊斯兰法庭则专门处理穆斯林之间发生的所有纠纷与问题。在民事纠纷中，若被告是穆斯林，原、被告则选择伊斯兰法庭解决问题，该法庭会根据沙里亚法、逊奈以及传统的推议审判裁定案件。若被告是非穆斯林，那么双方只能到以宪法为准则的现代法庭去打官司。卡塔尔宪法承认并保证法庭的独立性。

按级别划分，卡塔尔的司法机构分为三个级别：初级法院、上诉法院和最高法院。初级法院是司法体系的基础，享有民事、刑事与商业判决权。如不满初级法院判决，被告可上诉至上诉法院，而高级法院则享有至高的司法权。

高级法院由一名院长、一至两名副院长和若干法官组成。该法院包括两个法庭，其一处理宗教事务，另一个则负责受理上诉案件。

依据 1980 年法令第 20 条规定，持有从业资格证的卡塔尔或其他海合会国家公民有权在卡塔尔境内从事法律相关工作。海合会成员国公民以外的外籍人士无权在卡塔尔境内投资或成立独立的律师事务所，但有权进入卡塔尔当地的律师事务所工作。

13.3 卡塔尔进口管理制度

13.3.1 进口配额

卡塔尔无关税配额，除少数商品外，一般均可自由进口。

13.3.2 进口许可证制度

在卡塔尔经营进出口贸易须申请许可证，但此举主要是针对进口商，而非针对进口商品。外商不得单独直接经营进出口贸易，须经过当地进口商或代理商。进口许可证由经贸部颁发，也可由商会颁发。

在食品进口方面，自 2011 年起，包括卡塔尔在内的海湾合作委员会（GCC）会员国将使用新的进口条例，针对食品进口及安全检查，GCC 将采用统一的标准。新食品进口条例规定，经检查，被认证为无公害的食品可以进入 GCC，某种食品，只要可出口至 GCC 任何一个国家，便可直接进入其他 5 个会员国，不必重新检验。同理，如果哪个国家发现进口的食品出现问题，GCC 中的其他国家也将禁止对该类食品的进口。这一进口条例可减少文件提交及检验程序，降低文件提交手续费，从而降低食品价格，并避免各国进口标准不一等问题。①

13.3.3 原产地标志要求

卡塔尔进口货物时，要求出口商准备商业发票和提货单，某些商品须持原产地证明书和卫生许可证（如活植物、鲜水果和蔬菜等）。所有商品须经过严格包装，贴上标签，并说明内装货物名称，生产日期和保质期等。

13.4 卡塔尔出口管理制度

13.4.1 出口管制

卡塔尔禁止向以色列出口货物；某些带有补贴性质的食品、古董也禁止出口。

13.4.2 出口鼓励

卡塔尔出口不征收关税。

13.5 卡塔尔贸易协定

13.5.1 卡塔尔贸易自由协定

卡塔尔是世界贸易组织及海湾合作委员会（GCC）的成员国，加入了海合会关税同盟，参与 GCC 与欧盟、中国及其他国家的自由贸易协定谈判。卡塔尔还是阿拉伯自由贸易区成员。

13.5.2 卡塔尔美国贸易协定

2004 年，卡塔尔同美国签订了贸易与投资框架协议（TIFA）。

13.6 卡塔尔贸易习惯

13.6.1 通用的贸易方式

依据卡塔尔法律，来自卡塔尔境外的制造商或者供应商应寻找一个或多个卡塔尔当地的商人或者公司作为代理来销售、推广或分发产品、生产产品或提供服务。2002 年颁

① 中国商务部网站：http：//www.mofcom.gov.cn/aarticle/i/jyjl/j/201107/20110707630429.html，2011 年 11 月 11 日。

布的代理法规定了代理人与被代理人双方的权利与义务。依据代理法规定，代理商可以获取佣金。根据内阁令，其金额标准应不超过其他人根据内阁令中所规定的程序、条件和规定用于销售目的而从其他货源进口的商品或货物价值的 5%。①

13.6.2 对卡塔尔贸易应注意的问题

13.6.2.1 订单

卡塔尔人性格豪爽、直率，谈生意习惯于以自我为主，直奔主题，与其交往须以诚相待。但由于卡塔尔市场容量有限，卡塔尔商人在下订单时（尤其是初次订货时）量都不大。中卡贸易中习惯采用信用证或 D/P 方式，同时要求卡塔尔进口商预付 30%的货款。

13.6.2.2 商品质量

在贸易过程中应按照合同要求，把好商品质量关，努力提高产品质量和信誉。不能因贪图一时之利，以次充好，以假充真。一旦让卡塔尔人感到欺骗，便将永远失去他们的信任。

13.6.2.3 安全卫生标准

在海湾合作委员会国家食品安全委员会第六次会议上，各成员国对进口食品的卫生检疫实行统一标准，对进口肉类及其制成品、牛奶及其制成品、海产品执行统一的卫生标准，同时对进出口食品实行统一的标准。

13.6.2.4 包装与商标

向卡塔尔出口的商品在内包装须用阿拉伯语标明品名、成分（按百分比）、净重、生产日期、保质期（必须注明失效期，否则不准进口）、保存方法、商标产地等内容。

卡塔尔的商标有效期是 10 年，商标注册后可申请再延长 10 年。商标注册后即可保障商标持有人的独家经营权利免受不法侵害。商标注册申请人可按规定前往卡塔尔商贸部工业产权办公室办理商标注册，整个程序历时 5—6 个月。

13.6.2.5 谈判策略和方法

在卡塔尔做生意，除了要与卡塔尔本国人洽谈外，更多的是要与受雇于卡塔尔老板的外籍经理或工程师打交道，其中有其他阿拉伯国家的人、南亚人、东南亚人等，与之交往时，需因人而异，采取不同的谈判策略和方法。

13.7 卡塔尔海关监管制度

根据卡塔尔法律，个人进口货物到卡塔尔销售，必须在进口商注册处进行注册并获得卡塔尔工商会的批准。个体进口商必须具有卡塔尔国籍；进口商号必须是卡塔尔人拥

① 资料来源：中国驻卡塔尔经商处网站：http://qa.mofcom.gov.cn/aarticle/ddfg/waimao/200212/20021200058573.html，2011 年 11 月 14 日。

有的全资公司。下列情况例外：

（1）外国公司从事大型工业或农业项目并与卡政府有直接合约，允许其进口与本项目有重大关联的物品；

（2）进口商得到埃米尔特令允许其不受1990年颁布的第25号法令的制约，该法令对外国公司在卡从事商业、工业、农业及服务业活动进行了规定；

（3）进口商为工业企业，企业资本至少51%为卡塔尔人持有并获得货物进口特令。

同时，卡塔尔海关对进出境货物进行检疫。对于食品而言，出口至卡塔尔的肉类及肉制品应提供清真认证、原产地证明和食品卫生证明。产品到达卡塔尔后，海关将例行抽样检查。食品的外包装应译成阿拉伯文，标明品名、成分（按百分比）、净重、生产日期、保质期（必须注明失效期，否则不准进口）、保存方法、商标、产地等内容。对于其他商品而言，则只需提供原产地证书、产品合格证和货物装箱单即可报批。但玩具类商品一定要提供商检证书，如没有，则需将样品送至卡塔尔标准局检验，合格后方可放行。此外，卡塔尔禁止进口猪肉类产品。①

13.8 卡塔尔关税计征制度

13.8.1 卡塔尔海关税则归类

2003年1月1日海湾六国宣布正式建立关税同盟，六国域内成为一个统一的关税地区，成员国之间没有关税；对域外则实行统一的关境及关税、贸易规定。自此，各成员国执行统一的海关法和实施细则，对外执行统一税率为5%，但2005年年底前的三年被称为过渡期。此期间各国仍可继续执行各自的关税保护清单，2005年后，则根据对世贸组织的承诺，执行统一的关税保护清单。为方便操作，海湾各国还提出了417项免税清单，主要包括GCC六国大部分进口的食品，如：粮食、肉、水果、蔬菜以及药品等。

卡塔尔标准进口关税一般为5%的从价税，对于少数与卡塔尔地方工业有冲突的进口商品则征收较高的保护关税。关税税率为：普通商品不超过5%，音像带及音像设备15%，烟草100%。

卡塔尔宣布禁止进口的商品包括：1. 毒品及各种被称为毒品的商品；2. 所有违反伊斯兰教义和有违社会公德的商品；3. 产自以色列的或标有以色列国旗或标志的商品；4. 被射线和核尘污染的商品；5. 各种赌博机和用于赌博的工具、仪器、机具等；6. 石棉及其制品；7. 用香烟式样做成的和保存在类似香烟盒的包装盒里的儿童糖果。

限制进口的商品包括：无线电器材、烟花等。

实施关税保护的商品包括：酒精饮料和烟草及其制品（征收100%关税）、卡塔尔钢

① 资料来源：商务部：《对外投资合作国别（地区）指南：卡塔尔》（2011年版），http：//fec.mofcom.gov.cn/gbzn/upload/kataer.pdf，2011年11月4日。

铁厂生产的同类钢铁产品（征收20%的关税）等。

免税进口的商品包括：由政府担保合同的原材料与设备、人民所需的基本食品、报纸刊物、不作出售之用的样品等。①

13.8.2 卡塔尔海关估价制度

卡塔尔是世界海关组织成员国，世界贸易组织成员国，遵守世界贸易组织颁布的《海关估价协议》。

13.8.3 卡塔尔海关征税制度

自从海合会国家关税同盟2003年1月1日生效以来，卡塔尔即实行海合会的共同海关法律和相关条例。进口到卡塔尔（或其他海合会国家）和转口到其他海合会国家的商品，根据单一入境口岸原则，只在进入海合会国家的第一个入境口岸交纳海关关税。海合会成员国的海关程序和需要的文件都是相同的。②

13.9 卡塔尔海关行政处罚规定

如违背国家法律、进口违禁物品，则处以1年有期徒刑或罚款若干，货物没收。

① 资料来源：中国驻卡塔尔经商处网站：http：//qa.mofcom.gov.cn/aarticle/ddfg/haiguan/200303/20030300078323.html，2011年11月11日。

② For a description of the GCC customs procedures，see GCC online information. Viewed at：http：//www.gcc-sg.org/GCC-Customs/gcc_cu01e.html.

第 14 章

卡塔尔投资环境

14.1　卡塔尔投资概况

14.2　卡塔尔投资政策

14.3　卡塔尔投资管理体制

14.4　卡塔尔税收制度与激励措施

14.5　卡塔尔主要贸易投资管理部门

14.6　卡塔尔注册企业程序

14.7　中国与卡塔尔的投资关系

14.1 卡塔尔投资概况

14.1.1 外资引进规模

据联合国贸发会公布资料显示，2009年，卡塔尔吸收外国直接投资81.25亿美元，达到近十年以来的峰值，占当年固定资本形成总额的18.1%。而2010年，随着开始于2002年的能源投资引资项目的结束，卡塔尔吸收外国投资数额降至55.34亿美元，同比下降约32%。[①] 总体而言，卡塔尔外资引进规模并不大，这与卡塔尔当地资金相对充足、市场容量小有一定相关性。

14.1.2 外资引进方向

卡塔尔石油、天然气资源丰富，资金相对比较充足，但技术和管理水平低，当地市场容量小。因此，其引进外资的目的主要是引进先进的技术和管理，并利用外国投资者的国际销售网。自2002年起，卡塔尔计划在2002年至2009年的8年中吸引250亿美元用于能源投资，其中1/5用于其大型液化天然气计划，其余分别用于石油、天然气和炼油等部门。

卡塔尔鼓励外国投资者在农业、工业、卫生、教育、旅游、自然资源及采矿业的开发和利用等领域投资，并重点扶持那些可实现最有效利用本国现有原材料的项目和出口工业；或可提供新产品、使用新技术的项目；或致力于把具有国际声誉的产业国产化的项目；以及重视人才本土化，并使用本国人才的项目。

若非获得特别许可，外国投资者不可在卡塔尔银行业、保险公司、商业代理、购买房地产等方面进行投资。

14.1.3 外资引进模式

外国投资者在卡塔尔主要以建立合资公司或参股经营为主，一般而言，外国投资者投资比例不可超过投资总额的49%。

14.2 卡塔尔投资政策

政府的外资政策

卡塔尔政府鼓励外国资本进入卡塔尔市场。为了给当地和国际投资者营造更好的投资环境，卡塔尔制订了一系列优惠政策和法规，《卡塔尔投资法》是卡塔尔对外投资优惠

① 资料来源：联合国贸发会网站 http://www.unctad.org/Templates/StartPage.asp? intItemID=2068，2011年11月4日。

的基本政策框架，主要包括行业鼓励和地区鼓励两个层面。

优惠内容如下：

1. 向外国投资者划拨必要用地，以建立投资项目，投资方也可通过长期租赁的方式获取土地使用权，可续租，但租赁期不超过 50 年。

2. 外国投资者可根据现行法律为该投资项目进口用于建设、投产或扩展项目所需要的一切。

3. 免税。在《投资法》规定的范围内，免除外国投资资本的所得税，自投资项目投产之日起，免税期不超过 10 年；对国外投资项目为建设项目所需进口的仪器和设备，可以免除关税；对在工业领域里的外国投资项目为其生产所需进口的本国市场没有的原材料和半成品，可予免除关税。

4. 外国投资者可将其投资随时汇入和汇出。

5. 外国投资者无论直接或间接的投资，不得征收其所有权，或对其采取具有同等影响力的措施。如根据公共利益采取上述行动，应依法给予适当、快速的补偿。①

14.3　卡塔尔投资管理体制

14.3.1　投资准入程序

依据卡塔尔投资法规定，外国资本投资活动须按照以下四个类别在财政经济贸易部进行登记：进口商注册登记、承包商注册登记、商业代表处注册登记、外国公司分公司注册登记。注册完成后，由财政经贸部贸易司负责发放从事上述活动的许可证，并不得违反现行有关投资活动类型的法律法规。外国投资者如欲占项目资本 49%以上的股份，则需按规定提出书面申请，申请得财政经济贸易大臣批准后，方可载入登记中。②

14.3.2　投资管理制度

卡塔尔的投资管理主要依据《关于在经济活动中组织外国资本投资的 2000 年第 13 号法》及其实施细则进行。具体内容如下：

1. 外国投资者可在本国经济各行业中进行投资，但要有一个或若干个卡塔尔人做合伙人，其股份不低于（项目）资本的 51%，且公司根据《投资法》条款已按正确方式成立。

2. 禁止外国投资在银行业、保险公司及商业代理（内阁另有决定的除外）和购买房地产等方面进行投资。

3. 外国投资者必须获得投资许可后方可在卡塔尔投资。

---

① 资料来源：商务部：《对外投资合作国别（地区）指南：卡塔尔》（2011 年版），http：//fec.mofcom.gov.cn/gbzn/upload/kataer.pdf，2011 年 11 月 4 日。

② 中国驻卡塔尔经商处网站：http：//qa.mofcom.gov.cn/aarticle/ddfg/tzzhch/200212/20021200058580.html，2011 年 11 月 13 日。

4. 外国投资者可以向其他外国或本国投资者转让其投资所有权；或在合伙投资的情况下，放弃投资所有权给本国合伙人，但要按现行法律规章办理。在这种情况下，依据《投资法》条款，可继续享受投资待遇，但新的投资者应继续在该项目工作，接替前任投资人的权利和义务。①

14.3.3 国民待遇和部门限制

依据1993年第11号法令和财政、经济及商务部1995年第三号内阁令，任何职业、服务、贸易或合同的执行以及其他以盈利为目的的商业活动均需纳税，但卡塔尔本国所有企业无需纳税，海合会国家的成员在所得税方面享受卡塔尔国民待遇。

14.4 卡塔尔税收制度与激励措施

14.4.1 税收制度

1993年，卡塔尔第11号法令颁布，确定了《所得税法》。1995年，关于该法令执行的财政经济贸易部长1995年第3号决议得以公布。上述法令专用于管辖外国人在卡塔尔总公司及分公司等业务活动中取得的利润，而卡塔尔人拥有的业务或业务份额则不属于该法管辖范围。

《所得税法》规定，纳税人每个税收年度在卡塔尔活动扣除成本后的收入将被纳入征税范围，包括以下内容：

1. 在卡塔尔执行合同的纯利收入；
2. 资本利润；
3. 在卡塔尔境内或境外发生的代理或商业调解等取得的佣金；
4. 咨询服务、仲裁、鉴定或类似活动的收费；
5. 出租收入；
6. 从销售、发放许可或授权他人使用或利用任何商标设计、专利或复制权的所得；
7. 恢复以前已销账的坏账；
8. 清算所得纯利；
9. 来自境外和境内纳税人的利息和利润。

该法规定，纳税人指任何自然人或法人，其在税收年度的任何时间内进行的活动（税收年度自1月1日至12月31日），应纳税的所得应是所得扣除为实现所得而产生的支出和成本，其中包括：

1. 为在卡塔尔完成项目所需的贷款利息；

---

① 资料来源：商务部：《对外投资合作国别（地区）指南：卡塔尔》（2011年版），http://fec.mofcom.gov.cn/gbzn/upload/kataer.pdf，2011年11月4日。

2. 已付租金；
3. 工资及工人合同期满时的补偿金等有关支出；
4. 所得税以外的税金；
5. 经所得税局批准的坏账；
6. 不动产的维护，机械、工具、设备和备件的更新和修理；
7. 由固定资产出售引起的损失；
8. 固定资产折旧；
9. 向卡塔尔政府出资的慈善、人道主义、科学、文化机构或运动会，公共机关或公司提供的转让，赠送，赞助。但不能超过该纳税年度内应纳税纯利润的 5%。

外国公司进口的原材料或在国外进行的工作不受该所得税法管辖，但其应在财务报告书中陈述为同样金额的税收和成本。

以下成本和支出不能考虑在税收中抵扣：
1. 个人支出；
2. 罚款；
3. 可以从保险单、合同或索赔中重新获取的支出或损失；
4. 固定资产折旧超过原成本；
5. 分公司在总公司有股份，其支出超出所得税决定的比率。

所得税的计算方法如下：应纳税的所得的计算，以借贷对照表为基础。若采用不同的方法计算应事先得到税务局的批准，承包工程的所得应按业已完成工程的百分比计算。已完成的工作的成本若是以外币核算的，应按换算日通行的汇率换算成卡塔尔里亚尔。

所得税法规定的折旧率如下：
1. 建筑物、管道、加油站、车道为 5%；
2. 工厂、机械、办公室家具和设备，建筑和筑路设备，钻井工具为 15%；
3. 卡车、拖车、摩托车等车辆为 20%。

所得税率如下：
QR. 100 000 以下为：0；
QR. 100 001 至 QR. 500 000 为：10%；
QR. 500 001 至 QR. 1 000 000 为：15%；
QR. 1 000 001 至 QR. 1 500 000 为：20%；
QR. 1 500 001 至 QR. 2 500 000 为：25%；
QR. 2 500 001 至 QR. 5 000 000 为：30%；
QR. 5 000 001 以上为：35%。

此外，卡塔尔不征收个人所得税。①

① 资料来源：中国驻卡塔尔经商处网站：http://qa.mofcom.gov.cn/aarticle/ddfg/sshzhd/200304/20030400081118.html，2011 年 11 月 12 日。

14.4.2 税收鼓励措施

为鼓励投资，卡塔尔法律规定：在投资法规定的范围内，免除外国投资资本的所得税，自投资项目投产之日起，免税期不超过十年；对外国投资项目，为建设项目所需进口的仪器和设备，可予免除关税；对在工业领域里的外国投资项目为其生产所需进口的、本国市场没有的原材料和半成品，可予免除关税。同时，免收出口税。

14.4.3 其他非税收鼓励措施

卡塔尔还有一些非税收优惠政策对外资具有吸引力。如：向外国投资者划拨必要用地，以建立投资项目。方法是通过长期租赁的方式，租赁期不超过五十年，可以续租；外国投资者可以根据现行法律为其投资项目进口用于建设、投产或扩展项目所需要的一切；外国投资者可将其投资随时汇入和汇出；外国投资无论直接或间接的投资，不得征收其所有权，或对其采取具有同等影响力的措施。如根据公共利益采取上述行动，应依法给予适当、快速的补偿；政府探寻工业投资机会并准备好相关项目介绍材料，对私人部门提交的技术经济可行性报告进行评估，并向其提供建议，提供原材料市场分析，确定工业项目所在位置并分配土地所有权；政府允许投资者以6%的利息从卡塔尔工业开发银行获取贷款，按季度支付，付款宽限期最长可达两年；政府为投资者提供数据及信息。

14.5 卡塔尔主要贸易投资管理部门

14.5.1 卡塔尔商业贸易部

卡塔尔商业贸易部是卡塔尔贸易投资的主管部门，简称商贸部，该部职能如下：监管并指导贸易活动，使之适应国家发展需要；建议并执行政策，以吸引外资，支持出口发展；更新并发展支持商业及投资行业发展的手段；监管贸易活动并管理贸易、投资原产地登记；颁发从业许可证；进行市场监管；采取必要措施，保护消费者权益，打击商业欺诈；反垄断，保护竞争；监督旅游、展会、交通、通讯相关的政策。

14.5.2 政府行政部门

除卡塔尔商业贸易部外，一些其他相关部门可在外国投资项目的建设和经营期间就环境、卫生、安全等方面标准进行检查。

14.5.3 投资政策的协调部门

卡塔尔商业贸易部为卡塔尔投资政策的协调部门。

14.6 卡塔尔注册企业程序

14.6.1 注册企业的一般形式

外国人在卡塔尔注册企业一般有如下三种形式：

1. 由埃米尔特批成立独资公司，以从事“外国分支机构”可从事的业务活动。

2. 与一个卡塔尔合伙人一起成立合伙公司，从事商业、工业、农业、服务业等活动，但其股份不得超过 49%，公司的成立须按照《商业公司法》规定进行。

3. 经由商贸部批准，与一个或更多卡塔尔合伙人一起成立合伙公司，但外国投资者的股份不得超过总股本的 49%，并要符合下列情况之一：（1）该公司的成立须考虑到市场的供求关系；（2）本国需要该公司的技术和经验。①

14.6.2 注册企业的规定

外国公司在卡塔尔从事商业活动须遵守 1990 年颁布的 25 号法令。外国公司凭埃米尔特令可以在卡塔尔设立分支机构，从事以经济发展为目的的投资活动，为公共服务提供便利，或从事工业、农业、开采、旅游和工程承包行业的公共事业。如果在当地市场采购不到类似的产品，外国公司可进口本项目所需的原料。分支机构必须委托一个卡塔尔服务代理，其职责仅限于帮助外国公司获取签证和许可证，提供劳务和住宿。代理人对其委托人的业务不承担任何责任。总之，外国分支机构设立及经营的期限只能是其执行项目的期限。

在卡塔尔设立分支机构的申请需递交给商业贸易部，由其报埃米尔特批。申请文件如下：1. 与卡塔尔服务代理人签署的协议一份，如协议为英文，需提供阿文译文，如服务代理是公司，还需提交代理公司的注册证明一份；2. 与卡塔尔合作方签订的项目协议书一份，阿文译文需有公司业务类型及项目期限的说明；3. 公司备忘录及章程一份，需提供有关项目条款的阿文译文；4. 公司授权代表公司签字的驻卡塔尔代表人的授权书；5. 该外国公司从未上过抵制以色列黑名单的证明书一份。

经商业贸易部推荐，自申请之日起两个月内可获得埃米尔批准令。埃米尔批准令仅在所批项目的期限内有效。

公司在未办理完注册登记前及在报上发表成立声明前不成为法人，在未完成上述手续前不能开业。注册登记程序一般需三至四个月。②

---

① 资料来源：商务部：《对外投资合作国别（地区）指南：卡塔尔》（2011 年版），http://fec.mofcom.gov.cn/gbzn/upload/kataer.pdf，2011 年 11 月 4 日。

② 资料来源：商务部：《对外投资合作国别（地区）指南：卡塔尔》（2011 年版），http://fec.mofcom.gov.cn/gbzn/upload/kataer.pdf，2011 年 11 月 4 日。

14.7 中国与卡塔尔的投资关系

14.7.1 相互投资概况

目前，中卡两国间的双边投资规模并不大，但已达成了部分投资意向。据中国商务部统计，截至2009年年底，中国对卡塔尔投资总额为3 628万美元，而2010年，中国对卡塔尔直接投资额为100万美元。此外，2008年10月，中国工商银行多哈分行正式挂牌成立，主要从事公司业务；而卡塔尔多哈银行也已于2007年8月在上海设立了代表处，为双方间的相互投资提供了便利。①

14.7.2 国家间的投资协定

1999年，中国、卡塔尔两国政府间签署了《相互鼓励和保护投资协定》，2011年，两国政府签署了《关于对所得避免双重征税和防止偷漏税协定》。此外，1993年，两国政府还签署了《贸易协定》，2008年，两国政府签署了《关于规范卡塔尔雇佣中国劳务人员的协议》。

14.7.3 未来投资合资趋势

近年来，中卡两国政治互信加强，共同利益增多，为互利合作创造了扎实基础和良好条件，双方以应对金融危机为契机，不断推进双方在能源、基础设施、金融等领域的合作。未来两国在石油、天然气、公路修建、金融等方面的合作潜力巨大。2010年，两国政府签署了关于能源和融资领域合作谅解备忘录，标志着中卡双边经贸关系迈上新台阶。

① 资料来源：商务部：《对外投资合作国别（地区）指南：卡塔尔》（2011年版），http：//fec.mofcom.gov.cn/gbzn/upload/kataer.pdf，2011年11月4日。

第 15 章

卡塔尔金融环境

15.1 卡塔尔货币体系

15.1.1 货币体系概况

卡塔尔当地货币为卡塔尔里亚尔，由卡塔尔货币局发行，其辅币为迪拉姆。卡塔尔里亚尔面值如下：纸币有1.5、10、50、100、500里亚尔等六种面额，铸币有1.5、10、25、50迪拉姆等五种。在当地的任何银行和钱庄，卡塔尔里亚尔与美元、欧元、英镑、瑞士法郎、加拿大元、澳大利亚元等皆可自由兑换，同时，卡塔尔里亚尔也可与海湾其他五国、印度、巴基斯坦等国货币进行自由兑换。

卡塔尔原为英国的“保护国”，使用特种印度卢比。1966年6月16日，卡塔尔与迪拜及其他“特鲁西尔”酋长国（阿布扎比除外）共同创立货币单位“卡塔尔/迪拜里亚尔”，取代特种印度卢比，该币种于同年9月开始正式流通。1973年5月，卡塔尔货币经理局成立，替代原来的卡塔尔货币局，并发行卡塔尔里亚尔取代原货币，币值不变。卡塔尔里亚尔采用盯住美元的固定汇率，近五年来，卡塔尔里亚尔兑美元的汇率一直保持在3.64∶1。①

15.1.2 汇率制度

早在1975年，卡塔尔里亚尔就正式与特别提款权挂钩，而在1980年就实际上实行了1美元兑换3.64卡塔尔里亚尔的汇价，直到2001年7月17日卡塔尔颁布了34号法令才将1：3.64的汇价定为法定固定汇率。目前，卡塔尔仍坚持实行卡塔尔里亚尔盯住美元的汇率机制，并试图与其他五个海湾国家建立稳定的货币联盟，货币政策稳定。卡塔尔方面认为，坚持与美元捆绑的汇率政策不仅能保持本国货币稳定，还可以增强外国投资者对卡塔尔经济的信心。同时，卡塔尔坚持卡塔尔里亚尔与美元挂钩也是为同其他海合会国家协调一致，以尽早实现海合会的货币统一。

15.2 卡塔尔金融机构

15.2.1 金融机构体系

卡塔尔金融体系主要由中央银行（QCB）、商业银行、证券公司等组成。

15.2.1.1 中央银行体系

卡塔尔中央银行（QCB）建立于1993年，是卡塔尔金融政策的制定和金融机构的监

① 资料来源：商务部：《对外投资合作国别（地区）指南：卡塔尔》（2011年版），http：//fec.mofcom.gov.cn/gbzn/upload/kataer.pdf，2011年11月4日。

管部门，也是卡塔尔的外汇管理部门。卡塔尔中央银行的两个基本目标为：维护货币稳定，维护金融稳定。另外，维护卡塔尔里亚尔汇率稳定及其稳定的自由兑换、维护国内价格水平也是属于其职能范畴。①

15.2.1.2 商业银行

卡塔尔本地商业银行有下述九家：卡塔尔国民银行、卡塔尔商业银行、多哈银行、卡塔尔伊斯兰银行、卡塔尔阿勒艾赫里银行、卡塔尔伊斯兰国际银行、拉扬银行、卡塔尔国际银行和卡塔尔工业发展银行。其中，卡塔尔国民银行吸收了该国近一半的存款，主要经营政府业务。

外资银行有：渣打银行、汇丰银行、阿拉伯银行、马什拉克银行、联合银行、BNP巴里巴斯银行、伊朗萨德拉夫银行。2005 年 5 月，卡塔尔政府设立了卡塔尔金融中心，作为承办商业银行、项目融资和资产管理等业务的在岸金融中心，七十余家外资银行（包括金融机构）进驻其中，从事除零售之外的金融业务。

此外，中国工商银行多哈分行于 2008 年 10 月正式挂牌成立，主要从事公司业务。

15.2.1.3 证券公司

建成运营于 1995 年的多哈股票交易所是卡塔尔唯一的证券市场。截至 2011 年 3 月底，该证券市场上上市公司总数达 43 家，总市值约 1 150 亿美元。

起初，卡塔尔证券市场不对外国人开放，后为鼓励外资，多哈交易所于 2005 年 4 月向外国人全面开放，并于 2006 年加入国际证监会（IOSCO）。任何人都可通过经纪公司凭身份证在交易所开户进行股票交易，但外国人只能参与二级市场买卖，而不能进入一级市场。

15.2.2 金融机构特点

卡塔尔金融业很发达，银行和证券系统都引进了国际先进的管理系统，且目前正在新建的卡塔尔金融中心进行制度创新的尝试。在外汇管理上，卡塔尔实行基本无管制的自由汇兑政策，外汇与卡塔尔里亚尔可以实现完全不受管制的自由汇兑。

15.3 卡塔尔金融市场

15.3.1 资本市场

自 2010 年 6 月 21 日起，多哈证券交易所更名为卡塔尔交易所（Qatar Exchange — QE）。新交易所引入外资，由卡塔尔控股公司（卡塔尔投资局全资公司）持股 80%，纽约一泛欧交易所集团持股 20%。由于有欧洲资本的加入，卡塔尔交易所将逐步引入国际

① 卡塔尔中央银行网站：http://www.qcb.gov.qa/English/AboutQCB/CorePurposes/Pages/CorePurposes.aspx，2011 年 11 月 14 日。

标准，增加交易品种和服务项目，将该交易所发展成为具有国际水平的地区证券交易中心。

15.3.2 外汇市场

15.3.2.1 外汇市场

截至2007年，卡塔尔外汇储备总额为63.68亿美元，美元为卡塔尔外汇市场的主要外币，但近年来，为实现外汇多元化，卡塔尔增加了欧元的买入，以提高欧元储备比例。

15.3.2.2 外汇市场投资方式

卡塔尔采取自由的汇兑制度，无外汇管制。外国人和外资企业均可持担保人出具的信函在卡塔尔银行开设外汇账户，投资资金、贷款资金、个人所得等皆可自由汇出境外。对于外资公司而言，卡塔尔法律规定，如国外与卡塔尔股份合资公司要将其在卡塔尔所得的年利润全部汇往国外，该合资公司必须将相当于其年利润10%的资金存入一个合法的储蓄户头，直至该账户金额至少达到其投资资金的50%。这是卡塔尔对外国合资公司往国外汇款的唯一限制。①

15.4 卡塔尔金融监管

15.4.1 金融监管机构

卡塔尔的传统金融监管事务由卡塔尔中央银行、卡塔尔金融市场管理局及卡塔尔金融中心监管局等机构承担。而目前，新建的卡塔尔金融中心（QFC）正在进行一项与世界上其他金融中心完全不同的制度创新和试验。QFC由QFC管理局、QFC监管局、QFC商业法庭和QFC监管仲裁庭4个独立法律实体组成，拥有自己的一套法律监管体系，独立于卡塔尔本土原先拥有的法律监管体系，并由一个统一的机构对银行、保险、证券、资产管理及其他金融服务进行监管。

15.4.2 金融监管政策

卡塔尔中央银行金融监管措施分为现场监管和非现场监管两种。现场监管旨在依据金融服务机构提供的指数，对于一些无法定性的风险进行评估，试用机构包括：银行、投资公司、财务公司、钱庄等。② 而非现场监管则旨在通过对银行业金融机构报送的各种经营管理和财务数据、报表和报告，运用一定的技术方法就银行的经营状况、风险管理状况和合规情况进行分析，以发现银行风险管理中存在的问题，评价银行业金融机构

---

① 资料来源：商务部：《对外投资合作国别（地区）指南：卡塔尔》（2011年版），http：//fec.mofcom.gov.cn/gbzn/upload/kataer.pdf，2011年11月4日。

② 资料来源：卡塔尔中央银行网站：http：//www.qcb.gov.qa/Arabic/SupervisionApproach/Pages/OnsiteSupervision.aspx，2011年11月16日。

的风险状况。其考察范围包括：资本充足率、财务报表、信用风险等。①

15.4.3 金融监管法规

卡塔尔金融业相关法律法规有：《银行法》、《投资基金法》、《外资管理法》、《反洗钱、反资助恐怖主义法（2010 年 7 号法）》等。②

15.5 卡塔尔金融市场融资

15.5.1 信贷融资和其他融资方式

外国投资者在卡塔尔经营业务时，可以向卡塔尔的商业银行或金融机构申请融资。由于外资投资卡塔尔多以合资公司的形式，且均有卡塔尔本地股东，因此，融资条件与卡塔尔本地公司无大差异。

15.5.2 债券和股票市场融资

卡塔尔鼓励外国企业投资卡塔尔资本市场。依据多哈证券市场 2008 年 2 月 17 日修订的法规，任何自然人和法人都可以在获得多哈证券市场委员会颁发的证书后成为该交易所会员，进场从事证券交易活动。

15.6 卡塔尔与国际金融市场

15.6.1 卡塔尔在国际金融市场的角色

在全球经济引擎转向新兴市场（特别是金砖国家、中东与非洲地区）的过程中，海湾国家卡塔尔也在发生方向性的改变——从资本输出国转向吸引资金流入的目的地。考虑到经济增长不能完全依赖于能源，卡塔尔近年正在寻求转型，力求实现经济多元化，而成为世界金融中心则是其长期战略之一。

自 2010 年起，卡塔尔金融中心管理局（QFCA）便确定要致力于将卡塔尔建成在海合会国家地区为资产管理、再保险、专业自保等三个核心市场提供服务的世界金融中心。为实现该目标，QFCA 制定了一系列改进措施，为上述行业及相关企业建立符合国际标准的运营环境和法制环境，以吸引国际金融服务机构及主要跨国企业进驻卡塔尔，并鼓励机构和企业参与本国及海湾地区其他地方正在发展的金融服务市场。这些措施包括：

---

① 资料来源：卡塔尔中央银行网站：http：//www.qcb.gov.qa/Arabic/SupervisionApproach/Pages/OffsiteSupervision.aspx，2011 年 11 月 16 日。

② 资料来源：卡塔尔中央银行网站：http：//www.qcb.gov.qa/Arabic/Legislation/Law/Pages/QCBLaw.aspx，2011 年 11 月 16 日。

允许外国公司百分之百持股，全部利润可返回国内，所有受监管和不受监管的商业实体可将海湾地区和卡塔尔的客户作为目标客户群等。

作为转型过程的一部分，卡塔尔金融中心（QFC）于2005年在多哈成立，至今该中心已吸引了超过120家国际和本土公司来获取卡塔尔金融中心经营许可。这些公司经营范围横跨国际金融服务业各个领域——其中包括保险、资产管理、投资银行、咨询、会计、商业法和投资者关系等。

QFCA是一个商业、行政和立法机构，负责推进QFC制定的“将卡塔尔发展成资本和企业目的地”的商业战略，并负责在卡塔尔境内外发展企业和机构关系。其未来的目标是建立一个世界级的金融服务市场，使参与其中的所有本土和国际公司都能从本土市场的巨大潜力中受益。从而使这些公司不仅能将卡塔尔作为进入其他海湾合作组织国家的一个跳板，同时也能将其作为一个强有力的地区性基地，从中东、北非和撒哈拉以南非洲地区和印度次大陆等更广阔的增长型市场中受益。

15.6.2 中国在卡塔尔金融市场的角色

卡塔尔金融中心建立后，卡塔尔重视发展与中国在金融领域的合作。2010年年底，卡塔尔金融中心管理局，带着其千亿、乃至万亿美元项目来中国寻找三类合作伙伴：中国资产管理公司、再保险公司和专业自保公司。在未来5至6年中，卡塔尔将要新建一大批总投资高达1 400亿美元的基础设施建设项目，而1 400亿的资产均有保险需求，卡塔尔希望能够吸引中国的保险公司前往投资。

第六篇

也门商务环境

也门共和国于1992年颁布《对外贸易法》（第1号法令），鼓励出口，发展和扩大与阿拉伯、伊斯兰和世界其他国家的贸易关系，此后又通过1996（第16号）和2007年（第16号）修正案，取消了进出口许可证；放开价格控制；除柴油和石油外，对所有商品取消了价格补贴；重审海关税率；赋予商业银行开具进出口信用证、用外汇进行交易和汇出境外的自由等。2008年2月，也门议会对该法再作修正，允许外国人在也门独资设立贸易公司。

目前，也门的进出口贸易除少数法律法规规定涉及国家安全、伊斯兰教义、人身安全和环境保护的特殊商品外，各类进出口商品和服务自由通关；包括商品检验检疫、海关监管在内的配套制度相对完备；金融政策宽松，当地货币与主要外币实行经常项下完全的自由兑换，外汇汇出境外基本自主。

也门政府采取鼓励投资的基本政策，于1991年颁布了《投资法》，并于1995、1997和2002年先后进行了修订，将引资纳入法制轨道。

也门投资法明确了非歧视性原则，对各种来源的投资实行“国民待遇”原则，允许所有外国投资者享有与也门当地投资者的同等待遇，可以与也门企业或个人合资经营，也可以独资经营；规定了税收优惠政策，所有投资项目免征7年所得税，免除个人所得税和房地产税，对用于投资项目的进口物资免关税和其他税收等；提供了法律保障，规定不得征用或将投资项目收归国有，不得利用非司法手段封存或冻结投资项目的资金，不得剥夺或没收投资项目部分或全部的所有权、固定资产、土地和建筑物等。

也门投资贸易环境总体上是“机遇”与“挑战”并存，我国企业投资也门，既要积极把握机遇，又要注意规避可能产生的风险和损失。

自2002年9月颁布《也门共和国投资法（2002第22号法）》以来，至今未出台实施细则，很多投资政策缺乏操作性，既不能用投资法来规范投资者的行为，也不能用投资法来约束也门相关政府机构的行为；税收政策和税则缺乏透明度，且在税收征管过程中有相当的随意性，使投资者很难预期税收对投资的影响，增加了投资的风险和不确定性；现行法律对雇员也门化的比例要求过高，脱离实际，给投资者造成了损失。

在也门投资经常涉及的公司注册、出入境签证以及工作准证等主要手续的行政审批程序过于繁琐，甚至要求复杂的认证，降低了投资贸易行为的效率；各种行政管理环节不规范，给投资行为增加了很大的成本负担；进口物资渠道不畅，清关程序复杂，免税手续办理周期长，令投资者生畏；地方保护主义倾向严重，也门地方政府对当地企业都有一些特殊的庇护措施，遇有劳资纠纷，外国投资者也往往处于劣势，挫伤了投资者的积极性。

此外，也门是个部落势力强大的国家。部落有自己的武装、行事规则和法律，涉及部落的事宜，大多要按部落自己的方式解决，有时连也门政府都难以干涉。

第 16 章

也门贸易环境

16.1 也门进出口贸易

16.2 也门外贸管理制度

16.3 也门进口管理制度

16.4 也门出口管理制度

16.5 也门贸易协定

16.6 也门贸易习惯

16.7 也门海关监管制度

16.8 也门关税计征制度

16.1 也门进出口贸易

近年来，也门经济总体保持低速稳定增长的态势，GDP 年均增长 3%—5%，与之相应，进出口贸易也呈小幅波动、略有增长的态势。

16.1.1 进出口概况

近年来，也门进出口贸易在小幅变动中略有增长，但贸易赤字长期存在。根据也门中央统计局统计，2009 年，受国际油价影响，也门进出口贸易略有下降，贸易总额为 154.39 亿美元，其中进口 91.78 亿美元，出口 62.61 亿美元，贸易逆差为 29.16 亿美元。2010 年，也门进出口总额略有增长，达 158.12 亿美元，其中进口 85.3 亿美元，出口 74.62 亿美元（见表 16—1）。①

表 16—1　　2008 年—2010 年也门对外贸易额　　（单位：亿美元）

年度	出口	进口	转口	贸易平衡	总额
2008	72.00	104.51	4.05	—28.47	180.56
2009	60.43	91.78	2.18	—29.16	154.39
2010	74.62	83.50	N/A	—8.88	158.12

资料来源：也门中央统计局

从市场辐射范围来看，也门地处沟通西亚与非洲的要道，地理位置特殊，同时又控制着红海、曼德海峡等欧亚海洋运输干线，经济区位和战略地位重要。另一方面，也门又是大阿拉伯自由贸易区成员，享受自由贸易区内关税减让的特殊优惠政策。上述因素使得也门市场辐射区域非常广泛，可有效辐射至阿拉伯半岛、中东和非洲东部各国。

在商品结构方面，作为一个以石油、天然气为最主要资源的资源型国家，也门最主要的出口商品为石油。此外，还有少量鱼类、烟草、蔬菜、水果出口。由于贸易结构不甚合理，也门进出口贸易极易受到国际原油市场价格波动的影响。也门进口的主要商品有：食品、柴油、机械设备、化工产品等，其中绝大部分为人民生活必需品。

受也门国内局势动荡的影响，据统计，2011 年上半年，自也门爆发反政府活动以来，也门的进口大幅下降，几乎所有的进口产品和商品均呈下降态势。在通常情况下，也门市场上 90%的产品依靠进口来满足。但据也门工商会统计，2011 年上半年，也门的进口同比下降了 80%。进口量下降的产品包括生活必需品、食品、果汁、食用油、婴儿奶粉、

① 资料来源：商务部：《对外投资合作国别（地区）指南：也门》（2011 年版），http：//fec.mofcom.gov.cn/gbzn/upload/yemen.pdf，2011 年 11 月 4 日。

建筑和纺织产品、服装、电子产品、水泥、钢材、木材、家具和汽车零部件及配件。①

16.1.2 主要贸易伙伴

也门的主要贸易伙伴有：中国、印度、阿联酋、泰国、瑞士、沙特、科威特、日本、美国、德国等。其中，中国分别于 2005 年、2006 年、2008 年位居也门十大贸易伙伴之首。

近年来（截至 2010 年），中也双边贸易发展迅速，其特点可归结为：进口波动，出口稳增。其中，2009 年，受国际油价影响，双边贸易降幅较大，降至 24 亿美元。而 2010 年，随着国际油价的回升，中也双边进出口贸易大幅增长，升至 40.03 亿美元，同比增长 66.73%，其中，中国自也门进口 27.78 亿美元，同比增长 125.57%；中国向也门出口 12.24 亿美元，同比增长 4.73%。② 2010 年，也门首次对中国出口天然气，数量达 52.7 万吨，金额达 2.9 亿美元。同样受到也门国内局势影响，据中国海关统计，2011 年 1—4 月，中也双边贸易总额为 11.3 亿美元，同比减少 11.3%。其中，中国自也门进口 8.3 亿美元，同比减少 14%；中国向也门出口 3 亿美元，同比减少 3%；贸易逆差由去年同期的 6.6 亿美元缩减为 5.3 亿美元。③ 作为也门最大的贸易伙伴国，中国与也门的双边贸易具有很强的互补性，但总体来说，进入也门市场的中国产品大多为低端产品，而中国从也门进口的产品则主要为石油、天然气等自然资源。

作为也门的另一重要贸易伙伴，印度常年来寻求与同为印度洋联盟成员国的也门开展全面的经贸合作。2002 年底，两国签订了《保护和促进投资协定》，也门方面则于 2010 年开始向印度出口液化天然气。

美国是也门的另一主要贸易伙伴，2010 年也门和美国贸易额达 6.85 亿美元，同比增长 24.2%。其中也门从美国进口额为 6.81 亿美元，同比增长 1.36 亿美元，进口商品主要包括：电器、机械设备、药品、家具、纺织品和食品等。也门向美国出口额为 436 万美元，比去年略有下降，出口商品主要为鱼类、农产品和蜂蜜等。④

16.2 也门外贸管理制度

16.2.1 立法制度

也门共和国于 1992 年颁布了第一号法令，即《对外贸易法》。随后，为进一步突出

① 资料来源：中国驻也门经商处网站：http：//ye.mofcom.gov.cn/aarticle/jmxw/201109/20110907729679.html，2011 年 11 月 14 日。

② 资料来源：中国驻也门经商处网站：http：//ye.mofcom.gov.cn/aarticle/jmxw/201101/20110107384440.html，2011 年 11 月 14 日。

③ 资料来源：中国驻也门经商处网站：http：//ye.mofcom.gov.cn/aarticle/jmxw/201105/20110507574677.html，2011 年 11 月 14 日。

④ 资料来源：中国驻也门经商处网站：http：//ye.mofcom.gov.cn/aarticle/jmxw/201105/20110507557456.html，2011 年 11 月 14 日。

和倡导自由贸易原则，该国又分别与1996年（第16号法）和2007年（第16号法）对该法进行了修正，取消和减轻了大部分阻碍内、外贸易发展的束缚和枷锁，其中主要包括：取消进出口许可证；放开价格；除柴油和石油外，对所有商品取消价格补贴；重申海关税率；赋予商业银行开具进出口信用证、用外汇进行交易、汇出境外的自由等。2008年2月，为打破私营业主垄断地位，也门议会对该法进行了再次修正，允许外国人在也门独自设立贸易公司。随后，也门内阁于2009年3月批准通过《对外贸易法实施细则》。①

16.2.2 行政机关

也门工业和贸易部是也门共和国的贸易主管部门，其主要职能为：起草并执行国家工业发展战略；鼓励并促进工业与商业领域内各行业的发展；配合相应管理部门筹备和研究建立工业区；管理贸易活动；依法批准贸易与工业行为；鼓励、组织并监管技术转让；依法保证本地市场竞争，防止垄断、欺诈行为；依法保护知识产权与工业产权；研究本国签署的经济协定、加入地区或国际组织所签署的贸易协议和带来的商机、优势与承诺；研究加入WTO给外贸管理方面带来的益处。

16.2.3 司法体系

1991年7月，也门总统委员会宣布成立最高司法委员会，由一名主席和九名委员组成。总统委员会宣布成立最高法院，设最高法院院长、第一副院长和副院长各一名，委员45名。

在也门解决贸易投资纠纷，要么通过非正式的仲裁途径，要么通过法律诉讼途径，适用于仲裁方面的法律有1992年第22号法和1997年第32号法。1996年起，也门开设商业法庭，也门还有调解和仲裁中心及商会，都可以处理经济纠纷案件。大众对也门法院的普遍认识是：效率不高，判决有偏向性，并且部分法官素质较差，有腐败行为。在也门打官司是一件非常困难的事情。

也门仲裁和调解中心成立于1997年3月12日。该中心的工作目标如下：

1. 致力于建立一种公平、合理的调解与仲裁体系，依照也门法律和双方和谈约定，通过调停、调解、仲裁三种方式解决经济纠纷，以达到快速解决纠纷、降低相关费用及保守双方商业秘密的目的。

2. 通过一体化机构框架和行政、技术服务执行本地和国际商务仲裁。

3. 鼓励向仲裁中心求助者以最快的方式、最低的费用解决商务和投资纠纷。

4. 帮助在也门投资的本地和外国商人解决银行、贸易、投资方面的问题。

5. 培训也门新一代仲裁员，使之能够高效、无偏见地解决商务纠纷。

6. 组织研讨会、座谈会、论坛、会议等，以加强仲裁中心在解决商务和民事纠纷中

---

① 资料来源：商务部：《对外投资合作国别（地区）指南：也门》（2011年版），http：//fec.mofcom.gov.cn/gbzn/upload/yemen.pdf，2011年11月4日。

的作用。

7. 为政府权威机构、国际和地区组织、本地及阿拉伯国家、外国贸易、投资公司提供法律咨询服务。①

16.3 也门进口管理制度

16.3.1 进口许可证制度

也门政府在 1996 年 16 号修正案中废除了 1992 年外贸法中的进口许可证制度，但规定，下列产品仍需工业和贸易部签发进口许可证方可入境：

1. 有关国家补贴的产品，如：小麦、面粉等；
2. 有关危害也门的宗教、人民健康、环境和安全的产品；
3. 事先需要获得相关主管当局批准的产品，如：药品、农业杀虫剂、化肥等。

16.3.2 进出口商品检疫

也门政府对部分进口商品实施强制质量保护计划。

为加强对进口产品质量监管，也门标准计量和质量控制机构于 2008 年 11 月分别与 BUREAU BERITAS 和 COTECNA 公司签署协议，授权两家公司按照也门政府认可的标准和程序对相关进口商品进行强制性检验并颁发品质检验合格证书。2009 年 2 月，也门标准计量和质量控制机构正式通知也门海关总署，自 3 月 1 日起全面实施新的进口商品检疫制度，即“进口商品质量保护计划”，也门各口岸办理所有相关进口商品的海关清关手续必须附交上述授权检验企业出具的检验证书，否则不得通关验收。

强制检验商品种类如下：

1. BUREAU BERITAS 公司实施对儿童玩具、电子和电气产品、车辆包括各种新旧汽车、各种车辆的轮胎、个人保护设备产品、盛装石油天然气的钢瓶六类商品的强制检疫。
2. COTECNA 公司授权对食品、钢材、木材三类商品的检疫。②

16.4 也门出口管理制度

16.4.1 出口管制

也门出口商品免除出口许可证，不受海关的任何限制。有关维护国家安全、环境保

① 资料来源：中国驻也门经商处网站：http：//ye.mofcom.gov.cn/aarticle/ddfg/d/200812/20081205951018.html，2011 年 11 月 4 日。

② 资料来源：商务部：《对外投资合作国别（地区）指南：也门》（2011 年版），http：//fec.mofcom.gov.cn/gbzn/upload/yemen.pdf，2011 年 11 月 4 日。

护以及需要检验检疫的特殊产品，在出口前则必须按照工业和贸易部的规定办理。此外，出口产品的规范要按照国家的统一规范、标准或进口国指定的标准实施。

16.4.2 出口鼓励

也门投资法第二十六条对鼓励国内生产、促进出口做出了如下规定：

产品全部出口或部分出口的项目享有以下权利：

1. 免除出口产品的所有税费；

2. 免除根据本法注册项目产品和服务出口的生产消费税或其他税收；

3. 项目免税期结束后，仍免除其出口收入利润税，但需将这笔利润通过认可的银行以外币形式汇入共和国；

4. 生产出口产品所需的进口材料所缴纳的关税和费用均应退还，如不能退现金，机构将为项目开具等值退还证明。项目有权用此证明抵缴以后材料进口的关税和费用，使用退还证明视同支付现金。执行条例将按本条例制定办理退还已缴税费、开具退还证明和使用证明的手续、时间和应遵守的原则；

5. 出口和没有许可证途径的出口，无须在出口商登记簿注册。①

16.5 也门贸易协定

16.5.1 也门多边贸易协定

1999年4月14日，也门获得世界贸易组织观察员身份，2000年7月17日，世界贸易组织接受了也门加入WTO的申请。2005年初，WTO批准了也门"入世"相关文件。近年来，也门积极进行"入世"准备工作，并于2010年5月完成了与WTO所有成员国的双边谈判。为适应WTO要求，也门对相关法律法规进行了修改，同时积极采取其他措施。2010年底，也门与美国在日内瓦签署了关于也门加入WTO的双边协定，标志着也门基本完成了入世的相关要求。

16.5.2 也门区域贸易协定

也门于1945年5月5日加入阿拉伯国家联盟，是阿盟最早的成员国之一。2005年1月1日，大阿拉伯自由贸易区成立，也门也是17个成员国之一。在阿盟第67届经济与社会理事会上，各成员国同意在大阿拉伯自由贸易区内对本地产品减免关税，直至取消所有关税，以促进各成员国间的进出口贸易。

同时，近年来，也门也积极推进加入海湾国家合作委员会的进程，努力扩大与GCC

① 资料来源：中国驻也门经商处网站：http://ye.mofcom.gov.cn/accessory/200803/1206696521941.pdf，2011年11月16日。

国家的经贸合作，并已先后获准加入 GCC 教育、卫生、劳动、社会事务以及知识产权保护等十多个单项组织。

16.6 也门贸易习惯

16.6.1 通用的贸易方式

1997 年颁布的《也门共和国代理法》规定，外国商业机构和公司代理须满足两个条件：1. 应具有也门国籍并在也门永久居住；2. 须具有商业注册、核准类别和委托书原件。除满足下述条件外，公司不得为外国商业机构和企业进行代理活动：1. 应依据也门共和国法规成立，并且总部设在也门；2. 应经授权确认其正式代理身份；3. 注册资金归也门人所有。在也门共和国境内为公司和外国商业机构从事代理活动的必须是直接代理。除非获得主管部门的批准，不得为公司和外国商业机构从事代理活动。①

16.6.2 对也门贸易应注意的问题

16.6.2.1 资信调查

近年来，随着中也贸易的不断增长，贸易纠纷也不断增多，其中，中方企业受不法也商侵害、欺诈的情况时有发生，故而，贸易关系发生之前的资信调查十分必要。

16.6.2.2 商品质量

2007 年第 16 号修正案中，也门政府提出：产品的规范和质量标准要符合也门国家的规定；进口机械设备、交通工具、电器设备等产品需要维修和零配件的，进口商要承担提供零配件和维修的义务。故而，国内企业应着力于巩固老客户，培育新市场，做好产品长期进入也门市场的准备，而不应以次充好、缺斤短两，更不能接受也商不合理的直接采购或代加工条件，使假冒伪劣商品进入也门市场。

16.6.2.3 安全卫生标准

有效期内的药品、食品等要获得检验部门的检测报告；进口活的牲畜、植物、种子等需要事先经过检验、检疫部门的依法安全检测后方可放行。

16.6.2.4 包装与商标

在也门，注册商标生效后，从递交注册商标之日起，可享有十年的法律保护。商标所有者如需更新商标，可在保护期的最后一年进行，如超过三个月未更新，注册商标将失去法律保护。

---

① 资料来源：中国驻也门经商处网站：http：//ye.mofcom.gov.cn/accessory/200905/1241595171797.pdf，2011 年 11 月 16 日。

16.6.3 纠纷处理方式

在也门解决贸易投资纠纷，要么通过非正式的仲裁途径，要么通过法律诉讼途径，适用于仲裁方面的法律有 1992 年第 22 号法和 1997 年第 32 号法。1996 年起也门开设商业法庭，也门还有调解和仲裁中心及商会，都可以处理经济纠纷案件。但在也门打官司是一件非常困难的事情。①

16.7 也门海关监管制度

对进出境货物的监管

出口货物须满足下述规定：

1. 提供下述海关文件副本：发票、装箱单、阿拉伯语书就的原产地证明、舱单副本、食品安全证书（若出口品为鱼类则需渔业部门开具的出口相关证书）；

2. 提交海运或空运单据副本；

3. 出口商品不属禁止出口的范围之列。

进口货物须通过相应的检疫。也门政府规定，任何违背伊斯兰教律或含有有害物质的食品及动物饲料都不得进入也门市场，进入也门市场的食品应附有符合伊斯兰教律法的合法食物证明及相关文件，如按照伊斯兰教律法屠宰牲畜的证明及卫生证明。并应在商品标签上标注该商品是符合伊斯兰教律法的合法食品。②

16.8 也门关税计征制度

16.8.1 也门海关税则归类

1997 年第 37 号法对所有进口商品的税率做出了明确详细的规定，构成了现行关税政策的基础。依照该法规定，除猪肉及猪肉制品、咖啡、含酒精饮料、麻醉品、部分新鲜蔬菜和水果、武器和炸药、犀牛角等禁止进口外，进口商品关税从价分为四类，范围为 5%—25%，具体如下：

第一类，活动物，动物产品：活动物 10%—15%；肉及食用杂碎 10%—25%；鱼、甲壳动物、软体动物及其他水生无脊椎动物 15%—25%；乳品；蛋品；天然蜂蜜；其他食用动物产品 5%—25%；其他动物产品 15%—25%；

第二类，植物产品：活树及其他活植物、鳞茎、根及类似品、插花及装饰用簇叶

① 资料来源：中国驻也门经商处网站：http：//ye.mofcom.gov.cn/aarticle/ddfg/c/200301/20030100065790.html，2011 年 11 月 16 日。

② 资料来源：资料来源：商务部：《对外投资合作国别（地区）指南：也门》（2011 年版），http：//fec.mofcom.gov.cn/gbzn/upload/yemen.pdf，2011 年 11 月 4 日。

5%—25%；食用蔬菜、根及块茎 5%—25%；食用水果及坚果、柑橘属水果或甜瓜的果皮 15%—25%；咖啡、茶、马黛茶及调味香料 15%—25%；谷物 5%—15%；制粉工业产品、麦芽、淀粉、菊粉、面筋 5%—15%；含油子仁及果实、杂项子仁及果实、工业用或药用植物、稻草、秸秆及饲料 5%—25%；虫胶、树胶、树脂及其他植物液、汁 5%—25%；编结用植物材料、其他植物产品 10%—15%；

第三类，动、植物油、脂及其分解产品、精制的食用油脂、动、植物蜡 5%—25%；

第四类，食品、饮料、酒及醋、烟草及烟草代用品的制品：肉、鱼、甲壳动物、软体动物及其他水生无脊椎动物的制品 15%—25%；糖及糖食 5%—15%；可可及可可制品 5%—15%；

谷物、粮食粉、淀粉或乳的制品、糕饼点心 5%—15%；蔬菜、水果、坚果或植物其他部分的制品 5%—25%；杂项食品 5%—25%；饮料、酒及醋 10%—25%；食品工业的残渣及废料、配制的动物饲料 10%—25%；烟草及烟草代用品的制品 25%；

第五类，矿产品：盐、硫黄、泥土及石料、石膏料、石灰及水泥 5%—25%；矿砂、矿渣及矿灰 5%—10%；矿物燃料、矿物油及其蒸馏产品、沥青物质、矿物蜡 5%—15%；

第六类，化学工业及其相关工业的产品：无机化学品、贵金属、稀土金属、放射性元素及其同位素的有机及无机化合物 5%—15%；有机化学品 5%—25%；药品 5%—15%；肥料 5%—10%；鞣料浸膏及染料浸膏、鞣酸及其衍生物、染料、颜料及其他着色料、油漆及清漆、油灰及其他胶粘剂、墨水、油墨 5%—15%；精油及香膏、芳香料制品及化妆盥洗品 5%—10%；肥皂、有机表面活性剂、洗涤剂、润滑剂、人造蜡、调制蜡、光洁剂、蜡烛及类似品、塑型用膏、“牙科用蜡”及牙科用熟石膏制剂 5%—15%；蛋白类物质、改性淀粉、胶、酶 10%—15%；炸药、烟火制品、火柴、引火合金、易燃材料制品 15%—25%；照相及电影用品 5%—15%；杂项化学产品 5%—15%；

第七类，塑料及其制品；橡胶及其制品：塑料及其制品 5%—25%；橡胶及其制品 5%—25%；

第八类，生皮、皮革、毛皮及其制品、鞍具及挽具、旅行用品、手提包及类似容器、动物肠线（蚕胶丝除外）制品：生皮（毛皮除外）及皮革 15%；皮革制品、鞍具及挽具、旅行用品、手提包及类似容器、动物肠线（蚕胶丝除外）制品 5%—25%；毛皮、人造毛皮及其制品 25%；

第九类，木及木制品、木炭、软木及软木制品、稻草、秸秆、针茅或其他编结材料制品、篮筐及柳条编结品：木及木制品、木炭 5%—25%；软木及软木制品 10%—15%；稻草、秸秆、针茅或其他编结材料制品、篮筐及柳条编结品 25%；

第十类，木浆及其他纤维状纤维素浆、纸及纸板的废碎品、纸、纸板及其制品：木浆及其他纤维状纤维素浆、纸及纸板的废碎品 10%；纸及纸板、纸浆、纸或纸板制品 5%—25%；书籍、报纸、印刷图画及其他印刷品、手稿、打字稿及设计图纸 5%—25%；

第十一类，纺织原料及纺织制品：蚕丝5%—10%；羊毛、动物细毛或粗毛、马毛纱线及其机织物5%—10%；棉花5%—10%；其他植物纺织纤维、纸纱线及其机织物5%—10%；化学纤维长纤5%—10%；化学纤维短纤5%—10%；絮胎、毡呢及无纺织物、特种纱线、线、绳、索、缆及其制品5%—15%；地毯及纺织材料的其他铺地制品15%—25%；特种机织物、簇绒织物、花边、装饰毯、装饰带、刺绣品10%—25%；浸渍、涂布、包覆或层压的织物、工业用纺织制品5%—15%；针织物及钩编织物10%—15%；针织或钩编的服装及衣着附件15%；非针织或非钩编的服装及衣着附件15%；其他纺织制成品、成套物品、旧衣着及旧纺织品、碎织物10%—15%；

第十二类，鞋、帽、伞、杖、鞭及其零件、已加工的羽毛及其制品、人造花、人发制品：鞋靴、护腿和类似品及其零件15%；帽类及其零件15%—25%；雨伞、阳伞、手杖、鞭子、马鞭及其零件10%—25%；已加工羽毛、羽绒及其制品、人造花、人发制品25%；

第十三类，石料、石膏、水泥、石棉、云母及类似材料的制品、陶瓷产品、玻璃及其制品：石料、石膏、水泥、石棉、云母及类似材料的制品10%—25%；陶瓷产品5%—25%；玻璃及其制品5%—25%；

第十四类，天然或养殖珍珠、宝石或半宝石、贵金属、包贵金属及其制品、仿首饰、硬币：5%—25%；

第十五类，贱金属及其制品：钢铁5%—15%；钢铁制品5%—15%；铜及其制品10%—15%；镍及其制品10%—15%；铝及其制品5%—25%；铅及其制品10%—15%；锌及其制品10%—15%；锡及其制品10%—15%；其他贱金属、金属陶瓷及其制品10%—15%；贱金属工具、器具、利口器、餐匙、餐叉及其零件5%—25%；贱金属杂项制品5%—25%；

第十六类，机器、机械器具、电气设备及其零件、录音机及放声机、电视图像、声音的录制和重放设备及其零件、附件：核反应堆、锅炉、机器、机械器具及其零件5%—25%；电机、电气设备及其零件、录音机及放声机、电视图像、声音的录制和重放设备及其零件、附件5%—25%；

第十七类，车辆、航空器、船舶及有关运输设备：铁道及电车道机车、车辆及其零件、铁道及电车道轨道固定装置及其零件、附件、各种机械（包括电动机械）交通信号设备5%—25%；车辆及其零件、附件，但铁道及电车道车辆除外5%—25%；航空器、航天器及其零件15%—25%；船舶及浮动结构体5%—25%；

第十八类，光学、照相、电影、计量、检验、医疗或外科用仪器及设备、精密仪器及设备、钟表、乐器、上述物品的零件、附件：光学、照相、电影、计量、检验、医疗或外科用仪器及设备、精密仪器及设备；上述物品的零件、附件5%—15%；钟表及其零件5%—25%；乐器及其零件、附件15%；

第十九类，武器、弹药及其零件、附件：15%—25%；

第二十类，杂项制品：家具、寝具、褥垫、弹簧床垫、软坐垫及类似的填充制品、未列名灯具及照明装置、发光标志、发光铭牌及类似品、活动房屋 10%—25%；玩具、游戏品、运动用品及其零件、附件 10%—25%；杂项制品 10%—25%；

第二十一类，艺术品、收藏品及古物：15%—25%；

第二十二类，特殊交易品及未分类商品：特殊交易品及未分类商品。①

16.8.2 也门海关征税制度

近年来，随着也门本国经济的逐渐发展，经济全球化进程的不断深入以及加入 WTO 和 GCC 准备工作的推进，政府对大部分商品的税率进行了调整，并于 2005 年出台了第 41 号关税法。新法将包括汽车、农用机械、固定和移动通讯设备、家用电器等的大多数商品关税税率下调至 5%，少量商品税率调至 15%或 25%，基本实现了与 GCC 国家关税税率接轨。

此外，新法还对部分关系国计民生的商品予以免税，包括：小麦、面粉、大米、避孕用品和药品、部分书籍、报刊、杂志、纸质宣传品、黄金、白金、部分型号的电子计算机、供残疾人使用的车辆、轮椅、部分体育和娱乐器材。

同时，该法还对部分亵渎宗教信仰、污染环境、危害健康的商品做出了禁止进口的明确规定，包括：

1. 猪及各种以猪为原材料的食品和制品；
2. 罂粟、可卡因、印度大麻、鸦片；
3. 各种含酒精的饮料；
4. 黄彰油精、胡椒醛等部分化学制剂；
5. 部分矿产制品；
6. 化工废料；
7. 二手汽车轮胎和二手橡胶制品。

为力保也门货币里亚尔的稳定和防止经济进一步恶化，2010 年 3 月底，也门政府决定对 71 种进口商品征收附加税，以减少国内对进口商品的需求，刺激国内产品的销售。征收进口附加关税的商品主要涉及汽车、摩托车、自行车、香烟、烟草、香水、化妆品、建筑材料、清洁用品和电器等非基本商品；也包括部分关系民生的基础性商品，例如：新鲜和罐装蔬菜、谷物、牛奶、奶酪、蜂蜜、食用油、罐头鱼、甜品、饼干和饮料等。生产用奶粉除外。这些商品关税一般都不超过 5%，现加收 5%—15%的附加税，无疑将加大企业进口成本。由此引发也门国内市场商品价格暴涨，一些不在其列的食品也借机涨价，进一步加重了民生负担。对建筑材料、电气等工业用品和设备来说，加收附加税意味着在也门投资项目成本将进一步加大。②

---

① 资料来源：中国驻也门经商处网站：http：//ye.mofcom.gov.cn/aarticle/ddfg/sshzhd/200301/20030100065791.html，2011 年 11 月 14 日。

② 资料来源：中国驻也门经商处网站：http：//ye.mofcom.gov.cn/aarticle/ddfg/waimao/201004/20100406867588.html，2011 年 11 月 14 日。

除关税外，也门政府还对进口商品征收相应的进口环节税。目前，这部分税收主要包括销售税、增值税和商业利润税。

16.8.3 也门海关关税优惠制度

也门对工业进口征收消费税，为鼓励投资，扶持发展重点非石油出口业，2002年7月，也门颁布了2002第22号投资法，规定渔业、畜牧和农业项目生产所需物资进口全部予以免税，其他已设立和注册项目，其生产所需物资进口关税一律免除50%。

第 17 章

也门投资环境

17.1　也门投资概况

17.1.1　外资引进规模

据联合国贸发会公布资料显示，2009 年，也门吸收外国直接投资 12.9 亿美元，占当年固定资本形成总额的 2.8%。而 2010 年，也门吸收外国直接投资数额则降至一3.29 亿美元，[①] 致使全国吸引外资总额从 2009 年的 3 140 亿也门里亚尔（约 14.6 亿美元）降到 2010 年的 1 290 亿也门里亚尔（约 6 亿美元）。落户项目数量也从 272 个下降到 164 个。作为传统的对也门投资主要来源，海湾国家的投资额从 1 135 亿也门里亚尔（约 5.3 亿美元）下降到 190 亿也门里亚尔（约 8 800 万美元）。[②] 总体而言，也门的外资引进规模十分有限，这受制于如下原因：（1）面临部落势力、枪支泛滥和恐怖主义三大社会矛盾；（2）法制环境不健全；（3）政府行政管理和公共服务亟待改善。

17.1.2　外资引进方向

目前，也门吸引的外商投资项目主要来自沙特、科威特等海湾国家，以及黎巴嫩等阿拉伯国家。据也门投资总局统计，2010 年 1—3 季度，共有 15 个国家对也门进行投资，投资总额为 428 亿也门里亚尔（约合 1.95 亿美元），其中，来自埃及、科威特、沙特、约旦、英国的投资分别占投资总额的 51.2%、38.8%、5.2%、2%、1%。2010 年，也门共引入外资项目 27 个，价值 429.85 亿也门里亚尔。其中，沙特在旅游、服务业、工业和农业领域共投资项目 8 个，价值 22.09 亿也门里亚尔，位列第三。[③]

17.1.3　外资引进模式

也门共和国对外资实行“国民待遇”，故并无外资引进的模式限制，外国投资者可同也门企业或个人合资经营，建立合资公司，也可独资经营，建立外商独资公司。

17.1.4　主要经济区域

也门主要经济特区有：亚丁自由贸易区、荷台达工业区等。

17.1.5　地区内部投资情况

自 2000 年 1 月至 2008 年 4 月，亚丁自由贸易区引资项目 115 个，总投资额 8.36 亿

---

① 资料来源：联合国贸发会网站 http://www.unctad.org/Templates/StartPage.asp? intItemID=2068，2011 年 11 月 4 日。

② 资料来源：中国驻也门经商处网站：http://ye.mofcom.gov.cn/aarticle/jmxw/201104/20110407496590.html，2011 年 11 月 16 日。

③ 资料来源：中国驻也门经商处网站：http://ye.mofcom.gov.cn/aarticle/jmxw/201102/20110207420082.html，2011 年，11 月 16 日。

美元。其中，工业项目 43 个，仓储项目 12 个，贸易项目 20 个，旅游项目 2 个，服务项目 29 个，居住项目 9 个。上述项目投资者中，25%是外资企业，其他为当地企业，为亚丁自由贸易区提供了 6 220 个就业机会。① 2010 年 6 月，亚丁开发区主席与私营公司签订了三份租用开发区土地建厂合同，投资总额约 1 100 万美元。三个项目分别为混凝土搅拌站、造纸厂和房地产工业发展研究所，三个合同的签订表明了私营企业投资开发区的决心，特别是对国家经济和社会发展将起到积极作用，同时还可以为年轻人创造更多的就业机会。②

截至 2010 年 6 月，亚丁、荷台达和拉哈杰的工业区在吸引投资方面已经取得初步成效。其中，拉哈杰工业区钢铁厂项目和电缆项目投资额达到 1.7 亿美元；荷台达工业区也有一些投资项目，包括一家中也合资的钢铁厂；荷台达工商会将组建一家公司负责工业区的开发、投资和运营。此外，政府还打算建立 3 个跨国经济区以及 4 个建材工业区。③

17.2 也门投资政策

17.2.1 政府的外资政策

也门政府采取鼓励投资的基本政策，于 1991 年颁布了《投资法》，并于 1995 年、1997 年和 2002 年先后对该法进行了修订，将引资纳入了法律轨道。1993 年，也门政府颁布了《自由区法》，力图以优惠政策吸引外资重建亚丁等自由区来推动也门经济的发展。

也门投资法明确了非歧视性原则，对各种来源的投资实行“国民待遇”原则，允许所有外国投资者享有同也门当地投资者等同的待遇，可以与也门企业或个人合资经营，也可独资经营。同时，该法规定了一系列税收优惠政策，所有投资项目免征七年所得税，免除个人所得税和房地产税，对用于投资项目的进口物资免关税和其他税收等。该法同时规定，不得征用或将项目收归国有，不得利用非司法手段封存或冻结投资项目的基金，不得剥夺或没收投资项目部分或全部的所有权、固定资产、土地和建筑物等。

近年来，也门政府采取了一系列措施，改善投资环境，以期吸引外资以改变国民经济过度依赖石油生产的局面。其吸引外资的重点是石油和天然气领域，但更注重在非石油领域的投资。也门政府今后几年的发展方向基本上是：加强和巩固经济稳定，改善财

① 资料来源：中国驻也门经商处网站：http：//ye. mofcom. gov. cn/aarticle/jmxw/200806/20080605569466. html，2011 年 11 月 16 日。

② 资料来源：中国驻也门经商处网站：http：//ye. mofcom. gov. cn/aarticle/jmxw/201006/20100606975216. html，2011 年 11 月 6 日。

③ 资料来源：中国驻也门经商处网站：http：//ye. mofcom. gov. cn/aarticle/jmxw/201006/20100606969692. html，2011 年 11 月 6 日。

政状况，鼓励私方和外资投资，加快私有化进程，发展公共服务。①

17.2.2 其他产业限制政策

也门投资法第一章第一条规定，在国家总政策范围内，根据国民经济社会发展计划的目标和前提，在不与伊斯兰法律条款相悖的情况下，鼓励和组织遵守本法条款的也门及阿拉伯和外国资本在所有领域进行投资，但不包括下列领域：

1. 特别协定规定的石油、天然气及矿产勘探和开采领域；
2. 武器和炸药；
3. 损害环境和健康的工业；
4. 银行和钱庄；
5. 金融、进口、批发和零售贸易。②

17.2.3 双边投资协议

也门政府先后与荷兰、约旦、伊朗、埃及、叙利亚、摩洛哥、马来西亚、中国、印度尼西亚、阿曼、巴基斯坦、苏丹、罗马尼亚、黎巴嫩、突尼斯、科威特、卡塔尔、土耳其、阿联酋、比利时、印度、俄罗斯、巴林、南非、意大利、德国、韩国、西班牙等国签订了鼓励和保护投资的协定。

17.3 也门投资管理体制

17.3.1 投资准入程序

也门投资法第三十八条规定：1. 任何根据本法设定的投资项目，或扩建、发展项目，只有在向总局递交统一格式书面申请，并获注册后，方可有效。总局在收到所需文件和信息齐全的申请之日起15日内，决定是否接受其申请，总局对实施大规模项目的申请应给予最多不超过十天的延期。2. 总局有关部门应在15天内做出同意、拒绝或修改的决定。对执行条例规定范围内的项目，不需有关部门同意，总局可自行决定接受注册申请。3. 本条1、2款规定的期限内没有答复则视为同意，如拒绝申请，需加以说明，当事一方可按本法第七章条款进行投诉。4. 根据本条，执行条例应规定申请表和需要提交的文书以审批。③

---

① 资料来源：中国驻也门经商处网站：http：//ye. mofcom. gov. cn/aarticle/ddfg/tzzhch/200303/20030300072076. html，2011年11月16日。

② 资料来源：中国驻也门经商处网站：http：//ye. mofcom. gov. cn/accessory/200803/1206696521941. pdf，2011年11月16日。

③ 资料来源：中国驻也门经商处网站：http：//ye. mofcom. gov. cn/accessory/200803/1206696521941. pdf，2011年11月16日。

17.3.2 投资管理制度

2002 年 9 月颁布的《也门共和国投资法》是也门投资的主要管理制度，该法规定，也门共和国对外国投资实行“国民待遇”。但由于该法实施细则迟迟没有出台，很多投资政策均缺乏可操作性，既不能用投资法来规范投资者的行为，也不能用投资法来约束相关政府机构的行为。

17.3.3 国民待遇和部门限制

也门共和国对外国投资实行“国民待遇”，所有外国投资者享有与也门当地投资者同等待遇，可以与也门企业或个人合资经营，也可以独资经营。

根据国民经济社会发展计划的目标和前提，在不与伊斯兰法律条款相悖的情况下，也门共和国鼓励也门及阿拉伯和外国资本在除武器和炸药外的所有领域进行投资，但下列领域需要按照相应的法律规定执行：

1. 石油、天然气勘探和开采领域；
2. 矿产勘探和开采领域；
3. 银行和钱庄；
4. 进出口贸易、批发和零售贸易。①

17.4 也门税收制度与激励措施

17.4.1 税收制度

也门税收制度原则上采用属地主义，即收入来源地税收管辖体制。在该体制下，非本国居民的外国人或外国企业在也门境内获得的收入应计入所得税的征收范畴，具体征税原则则由该外国人从事的工作或外国企业的经营范围以及工作年限和时间等因素来决定，本国企业在境外获得的收入原则上不计入征税范围。也门与投资相关的主要税种为：销售税、增值税、商业利润税、企业所得税、消费税。

（一）销售税

2005 年，也门政府公布了销售税征收法案，规定对用于批发和零售的所有进口商品开征销售税，税率统一为 5%，缴税金额在进口商品完税价格（货值＋关税）基础上计算，由各地海关与关税一同征收。但直到 2009 年，也门才正式开征销售税。同时，据也门税务局公布的资料，对于部分特殊商品的销售税税率，销售税征收法案也单独做出了规定：1. 小麦免税；2. 面粉免税；3. 大米免税；4. 药品免税；5. 纯金免税；6. 香烟

① 资料来源：商务部：《对外投资合作国别（地区）指南：也门》（2011 年版），http://fec.mofcom.gov.cn/gbzn/upload/yemen.pdf，2011 年 11 月 4 日。

90%；7. 武器弹药 90%；8. 珠宝 3%；9. 金饰品 2%。①

（二）增值税

也门政府对进口商品征收的增值税税率统一为 3%，缴税金额在进口商品完税价格基础上进行计算，由各地海关与销售税一并征收。

（三）商业利润税

商业利润税的税率统一为 1%。

（四）企业所得税

企业所得税税率为企业年利润的 35%。2008 年，也门政府开始着手对调整企业所得税率进行立法调研，计划将企业所得税调低至 20%，但至今尚未实施。②

（五）消费税

消费税是为体现消费政策，对生产、委托加工、零售和进口的应税消费品征收的一种税，主要是针对各种商品和服务在销售过程中所实现的价格来征收。

消费税实行价内税，在消费品的生产、加工、批发、零售和进口环节缴纳，因为价款中已包含消费税，税款最终由消费者承担。国家则只向大型的批发商或零售商征收。也门税法对消费税的征收对象有限制，规定一年之内商品或服务的销售额或进口额达到 5 000 万也门里亚尔（约合 25 万美元）以上的销售企业，须要申报和缴纳消费税，申报之前，需要到当地税务机关注册。

消费税税率有以下规定：1. 法律规定的例外商品和服务，主要包括金融、医疗和教育等领域的服务以及出口商品和服务等，免征消费税；2. 对汽油、煤油、重油等石油产品，征收销售价格 5%的消费税；3. 对于其他商品和服务，均征收其销售价格 5%的消费税；4. 对于进口的商品和服务，征收其进口价格 5%的消费税；5. 几类特殊商品消费税如下：

据也门税务发布的资料，特殊商品消费税税率如下：1. 卷烟 90%；2. 雪茄 90%；3. 卡特 20%；4. 武器 90%；5. 黄金制品 2%—3%；6. 移动通信服务 10%；7. 国际长途电话服务 10%。

2005 年，也门议会修订消费税法，免除了部分生活必需品的消费税，包括小麦、面粉、大米、药品、婴儿奶粉等。③

17.4.2 地区和产业优惠

亚丁自由区是也门共和国鼓励和吸引投资的特殊地区。

---

① 资料来源：中国驻也门经商处网站：http：//ye.mofcom.gov.cn/accessory/201010/1286704340981.pdf，2011 年 11 月 16 日。

② 资料来源：中国驻也门经商处网站：http：//ye.mofcom.gov.cn/accessory/201010/1286704585787.pdf，2011 年 11 月 16 日。

③ 资料来源：中国驻也门经商处网站：http：//ye.mofcom.gov.cn/accessory/201010/1286704808250.pdf，2011 年 11 月 16 日。

根据1993年颁布的《自由区法》，也门共和国设立亚丁自由区。其主要激励与优惠政策如下：1. 外资企业入驻自由区，不需找也门企业或商人入股，对项目可以拥有100%的所有权。2. 税收减免基本年限为15年，最长可延至25年。3. 资本和利润可以自由转移。4. 没有货币限制。5. 非也门国籍员工不用缴纳个人所得税。6. 没有聘用外籍员工限制性要求，可100%使用外籍员工（但随着也门政府为增加就业而推动当地化运动，要求外国公司不断增加当地劳工的比例，在一定程度上影响了外国公司在也门的经营效益）。7. 可自由选择项目所需投资用地以及法律存在形式。①

在产业优惠方面，也门政府未单独制定吸引投资的行业指导目录，除武器和炸药行业外，鼓励在包括基础设施建设的所有领域进行投资。

17.4.3 税收鼓励措施

为鼓励外国投资，也门政府制定了一系列税收优惠政策。

外资满足下述条件时，企业所得税可从35%降至15%：1. 投资项目在基础设施（能源、水利、道路）、交通、医疗、IT、旅游、农业和制造业领域；2. 投资资本不少于300万美元且雇佣的本地劳动力不少于100人；3. 实际经营项目与注册项目相符；4. 未发生偷税漏税和拖欠工资现象；5. 报税时应通过注册会计师审计。

满足下述条件时，投资项目可享受关税豁免：1. 符合也门已签署的有关关税豁免的国际公约，或符合也门与国际、区域组织及外方已签署的有关关税豁免的协议；2. 享受豁免的范围：事先在也门投资总局申报的、用于投资项目建设的机械、设备、渔业和海洋运输船舶、航运飞机；3. 在项目生命周期内，用于工业项目的生产投入品可享受50%的关税豁免。②

17.4.4 其他非税收鼓励措施

也门虽对投资实行“国民待遇”原则，没有对外国投资制定特殊的优惠政策框架，但对于外商，仍给予了如下非税收特权：1. 外国投资项目有权拥有土地及所有权；2. 允许外商独立投资；3. 外商在获得信用贷款方面有优先权；4. 允许外国投资者雇佣外籍劳工；5. 外商投资项目出口产品可获得退税；6. 可以自由转移外汇；7. 可在15日内完成投资注册手续。

同时，也门投资总局还承诺：帮助外国投资者获得其所需土地；外国投资项目可利用投资总局的网络资源进行市场开拓；免费为外国投资项目提供信息及数据；帮助外国投资者解决在项目实施和运营过程中与有关部门遇到的各种障碍。

---

① 资料来源：商务部：《对外投资合作国别（地区）指南：也门》（2011年版），http：//fec.mofcom.gov.cn/gbzn/upload/yemen.pdf，2011年11月4日。

② 资料来源：商务部：《对外投资合作国别（地区）指南：也门》（2011年版），http：//fec.mofcom.gov.cn/gbzn/upload/yemen.pdf，2011年11月4日。

17.5 也门主要贸易投资管理部门

也门共和国的投资和外国投资主管部门是投资总局。也门投资总局成立于1992年3月，其主要职责为：促进也门当地和国外投资者对也门的投资；提供投资服务；负责投资项目的注册登记。

也门投资总局下设董事会，由也门共和国总理直接领导，其成员包括：相关政府部长、也门工商联合会主席、投资总局主席。董事会负责制定投资政策、批准投资计划和投资项目。

投资总局主席直接向总理负责，并设总经理负责总局的日常事务。与投资有关的所有政府部门都在投资总局大楼里设有专门办公室，以便利投资服务。

17.6 也门注册企业程序

17.6.1 注册企业的一般形式

也门共和国对外国投资实行“国民待遇”原则，对于外国投资企业的注册形式和行业没有明确限制。

17.6.2 注册企业的规定

该规定分为外国企业注册设立公司和外国企业在也门注册投资项目两种。

1. 外国企业注册设立公司

外国企业在也门注册设立公司需向也门共和国工业和贸易部提供以下规定材料：

（1）公司商业注册证明，公司合同须认证。金融类公司还须提供公司基本章程并经认证。私人公司还须提供成立公司合同并经认证。

（2）总公司商业注册证明须经认证，同时，根据银行和投资法，在商业注册证明里应注明金额。

（3）公司上个财政年度的决算须经公司一把手或其授权人签字并认证。

（4）总公司的正式授权书，任命分支公司经理或代表。

（5）银行存款证明，最低金额为3万美元。

（6）外国公司注册费用收据。

上述所有材料如以外语书就，均须指定的翻译机构译成阿拉伯语。工业和贸易部受理上述注册的法定时限为2天。

2. 外国企业在也门注册投资项目

外国企业或其代表可到也门共和国投资总局及其分支机构领取相关表格，根据企业性质（如工业、农业、渔业、工业事业等）按要求详细填写，然后将申请表连同下列文件一并递交投资总局：

（1）投资者个人或家庭身份证明复印件，或护照复印件（若投资者为外国人）。

（2）如需要委托代理人办理注册手续，需提供符合法律规定的授权书。

（3）有效的商业企业注册证明。

（4）如项目有多家投资方，需提供由各合作方签署的合法有效的合同。

（5）项目计划书。

投资总局将根据投资法规定征求各分支机构意见。各分支机构在收到申请 15 日内提出同意或否定意见；在有效期内并未提出反对意见，则视为同意。

投资总局在收到符合法律规定的全套注册申请资料之日起 15 日内完成注册手续。①

17.7　中国与也门的投资关系

17.7.1　相互投资概况

中国对也门的境外投资总体上而言处于起步阶段。据中国商务部统计，截至 2009 年，中方在也门当地注册从事经营活动的各类企业共 60 余家，实际投资 4 亿多美元，投资领域主要是资源开发、餐饮、建筑工程和旅游服务等。其中，中资企业在也门油气和矿产资源开发领域的风险性投资较为活跃。截至 2009 年底，中石化国勘公司也门分公司已经拥有 3 个作业风险勘探区块和 1 个参股生产区块。但由于近年来，特别是 2011 年以来，也门安全局势、经济持续恶化，投资环境较差，目前中资企业已有不少撤离。据中国商务部统计，2010 年，中国对也门直接投资额约为 1.3 亿美元。

工程承包是中也投资主要形式之一。据中国商务部统计，2010 年，中国企业在也门新签承包工程和劳务合作合同 29 份，合同金额 3.18 亿美元，其中，承包工程营业额 3.73 亿美元，劳务合作营业额 21 万美元；年末，在也门劳务人数 911 人。新签大型项目包括：中国中材国际工程股份有限公司承建也门 YSCC4000T/D 生产线项目，中国万宝工程公司承建也门弹药生产线项目，中国电力工程有限公司承建也门哈斯瓦电厂锅炉扩建项目等。②

17.7.2　国家间的投资协定

1998 年 2 月 16 日，中、也两国签订《关于鼓励和相互保护投资协定》，承诺鼓励和促进双向投资并相互给予不低于最惠国的投资待遇。1996 年 6 月 24 日，中、也两国签订《经济技术和贸易合作协定》，鼓励两国间开展多层次的经济、技术和贸易合作，并相互

① 资料来源：商务部：《对外投资合作国别（地区）指南：也门》（2011 年版），http：//fec.mofcom.gov.cn/gbzn/upload/yemen.pdf，2011 年 11 月 4 日。

② 资料来源：商务部：《对外投资合作国别（地区）指南：也门》（2011 年版），http：//fec.mofcom.gov.cn/gbzn/upload/yemen.pdf，2011 年 11 月 4 日。

承诺给予贸易最惠国待遇。

17.7.3 未来投资合资趋势

中也双方均希望加强双边投资合作，未来，中国在参与亚丁自由区、荷台达工业区和也门矿产、石油领域投资合作，以及用于矿产资源开发的铁路项目等各个领域中合作前景广阔。近年来，我国天然气市场发展非常迅速，根据国家发改委预测，今后 20 年国内天然气需求年均增长率将超过 15%。在国内供给不能满足需求的缺口下，我国进口天然气的步伐必然将加快。与此同时，也门政府正在积极采取措施，鼓励在天然气领域的投资，并于 2010 年开始向我国供气，两国天然气领域未来合作前景广阔。

第 18 章

也门金融环境

18.1 也门货币体系

18.1.1 货币体系概况

也门共和国货币为也门里亚尔，实行经常项下完全的自由兑换，其辅币为费尔。也门中央银行发布的也门里亚尔硬币有：1、5、10 和 20 里亚尔，纸币有：10、20、50、100、200、500 和 1 000 七种面值。

18.1.2 汇率制度

为保证本币稳定，2010 年，也门政府频繁出台货币政策，这一行为导致也门里亚尔兑换美元的汇率起伏较大。后经也门政府和中央银行干预，汇率基本稳定，保持在 1 美元兑换 214 也门里亚尔上下。但自 2010 年年末以来，由于政府财政赤字增加、安全形势恶化等原因，特别是 2011 年 1 月也门爆发的大规模反政府示威游行活动，引发了局势的动荡，致使也门里亚尔加速贬值。2011 年 3 月，也门里亚尔兑美元的汇率为：1 美元＝219 也门里亚尔，黑市及民间商业往来甚至达到 1 美元＝240 也门里亚尔。

目前，人民币尚不能在也门市场直接结算。

18.2 也门金融机构

18.2.1 金融机构体系

也门金融体系主要由中央银行、商业银行组成。

18.2.1.1 中央银行体系

也门中央银行成立于 1971 年，1990 年也门统一后又进行了重组。目前，中央银行总部位于首都萨那，同时在每一个省都设有分支机构。截至 2010 年底，也门外汇储备 57.44 亿美元，比上年减少 12.47 亿美元。

18.2.1.2 商业银行

也门的主要商业银行有：阿拉伯银行（外国银行分行）、东方汇理银行（外国银行分行）、也门商业银行、也门国际银行、也门国家银行、也门开发复兴银行（国家控股）、也门科威特贸易投资银行、农业合作信贷银行（国家控股）等十七家，其中有四家为伊斯兰银行。

18.2.1.3 政府专业信贷机构

除商业银行外，也门还有两家专业银行，分别是也门农业银行和住房银行。

18.2.1.4 保险公司

也门保险业尚未起步，政府正寻求建立保险市场，致力于统筹保险资源、建立社保体系，并鼓励保险公司的建立。①

18.2.1.5　证券公司

目前，也门尚无证券交易所，证券行业的发展计划正在筹备之中。

18.2.2　金融机构特点

也门金融业相对欠发达，但在外汇管理上，也门实行基本无管制的自由汇兑政策，各商业银行和汇兑钱庄均可换汇，外汇与也门里亚尔可以实现完全不受管制的自由汇兑。

18.3　也门金融市场

18.3.1　资本市场

目前，证券交易在也门处于空白状态，也门尚未出台任何相关证券交易的规定。也门财政部正积极为建立证券市场做准备工作，开展调研，同加拿大、美国、阿联酋等国相关政府部门进行对话。美国、约旦等国政府已明确表示将在经济和技术上支持也门，助其早日建立证券市场。

18.3.2　金融衍生品市场

也门银行业专注于核心业务，在投行和金融衍生品方面基本无业务。

18.3.3　外汇市场

18.3.3.1　外汇市场

近年来，也门外汇储备呈逐年下降态势，也门里亚尔不断贬值。据也门中央银行统计，2010 年，也门外汇储备 59.4 亿美元，较上年减少 10.5 亿美元，截至 2011 年 3 月底，也门外汇储备额为 51 亿美元，比去年底减少了 8 亿美元。根据也门中央银行公布的数据，截至 7 月 30 日，也门的外汇储备为 46 亿美元，比年初减少 13 亿美元。银行报告称，外汇储备大幅下降的直接原因是持续动荡和相关问题。也门局势持续动荡，食品等生活必需品进口增加，导致了也门外汇储备的锐减。危机造成了燃料的严重短缺，持续停电，工厂倒闭和裁员，同时旅游业几乎没有收入，外商投资处于停滞状态。银行不得不使用大量外汇储备供应市场，稳定本币，进口物资。②

18.3.3.2　外汇市场投资方式

也门共和国外汇管制相对宽松。

---

① MULTI-YEAR EXPERT MEETING ON SERVICES, DEVELOPMENT AND TRADE: THE REGULATORY AND INSTITUTIONAL DIMENSION: TELECOMMUNICATIONS, FINANCIAL AND TRANSPORT SERVICES IN YEMEN, Geneva，17—19 March 2010，http：//www.unctad.org/Templates/StartPage.asp? intItemID=2068，2011 年 11 月 4 日。

② 资料来源：中国驻也门经商处网站：http：//ye.mofcom.gov.cn/aarticle/jmxw/201108/20110807682841.html，2011 年 11 月 16 日。

对于企业而言，只要企业提交也门投资总局或工贸部发放的投资许可证或经营许可证以及税务登记卡，商业银行便可为外国人、外资银行和合资企业开立外币账户，外汇可以自由汇入或汇出。通过私人钱庄汇款，手续费一般为1%左右，而通过银行的外汇账户汇款，手续费一般最高不超过100美元。与此同时，外国人在出入境时，可以自由携带外币现金。

18.4 也门金融监管

18.4.1 金融监管机构

也门《中央银行法》规定，也门的金融监管机构为也门中央银行。①

18.4.2 金融监管法规

也门相关金融监管的法律法规有：《中央银行法》、《商业银行法》、《伊斯兰银行法》、《反洗钱法》等。②

18.5 也门金融市场融资

18.5.1 信贷融资和其他融资方式

也门各商业银行可向在也门注册的外资企业和合资企业提供贷款。贷款时，企业需要提供在也门合法经营所需的各种证明和批准材料，包括：投资许可证、经营许可证、税务登记卡等。同时，还需提交由外资企业或合资企业的本国往来银行出具的资产或存款证明。

18.5.2 债券和股票市场融资

也门证券股票市场正在建立中，尚无此种融资方式。

18.6 也门与国际金融市场

18.6.1 也门在国际金融市场的角色

也门金融市场发展相对滞后，债券、股票市场、衍生市场等均尚未建立，故而在国际金融市场中不占主要地位。

① 资料来源：也门中央银行网站：http：//www. centralbank. gov. ye/newslettar. aspx? keyid=9&pid=8&lang=1&cattype=6，2011年11月17日。

② 资料来源：也门中央银行网站：http：//www. centralbank. gov. ye/CBY. aspx? keyid=53&pid=52&lang=1&cattype=1，2011年11月17日。

18.6.2 中国在也门金融市场的角色

也门的银行大多规模较小、实力较弱，出于保护本国商人利益，且由于伊斯兰银行的独特规则，有时不能按照国际规则办事，此前曾多次与中国的银行和企业发生纠纷。近年来，也门由于石油收入的增加和海湾国家、西方发达国家、世界银行的援助，基础设施建设不断扩大，经济发展保持着一定的活力。中也经贸合作也越来越密切，双边贸易额不断攀升。也门银行界看到了中也经贸存在的巨大潜力，以及其中存在的商机与利益，开始高度重视发展与中国银行和企业间的合作关系，愿意完善规章制度、提高服务质量，以满足不断发展的中也经贸需要。同时，也正积极纠正其过去的错误做法，不断提高服务质量，努力改善同中国银行和企业的关系，寻求长期友好的合作。

截至 2011 年年底，尚无中资银行在也门开设分支机构，但在国际结算、政府援助和优惠信贷等业务中，也方与中国银行、国家开发银行和中国进出口银行均有合作业务。

第七篇

伊拉克商务环境

伊拉克是最重要的原油生产国和输出国，原油出口在国家的对外贸易中占有支配性的地位，对国家的经济发展起着决定性作用。2009年，伊拉克每天出口石油180万桶，石油出口的收益占其出口总额的98%。近年来，随着伊拉克石油生产的逐步恢复和伊拉克经济重建的推进，伊拉克的进出口贸易迅速增长，美国、印度、中国、韩国、土耳其等国是伊拉克最主要的贸易伙伴。伊拉克与主要的贸易伙伴总体上保持了良好的政治关系，为双方的经贸合作创造了良好的政治环境。

伊拉克制定了一系列进出口贸易规章制度，其中比较重要的是实行进出口许可证制度，规定进出口货物必须持有伊拉克主管部门颁发的许可证。伊拉克海关对进出口货物的商业发票、提货单、原产地证书等文件进行监管，并课以规定的关税。伊拉克海关规定进口商品必须交纳关税、印花税和国防税，但同时也提供各种关税优惠政策。

为了加快经济重建进程，伊拉克政府专门设立外国投资管理委员会负责吸引外资，为外资进入伊拉克提供种种优惠措施。外国投资主要投入石油天然气产业，伊拉克政府还计划在交通设施建设、电信业、电力、农业、住房建设、旅游业等部门引入外资。对于外国投资，伊拉克政府很少做出限制性规定，仅仅规定不得投资军工、自然资源和土地，允许外国投资投向银行债券业等国家战略性产业。在税收方面，伊拉克主要有个人所得税、公司所得税、房屋租赁税、土地租赁税等税种，税率从25%到35%不等，但是外国投资者享有相当的优惠，免除各种税赋的优惠期最长可达10年。

近年来，中国与伊拉克的经贸合作发展迅速，中国公司在伊拉克石油行业、通讯行业、建筑行业等领域积极开拓市场，未来发展前景广阔。

伊拉克货币是第纳尔，近年来与美元的汇率稳中有升。伊拉克的银行体系比较完善，中央银行代表政府出台金融和货币政策，对金融机构和市场进行监督管理。中央银行下设外汇兑换司和银行监督司等部门。除中央银行之外，另有7家国有银行，28家私人银行以及8家伊斯兰银行，他们共同组成伊拉克的银行体系。在资本市场方面，债券市场和外汇市场发展落后，股票市场发展相对较好。伊拉克证券交易所已经实现了全电子化的交易，有91家上市股票。

伊拉克中央银行和证监会对伊拉克金融市场进行监管，以保障市场正常运行。

尽管有信贷、债券、股市等融资渠道，但伊拉克的市场融资水平整体发展落后。

第19章

伊拉克贸易环境

19.1 伊拉克进出口贸易
19.2 伊拉克外贸管理机构
19.3 伊拉克进口管理制度
19.4 伊拉克出口管理制度
19.5 伊拉克贸易协定
19.6 伊拉克贸易习惯
19.7 伊拉克的海关监管制度
19.8 伊拉克关税计征制度
19.9 伊拉克海关行政处罚规定

19.1 伊拉克进出口贸易

19.1.1 进出口概况

伊拉克对外贸易在国民经济中占有极为重要的地位。2003年，伊拉克战争结束后，联合国取消了对伊拉克的经济制裁，伊拉克对外贸易开始逐步恢复。随着战后经济重建的进行，伊拉克石油产业得到了一定恢复，石油出口量逐年增加，进出口贸易状况也随之开始好转。从2005年开始，伊拉克进出口贸易实现了正增长，到2008年，商品出口额为637亿美元，商品进口额为297亿美元，贸易顺差为340亿美元。由于国际市场原油价格的上涨和伊拉克石油产量的稳步增长，2011年，伊拉克商品出口大幅增长至783亿美元，商品进口为539亿美元，贸易顺差为244亿美元。

伊拉克出口商品主要包括原油、天然气、椰枣、化肥等，其中石油收益占出口总额的98%。伊拉克进口的商品包括各种生产资料、粮食等生活必需品。

2009年，伊拉克每天出口180万桶原油，其中150万桶原油经波斯湾出口，其余部分经伊拉克北部的伊土、伊叙石油管道出口。① 伊拉克的石油贸易伙伴主要是法国、美国、德国、英国、日本、印度、加拿大、土耳其、俄罗斯、波兰、约旦等国。美国和澳大利亚为伊拉克粮食的主要供应国。西欧各国是伊拉克机械设备和零配件的主要供应国。中国等亚洲国家是伊拉克所需要的轻纺织品、大米、茶叶等商品的主要供应国。

表19—1　　2007年至2012年伊拉克进出口贸易简表　　（单位：亿美元）

	2007年	2008年	2009年	2010年	2011年	2012年
商品出口	395	637	394	517	783	841
商品进口	166	297	384	439	539	668
贸易平衡	229	340	10	78	244	173

数据来源：EIUCountry Report Iraq October 2011

19.1.2 主要贸易伙伴关系

伊拉克的主要贸易伙伴是美国、印度、中国、韩国、土耳其、叙利亚和德国等国。2010年，伊拉克的主要出口对象国是美国、印度、中国、韩国、意大利等，分别占其出口总值的25.1%，16.1%，12.5%，8.1%，7.1%；主要进口来源国为土耳其、叙利亚、中国、美国、德国等国，分别占其进口总值的24.6%，18.1%，14.7%，6.7%，3.8%.②

目前，伊拉克共和国是阿拉伯国家联盟、阿拉伯议会联盟、石油输出国组织和阿拉

① http://www.eia.gov/countries/cab.cfm?fips=IZ

② EIUCountry Report Iraq October 2011

伯石油输出国组织成员国。伊拉克战争后，新生的伊拉克共和国奉行积极务实的外交政策，重视发展同大国关系，特别是同美、英的关系；寻求同周边国家开展合作，为国内稳定创造良好的外部环境；努力争取国际社会为伊拉克战后重建提供更多的帮助。

与美国的关系：与美国的关系在伊拉克对外关系中具有不可替代的地位。2003年3月伊拉克战争爆发后，美军进驻伊拉克。同年10月，联合国安理会通过第1511号决议后，美军在伊拉克的驻扎得以合法化。驻伊美军指挥部设在巴格达附近的胜利军营，其主要任务是负责巴格达、巴拉德、提克里特、摩苏尔、萨迈拉这些城镇的安全保卫工作。2007年，驻伊美军达到约17万人。2008年年底，伊拉克议会通过驻伊美军地位协议。根据该协议，驻伊美军将于2012年之前撤军。2011年12月14日，美国总统奥巴马宣布最后一批驻伊美军将在未来几天内地撤离伊拉克，至此长达九年的伊拉克战争将正式宣告结束。美军撤离后，美伊两国关系将成为主权国家之间的正常双边关系，两国将在共同利益和相互尊重的基础上建立稳固、长期的伙伴关系。

与叙利亚的关系：叙利亚是伊拉克的西邻，两国在历史、文化、地理上等诸多方面存在紧密的联系。1980年两伊战争爆发后，因叙利亚支持伊朗，导致两国断交。随着中东和海湾局势的变化，从1997年开始，叙伊两国双边关系逐步改善。1997年5月，叙利亚首派贸易代表团访问伊拉克，双方就伊拉克在联合国安理会第986号决议的框架内，从叙利亚进口食品、医药和其他物品达成协议。同年6月，两国签署了开通两国间通讯联络的协议。7月，叙利亚重新开放了关闭长达17年之久的叙伊边境。2000年叙伊两国达成了重新开放1982年关闭的输油管的协议。2001年11月，叙伊输油管开始启用，伊拉克每天向叙利亚输送20万桶轻质原油。2009年8月，伊拉克总理马利基访问了大马士革，伊拉克和叙利亚决定成立以两国总理为首的高官战略合作委员会，该委员会包括两国外长、国防部长、内政部长以及负责石油、电力、工业、财政、经济和运输领域事务的各位部长，每年在两国轮流举行两次会议，以加强两国在政治、经济、外交、军事和安全等领域的合作。

与土耳其的关系：土耳其是伊拉克最重要的北方邻国，双方在经贸合作、水资源利用、库尔德问题、边境安全等领域具有广泛的共同利益。海湾战争结束后，土耳其也成为国际制裁伊拉克的间接受害者。近年来，双方关系开始得到很大提升。目前，土耳其是伊拉克最重要的贸易伙伴之一。土耳其进口伊拉克的石油，向伊拉克出口工业品和日常生活用品。2009年9月18日，双方举行了首次土耳其和伊拉克战略合作部长级会谈，双方在经济、安全、能源、农业等领域达成多项合作协议。2011年10月，伊拉克外交部发表声明，谴责库尔德工人党武装对土耳其军警发动袭击造成伤亡，承诺将与土方合作，共同维护两国边境地区的安全。

与中国的关系：1958年8月25日，中国与伊拉克建交，双方之间一直保持着传统友好的外交关系。中国在伊拉克危机中奉行的原则立场是：明确反对伊拉克入侵和吞并科威特，但同时也反对美国等国对伊拉克诉诸武力，主张力争通过外交努力谋求和平解决危机，积极斡旋，避免发生军事冲突。伊拉克战争结束后，中国积极呼吁美英联军向伊拉克尽快移交完全主权，中国发挥了有所作为的重要作用。2007 年 6 月，塔拉巴尼以总统身份对中国进行访问，他是中伊自 1958 年建交以来首位访华的伊拉克总统。2008 年 8 月，塔拉巴尼总统前来北京参加在中国举办的第 29 届奥运会。2011 年 7 月，马利基总理对中国进行正式访问。

近些年，双边经贸合作稳步增长，中国已经成为伊拉克第三大贸易伙伴。石油合作是未来中伊重点合作的领域。2008 年 4 月，经伊拉克石油部专家审核，首批通过伊拉克石油合作资格预审的国际石油公司共 35 家，其中有 4 家中国石油公司，这 4 家中国石油公司分别为：中国海洋石油总公司、中国石油天然气集团公司、中国中化集团公司和中国石化集团。2009 年 6 月 30 日，中国石油天然气集团公司与 BP 公司在伊拉克第一轮国际油气田招标中成功中标，获得鲁迈拉（Rumaila）油田的作业权。

19.2 伊拉克外贸管理机构

19.2.1 立法制度

伊拉克共和国为联邦制国家（2006 年 10 月 11 日议会通过联邦制法案），设总统委员会（由总统和 2 位副总统组成）、总理府（部长内阁）和议会（325 位议员），实际行政权力掌握在以总理为首的部长内阁手中。2005 年 10 月 25 日，经全民公决通过的伊拉克共和国宪法规定：伊拉克共和国是拥有完全主权的、独立的联邦国家，实行议会代表制。每 10 万居民拥有一个联邦国民议会的席位，议员代表整个伊拉克人民的利益。每届议会任期 4 年。联邦国民议会中妇女的席位不得少于 25%。联邦的行政权力由共和国总统和内阁共同承担；总统由议会三分之二多数选举产生，任期 4 年。总统必须出生时就是伊拉克人，其父母也必须是伊拉克人，年龄在 40 岁以上。总统指派在议会中享有多数席位的党团领导人组建政府。

内阁成员由总理推选，总理还担任武装部队总司令职务。伊拉克地方政府拥有行使立法、行政和司法的权力；地区政府有一定的行政自主权，有权建立自己的“安全组织”，如警察部队、治安部队和卫队等。地方政府在不违反国家宪法的前提下，可以起草自己的法律，确立自己的行政权力机构以及行使这些权力的机制；宪法承认库尔德斯坦地区的自治地位。伊拉克是伊斯兰世界的一部分，是阿拉伯国家联盟的创始国和正式成员；阿拉伯语和库尔德语同为伊拉克的官方语言。伊斯兰教是伊拉克官方宗教，是伊拉克立法的主要依据之一。宪法保证宗教自由。

19.2.2 行政机关

目前，伊拉克政府机构主要由总理、副总理领导的内政部、国防部、国家安全事务部、财政部、石油部、外交部、通讯部、建设部、文化部、电力部、高等教育和科学研究部、人权部、工业与矿产部、劳动力和社会事务部、贸易部、交通部、水资源部、铁道部等相关政府部门组成。

伊拉克现任总统塔拉巴尼自2005年4月起当选伊拉克过渡政府总统，2006年4月22日，塔拉巴尼当选为伊拉克总统，成为战后首任民选正式总统。2010年11月，塔拉巴尼再次当选为伊拉克总统。伊拉克现任总理马利基2006年5月出任伊拉克战后首届正式政府总理，2010年12月获得连任。

19.2.3 司法体系

伊拉克临时宪法规定司法独立，不受任何其他权力的约束，只服从法律。伊拉克司法保护所有公民的诉讼权。司法机构的组织法、司法等级及其法律权限由法律规定。法官行使司法权，不受法律权限之外的任何权力或任何部门的支配。法律规定了对法官和地方法官的任命、调动、提升、处分及免职的条件。法律规定公诉权及其机构，任命正副检察长的条件以及对正副检察长的调动、提升、处分及免职的规章制度。

伊拉克全国设有最高上诉法院、上诉法院、初审法院（预审法院）、调解法院、地方刑事法院、革命法院（1992年取消）、沙里亚法院（伊斯兰教法院）、刑事法院、治安法院、民事法院、特别法院等。法院工作由国家司法部和以最高上诉法院院长为首的司法会议主持、负责和监督。

伊拉克战争后设立了战犯法庭和特别法庭。战犯法庭和特别法庭主要负责审判萨达姆以及遭美军通缉的55名前萨达姆政权的领导人。2005年10月，伊拉克过渡国民议会投票批准将特别法庭更名为高等法院。

此外，2005年10月通过的伊拉克宪法规定：地方政府拥有行使立法、行政和司法的权力。

19.3 伊拉克进口管理制度

19.3.1 进口配额

伊拉克商务部基于市场需求对进口货物实行配额管理，对进口货物的数量、种类和质量实施一定的限制。

19.3.2 进口许可证制度

进口货物必须向商务主管部门申请许可证。进口许可证只发给确定的进口商，包括国有商业公司、政府采购代办或者拥有商务处的伊拉克商会成员。进口许可证自发证之日起12个月内有效，但是发给私营企业的许可证有效期只有4个月。发放给的进口许可证内容必须包括进口商名称、商品名称、商品说明书、价值（价格和运费，不包括保险费和包装费）、数量、装船地、原产地、时间、商品分类号及其海关规则。没有进口许可证进入伊拉克的商品将被视为走私物品予以没收。

申请进口许可证的条件如下：申请人必须有伊拉克国籍，申请人必须是伊拉克商会或者伊拉克工业联合会的成员，或者持有工商业企业执照，申请人必须持有相关的商业合同。

为了提供更便利的服务和加快进出口许可证的办理过程，伊拉克商务部计划开通申请进出口许可证的电子办理渠道。

19.3.3 原产地标志要求

进口货物必须持有原产地标志，并符合伊拉克的各项标准，否则将被拒绝入境。原产地证书首先要找合适的商会证明，然后在伊拉克驻所在国大使馆得到合法性认证，伊拉克大使馆收取一定的费用。

19.3.4 反倾销税

伊拉克暂时没有制定与反倾销税相关的贸易法律和法规。

19.3.5 反补贴税

伊拉克暂时没有制定与反倾销税相关的贸易法律和法规。

19.3.6 其他贸易壁垒

商品贸易壁垒：如果某种进口货物数量过多，造成伊拉克国内市场供大于求的状况，伊拉克商务部将限制此类商品的进口数量。另外，进口的商品必须符合伊拉克的标准。

与宗教相关的贸易壁垒：伊拉克是一个伊斯兰国家，进口的食品须符合伊斯兰教教规的要求，猪肉产品的进口需获得进口许可证。

服务贸易壁垒：在工程承包领域，根据承包工程的种类，企业需向伊拉克有关政府部门申报。如石油开采项目，需石油部审批；如住宅项目，需公共工程和住房部审批，如通讯项目，需通讯部审批；如铁路项目，需运输部审批。

知识产权保护：目前，伊拉克对知识产权的保护工作不够完善，但是伊拉克政府正在寻求成为世界贸易组织的正式成员国，并为此计划制定一项新的符合世贸协定与贸易有关的保护知识产权的法律。目前，伊拉克知识产权保护的职能分属于几个不同政府部门，规划发展部所属的国家标准和质量控制（COSQC）管理局负责专利登记和工业设计注册，文化部负责著作权保护，工业和矿产部负责登记管理商标注册。伊拉克签署了几个主要国际知识产权保护公约，1975 年签署了《工业知识产权保护巴黎公约》，1976 年加入了《世界知识产权保护公约》，1985 年签署了《阿拉伯著作权保护协议》和《阿拉伯知识产权保护条约》。

暴力恐怖危险：伊拉克安全形势极差，暴力恐怖事件经常发生，这是外国投资者最担心的事情。2008 年以来，暴力事件发生的次数降低，伊拉克的安全形势有了一定改善。2011 年底，驻伊美军撤离后，伊拉克安全形势又面临严峻考验。总体而言，除了库尔德自治区相对好一些之外，伊拉克是整体安全形势非常糟糕的国家，这是阻碍外国投资进入伊拉克的最大障碍。

19.4 伊拉克出口管理制度

伊拉克商务部在出口货物方面做出了一系列的限制性规定，主要如下：(1) 出口许可证只发给伊拉克人；(2) 私营部门的企业家必须通过伊拉克工业促进总会或者伊拉克工业联盟的注册才可以出口产品；(3) 出口企业必须接受银行对其进出口贸易的监督；(4) 石油及其衍生品出口由石油部独家经营；(5) 必须持有与出口货物的相关的官方文件；(6) 申请出口许可证时必须提交出口货物的原材料、数量、价值等说明文件。

19.5 伊拉克贸易协定

19.5.1 双边投资贸易协定

为促进与美国的贸易与投资，2008年8月，伊拉克与美国签署了双边贸易协定。

伊拉克还与阿尔及利亚、埃及、约旦、黎巴嫩、阿曼、卡塔尔、叙利亚、苏丹、突尼斯、阿联酋、也门等国签署了自由贸易协定。

19.5.2 多边投资贸易协定

伊拉克也是多边投资担保机构（MIGA）的成员国，同时也是世界贸易组织的观察员国。此外，伊拉克与阿盟框架内签署有9个多边贸易协定，与其他32个国家签署了单边贸易协定。

伊拉克也是大阿拉伯自由贸易区的成员国之一。1998年1月1日，阿拉伯社会经济委员会宣布在10年内建成大阿拉伯自由贸易区。迄今已有17个阿拉伯国家加入该协定。大阿拉伯自由贸易区协定是一个多边协定，其目的是要在10年内消除各协约国之间的所有关税和非关税壁垒。该协定有效降低了阿拉伯国家之间的贸易障碍，在一定程度上促进了阿拉伯国家之间的商贸交往。该协议规定的协约国零关税推迟至2012年实施，届时将成立关税同盟。

19.6 伊拉克贸易习惯

19.6.1 通用的贸易方式

根据伊拉克法律规定，外国人不能成为商业代理。外国公司必须寻求伊拉克公司作为代理。

19.6.2 对伊拉克贸易应当注意的问题

19.6.2.1 安全卫生标准

进出口商品必须符合伊拉克的安全卫生标准。一般的进出口商品，进出口商须向海关提供商检证明。食品和药品等商品，进出口商需提供商品成分清单和样品，由伊拉克卫生部检验颁发许可证。动植物等商品，须经伊拉克农业部检验样品后颁发进出口许可证。

19.6.2.2 包装和商标

为了防止商品在港口搬运过程中破损丢失，商品的包装应该结实可靠，特别是布匹等容易散落的货物应当打包装箱。

19.6.3 纠纷处理方式

伊拉克有关商业仲裁的国内法规比较多，但是伊拉克加入的有关国际公约比较少。1983 年，伊拉克签署了《利雅得司法合作公约》，1987 年，伊拉克加入了阿拉伯国家联盟商业仲裁公约。近些年，伊拉克加入了世界银行的多边投资担保机构。但是伊拉克还没有签署有关承认和执行外国仲裁裁决的联合国纽约公约（1958 年）——通常被称为纽约公约，也没有采纳作为纽约公约附件的由联合国国际贸易法委员会（简称贸易法委员会）设立的规则和程序。

伊拉克国家投资法中详细规定了对商业纠纷诉诸法律或者提交仲裁的种种情形：（1）因工作合同而产生的争议应完全适用伊拉克法律，受伊拉克法院管辖。如工作合同另有规定，非伊拉克籍劳工应得到豁免。（2）如争议当事方为非伊拉克籍，并且争议并非源于犯罪行为，当事方可以对适用的法律、管辖法院等问题协商一致，并根据该协议解决争议。（3）如受本法规定影响的项目合伙人之间或项目所有人和项目其他人员之间产生的争议导致项目停工三个月以上，投资委员会可以撤销许可证并要求项目所有人在三个月之内解决争议。如三个月过后仍未解决项目合伙人之间或项目所有人和项目其他人员之间产生的争议，委员会可采取法律手段清算项目并告知项目所有人或合伙人。清算结余在偿清国家债务或其他债务之后应存在一家银行。（4）如争议一方受本法调整，当事方在签署协定时可就解决争议的机制达成一致，包括根据伊拉克法律或其他任何国际认可的机构进行仲裁。（5）委员会或任何政府机构与受本法调整的当事方之间就不违反本法规定的事项产生的争议应适用伊拉克法律，受伊拉克民事法庭管辖。如在界定当事方关系的合同中包含了仲裁条款，则当事方可根据该条款将商业争议诉诸仲裁。[①]

---

① 中华人民共和国商务部驻伊拉克经参处网站。

19.7 伊拉克的海关监管制度

19.7.1 对进出境货物的监管

伊拉克金融部下设的海关总署负责对进出伊拉克的商品实施监管，主要有以下几个方面：

(1) 商业发票。商业发票必须详细说明所运货物的起运地、原产国等内容。对于货物中非本国生产的部分，则其在货物中所占的百分比须予以说明，且需写明制造商的全称及地址。商业发票的原件及其 5 份副本必须送给收货人，但只有原件需要予以合法证明。空运货物时，装载货物要有 3 份商业发票，其他副本应当送给收货人。

(2) 提货单。运输货物至少要求 3 份提货单，提货单上应当含有装运人姓名、收货人姓名和地址、目的港、货物说明、运费及其他费用、提货单的总份数、承运人正式承认船舶收货的签名及日期，承运船舶的国籍等内容。

(3) 原产地证书。原产地证书要有合法的证明，并经过伊拉克大使馆认证。

(4) 包装清单。运输货物还须附带 2 份包装清单，包装清单应该列出每个集装箱内的货物，包括商标、说明、重量、尺寸、数量以及颜色等。

(5) 对于进口抗生素、化合物和制剂等商品，海关要求提供一份经专门实验室出具的英文分析证明。

2011 年 2 月，伊拉克海关发布文件，规定所有进口到伊拉克的免税商品必须附有伊拉克使馆认证的原产地文件和商业发票；所有进口货物必须取得进口许可证；包装清单必须同时附有英文和阿拉伯文文件。

此外，伊拉克海关还详细规定了限制或禁止进口和出口的商品。非军用的爆炸物、制造爆炸物的原材料、禽流感流行国的家禽制品等产品的进口须得到商务部签发的许可证。有违公共道德规范的杂志、电影、唱片以及影像产品，枪支弹药、海洛因、可卡因、大麻等非医用麻醉品，核、化学、生物等可用于制造武器的材料和技术等不得进口。未经商务部批准，不得出口非军用爆炸物，联合国安理会规定的禁止出口的商品名单，以及食糖、茶叶、大米、面粉、奶粉等食品，各种动物以及宠物，肥皂等日用品等。禁止出口历史文物、有违公共道德规范的杂志、电影、唱片以及影像产品、海洛因、可卡因、大麻等非医用麻醉品，核、化学、生物等可用于制造武器的材料和技术等。①

19.7.2 对进出境运输工具的监管

伊拉克海关对运输进出口货物的船舶、汽车、飞机等交通工具进行监管，一般要求提供交通工具的国籍、抵达和离开日期等情况。

---

① 伊拉克海关总署网站 http：//www. iraqcustoms. org。

19.7.3 自贸区的监管

为了加快经济重建进度，吸引外国投资和发展对外贸易，伊拉克在全国设立了4个自由贸易区。① 巴士拉/霍尔祖拜尔自由贸易区，位于巴士拉西南40英里，阿拉伯海湾霍尔祖拜尔海港地区，自2004年6月已开始运营；② 尼尼微/法拉费自由贸易区，位于伊拉克北部，靠近通往土耳其、叙利亚、约旦和巴士拉港口的公路和铁路；③ 苏莱曼尼亚的自由贸易区设在伊拉克北部的库尔德地区；④ 卡伊姆自由贸易区，位于伊拉克和叙利亚边界，靠近通往土耳其、巴士拉和约旦的公路和铁路。但这些自由贸易区对于吸引外资和国际贸易作用不大，目前只有尼尼微/法拉费自由贸易区还在运营中。此外，伊拉克还与伊朗、叙利亚、沙特阿拉伯等国商讨在两国边境地区设立自由贸易区。在自由贸易区内的投资企业的进出口贸易业务将享受一定程度的贸易通关便利化措施。

根据自由贸易区管理局的规定，允许通过工业、商业和服务项目投资自由贸易区。理论上讲，资本、利润和投资收益项目在运营期间免除一切税费，包括基础和建设阶段。然而，进口货物通过自由贸易区时仍征收5%的关税。

在自由贸易区允许开展的业务活动：（1）工业活动，如装配、安装、整理、填充过程；（2）储存、再出口和贸易业务；（3）各种服务项目及储存和运输项目；（4）银行、保险和再保险业务；（5）补充和辅助的专业和服务活动。

在自贸区禁止从事的行业：其他现行法律不允许的活动，诸如武器制造、环境污染行业和原产地被禁止的活动。

19.8 伊拉克关税计征制度

19.8.1 伊拉克海关税则归类

伊拉克海关规定进口商品必须交纳关税、印花税和国防税，国家急需的某些产品和机械设备免收关税。伊拉克制定了单一的进口税率表。有不少项目是从量征税，然而主要的还是征收从价税。通过邮寄入关的物品，其关税不超过一定标准的，可以免税进关。此外，对所有应征收进口税的项目都必须课征相当于关税一定比例的附加费。没有商业价值的样品和贸易目录（包括价格表、广告传单和海报）准许免税进关。

19.8.2 伊拉克海关征税制度

伊拉克萨达姆政权被推翻后，一方面，新政府无力对全国边界实施有效控制，同时也为了便于进口国内急需的各种物资，伊拉克政府曾实行了对进出口商品免除关税的注册。

2011年1月，为了提高本地工业的竞争能力，限制低质进口商品的市场，伊拉克海关宣布将从2011年3月6日起，对数千种进口商品增加关税。新的关税实施后，酒类关税为 80％，烟叶关税为 50％，水泥为 15％，蔬菜类关税在伊拉克收获季节为 30％、其他季节为 10％。

19. 8. 3　伊拉克海关退税制度

根据海关规定，对于一些临时进口的商品，在其入关时先缴纳关税，出关时这部分关税可予以退还。

19. 8. 4　伊拉克海关关税优惠制度

为了吸引外国投资，伊拉克规定投资项目需进口的物资在该项目批准之日起 3 年内入关，即可免征关税。如果该投资项目加大投资，并将其计划通知国家投资委员会之日起 3 年内，相关计划所需物资进口入关可免征关税。

进口部件价值如未超过相关物资的 20％，免征关税。

包括酒店、旅游设施、医院、健康诊所、康复中心、教育及科学机构在内的投资，每四年内因翻修和整修需要进口的物资可免收进口相关费用。

19. 9　伊拉克海关行政处罚规定

伊拉克海关对于没有任何进出口许可证的货物，一律按走私物品进行没收处理。对于明确禁止或限制进出口的货物，也依法没收。

第 20 章

伊拉克投资环境

20.1 伊拉克投资概况

20.1.1 外资引进规模

伊拉克战争之前，由于受到严厉的国际制裁，基本无外国投资进入伊拉克。2003 年 7 月，伊拉克临时管理委员会改变了长期禁止外资企业投资的政策，奉行大力吸引外国资本，允许在伊拉克建立完全独资的外国企业，允许利润自由转移出伊拉克的投资政策，并在税收方面给外国投资者提供相当的优惠。伊拉克政府实行的这些政策吸收外资效果明显，外国直接投资总额逐步上升，从战前的 0 上升到 2005 年的 5 亿多美元，2007 年达到 9 亿多美元，2010 年则达到 14 亿多美元。①

由于油气产业在伊拉克国民经济中重要地位，伊拉克政府大力恢复和发展石油天然气产业，外国直接投资主要流向油气行业。

自伊拉克战争以来，国际社会对伊拉克提供大量的人道主义援助，包括政府无偿援助、无息贷款、优惠贷款等，承诺金额 280 亿美元，实际落实 233 亿美元，实际完成 206 亿美元。双边途径是援助国直接向伊政府提供项目或资金援助。

20.1.2 外资引进产业

1. 石油天然气产业

石油开采、提炼以及天然气开采是伊拉克的支柱产业，在国民经济中占有重要战略地位，但也在战争中遭受了重大创伤，伊拉克政府重点借助外资恢复、提升石油天然气产业。1996 年 12 月安理会第 986 号决议实施后，石油生产开始缓慢恢复。2009 年原油平均日产量约为 250 万桶，2010 年，伊拉克原油日产量约 240 万桶，日出口量约 191 万桶。

伊拉克向跨国石油企业投资者提供了更为优惠的政策。比如，诸如英国石油、荷兰皇家壳牌、雪佛龙和道达尔等石油公司如果成功中标，将可获得相关项目 75%的权益，而非 49%。伊拉克还降低了最初要求这些公司在获得报酬前必须完成的生产指标。

伊拉克天然气主要产于北部基尔库克油田和南部鲁迈拉油田，多属于石油伴生气。目前，伊拉克建有 9 个集气站，日处理天然气 0.42 亿立方米。天然气通过管道输送至位于祖拜尔和巴士拉的液化处理站出口。

2. 交通设施建设

伊拉克国内交通运输以公路为主，全国公路总长度约 3.97 万公里，多数建于 1991 年之前。在海湾战争和伊拉克战争中，伊拉克公路和桥梁受损严重，虽然多数公路已经修复，但很多路段路况较差。

① 联合国贸发会《2011 年世界投资报告》。

伊拉克国内民用机场有巴格达、巴士拉、埃尔比勒、苏莱曼尼亚的国际机场，在哈迪塞、基尔库克、摩苏尔等城市有相对较小的民用机场。战争期间，航空交通基本瘫痪。战争结束后，航空运输逐步恢复，目前巴格达有飞往安曼、开罗、伊斯坦布尔、阿布扎比等地的国际航线。

伊拉克现有铁路总长度为 2 027 公里，主要有以巴格达为中心的 3 条干线：巴格达—基尔库克—埃尔比勒线，巴格达—摩苏尔—土耳其线，以及巴格达—乌姆盖斯尔港线。战争结束后，铁路运输逐步恢复。伊拉克交通部门计划在未来几年内，通过政府的大力投入以及吸引外国企业的投资，新建一批铁路线。

3. 电信部门

电信部门是战后伊拉克重点发展的产业，着重提升通讯行业的现代化水平。目前，伊拉克固网用户约有 130 万用户，移动电话用户约 2 000 万，光纤总长度约 6 万公里。移动电话运营商主要有三家，分别是 Zain，AsiaCell，Korek。伊拉克互联网业务发展较快，用户数量不断增加，但网速较慢，价格昂贵，带宽为 512K 网络月租费 1 300 美元，主要网络公司为 Earthlink。

4. 电力

截至 2009 年夏天，伊拉克的电力需求约 13 000 百万千瓦时，而现有的发电能力仅为 7 000 千瓦时，仅仅能满足一半的电力需求，用电供需矛盾很大。伊拉克电力部计划在未来十年中吸收各界资本新建 24 000 千万时的发电能力。

此外，在农业发展、住房建设、旅游业、制造业、教育、供水等各个部门，伊拉克政府计划广泛吸收外国投资，加快这些部门的发展。

20.1.3 外资引进模式

伊拉克政府规定外国投资不得投向军工、自然资源和土地（库区除外）领域外，其他领域均可投资。生产性企业，外国投资者投资不少于 25 万美元，伊拉克雇员不少于全部雇员的 50%并负责各项福利待遇。投资方式可以是独资、合资、合作、股份制等。

20.1.4 主要经济区域

1. 南部巴士拉地区

巴士拉城位于伊拉克的东南端底格里斯河和幼发拉底河交汇处，南距波斯湾 120 公里，是连接波斯湾和伊拉克内河水系的唯一枢纽，是伊拉克第二大城市，也是伊拉克第一大港口城市。巴士拉是伊拉克的石油化工中心，有聚乙烯厂、炼油厂、石油气液化厂、化肥厂、苛性钠厂，还有钢铁、纺织、造纸、船舶和机车修理等工业。巴士拉周围地区富含石油资源，并处处可见正在采油的油井。巴士拉炼油厂日处理原油 14 万桶。巴士拉还是富饶的农业区，盛产大米、玉米、大麦、珍珠小米、小麦、椰枣及牲畜等。

2. 北部基尔库克地区

基尔库克位于巴格达以北约 240 千米的北部山区与美索不达米亚平原的交接地带，

人口约 54 万，居民以土库曼人为主，多信奉伊斯兰教。基尔库克是伊拉克东北部石油工业城市，市内有石油提炼和加工厂。附近的基尔库克油田，发现时间早，储量大。以基尔库克为中心，建有 5 条输油管道通往黎巴嫩、土耳其和叙利亚。轻工业有纺织、食品等。郊区及附近低地和谷地土壤肥沃，出产粮食和水果，山坡草场饲养绵羊，形成东北最大贸易中心，是粮食、水果和羊毛的集散地。

3. 中部巴格达地区

伊拉克首都巴格达位于伊拉克中部、横跨底格里斯河两岸，面积 860 平方公里，人口约 560 万（2002），是伊拉克政治、经济、宗教和文化中心。巴格达一词来源于古波斯语，意为“神赐的地方”。巴格达经济发达，拥有全国 40％的工业，主要工业有炼油、纺织、制革、造纸和食品。

20.2 伊拉克投资政策

20.2.1 联邦政府的外资政策

为重建被战争摧毁的国家经济，2003 年 9 月，伊拉克政府颁布了鼓励和吸引外资的外国投资法，给予外资许多优惠政策，对投资商有很大的吸引力。2006 年，伊拉克政府设立了投资管理委员会，专门负责相关外资政策制定、执行和外资企业监督管理等。为了方便投资者，该委员会对外国投资者提供一站式服务。伊拉克国家投资法允许投资者依照法律规定汇出投入伊拉克的资本和获得的收益。外国投资者可以在伊拉克证券交易所买卖股票和申请股票上市。法律原则上还允许获得投资许可的投资者享有 10 年免除税费的优惠。投资的酒店、旅游机构、医院、保健机构、康复中心和科研机构也享有进口家具和其他设备环节中的免税优惠。如伊方合作伙伴的投资份额大于 50％，合作项目的免税期限可延长至 15 年。

20.2.2 产业限制政策

伊拉克政府对外国投资的产业限制政策较少，规定除军工、自然资源和土地（库尔德斯坦自治区除外）领域外，其他领域均可投资。

伊拉克 85％以上的土地属于国家所有，伊拉克国家投资法不允许外国人拥有土地。外国投资者可以为项目租用土地达五十年（可再续）。外国投资者可以拥有投资项目的股票和证券。

在外资银行的市场准入方面，伊拉克规定允许外资银行以分行、支行、代表处或与当地银行合资的形式进入伊拉克，但银行本金不得少于 2 500 万美元，并将在未来 5 年内允许 6 家外资银行 100％的收购本地银行，对收购本地银行 50％以下股份的外资银行不作数量限制，5 年后对外资银行的进入不设任何限制。外资银行享有国民待遇，可以立即开办货币存储业务。

20.3 伊拉克投资管理体制

20.3.1 投资准入程序

2006 年设立的伊拉克投资管理委员会是投资主管部门。投资管理委员会为外国投资者提供一站式服务，外国投资者获得该委员会批准颁发的投资许可证后，还需到伊拉克贸易部公司注册处，登记注册并领取营业执照，到内政部登记备案。

20.3.2 国民待遇和部门限制

伊拉克国家投资法规定外国投资者可在除自然资源以外的所有领域和行业进行投资，外商享有与伊拉克人一样的国民待遇，允许外国投资者将合法经营所得利益全部或部分汇出境外，对企业产品不作国有化比例方面的限制。

20.3.3 对外投资协定

伊拉克在双边和多边领域签署了一系列投资贸易协定，其中最主要有 2008 年 8 月与美国签署了双边贸易协定。此外，伊拉克与阿尔及利亚、埃及、约旦、黎巴嫩、阿曼、卡塔尔、叙利亚、苏丹、突尼斯、阿联酋、也门等国签署了自由贸易协定。

在多边领域，伊拉克是多边投资担保机构（MIGA）的成员国，世界贸易组织的观察员国，伊拉克还加入了大阿拉伯自由贸易区。

20.4 伊拉克税收制度和激励措施

20.4.1 税收制度

隶属于伊拉克财政部的税务总局是伊拉克最高的税务机关，该机构在首都巴格达下设了 18 个税务所，并在各省设立税务分局。

目前，伊拉克沿用了萨达姆政府时期的伊拉克税法。该法规定，伊拉克的公司和个人负担的主要税赋有四种：个人所得税、公司所得税、房屋租赁税、土地租赁税。公司所得税税率为 35%，房屋租赁税税率为 10%，土地租赁税税率为 2%。

对于缴纳公司所得税，国营和私人公司每年向所在地区的税务机关报税。一般由注册会计师事务所负责编制纳税报告。每年前 6 个月为公司上年度纳税报告准备阶段。纳税报告包括完成项目的名称、成本、利润等详细信息并附上所有发票。

个人所得税税率实行累进制，由个人和所在单位按月向税务局报税。

20.4.2 税收优惠

伊拉克投资委员会对外国投资者实行税收优惠，规定批准的项目自商业运作之日起

10 年内，免于缴纳税费和相关费用。如伊拉克投资者在项目中所有权比例提高，则投资委员会将根据比例提高的程度延长免除税费和相关费用的时限。在伊拉克投资占比超过 50%的情况下，免除税费和相关费用时间最多可达 15 年。

伊拉克对个人所得税实行一定的优惠政策，具体如下：有孩子家庭，男人收入不超过 250 万伊拉克第纳尔（约 2 118 美元），不纳税，女人收入不超过 200 万伊拉克第纳尔（约 1 694 美元）不纳税。超过上述金额且不超过 500 万伊拉克第纳尔（约 4 237 美元），按 5%税率纳税，超过 500 万伊拉克第纳尔按 10%税率纳税。个人纳税率最高为 15%。

20.5　伊拉克主要贸易投资管理部门

20.5.1　政府行政部门

伊拉克投资管理委员会是外国投资的主管部门，直属于伊拉克政府内阁。该委员会成立于 2006 年，专门负责相关外资政策制定、执行和外资企业监督、管理等。此外，内政部、海关总署、财政部、税务总局等部门也负责外国投资者的有关事务。各省投资委员会也负责有关外国投资者的事务。

20.5.2　各省商会

伊拉克还有各种商业中心，如巴格达商务中心、基尔库克商务中心、曼苏尔商务中心、伊拉克商务委员会、巴士拉商务中心等机构帮助外国投资者在伊拉克开展业务，外国投资者进入伊拉克市场后，应该寻求合适的伊拉克合作伙伴，有助于公司业务的顺利展开。

20.6　伊拉克注册企业程序

20.6.1　注册企业的一般形式

投资者在伊拉克注册企业，可以向伊拉克投资管理委员会办理，伊拉克投资管理委员会可以为投资者提供一站式服务，投资者也可以自己委托律师办理。

20.6.2　注册企业的规定

20.6.2.1　公司注册需要提交的文件

注册企业时，投资者需要向相关部门提交当地律师委托函、授权代表委托书、项目建议书、个人护照复印件、注册企业申请表等文件。企业营业执照复印件和技术资质证明、银行资信证明、公司过去三年经营状况报告等文件还需经过公证机关公证。

20.6.2.2　在伊注册企业的程序

投资者注册企业前须到伊拉克各省商会核对拟投资企业名称是否有重名，然后持相关文件到伊拉克投资管理委员会申办企业投资许可证。投资管理委员会按规定在 30 天内给予批复，如有必要，还需到其他部委申办许可证，如环保部、卫生部等。投资者拿到许可证后到伊拉克贸易部公司注册处登记注册，然后再到伊拉克内政部备案，最后到当地税务局进行税务登记。

20.6.2.3 *在伊拉克注册企业的类别及规定*

投资者可以注册分公司及独资、合资、合作和股份制实体等形式。

外国公司在伊拉克设立分公司还须提交伊拉克认可的有效文件副本：（1）注册申请表两份；（2）总公司或总经济机构的合同，章程及法人代表的签字文件两份；（3）由总公司或总经济机构管理部门或法人给分公司经理的授权书两份，分公司经理必须取得在伊拉克的居住权；（4）总公司或总经济机构所在国出具的有效注册文件两份；（5）总公司或总经济机构最近的决算账目和董事会报告两份；（6）总公司或总经济机构董事会成员名单，注明国籍，并附被授权人名单及本人签字文件一份；（7）经律师协会同意，指定委托律师进行注册公司的文件两份；（8）伊拉克有关政府部门与公司签订的合同，并说明合同的性质，执行和结束日期，总金额及保养维修期的文件一份（仅限于分公司）；（9）伊拉克有关部门与公司合作的证明书，并允许其代表总公司在伊拉克设立办事处的文件一份（仅限于设立办事处）。①

20.7 中国与伊拉克的投资关系

20.7.1 相互投资概况

1990 年海湾危机爆发后，中国根据联合国有关决议，终止了与伊拉克的经贸往来。1996 年，联合国启动“石油换食品”计划，中伊在该计划框架下恢复了经贸交往。2003 年，美国入侵伊拉克，受战争影响，两国经贸关系几乎中断，双边贸易额大幅下滑。萨达姆政权倒台后，伊拉克新政府开始战后重建，两国经贸关系逐渐恢复。2007 年，双边贸易总额 14.8 亿美元，其中我对伊出口 7 亿美元，从伊进口 7.8 亿美元，贸易逆差 8 000 万美元。2010 年，双边贸易额为 98.6 亿美元，其中我出口 35.9 亿美元，进口 62.69 亿美元。②

在双边合作方面，中伊承包工程合作始于 20 世纪 70 年代，进入 80 年代后，伊拉克成为我海外承包劳务的重要市场。截至 2007 年 3 月，我国在伊拉克承包劳务合同额累计达 26.2 亿美元，完成营业额 23.2 亿美元。

在直接投资方面，2006 年，中国对伊拉克的直接投资仅为 35 万美元，2010 年则达到了 4 814 万美元，2010 年年末，中国对伊拉克直接投资存量额为 4.83 亿美元。③

---

① 中华人民共和国商务部驻伊拉克经参处网站 http：//iq. mofcom. gov. cn/index. shtml。

② 商务部西亚非洲司统计数据。

③ 商务部等发布：《2010 年中国对外直接投资报告》。

20.7.2 两国家间的投资协定

中国和伊拉克尚未签署两国间的投资协定，也没有签订避免双重课税协定，如已在伊拉克纳税，相关文件须经中国驻伊拉克大使馆认证后报国内有关单位批复免征国内相关税赋。

20.7.3 未来合作趋势

战后伊拉克政局一直不稳，安全形势相当糟糕，基本人身安全都难以保证。所以，尽管大规模的战后重建给伊拉克市场带来无限商机，但是风险很大，中国公司在伊拉克市场的参与程度非常有限。据统计，2008 年之前，我国仅有华为技术有限公司、中兴通讯股份有限公司、苏州中材公司和杭州三泰公司四家企业在伊拉克开展业务，而且，四家公司的大部门管理和技术人员集中在伊拉克的安全形势相对比较稳定的库尔德地区。2008 年 8 月 27 日，伊拉克石油部长沙赫雷斯塔尼与中石油代表签署了开发艾哈代布油田的服务协议，合同金额约 30 亿美元，这标志着中国国有大中型企业重返伊拉克。2009 年，英国石油公司和中国石油天然气集团公司联合中标鲁迈拉油田。尽管该项目合同条件相当苛刻，但中石油着眼于长远发展签署了该合同，预计该项目将扩大中石油在伊拉克市场的影响力和市场份额，并带动我国相关机电产品的出口。随着伊拉克的安全形势逐步改善，中国企业在伊拉克市场参与程度将大大深化，特别是在石油天然气生产领域、电信部门、劳务承包、基础设施建设等领域中国企业有着更大的发展空间，中伊两国双边经贸合作前景相当广阔。

第 21 章

伊拉克金融环境

21.1 伊拉克的货币体系

21.1.1 伊拉克汇率制度

2004 年，伊拉克发行货币第纳尔，也叫伊拉克新第纳尔。

伊拉克对外汇实行管制政策。伊拉克的外汇买卖牌价由中央银行公布。外汇收付按照下列两种业务进行，一是往来业务，包括外贸货值及其运费、保险费、银行费用、轮船费税，使、领馆官方代表团费用，保险和再保险金及赔款等。二是资本业务，包括公司转售、清理或解散应分配款，到期债券或出售债券的收入等。所有进口都必须由中央银行的外汇管制许可，否则无权购买或转移外汇。作为对外国投资者的优惠，外国投资者可以把资本自由汇出伊拉克境外。

21.1.2 伊拉克汇率的历史阶段

由于伊拉克央行外汇储备的增多和实施第纳尔升值的货币政策，近年来伊拉克第纳尔经历了一个逐渐升值过程（见表 21—1）。

表 21—1　　近年来伊拉克第纳尔汇率简表（1 美元兑第纳尔）

年　份	2007	2008	2009	2010	2011
汇　率	1 216	1 172	1 170	1 170	1 170

数据来源： EIUCountry Report Iraq October 2011

21.2 伊拉克金融机构

21.2.1 金融机构体系

21.2.1.1 伊拉克中央银行

伊拉克中央银行是最重要的国家银行，控制着全国的金融系统和外汇交易。伊拉克中央银行成立于 1947 年，现有员工约 2 000 人，代表政府出台金融和货币政策，对金融机构和市场进行监督管理。中央银行下设外汇兑换司和银行监督司等部门。除中央银行之外，另有 7 家国有银行，28 家私人银行以及 8 家伊斯兰银行，他们共同组成伊拉克的银行体系。

21.2.1.2 国有商业银行

拉希德银行（Rafidain）、拉费丹银行（Rasheed）和伊拉克贸易银行（Trade Bank of Iraq）是伊拉克最大的三家国有商业银行，他们控制着伊拉克全部银行部门 85%以上的资产。拉希德银行是伊拉克第一大国有商业银行，成立于 1941 年，隶属于伊拉克财政部，是政府控股的股份制合资商业银行，现有员工 7 500 人，在伊拉克全国有 147 个分支机构，并分别在约旦、英国、巴林、埃及、黎巴嫩、阿联酋、也门等国建有分行。除储蓄外，其业务包括国际结算和转账、国际贸易和投资项目融资、提供政府和消费信贷、开立信用证等。拉希德银行和拉费丹银行拥有大量政府存款，伊拉克石油收入就是由它们负责。伊拉克贸易银行成立于 2003 年，是为了便于进出口贸易而专门设立的，其业务包括国际贸易融资、开立信用证、进出口担保、为基础设施和其他项目融资。

21.2.1.3 私人银行

全国有 28 家私人银行和 8 家伊斯兰银行。

21.2.1.4 股份制银行

伊拉克 6 家上市股份制银行规模较小，只能经营国内业务，业务种类仅限于国内货币（伊拉克第纳尔）储蓄结算和项目融资等商业服务。

21.2.1.5 保险公司

伊拉克国家保险公司是伊拉克最大的保险公司，其业务主要包括强制性的工程保险，为进出口货物提供海运保险，为个人和机构提供包括恐怖主义危险在内的意外保险，个人寿险，机动车保险，责任险以及其他有需要的保险服务。

21.2.1.6 证券公司

由 5 位委员组成的伊拉克证监会（Iraq Securities Commission）是独立于伊拉克政府的金融市场监管机构。其主要职能为监管股票交易、托管、经纪人、发行以及投资顾问等，并制定和发布股票市场交易规则，以及监督股票交易市场的正常、合法运行。

伊拉克证券交易所（ISX）于 2009 年 4 月正式开通电子交易业务，现有 91 家上市股票。伊拉克国家投资法允许外国投资者在伊拉克证券交易所买卖股票和证券。

21.2.1.7 其他金融机构

除中央银行外，央行批准的 11 个外资银行在伊拉克银行中有战略投资。其中巴林阿里联合银行（Ahli United Bank）在伊拉克商业银行（Commercial Bank of Iraq）中占有 49%的股份，巴林海湾联合银行（United Gulf Bank）在巴格达银行（Bank of Baghdad）占有 49%的股份，约旦资本银行（Capital Bank）在伊拉克国民银行（National Bank of Iraq）中有 49%的股份，汇丰银行（HSBC）在萨拉姆银行（Dar Es-Salam Bank）占有 70%的股份，科威特国民银行（National Bank of Kuwait）在伊拉克信用银行（Credit Bank of Iraq）占有 75%的股份，卡塔尔国民银行（National Bank of Qatar）占有曼苏尔银行（AI-Mansour Bank）的 23.2%的股份。

21.2.2 金融机构的特点

伊拉克金融体系相对完善，但是整体发展水平比较落后，绝大多数的银行业务比较简单，仅限于为基本客户提供个人转账或信贷业务。私人银行的主要业务是为中央政府向省级主管部门或个人进行财务转账，而不是提供企业贷款等业务。此外，伊拉克的货币流通仍主要基于现金，仅有部分银行开通了万事达卡或维萨卡的服务。

21.3 伊拉克金融市场

21.3.1 资本市场

21.3.1.1 债券市场

伊拉克的债券市场发展相对落后，政府发行的债券不能很方便的买卖，国库券年限结构比较单一。伊拉克政府计划发展政府债券市场，以便为发展经济提供更多的融资手段。

21.3.1.2 股票市场

成立于2004年的伊拉克证券交易所（ISX）是伊拉克唯一的证券交易市场。2009年4月，伊拉克证券交易所正式开通电子交易业务，实现了股票交易的全自动化和专业化管理，大大便利了投资者的股票交易。伊拉克证交所现有91家上市公司股票。

伊拉克国家投资法允许外国投资者在伊拉克证券交易所买卖股票和证券。2007年起，外国投资者开始参与伊拉克证交所的股票交易，2009年，实现电子交易后，外国投资者数量大大增加，截至2009年年中，有76家外国投资者参与伊拉克股市交易，其中包括11家机构投资者和65位个人投资者。

2009年，伊拉克颁布了新的《证券法》，该法令完善了证券交易市场规则。

21.3.3 外汇市场

伊拉克暂时没有成熟的外汇市场，中央银行每周日至周五举行美元拍卖会，兑换汇率由中央银行制定，需要美元的个人或者公司可参加拍卖会。

21.4 伊拉克金融监管

21.4.1 金融监管机构

伊拉克中央银行和证监会是伊拉克金融市场最主要的两大监管机构。中央银行主要负责金融与货币政策的制定和实施，以及监管各级商业银行的运行。由5位委员组成的伊拉克证监会（Iraq Securities Commission）是独立于伊拉克政府的金融市场监管机构。其主要职能为监管股票交易、托管、经纪人、发行以及投资顾问等，并制定和发布股票市场交易规则，以及监督股票交易市场的正常、合法运行。

21.4.2 金融监管政策

伊拉克《银行法》赋予了中央银行在伊拉克金融体系中的最高地位。中央银行负责金融与货币政策的制定和实施，发行货币和调整汇率，监管各级商业银行的运行等职责。

伊拉克证监会是伊拉克证券市场的最高监督者，负责制定证券市场的运行制度以及市场交易的正常运行。根据法律规定，伊拉克中央银行和证监会独立完成其各项职能，而不受任何政府部门的干涉。

21.4.3 金融监管法规

伊拉克有关金融监管的法律法规主要有2003年伊拉克临时管理当局与管理委员会共同颁布的《银行法》和2009年颁布的《证券法》。

21.5 伊拉克市场融资

21.5.1 信贷融资

伊拉克的各家商业银行向有需求的企业提供贷款，但是由于贷款利率偏高，企业寻求贷款的积极性不高，造成商业银行发放贷款总额不高（见表21—2）。

表21—2　　伊拉克近几年的贷款利率表

年　份	2007	2008	2009	2010	2011	2012
利率（%）	20.1	15.0	7.0	6.0	7.2	8.0

数据来源： EIUCountry Report Iraq October 2011

21.5.2 债券市场融资

伊拉克的债券市场发展滞后。伊拉克政府发行债券和国库券，但是债券的买卖不方便，国库券品种单一，基本上起不到为市场融资的作用。

21.5.3 股票市场融资

伊拉克股票市场发展相对较好。从交易手段看，自2004年开市以来，从最初的全人工交易已经实现了全电子化交易；在制度建设方面也取得了很大进步，制定了《证券法》，并设立最高监管机构——伊拉克证监会。目前，有91家公司在伊拉克股票市场上市，为投资者提供了新的投资工具，也为上市企业开辟了新的融资渠道。

21.6 伊拉克与国际金融市场

21.6.1 伊拉克在国际金融市场的角色

由于伊拉克经济发展规模和发达程度不高，伊拉克在国家金融市场上基本没有影响力。但是，由于伊拉克是最重要的石油输出国之一，伊拉克政局的稳定与否以及石油工业的发展水平往往导致国际市场原油价格的一定波动，从而对国际金融市场产生一定的间接影响。

21.6.2 中国在伊拉克金融市场的角色

中国目前没有参与伊拉克金融市场。

第八篇

埃及商务环境

埃及出口结构主要是依赖初级产品的货物出口，货物贸易处于逆差。埃及服务贸易受益于旅游业的收入有大量盈余。埃及主要贸易伙伴是美国、意大利、中国、德国、瑞士、英国、法国等。埃及贸易管理主要依据《进出口法》、《海关法》、《国际贸易中不良做法影响下的国家经济保护法》和《贸易法》进行，贸易管理总体上趋于合理简化。埃及存在贸易和关税壁垒，实行鼓励出口的政策。埃及加入了大阿拉伯自由贸易区等贸易协定，与中国签订了《关于鼓励和相互保护投资协定》、《中国与埃及经济贸易协定》和《关于对所得避免双重征税和防止偷漏税协定》。埃及注意改善国内投资环境，吸引外资流入。外国投资主要来自阿联酋、沙特阿拉伯、科威特、利比亚等主要石油输出国。外国投资者需经过埃及投资管理机构批准方可进入。外国投资者可以根据《公司法》或《投资保护鼓励法》，通过合资、有限责任公司、合作和内陆投资的方式进行投资。投资领域集中在工业、技术和软件业、基础设施、新兴建设区的发展、旅游业、石油产品（勘探、挖掘、油井和设备的维护）等。对外资实行优惠的税收制度，对外国投资的一些地区，如苏伊士经济区、开罗省、亚历山大省，以及埃及贫困地区提供多种优惠政策。埃及对外国企业在埃及开设承包公司实行许可制度。埃及在2003年颁布了新的《银行法》，欢迎外国银行和金融机构参与埃及银行的私有化进程，通过参股、收购等方式进入埃及市场。埃及实行国际收支经常项目下外汇自由兑换，对资本项下的自由兑换政策审慎。埃及国内融资包括正规渠道和非正规渠道两种，正规渠道有三个，一是银行系统，二是证券市场，三是在埃的外国援助机构和非政府组织。非正规渠道则包括亲戚朋友借贷、供货商赊销、购货人预付款、私人放贷等。埃及的信贷融资由各银行自行制定贷款利率。中国进入埃及金融市场刚刚起步。

第 22 章

埃及贸易环境

22.1 埃及进出口贸易

22.1.1 进出口概况

埃及出口结构主要是依赖初级产品的货物出口。石油、天然气、焦炭及其制成品、农产品、棉花及其他纺织原料等是埃及主要出口货物。其他出口货物包括磷酸盐、大理石等初级产品，纺织品、陶器、建材、铝及其制品、钢材、药品等工业制成品，以及大米、蔬菜、水果等农产品。

进口货物品种较多，主要包括机电设备、汽车及零部件、金属制品和化工品等制成品，以及小麦、面粉、玉米、食油、肉类等食品。近年来，政府一方面致力于提高产品的质量，扩大出口，增强产品在国际市场上的竞争力；另一方面采取灵活多样的贸易方式（现汇贸易、易货贸易等），在各地设立经济自由区，扩大进出口贸易额，同时逐步开放贸易，降低关税，减少对进出口商品的限制，对外贸易增长较快。2010 年埃及进出口总额为 729 亿美元，其中进口总额 490 亿美元，出口总额 239 亿美元，贸易逆差 251 亿美元①。

埃及的服务贸易出口项目主要包括接待外国游客的旅游业收入、苏伊士运河过境费收入和在国外工作的埃及人汇回国内的侨汇收入；服务进口开支较少，因此，近年每年服务贸易有大量盈余。2007 年埃及的侨汇收入为 70 亿美元，其他服务贸易收入 197 亿美元，服务贸易开支仅 83 亿美元，服务贸易盈余可以弥补货物贸易逆差，并保持国际收支经常项目略有盈余。

22.1.2 主要贸易伙伴关系

埃及主要贸易伙伴是美国、意大利、中国、德国、瑞士、英国、法国等。2010 年，埃及前 5 位进口对象国是美国（65%）、中国（53.1%）、意大利（51.1%）、德国（45.9%）和沙特阿拉伯（37.1%）。前 5 位出口对象国是意大利（21.1%）、西班牙（16.3%）、沙特阿拉伯（16.0%）、美国（15.6%）、印度（12.3%）②。

埃及签订了多个双边及多边贸易协议，与利比亚、叙利亚、突尼斯、摩洛哥、黎巴嫩、约旦、伊拉克、土耳其等国签署了自由贸易协议。埃及于 1995 年 6 月 30 日加入世界贸易组织。埃及加入了一些区域优惠贸易：如埃及一欧盟伙伴关系协议，2004 开始生效。按协定规定，埃及的工业制成品可以免关税进入欧盟市场，欧盟扩大了对埃及农产品的进口配额，并放宽了进口埃及农产品的期限。埃及则开始逐步取消对欧盟工业制成品的进口关税。2004 年年底与美国、以色列签订的合格工业区协定。2005 年与土耳其签

① 资料来源：埃及中央银行。
② 资料来源：埃及海关。

订的埃及—土耳其自由贸易协定。根据协议，部分工业品和农业品在两国间流动享有免税或减税待遇。加入 2000 年正式启动的东南非共同市场（COMESA）自由贸易区。加入由埃及、突尼斯、摩洛哥和约旦组成的阿加迪尔协定。获得工业品和大部分农产品在成员国之间流动免关税的互惠。此外，埃及还加入了大阿拉伯自由贸易区协定。

埃及与中国的关系。埃及是第一个与新中国建立外交关系的非洲和阿拉伯国家。1956 年 5 月 30 日两国建交，双方友好关系不断加强。中国政府在中东问题上支持埃及政府的立场，向埃及政府提供力所能及的帮助。截至 2007 年，中国对埃及提供援助总额 20 亿人民币，主要援助项目包括开罗国际会议中心、远程教育，以及各类人员培训等。埃及在中国恢复联合国合法席位及台湾问题、人权问题上一直给予坚定支持。近年来，两国高层互访频繁，双边合作平稳发展。1999 年 4 月 5 日，双方签署《中华人民共和国与阿拉伯埃及共和国关于建立战略合作关系的联合公报》，就两国建立面向 21 世纪战略合作关系达成了共识。双方经贸关系发展良好，20 世纪 90 年代中期以来呈现快速增长态势。埃及对于中国旅游者具有较大吸引力。中国与埃及的相互直接投资发展较快。中国企业在埃及积极开展建筑工程承包。埃及与中国本着互利双赢的原则，进一步扩大在基础设施、旅游、投资、通信等领域的务实合作，加强在“中非合作论坛”和“中阿合作论坛”等多边框架下的双边合作。

埃及与美国的关系。纳赛尔时期，埃及与美国关系紧张。1967 年“六·五”战争后，埃及与美国断交。1973 年“十月战争”以后，埃美关系明显改善和发展。1974 年 2 月，两国复交。穆巴拉克总统执政后两国关系日趋密切，与美有“特殊战略伙伴”关系。美国自 1979 年起每年向埃提供 21 亿美元的援助，其中军援 13 亿美元。1998 年，美埃签署协议，商定美在未来 10 年内每年减少 5%对埃政府经援，至 2008 年减至 4.07 亿美元。但美采取其他方式弥补，美经援总额并未大幅减少。2004 年埃美签订“合格工业园区”协定后，双方经济关系进一步加强。2010 年，穆巴拉克赴美国参加巴以直接谈判启动仪式。美副总统拜登访埃。2011 年，美宣布向埃提供 1.5 亿美元额外经济援助，帮助埃恢复经济和完成民主过渡①。

埃及与欧盟的关系。纳赛尔时期，埃同主要西欧国家关系冷淡。萨达特上台后开始注意改善同西欧国家关系。1973 年“十月战争”后，埃同西欧国家关系有较大发展。穆巴拉克总统执政以来，频繁出访欧盟国家，双方保持密切往来。欧盟是埃最大贸易伙伴，埃与欧盟的贸易总额占埃对外贸易总额的 40%。2010 年穆巴拉克分别访问德国、意大利、希腊、法国等。捷克总统克劳斯、希腊总统卡洛斯、匈牙利总理吉尔冬等分别访埃。2011 年，英国首相卡梅伦、欧盟外交与安全政策高级代表阿什顿等分别访埃。

埃及与沙特阿拉伯的关系。埃及同沙特在经济、人员交往和宗教事务方面有密切的合作关系。1979 年埃以和约签订后，沙同埃断交。1987 年 11 月，沙、埃恢复外交关系，沙恢复了对埃的经援。海湾危机爆发后，埃应沙特要求派兵驻沙，沙决定免除埃所欠债

① 资料来源：外交部网站

务，并向埃提供新的无偿经援 15 亿美元。2010 年，沙特国王阿卜杜拉访埃。2011 年，埃及总理沙拉夫访问沙特①。

埃及与印度的关系。埃及是印度在非洲重要的传统贸易伙伴之一，近年来埃及与印度之间的经贸关系发展迅速。埃及主要从印度进口农业产品、纺织类产品、医药制品等。出口印度的主要商品为：原油及其制品、LNG、原棉、磷酸盐、炼焦煤和大理石。印度与埃及主要在 IT、制药、化学制品、化肥、钢铁、能源和农业设备等领域进行投资与合作。埃及与印度签署科技合作协议，开展在农业与科技领域的合作。②

22.2　埃及外贸管理机构

22.2.1　立法制度

埃及主要依据 1975 年第 118 号《进出口法》、1963 年第 66 号《海关法》、1998 年《国际贸易中不良做法影响下的国家经济保护法》和 1999 年 17 号《贸易法》进行贸易管理。贸易管理总体上趋于合理简化。自 1994 年 2 月开始采用商品名称及编码协调制度以来，税号由 13 000 个减少至现在的 6 000 个，关税水平不断下调。埃及的关税制度鼓励进口原材料和机械设备，保护民族工业的发展。所有在埃及出产的商品都允许出口，但对于某些出口商品征收出口税。工业与外贸部为全国对外贸易的主管部门。该部下设外贸局、进出口监管总局、商务代表处等机构。进出口监管总局负责所有进口商品的检验。原产地管理局是隶属于进出口监管总局的一个管理机构，下设协议研究部、阿拉伯原产地证颁发部和外国原产地证颁发部，研究贸易优惠安排和非关税壁垒，公布信息，颁发产地证，并对不同部门的原产地管理部门进行业务管理。国际贸易政策部负责反补贴、紧急保障措施和反倾销事务。

22.2.2　行政机关

埃及对外贸易的主管部门是埃及工业与外贸部，该部下面设进出口控制总局、工业发展总局、展览和会议总局、标准和质量总局、商务代表处、出口促进中心、贸易协定局、出口促进银行、外贸培训中心等机构。其中，进出口控制总局负责所有进出口商品的检验及控制。贸易协定局负责 WTO 事务以及反补贴、紧急保障措施和反倾销事务。商务代表处负责向各国派遣贸易代表。展览和会议总局负责代表埃及在国外举办展览并管理埃及境内举办的展览。

埃及参与经贸政策法规的研究咨询和贸易投资促进的民间机构主要有埃及商会联合会、埃及企业家协会和埃及工业联合会等。此外还设立了埃及出口信贷担保公司、出口

---

① 资料来源：外交部网站。

② 资料来源：商务部网站，http：//eg.mofcom.gov.cn/aarticle/ztdy/200703/20070304472005.html。

发展银行等官方机构①。

22.2.3 司法体系

埃及对外贸易管理方面的主要法律是：1999 年颁布的《贸易法》。2002 年制定了《出口促进法》。2005 年修订的《进出口法》和《海关法》，2005 年颁布的《进出口法实施条例》。埃及自 1995 年加入 WTO 后即遵守该组织有关规则和所做的承诺。

22.3 埃及进口管理制度

根据埃及法律规定，进口商品清关应该满足以下条件：

1. 未经使用的商品规定目录的二手商品、主管外贸的部长批准的二手商品。
2. 根据主管外贸的部长指令规定，商品应配有国际编码。
3. 进行清关的进口商品应附有写明生产商名称、商标、地址、电话、传真号码和电子邮件的发票。
4. 除了特殊说明的情况，对于价值超过 5 000 美元的进口商品，应通过在埃及境内运营的银行以任何正规方式支付。
5. 商用进口商品清关时需要提供进口商注册卡，进口商品应在注册卡注明的商品之列。
6. 进口商品清关须配有经过主管部门认证的产地证明。

22.3.1 进口许可证制度

埃及食品及卫生等产品均需要进口许可证。

22.3.2 原产地标志要求

2007 年起，埃及规定凡对埃及出口的产品需原产地证书，文件及附件应由驻出口国的埃及使馆或领事馆予以认证。如果埃及在出口国尚未设立使馆和领事馆，则应由驻出口国的其他阿拉伯贸易代表机构予以认证。

22.3.3 反倾销税

2010 年 4 月 26 日，埃及工业与外贸部发布部长令，对原产于中国的 30－100 马力多相交流发动机征收为期 5 年的幅度为 80％－86％的反倾销税。2008 年，埃及对原产于印度和中国的重型运输车轮胎征收 31％－60％的反倾销税，为期五年。埃及还对产于中国、印度、泰国、越南等国生产的圆珠笔、荧光灯、火柴等商品征收反倾销税。

① 资料来源：商务部《对外投资合作国别（地区）指南：埃及》（2011 年版）

22.3.4 贸易壁垒

埃及与工业有关的贸易壁垒：

随着经济调整的不断深入，埃及的进口关税不断下调。对于国内生产所需的原料和机械设备，税率一般在10%以下；经过加工的半成品关税税率一般在20%左右；对于埃及国内有生产能力的工业制成品，特别是家用电器、灶具等，税率具有保护性，一般在40%以上；对于纺织品和服装进口，甚至采取从量高关税的方法予以限制，以保护国内纺织服装工业。

在埃及内陆（包括新建的工业区、新城区）的投资项目，无出口比例限制，但在埃及自由区、经济特区内的投资项目，规定了出口比例或将这些区域视同境内关外。1997年第8号投资鼓励法第29条第二款规定，自由区企业产品出口比例要达到50%以上。

2002年经济特区法实施细则第34条规定，“只有根据管理委员会决定的范围、数量比例、执行时间，根据国家公共利益的需要，才能从经济特区向国内进口”。第21条和第24条规定，“对于从特区进口的货物，视同从国外进口，征收海关税、销售税和其他一切税费”、“从国内向经济特区内的项目出口商品和货物，视同向国外出口的商品和货物”。

与农产品有关的贸易壁垒：

1. 卫生与植物卫生措施

埃及的卫生和植物卫生措施缺乏透明度且程序繁琐，部分进口食品质量标准缺乏科学依据，水果和蔬菜的植物卫生要求经常变动，出口商还必须满足繁琐的标签及包装要求，这提高了出口商的出口成本。例如肉制品仅可从原产国进口，且提供阿拉伯文详细的信息。然而，其中部分要求并不适用于本国产品，这些要求大大提高了生产商的加工成本并削弱了竞争力，同时这些要求也违反了WTO国民待遇原则。

埃及要求家禽制品和肉制品必须用密封袋包装，直接从原产地装船运到埃及，家禽制品和肉制品在包装的内侧和外部都必须标注相关的信息：包括原产地、产品名称和注册商标、屠宰厂名称、屠宰日期、进口商名称、屠宰过程的监督机构名称（根据伊斯兰教法，这类监督机构必须获得原产地商业部门的许可）。

2. 关税壁垒

埃及政府经常会在没有公告和设定评议期的情况下，突然发布与进口有关的政策措施。例如，2006年埃及政府决定将禽肉的进口关税从32%降低到0，但是2007年埃及又重新将禽肉的进口关税提高到32%。中方对埃方在进口措施上的不确定性表示关注，希望埃方能保持其相关政策的稳定性和透明度，并且在此提醒相关出口企业及时关注其政策的变化，以免造成不必要的损失。

3. 进口限制

埃及政府支持生产农业生物技术产品，并且制定了关于评审和通过生物科技种子的相关法规。埃及政府规定，凡是向埃及出口农业生物技术产品，必须要证明其在原产地国进行销售，才可获得进口许可证。[①]

22.4 埃及出口管理制度

22.4.1 出口管制

埃及政府规定，只有完成出口商登记方可从事本地产品或商用出口商品出口，埃及商品通过海关直接出口，无需出口批准。只有被批准成立从事相关业务的出口工业企业的产品方可出口。石油产品包括煤气、汽油、煤油、燃料、柴油、航空油、柏油、重油、沥青等出口须经埃及石油总局批准。出口商或其代表应为每种商品填写统计表，在装运前提交进出口监督总局分理处，出口商应通知分理处，海关在确认有关表格送达分理处后方可允许装箱。进出口监督总局负责发放产地证的部门应在发证前向有关分理处确认收到表格以及是否发生变化。出口商应向进出口监督总局提供所有发放产地证所需的内容和信息，以便在出口国要求调查产地真实性时进行调查。自产地证发放起 5 年内应保存产地证明记录和资料。埃及贸易商会根据其职责向埃及商品发放产地证。

22.4.2 出口鼓励

2006 年，埃及制定促进出口计划，对于向美国、加拿大、欧盟 25 国和日本的出口商品在接到出口运输单据的 48 小时内办理出口发票单据，同时向出口商交付 90%的发票价格，后通过埃及出口发展银行下属的出口保险公司向进口商收取货款，其余 10%货款待进口商完成缴纳全部货款后支付。该措施将首先从家具出口产品开始试点实行，后陆续扩大到其他商品。这项措施不仅限于大型出口商，所有与该中心签订协议的出口企业都可受益。这项措施将有助于减轻出口商的负担，增加出口商信心。

2009 年，为应对金融危机对埃及出口的影响，埃及政府加大出口扶持力度，拨出 21 亿埃镑的专款，支持石化、建材、医用敷料、工程机械和皮革五大类产品的出口[②]。

2011 年，政府鼓励出口企业重点开拓非洲市场，大力拓展阿拉伯和欧洲既有市场，并支持生产企业参加国内外特别是非洲地区的各类展会[③]。

22.5 埃及贸易协定

22.5.1 埃及加入的贸易协定

大阿拉伯自由贸易区（Greater Arab Free-Trade Area，GAFTA）（1997）：20 世纪

① 商务部网站：http：//eg. mofcom. gov. cn/aarticle/divisoin/201105/20110507545091. html。

② 商务部网站：http：//eg. mofcom. gov. cn/aarticle/jmxw/200903/20090306100474. html

③ 商务部网站：http：//eg. mofcom. gov. cn/aarticle/jmxw/201103/20110307448180. html

90年代，阿拉伯世界经济一体化热潮再起。1993年12月第58届阿拉伯经济统一理事会会议上强调了建立阿拉伯国家自由贸易区的需要。1995年9月阿盟经济社会理事会第56次会议上，埃及提出建立阿拉伯自由贸易区的建议。开罗首脑会议决定，通过建立大阿拉伯自由贸易区代替名存实亡的阿拉伯共同市场来重新启动阿拉伯贸易和经济一体化进程，指定经济社会理事会根据工作计划和时间表采取必要措施着手组建工作。为此，经社理事会呼吁各国在双边基础上建立自由贸易区，然后逐步扩大到包括所有阿拉伯国家。

GAFTA于1998年1月1日正式生效，在10年内逐步实现阿拉伯内部农业、畜牧业、原材料、工业制成品贸易自由化。到目前为止，除阿尔及利亚、毛里塔利亚和吉布提外，所有阿拉伯国家均签署了该协定。GAFTA规定，除因卫生、安全或环境原因禁止进口的商品外，享受贸易自由化优惠的商品关税每年降低10%，不得征收额外关税，也不得施以非关税壁垒。成员国同意将关税约束在1997年12月31日的水平。

2010年8月，埃及在阿根廷圣胡安市签署自由贸易协定，加入由巴西、阿根廷、巴拉圭和乌拉圭四国组成的“南方共同市场”（Mercosur），成为第一个与该组织签署自由贸易协定的非洲和阿拉伯国家。该组织成员国是埃及白糖、肉类和大豆油的重要来源地。

埃及于2007年1月在瑞士达沃斯与欧洲自由贸易联盟（EFTA）签署自贸协定，该协定于2007年年底开始执行。EFTA包括瑞士、挪威、冰岛和列支敦士登四国。协定生效后，埃及工业品进入上述四国将享受免关税待遇，EFTA产品进入埃及的关税也将由现在的10%－15%逐渐降至零。

埃及与土耳其也已签署自由贸易协定。

22.5.2 双边贸易协定

中国与埃及两国早在1955年就签订了第一个政府间贸易协定，1994年4月签署了《关于鼓励和相互保护投资协定》，1995年3月签署新的《中国与埃及经济贸易协定》，1997年8月签署了《关于对所得避免双重征税和防止偷漏税协定》。2002年1月23日，中埃两国政府签署了《关于在石油领域开展合作的框架协议》。2009年11月7日，中国与埃及签署了《中华人民共和国政府和阿拉伯埃及共和国政府经济技术合作协定》。

22.6 埃及贸易习惯

22.6.1 对埃及贸易应当注意的问题

1. 结算方式要采用通用的L/C结算方式，如埃及坚持采用其他方式，预付货款需达50%发货为宜。

2. 出口埃及工艺品要取得中国国家质检总局颁发的CIQ证书和埃及驻华使馆颁发的原产地证明。出口货物一定要确保质量，准时发货。

3. 对于一些金额较大的贸易，最好先通过中国驻埃及使馆经商参处了解埃及进口商有关情况。

4. 中国企业要进一步增强金融风险防范意识，尤其是一些生产型企业，尽量及时收回货款。①

22.6.2 安全卫生标准

埃及卫生部规定，禁止进口成品状态的原材料、维生素和食品添加剂，此类产品须由当地取得许可证的制造商销售，并根据埃及卫生部的规范进行处理或包装。埃及只允许当地企业生产食品添加剂，以及进口用于生产的原材料。

医疗器械必须在原产国经过安全检验，以及美国食品及卫生管制局或欧盟标准署的批准。进口商须向卫生部提交进口医疗器械的申请书、该医疗器械原产国官方卫生部门签发的安全证书和生产商提供的证书原件等。

埃及膳食食品的进口商必须申请许可证。

22.6.3 包装和商标

埃及工业与外贸部商标局负责商标注册。需要提交公司申请及申请注册的商标图案。

22.7 埃及的海关监管制度

埃及海关监管主要依据 2005 年修订的《海关法》。埃及海关总署设有关税高级理事会，在财政部领导下由总理指定的部级成员参加，主要任务是根据本国政治和经济发展的需要，讨论并制定相关的关税率及执行方案。

埃及海关采用国际上通用的“协调海关税则制”。在关税的制定上，政府还分别考虑鼓励发展本国产业和保护幼稚产业的不同政策，令其进口税率较高或较低。2008 年 4 月，埃及正式加入《京都公约》，促进通关手续与世界海关组织的标准相一致。2006 年颁布的《海关法实施条例》是《海关法》的第一步配套实施条例。埃及财政部是埃及关税政策的制定机构，其下属的埃及海关是关税政策的执行机构。2009 年 11 月，中埃两个海关签署海关行政互助协定。

埃及进出口控制总局对进出口商品进行检验，某些商品需要相关机构的检验。对食品工业，有 3—4 个机构有权对任何进口船只抽取样品进行检验，分别为能源及电力部的防辐射部门、卫生部、农业部（兽医办公室）、供应部（进出口控制）。每个部门抽取各自样本进行独立测试。要求进口食品标签上必须标示下列信息：配料及其所占比例；制备方式；保存方法和条件；添加剂和防腐剂等。

2007 年 4 月，埃及植物检疫总局发布了《植物和植物产品进口许可条件》，规定植

① 资料来源：商务部《对外投资合作国别（地区）指南：埃及》（2011 年版）。

物、块茎、鳞茎、繁殖用种子、水果、蔬菜、鲜切花、树枝、谷物、消费或加工用植物产品原料以及生长介质的进口必须提供植物检疫证书。

22.8 埃及关税计征制度

22.8.1 埃及海关估价制度

埃及海关估价制度根据 WTO 的相关制度制定。

22.8.2 埃及海关征税制度

埃及目前的平均关税税率为 38.6%，商品的加权平均关税为 8.9%，平均实际关税税率为 20.0%。为了促进贸易的自由化，埃及对其关税制度进行了进一步的调整。根据埃及 2004 年发布的第 300 号及第 410 号总统令，将商品的加权平均关税从 14.6%降低到 8.9%。商品的从价关税税率从 27%降低到 6%。①

22.8.3 埃及海关退税制度

埃及海关退税制度主要包括以下两条：

第一条 对于当地没有类似产品或容易区别的进口外国商品复出口时，根据以下条件退还海关关税和销售税：

1. 在交纳海关关税后一年内向海关总署递交样表表格。其中包括确认要求复出口和退还关税的商品的必要资料和说明，以及表格要求的其他资料。

2. 商品不能是在国内使用过的，或是易损、易短商品或是各种形式的烟制品。易损商品系指极易改变形状，或因化学或微生物分解而极易改变味道、气味、外观等自然属性的商品。易短商品系指根据其特点和自然属性极易短缺的商品，例如液体或易挥发商品。

3. 如果商品的出口商不是原始进口商，应将第 1 款规定的文件转交出口商。

4. 对于为冲洗而进口的电影胶片复出口，除遵守上述条件外，还应提供以下文件：

——货物的邮政收据或其他类似收据；

——文化部电影监管局的函件。

旅客进口的物品，如果愿意执行这一制度，可以使用以上条件。

在所有情况下，当可以确认商品时，有关关长可以超过期限提供上述文件。

第二条 复出口的金属、木材或玻璃容器，如果形状、体积与专门样表描述的资料相符，可以退还海关关税和销售税②。

---

① 资料来源：商务部《对外投资合作国别（地区）指南：埃及》（2011 年版）。

② 商务部网站：http：//eg.mofcom.gov.cn/aarticle/ddfg/haiguan/200605/20060502120373.html。

22.8.4 埃及海关关税优惠制度

埃及海关关税充分体现了鼓励进口原料（尤其是加工程度越低的原料）、初级产品和短缺的、不能生产的技术含量较高的机电产品。这些产品一般关税低于 10%，例如：各种金属原料为 5%，而经加工过的半制成品一般均在 20%左右，制成品如炉灶，由于埃及有几家炉灶生产企业，其关税高达 40%。其他技术含量较高的工业、工程、农业用机械设备等关税也在 5%左右。为鼓励出口，埃及海关仅对小部分出口商品加征海关关税，包括：其他未列名的动物产品 0.6 镑/吨；糖蜜 0.6 镑/100 公斤；生皮张 1.2 镑/吨；废旧金属 11 镑/吨；超过 100 年的古董 5%。为鼓励本国旅游业的发展，埃及规定按照 1973 年第 1 号法规定成立的饭店和旅行社进口机械、设备、仪器（小轿车除外），如其关税税率不低于 20%的，可以减半征税。鼓励散件进口，对全套散件进口的关税，按其成品进口的海关关税税率，优惠 10 个百分点加征关税。对进口散件埃国内组装的产品，国产化比率超过 30%的，可以按比例优惠征收关税。国产化比率越高，优惠越多，最高可优惠最终产品税率的 90%。

22.9 埃及海关行政处罚规定

埃及 2005 年发布的 95 号法令对 1963 年 66 号海关法进行了修改，海关对违约金的征收有如下规定：在下述情况下，应当对船长、机长以及其他运输工具负责人处以 500 埃镑的罚款：

1. 没有提交装箱单或没有装箱单或存在多份装箱单或延误提交装箱单或在海关要求时拒绝提交递交任何其他文件。
2. 忽略了应当列入装箱单中的货物。
3. 在海关内降落或停泊的船舶、航空器或其他运输工具没有停放在海关指定地点。
4. 未经海关许可或海关官员未在场时装卸货物，移动到其他运输工具上。
5. 在海关内，没有把货物卸在专用地点。
6. 船舶或航空器或任何其他运输工具未经许可从海关区离开。

海关有权消除违规因素，费用由当事人承担。

在所有情况下，海关不得因交纳上述罚款而对货物延迟放行、卸货或移动。

与本法规定的更严厉的处罚不冲突，下述情况，处以 200 埃镑的罚款：

1. 海关官员不能履行职责，没有行使检查、查验和索要文件的权力。
2. 清关员未能遵守规定他们责任的制度。
3. 没有保留包裹或运输工具上设置的铅封，但未造成货物的短少或改变。
4. 没有遵守本法第 62 条规定的程序。

与本法规定的更严厉的处罚不冲突，与本法第 38 条的规定不冲突，对于列入装箱单的包裹数量、箱内货物故意或忽略长装，处以相当于遗漏关税 25%的罚款。

如果超装货物与列入装箱单的其他包裹商标及编号均相同，则税费征收最高的包裹视同增装包裹。

下述情况，处以相当于遗漏关税四分之一的罚款：

1. 提交错误的货物原产地证和品质证书。

2. 违反过境、仓储、自由区、临时放行、免税制度以及其他海关规定，如果遗漏的关税额超过 1 000 埃镑。

3. 违反本法第 30 条的规定没有保存或提交有关文件、单证和材料。

当海关执行海关估价协议时，如果提交的海关价格低于规定价格的 20%，则处以相当于遗漏关税 15%的罚款。

与其他法律规定的更严厉处罚不冲突，对走私处以监禁和不少于 500 埃镑，不高于 1 万埃镑的罚款，或者二者取其一。

如果出于销售的目的走私，则应处以不少于 2 年、不超过 5 年的监禁和不少于 1 000 埃镑，不超过 5 万埃镑的罚款。或者二者取其一。

对于以销售为目的，明知走私货物仍进行储存的，处以不少于 1 000 埃镑，不超过 5 万埃镑的罚款。

在所有情况下，走私行为者、参与人和通过走私获利的法人应共同赔偿相当于应纳关税的金额。如果走私货物禁止进口，则补偿应当等于货物价值 2 倍或应缴税额 2 倍的金额，两者取其较大值。在此种情况下，应扣押走私货物。如果无法确定，则处以相当于货物价值的罚款。

可以裁决没收用于走私的运输工具和材料，对于船舶和航空器，如果在所有人不知情时租用或使用，则不在没收之列。

对勾结犯罪，除裁决赔偿和没收外，可裁决更严厉处罚。

当走私案件移交法院时，应加快审理。

对于使用欺骗或虚假的手段要求退回全部或部分交纳的海关关税、其他税收、已经交纳的费用或保证金的行为，适用于本法第 122 条第 2 和第 4 款的规定。并处以相当于犯罪金额两倍的赔偿金。

只有根据财政部长或其授权人的书面请求，才能对上述各条规定的走私行为提出刑事诉讼。

上述犯罪行为在刑事诉讼的任何阶段，财政部长或其授权人均可以在其全额交纳了赔偿金后进行调解。当走私货物属于禁止进口物资时，赔偿金的计算应根据海关关税或走私货物的价格二者取其大。

在进行调解时，扣押的货物如果不属于禁止进口物资，则在交纳了应纳税金后，予以返还。用于走私的运输工具、工具和材料也予以返还。

如果进行调解的走私案件属于五年之内重新犯罪，并曾经对此做出谴责或终止刑事诉讼代之以调解的裁决，则上述情况的赔偿金应加倍征收。

采取调解方式应当终止刑事诉讼，以及由此出现的所有影响。当刑事处罚执行过程中采取调解方式，则总检察院应命令停止对刑事处罚的执行，即使已经做出有罪判决①。

① 资料来源：商务部网站 http：//eg. mofcom. gov. cn/aarticle/ddfg/haiguan/200603/20060301624513. html。

第 23 章

埃及投资环境

23.1 埃及投资概况

23.1.1 外资引进规模

埃及注意改善国内吸引外资的基础设施条件和政策配套环境，外国直接投资的流入额快速持续增加，2003—2008年从每年2亿美元增加到每年186亿美元。2003—2008年外国直接投资与国内生产总值的比率从0.3%提高到12.5%，外国直接投资存量从210亿美元增加到567亿美元。外国直接投资对经济发展的积极作用日益显著。

23.1.2 外资引进方向

大约半数外商投资来自阿联酋、沙特阿拉伯、科威特、利比亚等主要石油输出国。阿拉伯投资的主要领域是通讯、建筑、旅游、交通等行业。阿联酋是阿拉伯投资主要来源，仅2006年阿联酋在埃及投资就超过500亿埃镑。其中主要投资项目包括阿联酋的Etisalat公司获得埃及移动通讯许可证、Emaar公司对旅游项目的投资、阿联酋银行购并埃及的商业银行，以及Abraj投资公司购买埃及金融集团股权。沙特阿拉伯和科威特也是重要的阿拉伯投资来源。石油天然气产业的外国投资多来自于西方国家。目前，英国的BP和BG、意大利的ENI、荷兰的SHELL、西班牙的REPSOL以及美国的AMOCO和APACHE、奥地利的OMV、挪威的Statoil、德国的RWE等西方主要石油天然气公司均已投资埃及的天然气勘探和生产领域。

23.1.3 外资引进模式

埃及对于外国投资并没有特别的法律规定，外国投资者可以根据《公司法》或《投资保护鼓励法》，通过合资、有限责任公司、合作和内陆投资的方式进行投资。

埃及总体上对外国直接投资采取欢迎态度，并且为吸引外国直接投资积极创造条件。自1995年成为WTO成员以来（1970年加入GATT），埃及政府根据其承诺，逐步取消了外国投资者在通信、银行业、保险业、国际海运代理、旅游等服务行业投资的外资比例限制。政府原来在电力、交通等过去全部实行国有垄断经营的行业逐步对外资开放。从2000年开始，允许私人和外资以BOT或BOOT方式进行机场和发电站建设。在电力传输方面，可以由外资经营电力配送业务。在2001年初，有6家新的机场通过BOT或BOOT方式由私营或外国公司兴建。制定了一大批吸引外国直接投资的政策和规范外国直接投资行为的法律法规。

23.1.4 主要经济区域

石油天然气工业、房地产开发和旅游业是埃及吸引投资较多的行业。特别是石油天然气勘探开发，主要依赖外国投资。外国投资在旅游业的投资总额中一般也达到30%。

根据埃及 1997 年的《投资保护鼓励法》规定，下述领域受到投资保护和鼓励：荒地、沙漠的整治、种植，或其中任何一项，畜牧业、家禽饲养、渔业、工业、矿业、饭店、旅店、旅游村、旅游运输、冷冻货物运输、农产品、工业产品、食品保鲜、船坞、谷物仓库、空中运输并空运服务、海洋运输、开采、勘探工程的石油项目服务、运送天然气、完全用于居住的整套出租房屋、供排水、电、公路、通讯等基础设施，提供 10%免费的医院和医疗中心，资金转贷，证券保证金，计算机程序、系统的制造，社会发展基金会资助的项目。

23.2 埃及投资政策

23.2.1 政府的外资政策

埃及制定了一系列涉及外国直接投资的法律和法规。其中主要有 1997 年颁布的《投资保障与鼓励法》，该法规定了投资的基本政策、法规和优惠条款，鼓励境内外对埃及进行投资，投资领域集中在工业、技术和软件业、基础设施、新兴建设区的发展、石油产品（勘探、挖掘、油井和设备的维护）等。2002 年，埃及政府颁布了《经济特区法》，允许建立出口导向性的经济特区，开展工业、农业和其他服务活动，主要适用于在埃及苏伊士湾西北经济区投资加工贸易等。其他涉及投资的法律有《房地产投资法》、《海关法修正案》、《知识产权法》、《保护竞争和反垄断法》、《新统一劳动法》等。埃及是《华盛顿公约》和《纽约公约》的签字国，这将保障投资纠纷的解决和仲裁结果的执行。埃及政府 2004 年成立投资部，负责消除各种投资障碍，协调行动为投资者提供各种必要的服务，宣传推广以吸引阿拉伯国家和外国投资，落实并完善与投资环境有关的立法和法律。

埃及对外国投资仍有一些限制。根据 2003 年 4 月新颁布的劳动法，非埃及人不得从事职业介绍、为企业招募员工等经营活动，不得在埃及从事导游、东方舞等职业。政府对从事进口业务有严格限制，必须是埃及人才能注册从事进口业务的公司；外国人不得在埃及从事商品流通和批发业务；在埃及开办超市和连锁经营须经特别委员会审批。建筑和运输服务行业，外资股份受到限制，必须是合资企业，外资股权不得超过 49%。同时，不允许外国投资者进入棉花种植业、军工产品、烟草工业等。目前，埃及资本市场尚未对外开放，在埃及进行市场融资的难度较大。在吸引外资中还存在着明显的行业限制。

另外，埃及根据不同地区发展需要，对于在不同地区注册的投资项目，适用不同的法律法规和优惠政策。这种差别在工业区、自由区和苏伊士经济区之间比较明显。

埃及是《阿拉伯贸易和过境协定》的签字国（其他成员有伊拉克、约旦、黎巴嫩、叙利亚、沙特和也门），一些非工业品出口到其他签字国也可享受关税减免待遇。

23.2.2 产业限制政策

埃及政府规定外商只能以合资的形式成立建筑公司，并且外资股权不得超过 49%，非埃及员工在公司里的比例不得超过10%；对从事进口业务企业有严格限制，规定本国人才能注册从事进口业务；外国人不得在埃及从事商品流通和批发业务；在埃及开办超市和连锁经营要经过特别委员会审批通过；只允许埃及人注册从事投标业务的商业代理；在未得到国有航空公司（埃及航空公司）许可的情况下，任何私营或外国航空承运人不得经营从开罗出发和抵达开罗的定期航班业务；不允许外国投资者进入棉花种植业；根据2003年4月新颁布的《劳动法》，非埃及人不得从事职业介绍、为企业招募员工等经营活动。

对外资购买商用土地、住宅也有法规限制。1996年230号法规定，投资者可以拥有项目建设所需的土地，所购买的土地5年内不得转让；如购买的是空地，5年内必须动工兴建。1981年第143号法规定，距城市边缘2公里以外的土地为沙漠地，有限公司拥有沙漠地不得超过1万费担（1费担＝0.42公顷），股份公司为5万费担。在以开垦沙漠地为目的的公司中，埃及人的股份必须为51%以上。公司清盘后，土地必须归埃及人所有。1963年第15号法规定，外国人不得拥有农业用地，但外资项目可通过租赁方式获取用地。农业用地基本归私人所有，其他类型的土地为国家所有。购买投资项目用地可向投资局申请，投资局负责推荐地块。但审批农业用地由农业部负责；旅游项目用地由旅游部负责；工业用地由各省政府或工业区管委会负责；在10月6日城等老工业区中，工业区管委会负责土地出售事宜；而在一些由私人承包开发的新工业区中，由开发商负责出售土地。此外，外国人在埃及还可购买两处住宅，每处面积不超过4 000平方米。

23.3 埃及投资管理体制

23.3.1 投资准入程序①

外国对埃及的投资需经过埃及投资的主要管理机构批准。埃及投资主要管理机构是投资与自由区管理总局，该机构直接对总理负责，统管外资项目和自由区，具体负责制定和修改《投资法》、改善投资环境、外资项目的审批、管理和咨询服务、对外宣传等。其总部设在开罗，各省市均设有分支机构。

在埃及注册公司时，可选择依照《投资保障鼓励法》（1997年8号法）注册（有2种模式供选择：工业区模式和自由区模式）和《特区法》（83号法）注册。在埃及注册公司时，可以依照公司的经营模式，选择适合的公司形式，可供选择的公司组建法律形式主要有3种：有限责任公司、股份公司、委托股份公司。企业可在埃及设立办事处。

企业注册公司的主要程序是企业注册公司代理人持所需文件到埃及投资和自由区总局服务中心办理相关手续，然后经过埃及注册公司的审批。

① 资料来源：商务部《对外投资合作国别（地区）指南：埃及》（2011年版）。

23.3.2 国民待遇和部门限制

埃及对外国投资仍然没有开放全部市场。目前尚未对外资开放或受到严格限制的行业如下：

1. 流通业尚未对外资放开。埃及政府对从事进口业务有严格限制，必须是埃及人才能注册从事进口业务的公司；外国人不得在埃及从事商品流通和批发业务；在埃及开办超市和连锁经营需要经过特别委员会审批通过。

2. 只允许埃及人注册从事投标业务的商业代理。

3. 建筑和运输服务行业，外资股份仍受到限制。在建筑服务行业，商业存在必须是合资企业，且外资股权不得超过 49%。

4. 在航空运输业务中，仍存在一定的壁垒。在未得到国有航空公司（埃及航空公司）许可的情况下，任何私营或外国航空承运人不得经营从开罗出发和抵达开罗的定期航班业务。此外，政府对从事快递业务的私营公司的营业收入征收 10%、且年费用不得低于 7 万美元的许可费用。

5. 不允许外国投资者进入棉花种植业。但目前德国在埃及设立了研究机构，帮助埃及改良棉花品种、防治棉花病虫害。

6. 经营报刊发行、卫星和遥感、研究院所附属公司等须经经济部长理事会批准。

7. 军工产品、烟草工业、含酒精的饮品和在西奈的投资仍需有关部门的审查批准。

8. 劳动就业介绍。

23.4 埃及税收制度

埃及的主要税种有工资税、代人代扣税、个人收入统一税、公司利润税、房地产税、海关税、销售税、印花税、开发税等。

埃及实行一级课税即中央课税制度，税收立法权和征收权均在中央。

埃及的税收征管主要由财政部下属的四个独立的税务局分别负责所得税、销售税、海关关税和房地产税的管理。纳税人需在经营活动开始四个月内到税务部门注册，在活动结束一个月内通知税务部门。税务局为纳税人颁发纳税卡，内容包括纳税人姓名、地址、身份证号码、公司地址、法律形式、公司名称、纳税人经营活动、应纳税种、注册的地区税务办公室、税号、提交年报的日期等。

纳税人需每五年向税务局进行财产申报，每年按期进行纳税申报并缴纳税款，税收年度为日历年。税务局负责对纳税申报表进行审核，如发现与事实不符，将处以应补缴税款 10%，最高不超过 1 000 埃镑的罚款。对逃税者处以 100—500 埃镑加上应缴税款的 20%的罚款。所得税管理部门每年要到公司检查账目，销售税部门则每三个月就要进行检查。为完成税收任务，税务部门经常会要求企业赞助性地多缴税款。

23.4.1 税收优惠

1997年8号投资法规定依该法建立的项目享受的减免税政策有：

1. 公司利润和合伙人的股份，在开始生产或经营的第一个财政年度后的五年期内，免除公司利润税。

2. 在新工业区、新城区和总理令确定的边远地区建立的公司和企业，免税期为十年。社会发展基金资助的项目免税期为十年。

3. 在老河谷区以外经营的公司和企业的利润及其合伙人的股份，无论是建于老河谷区外还是从老河谷区迁移出来的公司，免税期为二十年。

4. 自商业注册之日起三年内，免除公司和企业组建合同和章程、借贷和抵押合同的印花税、公证费和注册费。组建公司和企业所需的土地注册合同也免除上述税费。

5. 上市股份公司已付资金的一定比例（该比例由该财政年度中央银行贷款和贴现利率决定）免除公司利润税。

6. 公开上市并在证券交易所登记的股份公司发售债券、股票和其他类似证券，免收动产所得税。

7. 公司和企业进口项目建立所需的机械、设备和仪器征收5%的统一关税。

8. 公司合并、分立或变更法律形式，免除由合并、分立或变更法律形式所得利润的应缴税费。

9. 股份公司、合股公司和有限责任公司的实物股份增值或增加资本投入，根据情况，免除公司利润税。

10. 除客车外，自由区内项目进口许可的经营活动所需的一切物资、设备、机械和运输工具，免除海关关税、销售税和其他税务。经批准可将自由区项目所有或第三方所有的当地或外国货物、材料、零部件和原料，从内地临时运至自由区进行修理或加工后再返回内地，但需根据海关法的有关规定对增值或修理部分征收关税。

11. 从自由区进口至国内市场与从国外进口相同，须缴纳关税。从自由区项目进口的产品，如同时含有国产成分和外国成分，关税以产品从自由区运至内地市场时外国成分的价格为基础计算，但外国成分应缴关税不得超过从国外进口成品的应缴关税。产品中的外国成分，根据其进入自由区的形式，表现为进口的外国零部件和原材料，自由区内的加工成本不计在内。自由区内生产的产品在计算运费时，应将自由区视为原产地。

12. 埃及现行的税法规定，不适用于建立在自由区的项目及其分配的利润。但仓储项目的货物进入自由区时需缴纳货值1%的税，工业加工项目的货物运出自由区时需缴纳产品增值部分的1%的税。目的国确定的转口货物免收此税。主要经营活动不涉及货物进出的项目，根据经注册会计师审核的账目，按年收入的1%纳税。

23.4.2 地区和产业优惠

优惠地区：苏伊士经济区、开罗省、亚历山大省，以及埃及贫困地区。

埃及为鼓励外国投资提供多种优惠政策，这些优惠政策因投资所在区域而不同。

在工业区（包括新城区）进口用于投资项目的机器设备、仪器征收 5%的关税、免缴海关手续费，10%的销售税 10 年内缓缴；企业所得税 10 年免税，期满后按 32%纳税（2005 年 6 月以后注册的企业所得税取消免税，按 20%纳税）；产品销售税税率为 10%。项目合同从注册起 3 年内免除印花税。在工业区设立的投资项目，产品可在国内销售，无任何出口比例限制。外籍雇员与本地雇员比例为 1∶9。

在自由区，投资项目进口机器设备、原材料等免除关税、销售税和其他一切税费；从自由区销往国内的产品则视同进口，产品征收关税、海关费、产品销售税等。在自由区设立的投资项目，所生产的产品出口比例要达到 50%以上；外籍雇员与本地雇员比例为 1∶3。

在苏伊士经济区，鼓励产品全部出口，投资项目进口的机器设备、原材料等免除一切税费，进口用于生产或服务的各种专用汽车和船舶，根据规定的标准免征各种税费；投资项目所得统一按 10%税率征税，免除其他税费。在经济区工作的员工所得，按 5%税率纳税；在自由贸易协议下发放埃及原产地证明；由经济区管委会确定区内企业是否可向国内市场销售产品；外籍与本地雇员比例为 1∶9。根据 2000 年第 429 号海关法规定，加工贸易根据国产化比例的不同，在进口部件时可以享受 10%－90%的关税减让，本地化比例越高，减让幅度越大。埃及对外资企业无价格控制或利润限制，资本和利润可自由汇回。

23.4.3 税收鼓励措施

埃及根据《投资法》建立的项目可以享受减免税收政策。如公司利润和合伙人的股份，在开始生产或经营的第一个财政年度后的 5 年期内，免除公司利润税。在新工业区、新城区和总理令确定的边远地区建立的公司和企业，免税期为 10 年。在老河谷区以外经营的公司和企业的利润及其合伙人的股份，无论是建于老河谷区外还是从老河谷区迁移出来的公司，免税期为 20 年。上市股份公司已付资金的一定比例免除公司利润税等。进口企业自用的机器、仪器、仪表、工具，按 5%缴纳海关关税，免缴海关手续费，10 年内缓交进口销售税。

23.4.4 其他非税收鼓励措施

在埃及投资享受投资保护和鼓励政策，按《投资保护鼓励法》规定：投资资产受政府保护，不实行国有化，不被没收、拍卖，除触犯刑律外，不被扣押、查封。不进行外汇管制，自由汇入汇出，可以保留现汇，不强制结汇。政府保障投资资金和投资获得的利润可以以任何自由外汇汇出。此外，对企业投资制定便利措施。

23.5　埃及主要贸易投资管理部门

23.5.1　中央投资促进机构

埃及受理投资申请机构的变化较大，目前管理投资和提供投资服务的有两个，即投资部和工业与外贸部。

投资部。2004 年 7 月，埃及组建投资部，统一负责吸引外资业务。原投资与自由区总局也纳入投资部管理，主要依据 1997 年 8 号投资法，管理入驻埃及各自由区的投资项目。对于外来投资而言，自由区的政策较为优惠，其管理主要由埃及投资及自由区总局简称埃及投资总局（英文名为 General Association of Investment and Free Zone (GAIFZ)）具体负责。GAIFZ 的工作主要围绕投资推介、提供优质服务、改善投资环境三个方面展开，提供一站式服务，

工业与外贸部。埃及工业与外贸部英文名为 Ministry of Foreign Trade and Industry。埃及工业与外贸部是全国对外贸易的主管部门。该部下辖外贸局、进出口监管局、商务代表处、反倾销局等机构。随着外贸体制改革实行政企分开，所有国营外贸公司（包括实行私有化，国有股份仍占 50%以上的外贸公司），均由国家外贸控股公司管理。

23.5.2　地方投资促进机构

投资与自由区总局在建立开罗一站式投资服务中心基础上，2006 年在伊斯梅利亚省、亚历山大省等地区设立了一站式投资服务中心办事处。2006 年 1 月，为了简化投资审批手续，使投资服务更加便捷，埃及投资与自由区总局又出台了新的政策，实行投资服务分权管理体制，包括授权开罗和亚历山大投资服务中心主任行使投资总局局长所有职能；授权所有公共自由区管委会主席发放初步立项审批许可和企业扩建许可的权力。

23.6　埃及注册企业程序

埃及内贸部在全国范围内建立 26 个商业注册办公室，每省设立一个，并将各注册办公室与内贸部信息中心以及海关、税务等机构的有关部门进行联网。埃及工业与外贸部和投资部也是企业注册机构。

23.6.1　注册企业的一般形式

外国公司可通过设立代表处、科研办事处、分支机构或有当地成分加入的实体的形式在埃及立足。

23.6.2　注册企业的规定

代表处的职能是进行市场调查或研究生产的可行性，不得进行商业活动及商业代理

业务。科研办事处专指医药公司，开设申请须提交卫生部，经理和雇员必须是埃及人。外国公司只要在埃及有合同需履行，就可在埃及注册分支机构，活动不能超出履行合同的范围。外国投资的主要形式是股份公司和有限责任公司，公司股份全部为外资所有。

23.6.2.1 企业设立的一般程序

在埃及设立公司需到公司局注册。公司局隶属于埃及经济部，根据 1981 年 159 号公司法管辖埃及公司和外国公司分公司、代表处的成立、注册和改组。到公司局注册设立公司的一般程序为：

1. 公司局：收款处，20 埃镑购买空白公司合同和章程（暂勿填写）。
2. 公司局：商业注册办公室，证明公司名称不会与其他公司产生混淆。
3. 银行：证明公司发行资本的 10%（有限责任公司的全部资本）已存入银行。
4. 公司局：公证办公室，办理发起人授权其代表签字的公证。
5. 货币市场总局：通知货币市场总局将发行创始股（有限责任公司除外）。
6. 公司局：律师事务所，进行合同确认。
7. 公司局：公证处，公证合同。
8. 公司局：文件接收处，提交成立申请以及上述所有文件，换取公司局开具的证明，公司合同和章程正本退还申请人。
9. 公司局：税务办公室，取得税务卡。
10. 公司局：商会总会，取得经营许可。
11. 公司局：商业注册办公室，注册公司。
12. 公司局：公告处，在公司公告杂志上发布成立公司的公告。

23.6.2.2 在埃及注册企业的程序

投资者须向投资局执行主席提交一份正式的《预批申请表》，投资局收到此表后将其送往下属有关部门。投资局联合委员会将对此表进行研究并提出意见，在执行主席批准联合委员会的意见后，由投资局下属的有关部门以书面形式通知投资者。通过预批后，投资者须向执行主席办公室提交《投资申请表》，并按规定附上有关文件和资料。投资局在听取有关单位对该项目的意见和建议后，由执行主席签署一份备忘录。该备忘录经董事会主席批准后，投资者即可着手组建项目公司。

自由区投资项目报批程序为：投资者须向自由区管理部门提交《预批申请表》。自由区技术委员会将提出意见，经执行主席批准后，以书面形式通知投资者。投资者须向自由区管理部门提交《投资申请表》，并按规定附上有关文件和资料。自由区管理部门就该项目向自由区董事会提交一份备忘录，董事会决定通过后，自由区管理部门将通知投资者。投资者接到通知后须在 1 个月内与自由区管理部门联系，以讨论项目实施地点和占地面积问题。投资者按投资局的规定缴纳租金并签订土地租赁协议。自由区主席颁发开业执照（包括经批准的项目目标、期限、地址界限及缴纳的财务保证金）后，投资者即可组建项目公司。

企业完成土建施工和设备安装后，应立即向驻地管理部门申请经营许可。提出申请后，当地管理部门前来现场核实生产安排、工艺布置、生产流程，组织环保部门和消防部门对项目的实施和厂房的使用进行检查。

23.6.3 外国企业在埃及承包工程的规定

埃及对外国企业在埃及开设承包公司实行许可制度。埃及招投标法规定，同等技术条件下，埃及公司价格高于外国公司15%也可以中标，外国公司承包项目必须有埃及公司做代理，项目雇用埃及人必须达到90%。外国公司在埃及项目施工结束后，若没有接到新项目，施工设备必须迅速运离埃及本土。除外国政府对埃及赠款和世行、非行、阿拉伯基金会贷款外，埃及的土建承包工程项目绝大多数都是以埃镑支付。

埃及在承包工程领域，没有明文规定禁止外国人参与的领域或目录。政府项目和私人项目是否采取国际招标式，均由业主自主确定。但是按照埃及法律，军事工程项目的建设禁止一般商业企业参与。

招标方式是以工程发包方式公开招标，少数项目实行议标。国际金融机构资助的项目、外国政府贷款项目、外资项目以及当地政府认为有必要的项目，实行国际招标。通常，业主会对有兴趣投标的企业进行资格预审。资格预审通过后再正式进行招标和投标①。

23.7 中国与埃及的投资关系

23.7.1 相互投资概况

据埃及投资部统计，截至2007年底，中国在埃及投资合作企业累计达到500家，注册资本1.05亿美元，实际投资金额超过4.5亿美元，为埃方创造了6 000多个就业机会。

在埃及的中资公司和代表处包括中国投资开发贸易促进中心、华为技术有限公司埃及代表处、中兴通讯股份公司代表处、埃中合营投资公司、埃中置业有限公司、埃及达特姆高技术有限公司、尼罗纺织集团有限公司、中纺机无纺布有限公司、中建总公司驻埃经理部、胜利油田渤海钻井公司、银河实业驻埃织造股份公司、中远一多美尼船舶公司、中国兄弟鞋业（埃及）有限公司、捷成云石公司、中航技公司驻埃代表处、电线电缆进出口公司项目组、西电开罗办事处、武昌造船厂埃及办事处、埃中合资钻井公司、中国船级社驻塞德港办事处、白玫瑰埃及制衣有限公司、埃及运城制版有限公司、亚历山大钢丝绳厂、中国技术进出口总公司等。

中国在埃及投资的行业较多，涉及纺织服装、石油、电信、建材、港口、建筑工程承包等行业。到2007年为止，埃在华实际投资额为2 547万美元，投资领域集中于纺织、服装、箱包和塑料制品加工等行业。2008年埃及国民银行上海分行开业。

① 资料来源：商务部《对外投资合作国别（地区）指南：埃及》（2011年版）。

23.7.2 两国家间的投资协定

中、埃两国在 1955 年签订了第一个政府间贸易协定，1994 年 4 月签署《鼓励和相互保护投资协定》，1995 年 3 月签署新的《中埃经济贸易协定》，2004 年 1 月签署的《关于中埃双方加强在埃及苏伊士湾西北经济区投资合作的谅解备忘录》。

23.7.3 未来投资合作趋势

中国企业在基础设施建设、适用技术转移和利用经济特区开展投资活动方面，机会较多，这些领域是未来投资合作的发展趋势。

第 24 章

埃及金融环境

24.1 埃及的货币体系

24.2 埃及金融机构

24.3 埃及金融市场

24.4 埃及金融监管

24.5 埃及市场融资

24.6 埃及与国际金融市场

24.1 埃及的货币体系

24.1.1 埃及汇率制度

埃及的汇率政策曾长期以提高出口竞争力为重要目标，实行埃及镑对美元贬值。但新世纪以来，因美元趋于贬值，石油出口收汇增加，外国投资增多，苏伊士运河航运、侨汇和旅游外汇收入不断增长，以及政府重视降低国内通货膨胀压力，埃及镑（Egyptian Pound）对美元转呈缓慢升值趋势。

24.1.2 埃及汇率的历史阶段

2004—2008年埃及镑对美元的年平均汇率由6.2∶1升至5.44∶1。尽管从2008年下半年开始，因受国际金融危机影响，外国投资撤离，国际收支经常项目逆差，以及中央银行为刺激经济增长而采取降低利率政策的影响，埃及镑重新对美元贬值，但从2009年下半年开始，随着经济增长和外国投资的恢复，以及政府重新重视遏制通货膨胀，停止降低利率，埃及镑对美元的汇率已重新恢复稳定，当年汇率为5.5∶1，预计2010年可基本保持不变。由于欧元疲软，埃及镑对于欧元呈升值趋势，预计2009—2010年埃及镑对欧元的汇率将从每欧元兑换7.72埃及镑减少到兑换7.05埃及镑。

24.2 埃及金融机构

24.2.1 金融机构体系

24.2.1.1 埃及银行

埃及在2003年颁布了新的《银行法》，欢迎外国银行和金融机构参与埃及银行的私有化进程，通过参股、收购等方式进入埃及市场。

埃及银行体系包括的银行种类较多。包括国有银行、合资银行、外资银行、专业银行等，国有银行占支配地位。埃及中央银行主要负责发行货币，调节货币和信贷业务，管理外汇和黄金储备，监管各金融机构。2002年起在实现政府目标的前提下享有独立决策权。埃及有28家商业银行，以4家国有商业银行为主体。同时还有32家投资和实业银行，其中21家是外资银行。另有21家专业银行，包括2家工业银行、2家房地产银行、17家农业银行。按伊斯兰教法经营的伊斯兰融资机构是费萨尔银行，由埃及和沙特阿拉伯等海湾国家合资开办，埃及四大商业银行也设有伊斯兰营业部。此外，各地设有128家私人钱庄，从事民间借贷和兑汇业务。全国还有9家保险公司，其中4家为国营。

埃及的4大国有银行即埃及国民银行、开罗银行、埃及银行和亚历山大银行拥有全国银行资产的57%，此外国家还拥有3家专业银行，即工业银行、不动产银行和农业银行。合资银行、外资银行和私营银行为数众多。

24.2.1.2 保险公司

根据 2006 年第 246 号总统令，埃及投资部批准成立埃及保险控股公司，该公司是按照国有企业法的规定注册的，公司下属埃及保险公司、东方保险公司、埃及国民保险公司和埃及再保险公司，根据 1991 年 203 号法（即《国有企业法》）及其实施细则的规定，投资部长将负责管理控股公司及其下属公司。保险控股公司统一管理 4 家国有保险和再保险公司。此外，埃及还有出口保险公司。

24.2.1.3 证券公司

埃及有为数不详的证券公司和外汇交易中间商。

24.2.1.4 其他金融机构

埃及存在大量的非银行金融机构，除了保险公司以外，还有股票市场、抵押贷款融资机构、金融租赁机构等。

24.2.2 金融机构的特点

埃及金融机构种类繁多。既有国有银行，也有合资银行、外资银行和专业银行；大部分银行是世俗机构，但也有一定数量的伊斯兰融资机构，大型商业银行也设有伊斯兰营业部。既有具有一定规模的银行业，也有多种多样的非银行金融机构。总体上国有银行和金融机构占据支配地位，但各地设有 128 家私人钱庄，以及一些民营保险公司。从事民间借贷和兑汇业务。全国还有 9 家保险公司，其中 4 家为国营。

2005 年以来，埃及政府对金融系统进行了一系列改革，推动银行重组和并购，减少银行数量，提高合并后的银行的整体竞争力。2008 年遭受国际金融危机冲击以后，埃及政府通过对银行注资，使埃及的金融机构没有受到严重打击，并且很快得到恢复。与此同时，政府对金融机构的调整增加力度，规定了提高资本充足率等一系列新的金融监管标准，并计划开展期权等金融衍生品交易。经过这些调整，埃及的金融市场更加开放，管理更加完善。

但是，埃及的金融机构仍然具有不发达的特征，普遍存在规模不大、效率和绩效低下、资本投入不足、人员过剩、金融产品不够丰富、资产质量较差、运营成本高和风险管理制度不完善等方面的问题。

24.3 埃及金融市场

24.3.1 资本市场

24.3.1.1 债券市场

埃及的债券市场是股票交易市场的一部分，规范全部证券交易的基本法规是 1992 年颁布的第 95 号法，即资本市场法。2010 年，为鼓励债券融资的发展，埃及投资部颁布了第1号和第64号政令，对《资本市场法执行规则》进行了修订，主要是对那些能够严格确保现金收支高度透明，以及流动资金比率和盈利率的高度透明的公司和法人实体，简化中期和长期债券的发放程序。这项修订也适用于发行债券的法人，同时规定有关公司和法人必须在埃及金融监管局批准发债的1年之内，完成债券的发行。

24.3.1.2 股票市场

埃及股市有两个证券交易所，即开罗和亚历山大的证交所，统归一个董事会管理，简称埃及证交所。董事会主席由总理任命，其余60%成员由投行、基金公司等市场参与者选举，40%直接由资本市场管理署、央行和银行集团任命。现行会计准则和交易系统与国际标准接轨。2005年还加入了全球证券市场联盟，是第一个加入该组织的阿拉伯证券市场。主要指数是EGX30，依据前30家上市公司的业绩制定，基准值是1998年2月1日的1 000点，交易印花税为2%。2010年在一级交易市场，埃及金融监管局新批准入市的股票有3 426支，2010年6月末EGX30指数达到6 033.1点，比1年前上升大约300点。在二级交易市场，2010年股票和债券交易量比上年增加2.9%。埃及的股票交易和债券交易都在股票交易市场上进行，但以股票交易为主。2010年股票交易占交易市场交易总量的89.1%，债券交易占10.9%。股票交易中有外国人参与。2010年外国人在埃及股票市场上的净买入额为1 134亿埃及镑。①

24.3.1.3 基金市场

埃及的投资基金大约有30多家，其中不乏西方国家基金的分支机构。这些基金在埃及广泛投资于股票、债券和外汇等领域。据基金网站2011年1月31日报道，② 到2010年年底为止，不少英国基金都在埃及拥有资产，而且埃及在其投资组合中占比颇高。例如，拥有2 100万美元的Barings中东北非基金把21.7%的投资都放在埃及。这一比率在Silkinvest的非洲雄狮基金占21.67%，在其阿拉伯猎鹰基金占19.14%，在其丝绸之路收入基金占12.73%。

24.3.2 金融衍生品市场

埃及目前的金融衍生品交易还很少，市场很不发达。但政府有意建立金融衍生品市场。埃及网站报道，埃及证券交易所的官员早在2009年7月6日表示，要在2011年建立金融衍生品交易所，进行股票期权交易。③ 2010年7月2日英国路透社报道，埃及官员再次表示，计划在2011年下半年与外国金融交易市场合作，建立埃及的第一家大宗商品和金融衍生品交易所，并由此把埃及打造成为大宗商品和金融衍生品交易的地区中心。这一计划迄今尚未实现。

---

① 详见埃及中央银行网站 http：//www.cbe.org.eg/public/annalreport/

② http：//www.fundweb.co.uk/markets/emerginging/

③ http：//www.egypt.com/en/200907066687/news/business/

24.3.3 外汇市场

外汇管理制度

埃及实行国际收支经常项目下外汇自由兑换，对资本项下的自由兑换政策审慎。2003 年曾对出口企业实施强制结售汇制度。出口商、旅游收汇单位等必须将外汇收入的 75%卖给银行。近年来，随着国际收支状况好转，埃镑汇率比较稳定，埃及政府逐步放宽了对资本流动的限制。对外资企业无价格控制或利润限制，资本和利润可自由汇回。不过，目前埃及资本市场尚未完全对外开放。

埃及实行埃镑在国际收支经常项下可自由兑换的政策，并正在逐步实现资本项下的可自由兑换。但自 1999 年以来，埃及国际收支持续逆差，外汇一直较为紧张。因此，一般银行都规定了一次性兑换外汇的最高金额。从 2002 年初开始，由于受上年“9·11 事件”影响，埃经济滑坡，外汇供求关系趋紧，导致外汇黑市猖獗。目前，银行只是买进美元，而不卖出美元。从 2003 年上半年开始，对出口企业实施强制结售汇制度。旅行社和宾馆等可直接向游客收取外汇，而不必事先将美元兑换成埃镑后进行结算，且大部分酒店拒绝外国游客支付本币；旅游收汇单位等必须将外汇收入的 75%卖给银行。因此，在现行外汇管理体制下，在埃投资项目，进口原材料所需用汇和企业利润的汇回存在较大的困难。

24.3.3.1 埃及主要外汇市场

埃及的外汇交易实际上是没有固定市场的“场外交易”，政府管理也比较宽松。参与外汇交易的主体包括银行、企业、对冲基金、外汇经纪人、投资管理公司，货币兑换所以及个体民众。外汇交易随时随地可以进行，也没有统一的汇率。

24.3.3.2 外汇市场投资方式

个人和企业可以直接从事外汇交易，也可以雇佣当地的外汇经纪商进行交易。

24.4 埃及金融监管

24.4.1 金融监管机构①

埃及的银行系统由中央银行监管。非银行金融机构原来由埃及保险监督局、资本市场管理局和抵押贷款管理局 3 家机构负责监管。2009 年埃及成立埃及金融监管局(EFSA)，取代了以上 3 家机构，统一履行对非银行金融机构的监管职能，以规范市场秩序，确保金融市场的稳定性和竞争力。该局隶属于埃及投资部。

24.4.2 金融监管法规

埃及金融监管局履行职能所依据的法规包括，2009 年颁布的第 10 号法、2001 年颁

① 详见埃及中央银行网站 http：//www.cbe.org.eg/public/annalreport/

布的第148号抵押贷款法、2000年颁布的第93号法保管人和中央注册法、1992年颁布的第95号资本市场法和1981年颁布的第10号保险监管法。

24.4.3 金融监管政策

埃及中央银行对全国的银行进行监管，以确保其健康的融资状况，对其业绩和风险进行评估，特别是检查各银行执行中央银行制定的标准情况，其中包括最低准备金率、流动性比率、对单一客户及其相关方的最大敞口、对外国客户的敞口，以及资产负债状况。除此之外，中央银行还使用许多量化标准，评估银行的业绩和储户资金的安全性，量化标准包括优质管理规则、信息系统效率，以及银行关键部门官员和管理人员的称职度等。埃及规定2010年在中央银行注册的32家银行的最低准备金率为10%。

埃及金融监管局对非银行机构的监管政策包括，颁发非银行金融活动许可证，检查持有许可证的非银行金融实体，检测非金融市场的信息传播，保证市场的透明度和竞争性，保护市场参与者的权利，限制市场操作中的诈骗行为，监督市场参与者的培训活动，传播投资文化和增强投资意识等。2009年6月，前埃及资本市场局（后被埃及金融监管局取代）曾在“第二届非洲资本市场机构大会”上被评为“非洲最具创造性资本市场调控者”。

24.5 埃及市场融资

埃及国内融资包括正规渠道和非正规渠道两种，正规渠道有三个，一是银行系统，二是证券市场，三是在埃的外国援助机构和非政府组织。非正规渠道则包括亲戚朋友借贷、供货商赊销、购货人预付款、私人放贷等。

24.5.1 信贷融资

各银行可以自行制定贷款利率。2004年几家大银行联合推出埃及银行间同业拆借利率，成为各金融机构业务的重要参考。企业申请银行贷款，需要提交财务状况、经营状况等报告，新建企业需提交项目建议书、可行性研究报告等，银行在审批过程中还会要求各种各样的证明文件。由于缺乏项目评估、贷款管理、风险控制的经验，为规避风险，银行普遍要求申请人提供贷款金额100%－200%的担保或抵押，可以是房地产、库存货物、有价证券、现金、设备、合同、银行担保等。一般来说，银行最多只提供项目所需资金的50%－60%。出于限制进口、平衡国际收支的需要，银行基本不为进口商提供贷款，而且在开立信用证时还要求将外汇全额存入银行，不计利息。不过信誉好的生产型企业在进口原材料时仍可获得一定额度的融资。

24.5.2 股票市场融资

非正规融资的对象主要是难以从银行获得贷款的中小企业和个人，因为他们没有可以抵押的固定资产，也无法提供担保。一些非政府组织，在外国援助的帮助下，向资信较好但无法从银行获得贷款的人提供小规模贷款。

24.6 埃及与国际金融市场

24.6.1 埃及在国际金融市场的角色

埃及的金融市场总体上处在发展和调整之中。2005 年以来，埃及政府对金融系统进行了一系列改革，在货币政策、利率政策以及银行重组等方面采取了多项调整措施。货币政策调整以确保物价稳定为首要目标。中央银行决定采用两种利率作为主要政策工具，即头晚的贷款利率和头晚的储蓄利率，中央银行还决定继续通过公开市场操作业务控制货币市场的流动性。利率政策调整，是在通货膨胀率下降条件下，从 2005 年 9 月 1 日起将银行利率浮动范围由 3%降为 2.5%，以便实现长期利率稳定，有利于鼓励投资。银行重组调整是实行银行并购，将原有的 56 家银行减少至 37 家，合并后的银行资本提高到 5 亿埃镑以上，加强银行的整体竞争力。经过这些调整，埃及的金融市场更加开放，管理更加完善。

但是，埃及的银行仍然具有不发达的特征，特别是银行系统以提供基本服务为主，金融产品并不丰富；金融机构普遍存在冗员过多、效率低下和不良资产较多的问题；中小企业难以通过正式渠道在金融市场获得融资。

24.6.2 中国在埃及金融市场的角色

2009 年 11 月 10 日，国家开发银行首家国外分支机构——开罗代表处挂牌成立，这也是中国金融业在北部非洲设立的首家分支机构。有利于加强与埃及和非洲各国政府部门、金融机构、企业的深入交流合作，发挥中长期投融资优势。国家开发银行与非洲的合作，始终坚持开发性金融理念和方法，促进中非间基础设施、资源开发、农业、民生等领域务实合作。国开行还积极落实中国政府对非承诺，发起设立中非发展基金，支持和引导中国企业赴非洲投资兴业；设立对非中小企业发展专项贷款，促进当地就业。在埃及，国开行参与了 OTH 银团贷款，支持了苏伊士工业开发区建设，与非洲进出口银行和埃及国民银行、埃及银行建立了合作关系①。

① 资料来源：国家开发银行。http：//www. cdb. com. cn/web/news*in*fo. asp? newsid=3210

第九篇

苏丹商务环境

整体上，苏丹经济规模较小，工业化程度较低，传统农业在国民经济中占较大比重。同时，经贸立法不健全，贸易、投资缺乏规范性。受美国多年制裁影响，苏丹金融、资本市场规模较小且很不发达。

具体而言，受近年来苏丹石油开发的迅速发展以及国际原材料价格上升的影响，苏丹出口贸易发展较快，但对外贸易总量仍较低。受强劲石油出口影响，近年来苏丹经常项目基本保持顺差。苏丹工业不发达，进口商品总类较多，出口商品主要是以初级产品，特别是石油和农畜产品为主。苏丹贸易伙伴除中国外，主要是阿拉伯国家。目前苏丹是中国在非洲第三大贸易伙伴，而中国是苏丹第一大贸易伙伴。苏丹贸易立法滞后，保持着浓厚的伊斯兰特色。形式上来看，苏丹曾一度宣称放宽对外进出口贸易的管理，但受国内经济形势影响，苏丹对外贸易政策较不稳定，制度缺乏透明性，且时常调整对进出口商品的限制。此外，作为伊斯兰国家，苏丹对违背伊斯兰教义和涉及国家安全的商品进口严格限制。进口许可证的发放缺乏规范。对于国际通用的贸易保护手段没有明确的立法规定，但使用的随意性较强。缺乏明确地对贸易方式及相关条件、监管的规定。苏丹海关执法部门权力较大。苏丹设有喀土穆自由区、苏丹港红海自由贸易区、吉利自由区等多个保税区，目前在尝试进一步的促进市场活力的改革。苏丹对出口商品实行从价税率，海关对商品估价采用布鲁塞尔公约估价原则。为鼓励出口，增加外汇，苏丹曾实施鼓励出口政策，但一度宣告终止。近年来苏丹是非洲国家吸引外资较为强劲的国家。外资来源国主要是中国、阿联酋、沙特、利比亚、德国、法国、丹麦、瑞士、英国等。苏丹引进外资模式主要是独资及合资/合营。苏丹虽然有鼓励投资法，但对投资管理的立法和机构设置相对滞后。因此，对于投资项目的管理并没有明确的法律和机构监管。苏丹鼓励外国企业投资，并对进入其国内市场投资的外国公司资质并没有严格的资金、技术等规定。苏丹对外国投资的优惠分为对基础设施等战略性项目投资和一般性项目，优惠措施包括土地获取和税收减免等。苏丹投资监管体系极不健全，苏丹货币体制较为稳定，实行浮动汇率制，国家对外汇的监管变动性较强。苏丹金融机构以银行业为主，金融体系属于伊斯兰金融市场体系，中央银行规定不允许收取利息，而是按照协商价格收费。商业贷款由中央银行根据行业发展优先程度进行配额分配。资本市场不发达，仅有一家证券交易所，且属内部交易，其他金融衍生品种类缺乏。

第 25 章

苏丹贸易环境

25.1 苏丹进出口贸易

受近年来苏丹石油开发的迅速发展以及受国际原材料价格上升的影响，苏丹出口贸易发展较快。2003年苏丹出口贸易总额仅为25.4亿美元，2004年上升到37.8亿美元，同比增长了48.6%。2005年到2007年，分别上升到48.2亿美元、56.6亿美元、88.8亿美元，同比年度增长率分别为27.7%、17.3%、57.0%。其中，石油出口所占比重日益加大，2003年到2007年间，石油出口分别为19.9亿美元、31亿美元、41.9亿美元、50.9亿美元、84.3亿美元。受出口收入增加影响，近年来苏丹商品进口额增加较快，2003年到2007年，苏丹商品进口额分别为28.8亿美元、40.8亿美元、67.6亿美元、80.7亿美元、87.8亿美元。进口贸易的增加，使苏丹商品贸易赤字有不断扩大趋势，2006年贸易赤字为11.2亿美元，2007年增加到14.5亿美元。

25.1.1 进出口概况

近年来苏丹进出口贸易增长较快，但对外贸易总量仍较低。据联合国贸发组织统计，苏丹出口额由2002年的19.5亿美元，增加到2010年的105亿美元，同期进口额由24.5亿美元增加到99.6亿美元。2009年商品出口额占世界贸易出口的比重约为0.063%，较2001年的0.027%有了较大幅度的提高。2009年商品进口额占世界贸易进口的比重约为0.076%，2001年该比例为0.036%。受强劲石油出口影响，近年来苏丹经常项目基本保持顺差。2010年顺差为5.4亿美元（见图25—1）。

表25—1　　苏丹商品进出口贸易情况　　（单位：百万美元）

	2002	2003	2004	2005	2006	2007	2008	2009	2010
出口额	1 949	2 542	3 778	4 824	5 657	8 879.25	11 670.504	7 833.696	10 500
进口额	2 446	2 882	4 075	6 756.8	8 074	8 775.457	9 351.54	9 690.918	9 960

资料来源：UNCTAD http://unctadstat.unctad.org/ReportFolders/reportFolders.aspx? sCS_referer=&sCS_ChosenLang=en

苏丹进口商品主要是机器、电子产品、交通产量、粮食、医药及其他制成品。2010年机器进口额8.6亿美元，位居第一，占苏丹进口商品总额的比重为13.2%，其次是电子产品，进口额6.7亿美元，占进口商品总额的比重为10.3%。从进口种类增长幅度来看，近年来粮食进口持续增长幅度最大，2006年到2010年年均增幅达42%，其次是咖啡、茶叶香料类和糖类食品，年均增幅分别为18%和12%（见表25—2）。

表25—2　　2010年商品进口种类排名前十位　　（单位：千美元,%）

进口商品类别	2010年进口额	2006—2010年年均增长率
商品进口总额	6 521 513	3
机器、锅炉等	863 608	5
电子产品及配件	668 994	—6

续表

进口商品类别	2010 年进口额	2006—2010 年年均增长率
交通车辆	521 353	−14
谷类	507 907	42
糖类	337 817	12
钢铁制品	317 024	3
医药产品	207 574	13
钢铁	203 843	−4
塑料及制品	172 057	11
咖啡、茶、香料等	169 514	18

数据来源：http：//www.trademap.org/Product_SelProductCountry.aspx（2011 年 11 月 4 日）

苏丹商品出口以石油和农畜产品为主，其中石油占有绝对高比重。2010 年石油类产品出口占出口总额的比重高达 94.4%，2006 年到 2010 年该类产品出口额年均增长率达 7%。其次是油料种子、水果类，占商品出口总额的比重为 1.6%，2006 年到 2010 年该类产品出口额年均增长率达 8%。近年来苏丹商品出口增长最快的是肉类和饮料类产品，2006 年到 2010 年年均增长率分别高达 367%和 258%（见表 25—3）。

表 25—3　　2010 年商品出口种类排名前十位　　（单位：千美元，%）

出口商品类别	2010 年出口额	2006—2010 年年均增长率
所有出口商品	8 596 777	7
矿物燃料及精炼产品	8 113 923	8
油料种子、水果、谷物等	137 864	2
珠宝等贵重矿石	80 979	5
树胶类	77 491	6
棉花	39 260	−17
矿石、矿渣类	19 906	29
饮料类	16 620	258
铜类	16 264	29
肉类	15 842	367
糖类	13 627	−22

数据来源：http：//www.trademap.org/Product_SelProductCountry.aspx（2011 年 11 月 4 日）

25.1.2　主要贸易伙伴关系

苏丹主要贸易伙伴为中国、日本、沙特阿拉伯、阿联酋、英国等。其中中国是苏丹第一大贸易伙伴。据非洲开发银行统计数据，苏丹主要出口对象国排名为中国、阿联酋、日本、沙特、英国。2009 年，苏丹出口以上 5 国的贸易额分别为 13 805.8 百万苏丹镑、

1 111.5 百万苏丹镑、497.4 百万苏丹镑、460.6 百万苏丹镑、56.7 百万苏丹镑。近年来苏丹对阿联酋的出口增长较快，由 2002 年的 103.1 百万苏丹镑增加到 2009 年的 1 111.5 百万苏丹镑（见表 25—4）。主要进口对象国排名为中国、沙特、阿联酋、日本、英国，2009 年苏丹从这些国家的进口额分别为 4 481.9 百万苏丹镑、1 313.5 苏丹镑、1 225.5 苏丹镑、1 044.3 苏丹镑、465.2 苏丹镑（见表 25—5）。

表 25—4 **主要出口对象国及出口情况** （单位：百万苏丹镑）

	2002	2003	2004	2005	2006	2007	2008	2009
中国	3 512.6	4 217.7	5 964.0	8 083.4	9 364.3	14 668.0	20 274.6	13 805.8
阿联酋	103.1	172.5	149.1	186.0	454.9	453.3	457.5	1 111.5
日本	127.9	559.9	845.2	905.6	647.2	1 524.7	1 464.5	497.4
沙特	344.7	325.6	442.6	368.3	296.6	197.7	224.5	460.6
英国	173.8	163.0	125.0	75.6	43.6	59.3	15.9	56.7

数据来源：非洲开发银行统计数据

表 25—5 **主要进口对象国及出口情况** （单位：百万苏丹镑）

	2002	2003	2004	2005	2006	2007	2008	2009
中国	658.7	814.6	1 440.7	315.1	3 598.2	4 910.6	4 713.9	4 481.9
沙特	749.7	1 038.8	1 135.8	1 295.9	1 712.2	1 319.5	9 032.7	1 313.5
阿联酋	434.8	544.3	742.0	1 050.3	1 063.7	968.3	1 825.5	1 225.5
日本	341.0	374.4	620.6	1 300.4	1 532.9	741.4	1 572.8	1 044.3
英国	344.9	400.8	512.6	847.6	900.4	505.1	2 477.8	465.2

数据来源：非洲开发银行统计数据

中国同苏丹贸易近年来呈快速增长趋势。目前苏丹是中国在非洲第三大贸易伙伴，而中国是苏丹第一大贸易伙伴。据中国商务部统计，中国苏丹贸易总额由 2002 年的 15.5 亿美元，增加到 2010 年的 86.3 亿美元，年均增幅达 28.4%。同期，中国出口额由 3.9 亿美元增加到 19.5 亿美元，年均增幅为 30.1%，中国进口额由 11.6 亿美元增加到 66.8 亿美元，年均增幅为 30.5%。中国同苏丹贸易呈逆差，逆差规模 2010 年达到 47.3 亿美元（见表 25—6）。

表 25—6 **中国—苏丹贸易情况** （单位：亿美元）

	2002	2003	2004	2005	2006	2007	2008	2009	2010
贸易总额	15.5	19.2	25.2	39.1	33.5	56.7	81.8	63.9	86.3
中国出口	3.9	4.8	8.2	12.9	14.1	15.4	18.5	17.1	19.5
中国进口	11.6	14.4	17.1	26.1	19.4	41.3	63.3	46.9	66.8
贸易总额增长率	33.8	23.9	31.3	55	—14.2	69.1	43.3	—22.1	35.1
中国出口增长率	78.5	21.9	70.5	58.6	9	9	20.3	—9	14.5
中国进口增长率	23.4	24.6	18.3	53.3	—25.7	112.6	51.7	—25.9	42.6

数据来源：中国商务部

中国通过工程承包积极参加苏丹的基础设施建设。由于近年来苏丹经济的快速发展，苏丹基础设施建设项目较多，中国企业广泛参与了苏丹的工程建设。截至 2010 年，中国参与苏丹累计签订承包工程合同金额超过 180 亿美元，完成合同额超过 100 亿美元。中国企业在苏丹的承包工程市场占有率达 50%以上。2010 年底，中国在苏丹劳务人数超过 2 万人。

25.2 苏丹外贸管理机构

25.2.1 立法制度

苏丹对外贸易立法既有历史沿袭，又体现民族、宗教信仰特色。一方面，贸易法规体系是以英国殖民时期的《贸易促进法》为基础建立的。另一方面，作为伊斯兰国家，贸易法规中的较多规定符合其宗教规范。

根据苏丹对外贸易部规定，在苏丹从事进出口贸易需要在对外贸易部进行注册登记。登记程序包括向商会进行登记；向对外贸易部提交申请表。其中申请表内容包括（1）申请人姓名和住址；（2）申请者经营地贸易委员会发放的贸易执照，公司法人证明；（3）用于进出口的资本金数量；（4）最近用于进出口业务的预算会计证明；（5）税收和卡扎特清除证明。注册登记费 50—500 苏丹镑，且每年需要重新注册登记。

25.2.2 行政机关

苏丹贸易管理机构主要包括：对外贸易部、中央银行、海关总署等。对外贸易部是对外贸易的主管部门，其主要职责是制定贸易政策和规章制度，对进出口贸易管理和数据统计。中央银行负责对相关贸易的资金流动监管，也发布对外贸易统计。海关总署负责进出口贸易的监管并统计数据。

25.2.3 司法体系

苏丹并没有专门的贸易司法机构。苏丹法律体系以英国普通法、伊斯兰法为基础，并在融合土著习惯法的基础上形成的法律体系。整体上，在穆斯林占主体的居住区，伊斯兰法影响较大。在非穆斯林集中地区，普通法影响较大。在乡村等土著部落地区，习惯法也较盛行。

司法机构由全国司法委员会、三级审判机构和公诉机构组成。全国司法委员会负责国家司法的管理和部门关系的协调。审判机构负责各级民、刑事案件的审理。公诉机构（检察院）代表国家维护公民和国家的合法权利。

25.3 苏丹进口管理制度

25.3.1 进口配额

作为伊斯兰国家，苏丹对伊斯兰教义和涉及国家安全的商品进口严格限制，包括猪肉及制品、酒类、麻醉品、赌具、武器和军火等，一旦查出即是违法并遭起诉。

一般情况下，对其他商品进口则没有数量和配额限制，但苏丹政府及相关机构可根据需求，出台政策（包括利用财税手段）限制商品的进口。

2009 年 1 月，苏丹农林部公布了拟限制和禁止进口的 60 种农产品名单。2010 年 9 月苏财政部出台一揽子措施，将进口发展税由 5%提高至 15%，进口产品信用保证金提高至 100%，同时，暂停出口鼓励办法。其中水泥进口关税由 25%提高至 40%；化妆品、服装、罐装肉、甜点等非必需品关税由 15%提高至 20%；非必需品进口发展税由 5%提高至 10%。

2011 年 1 月，苏丹外贸部、中央银行、海关总署联合发文，禁止 19 类商品的进口。主要包括各种家具（铁、木、铝制）；活畜和活禽类，以育种为目的进口的幼鸡、牛和山羊除外；矿物质水和碳酸水；各种冷鲜肉类；鱼类；甜品类；二手车；油漆；蜂蜜；面粉和淀粉类产品；加工皮革和原皮；丝绸和丝织品；羽毛制品和人造棉花；雨伞和手杖；藤柳制品和甘蔗；奶制品和蛋类，多种用途的冷藏奶除外；工业塑料制品；树木、花卉植物，苗圃类除外；其他动物制品。

25.3.2 进口许可证制度

进口许可证制度是苏丹实施贸易保护的重要手段，但缺乏制度性和透明性。相关部门可随意设置进口许可证，且限制许可证发放范围。除此之外，苏丹政府和海关对当地产品形成较强竞争的进口产品设置贸易壁垒。保护当地产品的手段还包括（1）拒绝认可货物发票价格，由海关重新估定货值，且往往予以高估，降低进口产品的竞争力。（2）对部分产品征收高额关税。

25.3.3 原产地标志要求

根据苏丹进出口贸易相关规定，进口商进口商品必须要对进口商品进行申报，申报内容包括出具商业发票、商品原产地证明、检验检疫证明。此外，办理关税优惠时，需向海关提供原产地国权威部门出具的、具有效力的原产地证明。

25.3.4 反倾销税

目前尚无反明确、系统的反倾销法及相关税收规定，但苏丹政府正积极酝酿该政策。从现有政策来看，苏丹政府和海关对当地产品形成较强竞争的进口产品设置贸易壁垒，保护当地产品。一是拒绝认可货物发票价格，由海关重新估定货值，且往往予以高估，降低进口产品的竞争力。二是随意设置进口许可标准，且限制许可证发放范围。三是对部分产品征收高额关税。

25.3.5 反补贴税

目前尚无明确的反补贴税收。

25.4 苏丹出口管理制度

25.4.1 出口管制

原则上苏丹政府对商品出口没有任何数量和配额限制。如果出口没有汇款要求，则不需要任何出口许可。如需要出口证，则由外贸部和中心银行发放，同时需要由外贸部在销售合同上加盖印章。政府对出口商品价格实行最低指导性价格。

25.4.2 出口鼓励

苏丹政府鼓励出口，但主要针对进口原料加工制成品，鼓励措施包括退还出口商品中之前进口的原材料增值税。原材料名目需包括在工业部部长签发的进口许可证的范围之内，免税还需在程序上经过税务局局长的批准。受国内经济形势影响，苏丹出口鼓励措施并不稳定。2010 年，苏丹财政部在出台一揽子措施限制进口的同时，宣布暂停出口鼓励办法。

25.5 苏丹贸易协定

苏丹参加的区域贸易协定包括：东非贸易共同体、阿拉伯国家贸易联盟。苏丹尚未加入世贸组织，但是世贸组织观察员，并完成了与多数世贸组织成员国的双边谈判。

同苏丹签署有双边免税协议的国家包括：沙特阿拉伯、保加利亚、英国、埃及、德国、爱尔兰、利比亚、马来西亚、埃塞俄比亚、中国、印度尼西亚、韩国、土耳其、科威特、阿联酋、约旦、伊拉克、阿尔及利亚等。

25.6 苏丹贸易习惯

25.6.1 通用的贸易方式

25.6.1.1 代理

未见相关法律条文详细规定。但据苏丹贸易法，苏丹司法认同代理贸易方式。

25.6.1.2 报销

未见相关法律条文详细规定。

25.6.1.3 寄售

未见相关法律条文详细规定。

25.6.1.4 补偿贸易和易货贸易

未见相关法律条文详细规定。

25.6.2 对苏丹贸易应该注意的问题

25.6.2.1 交货期

未见相关法律条文规定。通常苏丹人时间观念不是很强。

25.6.2.2 商品质量

苏丹尚没有出台关于贸易商品质量要求的具体规定。但苏丹商人对进口商品质量要求较高，同时希望价格低廉。

25.6.2.3 安全卫生标准

根据苏丹进出口贸易规定，进口商品装运前检验没有强制性规定。由苏丹标准计量组织（SSMO）注册的国际货物检验机构可以向进口商发放装运前检验证明。双重检验可以由 SSMO 进行。任何无质量检验证明的货物均须在入境处由 SSMO 进行检验。

25.6.2.4 包装与商标

有关商品包装和商标苏丹没有明确规定，但由于苏丹奉行伊斯兰教，因此，对苏丹出口商品的包装与商标方面应注意符合穆斯林消费习俗，比如在颜色、图案、符号、发音、寓意诸方面应符合穆斯林的文化认同和习惯。

根据苏丹司法部知识产权处发布的 2009 年 1 号商标法规，在苏丹可注册商标。注册商标所需资料包括：（1）申请人身份证明文件（企业营业执照、个人身份证明文件复印件）。在合伙制企业中，商标不能以企业名义注册，需以所有权人的名义申请注册。（2）申请注册商标的商品或服务项目名称。（3）商标图样。（4）委托书。如果作为贸易代理人的律师为当地律师，且在申请注册商标时能提供商标许可、异议等专用委托书，则其不必再提交授权委托书。国内外的代理机构提交申请、注册或续展商标时，都应提交委托书。递交的相关材料如果使用英文和阿拉伯文以外的语言，应由苏丹授权翻译机构进行翻译。所有国外授权的委托书都必须经过苏丹驻申请人所在国的大使馆审批。（5）申请人为企业，则需提供官方发出的营业执照复印件及英文翻译（公证及领事馆认证）。

25.6.3 纠纷处理方式

同苏丹签署有相关投资、贸易、税收等双边、多边协议或签有含仲裁协定的国家，其在苏丹经贸活动同苏丹产生纠纷的，则按照相关的协定进行协调解决。其他有关投资活动的纠纷则通过调解或者仲裁的方式来解决。

25.7 苏丹海关监管制度

25.7.1 对进出境货物的监管

根据苏丹海关法，对进出口苏丹边境的货物由海关实施监管。海关对相关货物的监管包括：任何放在海关货场、检查站或关税区内的货物，包括通过邮政服务进出口的货物；存放在任何国家船只上的货物，只要该船只停留在苏丹港口、码头、内海、领海期间，都受苏丹海关监管。

未经海关官员授权，不得对海关实施监管货物发生拆封、解锁、去除记号、更改标签、重新包装等行为。货主或相关方只有在海关关长同意并支付相关费用后，并在海关官员在场的情况下，对货场内货物进行包装、贴商标、编号或重新包装、重新编号。

对于受海关监管的货物，任何海关官员都可以打开其包装或要求货主自己打开包装，风险费用和劳务费用由货主承担。对于通过邮政服务进出口的货物，应当依据海关法中适用于通过邮政服务进口或出口货物的条款，以及与邮政与电报公共公司相关的条款的规定处理。如果在货物被置于海关监管之后的 15 天之内，货主不明、或找不到货主或货主仍未出现，那么，为了确认货物的数量、状况和价值，海关部门可以在货主不在场的情况要打开货物包装，费用由货主承担。但是，如果任何海关官员怀疑包装内装有易腐烂品、禁运品、受限品或危险品，他可以在任何时候打开包装。如果任何货物包装上没有商标，或没有编号，或者商标或编号不完全，海关官员可以要求给这些包装贴商标或编号：在上述两种情况下，货主应当在缴纳海关监管费用之后，在该官员在场的情况下，给这些包装贴商标或编号，或由他人给这些包装贴上商标或编号，由货主支付费用。

对于受海关监管或受任何其他政府部门代管的货物的丢失或损坏，政府部门不承担任何责任，除非货物的丢失或损坏是由任何海关官员、代理人或工作人员的重大过失或故意行为所造成，或者根据对政府有约束力的、有关这些货物的运输或其他作业合同规定的可执行条件，政府应当赔偿这些货物的丢失或损坏。①

25.7.2 对进出境运输工具的监管

没有详细要求。但根据苏丹海关法提及，进出口商品的交通运输工具是指运输人员或货物的任何船只、列车、车辆、飞机或任何动物。

25.7.3 保税制度

苏丹实施进口商品申报制度，根据规定，进口商在对进口商品上报相关材料及证明后，并在支付了相应的税费后，其所进口的货物才可放行（直接交货除外）。

根据《苏丹自由区法》，苏丹设有喀土穆自由区、苏丹港红海自由贸易区、吉利自由区等多个保税区。根据该法，自由区外国投资者可独资；资金和利润自由转汇；没有个人所得税；15 年全免公司所得税并可延期；货币自由兑换；入境和居住许可无限制；自由雇佣劳动力；原材料和生产资源相对充足；享受东南非共同市场（库米萨）区域经济成员国的优惠市场待遇。

根据《苏丹自由区法》，自由区由苏丹自由区行政机构和市场公司（SFZ）进行规

① http：//www.wsmip.org/Html/gbzc/2010062414136429_5.shtml

划、设计和管理。

25.7.4 对外贸加工区的监管

苏丹目前并没有设立外贸加工区，但为促进工业发展，苏丹政府在喀土穆城南城北分别建有索巴工业区、吉雅德工业区和吉利工业区。工业区受当地行政、工商、税务等相关部门的管理。

25.8 苏丹关税计征制度

25.8.1 海关税则归类

苏丹对出口商品实行从价税率。其中棉花和阿拉伯树胶为10％，其他产品为5％。此外，苏丹港公司还按照1.2％收取码头税，国内航空收取1％。对于122类商品征收55％—150％附加税；除特定商品包括茶叶、咖啡、奶粉、干椰枣、烟草、香烟产业包装材料和石油征收2％的消费税外，多数进口商品要征收10％的附加税；药品免征消费税；苏丹港公司征收2％的码头税，国内航空征收1.2％。此外，苏丹海关还按照进出口商品的价值向有关人员征收所得税，税率按照货物价值按一定比例计算。

25.8.2 海关估价制度

苏丹海关对商品估价采用布鲁塞尔公约估价原则。

确定进口关税和转运关税税率的时间应当按照缴纳关税时现行的税率缴纳。如果已签订了一份在苏丹销售或交付任何货物的协议，而且已经缴纳了货物的进口或转运关税，如果之后关税发生了变化，而且可能影响到这些货物在缴纳关税前的价值，则在没有明确的书面的相反规定的情况下，该协议必须服从以下条件：（1）如果出现了新的关税或提高了关税，卖方在缴纳了新的关税或提高的关税之后，应将新缴纳的部分加到约定的价格中；（2）如果取消关税或降低关税，买方可以从约定的价格中扣除关税变化造成的差额。

据海关法相关条款规定，海关官员对进出口货物的估价将按照贸易商在进口或出口时在进口或出口港或其他地点为这些货物支付的价格来估价，以此确定货物应缴纳的关税。根据规定，在估价二手汽车时，其价值不应低于新车价值的一半；在估价已部分破损的货物时，应当由海关关长为此成立的委员会根据货物的状况对货物进行估价。

对于一些固定类商品实施相对固定的估价和关税税率。这些商品是经苏丹商务部、合作与供应部及在各海关港口、关口和机场从事各种货物进出口贸易的商人协商并达成一致后确立的。

25.8.3 海关征税制度

根据《1986年苏丹海关法》，《关税表》中所列货物关税应当在货物进口至苏丹时或申报货物出口时缴纳。除非经海关关长特许，否则，所有关税都必须在海关货场缴纳。苏丹内阁可随时修订《关税表》中所列货物的进出口税率。

25.8.4 海关退税制度

苏丹海关退税包括：(1) 在苏丹买不到的货物如果以前为了使用而进口的话，那么在这类货物重新出口时，海关关长可以允许退还已缴纳的部分进口税款。在这种特例情况下海关关长可以要求部长批准进口这类货物，部长在认为这类货物符合公众利益的情况下，必须批准进口这类货物。(2) 如果货物进口时的价值等于海关关长在重新出口时评估的价值，那么，拟退还的那部分税款应当等于在进口时必须缴纳的税款。

25.8.5 海关关税优惠制度

进口税、出口税和转运税的免除。首先，根据投资法及其他规定免税。免除对象包括：(1) 旅客随身或托运的行李。(2) 商务旅行人员随身或托运的货物样品，该样品打算在进口后的 6 个月内出口到外国。(3) 真正的贸易样品。(4) 海关港口内非海岸船只的任何船只上在船只到海关边界以外的地方时供船上人员在船上使用或消费的给养品和储备品；装上将离开海关机场、直接飞往海关边界以外目的地飞机上的给养品和储备品；从国外航空公司进口的用以维护该公司飞国际航班的飞机零部件；从国际民航公司进口的自用地面设备。(5) 从其他国家托运，经苏丹转运到其他国家的货物。(6) 来苏丹居住者的自用物品。(7) 个人奖品的进口。(8) 基于农业目的进口的种子类商品，并须出具相关农业、自然资源和动物资源部签发的证明。其次，关于广告用途商品的减税。包括：① 用于广告目的进口的物品，这类物品可减少等值于物品价值 30%的关税，但需要出具相关用途证据；② 用作广告模型而进口的物品，可减少 30%的关税。

符合条件的再进口货物免除进口税。条件要求为：(1) 同样的货物必须在出口后的 12 个月内重新进口。(2) 需由海关关长确认：进口货物与出口货物完全一致；如果是外国货物，该货物在最初进口时已经缴纳进口税；出口时没有退还任何已缴纳关税。(3) 如果货物在重新进口时应缴纳的关税高于最初进口时的关税，那么在重新进口至苏丹时，应补交高出部分的关税。(4) 首席海关官员按照自己认为适当的方式，要求货主缴纳其货物可能需要缴纳的任何其他关税作为押金，或者为这些关税提供担保。

对通过邮政服务出口的货物部分免除出口税。通过邮政服务以包裹形式出口的货物，如果其价值低于 25 英镑，应免除出口税。

出口维修的货物再进口时只需缴纳维修成本的进口关税。如果货物出口到国外进行维修、改动或改进，而没有得到任何退税，那么，在提前将这一出口情况书面通知首席海关官员后，这些货物在重新进口时只需要缴纳维修、改动或改进成本的那部分关税，运费或任何其他国外或国内的费用均不需再缴纳关税。

上岸维修的船只等免除关税。在任何港口内或苏丹领海内的不作长期使用或无限期使用的船只，可以被拖到干船坞或苏丹的海岸上进行维修、改动或改进，无需缴纳任何进口税或出口税。

25.9 苏丹海关行政处罚规定

25.9.1 海关扣留与没收规定

根据苏丹海关法，海关官员可以对进入海关管理权限区的货物、交通工具等进行监管，并查封被其认为违法的货物，包括非法货物，包括运载、存放漏税或被禁止或限制进出口的任何货物，由此造成的任何风险和损失由货物拥有者或运输人承担。

海关首席官员可以指派运输人或货物所有人对相关违法货物的出口提供现金抵押或担保，如果首席海关官员在 6 个月内没有收到相应的证据，使其相信这些货物不是用于出口，抵押金将被没收。

如果任何海关官员或警卫有理由认为任何人从事了或企图从事走私或非法运送或拥有禁运货物，则海关官员或警卫可以在未获批准的情况下拘留此人，并将被拘留人移交首席海关官员。如果首席海关官员认为没有充分理由证明被拘留的人从事了上述违法行为，则释放此人；如果首席海关官员认为有充分证据证明涉嫌人参与或从事了相关违法行为，则可以在被授权的情况下，与此人达成协议不再起诉他或将此人交检察官或地方官员监管。

如果货主被海关指有走私、非法申报进出口货物等嫌疑，货主应出具与这些货物和其他在此前 5 年之内任何时候已被进口或出口货物有关的所有文件，以供海关进一步审查。

首席海关官员可以扣留或保留与报关有关的、或本法要求出具的任何文件。但文件所有人在支付规定的费用之后，有权得到首席海关官员确认为正确的文件复印件以代替原件。在任何法庭上，这些经确认的复印件应当成为可以接受的证据，与文件的原件具有同等效力。

25.9.2 海关对监管货物担保的规定

对于受海关监管的任何货物，海关关长可以要求并获得担保，担保种类包括以规定的格式保证、抵押做担保或现金担保。在获得担保之前，海关关长可以拒绝放行这些货物或拒绝批准这些货物的申报单。如果某项担保是针对某一特定的目的，那么，经海关关长授权，这项担保可以被接受用于担保关长批准的期限内的相应金额的所有交易。如果在指定的时间内未履行存入现金的义务，那么已存入的现金将被没收，归海关所有。如果海关关长认为担保不够，他可以在任何时候要求提供新的担保。

第 26 章

苏丹投资环境

26.1　苏丹投资概况

26.2　苏丹投资政策

26.3　苏丹投资管理体制

26.4　苏丹税收与激励措施

26.5　苏丹主要贸易投资管理部门

26.6　苏丹注册企业程序

26.7　中国与苏丹的投资关系

26.1 苏丹投资概况

26.1.1 外资引进规模

受国内投资环境较差的影响，长期以来苏丹吸引外国直接投资较少。1990 年到 2000 年间，流入苏丹的外国直接投资额年均为 1.64 亿美元。

据联合国投资统计，苏丹是近年来非洲国家吸引外资较为强劲的国家，仅次于埃及和尼日利亚，排名第三。2010 年，苏丹的外国公司数量为 19 家。据苏丹政府统计，苏丹 2004 年系吸引外资 53.99 亿美元，2005 年增加到 70 亿美元，其中石油领域获投资 25 亿美元，占外国投资总额的比重为 46.4%，工业领域获投资 13.4 亿美元，占投资总额的比重为 24.4%，服务业吸引外资 13.3 亿美元，占投资总额的比重为 24.3%，农业吸引投资 2.29 亿美元，占投资总额的比重为 4.9%。2010 年外国直接投资流出额 51.3 百万美元，外国直接投资流入额 1 600 百万美元，外国直接投资流入存量 20 742.7 百万美元。2007 年到 2010 年 FDI 流量年增长率 14.9%。

26.1.2 外资引进方向

目前，苏丹外资来源国主要是中国、阿联酋、沙特、利比亚、德国、法国、丹麦、瑞士、英国等。外资流入行业主要包括批发零售业、交通/仓储/通信行业、建筑业、食品/饮料/烟草行业、商务行业、宾馆/餐饮业、金融、电子及配件业等。其中批发零售业主要外资来源地包括美国、英国、德国、意大利、瑞士、沙特等，交通/仓储/通信行业主要外资来源地包括法国、丹麦、德国、科威特等国，金融业外资来源地主要是沙特，建筑业主要外资来源地包括德国、丹麦等国，宾馆/餐饮业主要外资来源地包括丹麦、德国等国，电子及配件业主要外资来源地是美国，商务领域主要外资来源地包括德国、瑞士、巴基斯坦、马来西亚等国，食品/饮料/烟草行业主要外资来源地包括英国和沙特等国。

26.1.3 外资引进模式

苏丹引进外资模式主要是独资及合资/合营。苏丹政府允许外资收购当地企业，买卖双方在自愿的原则下签署转让或买卖合同，之后到相关法律部门进行登记公证即可。但由于苏丹工业基础严重滞后，而苏丹政府又重视保护和扶植仅有的少数民族企业，为此外国直接投资几无可并购企业，投资领域多采取合资或独资方式。

26.1.4 外资与生产力的转换

作为苏丹的重要外资投资来源地，苏丹同中国近年来的经济合作备受苏丹重视，也取得了举世瞩目的成绩。苏丹引进中国投资对当地经济增长和技术吸收的作用是非常突出的。特别是在石油工业领域。在中国投资的直接带动下，苏丹石化行业发展较快，并逐步建立起了一套石油生产和加工的产业链，促进了当地的就业和经济增长，2010 年，中国企业在苏丹生产原油约 2 400 万吨，喀土穆炼厂加工原油约 470 万吨。同时，中资企业还以带资方式参与苏丹公路、桥梁、电力、水利等领域实施大型成套项目建设，也拉动了苏丹相关行业的发展。

26.1.5 主要经济区域

尼罗河流域是苏丹主要经济区域。由于受灌溉条件影响，该地区集中了苏丹的主要粮食和畜牧产区。因此，政府也非常关注该地区的经济发展。

喀土穆和连接石油炼厂的地区是近年来经济活力较强的地区。在炼厂的带动下，该地区被苏丹政府视为国家发展的重要工业区，并建有索巴工业区、吉雅德工业区和吉利工业区。同时，由于工业的带动，该地区基础设施、金融、旅游、电信及其他服务业等发展较快。

苏丹政府开辟的引进外资、繁荣经济的自由贸易区，包括喀土穆自由区、苏丹港红海自由贸易区、吉利自由区等多个保税区。政府对这些地区的优惠政策，包括自由转汇、免税、货币自由兑换、自由雇佣劳动力等，吸引了外资的进入，促进了该地区经济的较快发展。

26.1.6 苏丹地区内部投资情况

由于苏丹资金短缺严重，国内投资都严重依赖外来资金，因此，苏丹在该地区并没有规模投资。

26.2 苏丹投资政策

重视吸引外资，并通过立法等手段积极营造良好的投资环境。为改善投资环境，鼓励外国投资，苏丹政府于 1999 年颁布新《鼓励投资法》之后，分别于 2000 年、2007 年对投资法进行修订。目前，苏丹政府在酝酿出台新的投资法，以便进一步排除影响投资环境的内外障碍，简化投资手续，规范投资程序等。同时，苏丹政府还通过优惠政策促进外国直接投资。其中包括减免税收、对重要项目的土地审批等。

26.3 苏丹投资管理体制

苏丹虽然有鼓励投资法，但对投资管理的其他立法和机构设置相对滞后。因此，对于投资项目的管理并没有明确的法律和机构监管。

外国投资项目的基本执行情况，由联邦政府工业和投资部予以评估。

26.3.1 投资准入程序

苏丹投资法规定，外国公司只要具有相关行业资质、一定规模、经营业绩，并经苏丹投资部许可，即可进入苏丹市场进行投资。对于资质的标准、资金等的规模并没有严格的、具体的规定，从实际投资情况来看，苏丹对这些方面的要求标准也较低。

在苏丹投资任何项目都必须事先经过联邦政府工业和投资部的许可，或者经过州政府主管部门的许可，并且在苏丹银行进行登记。

26.3.2 投资管理制度

未见相关法律条文规定。

26.3.3 国民待遇和部门限制

根据《鼓励投资法》，苏丹鼓励外资在相关允许投资行业进行投资，外国企业将享受同当地企业同样的待遇。可允许投资行业包括农业、动物生产、工业能源、采矿、运输、通讯、旅游、环境、仓储、住房、建筑、合同管理、基础设施、经济服务、管理、咨询与信息技术服务、教育、卫生、水利、文化与信息服务，以及由国务委员会特别规定的其他任何领域。但外资企业与当地企业一样，不得经营违反法律和伊斯兰教教义规定的行业，如酒类生产及销售、生猪养殖及进口、销售等。

在不同领域的投资项目，苏丹将给予不同优惠待遇，包括税收、费用、许可等方面。同时，在允许的任何领域投资，都将保证没有歧视待遇。

26.3.4 对外投资协定

同苏丹签署有双边投资协议的国家有埃塞俄比亚、印度尼西亚、约旦、黎巴嫩、阿曼、土耳其、乌干达、比利时、法国、德国、荷兰、瑞士等国。

26.4 苏丹税收与激励措施

26.4.1 税收政策

苏丹税收体现伊斯兰法的精神，税收主要依靠“所得税法”进行规范。根据苏丹所得税法，苏丹财政经济部下属的税务司从事直接税的评估和征集。

税收包括企业利润税、个人所得税、租赁所得税、资本收益税、印花税和销售税，此外还包括移民税和开发税。其中企业利润税以40％的税率对企业净利润课税。企业和银行的所得税为：公有和私营企业净利润的40％；银行和保险公司净利润的45％；农业公司净利润的35％。公司雇佣了外国员工，还需在其离境时缴纳20％个人所得税（按所得工资额计算），此税无论任何投资免税项目都不能免除。个人所得税：在苏丹境内从事工作的外国人，不得免除个人所得税，除非他们的国家与苏丹签有双边免税协议。股票和股息免于征收营业利润税和资本收益税。资本收益税：其中土地和房屋的税率为净利润的 5%，车辆为其 2.5%，公司变卖自己的机械设备免征资本收益税。租赁所得税：对房屋和土地的出租收入，在经扣除 30%的收入以支付维修开支后，以及其他的任何当地市政税收扣除以后，在净收入基础上征收本税，税率以营业利润税率计算。农业税：以农业总收入的 1%征收。销售税：对有些服务进行征收，如，头等旅馆、饭店，出售某些商品如黄金、珠宝以及拍卖等，税率从 1% 到 25%不等。此外还有国家发展税（1%）、国防税（1%）等。

26.4.2 地区和产业优惠

在苏丹欠发达地区、自由区和保税区投资，可获得优惠待遇，包括：设立独资企业；资金和利润自由转汇；不缴纳个人所得税；公司所得税免税期为 15 年，并可延期；货币自由兑换；相关外籍人员入境和居住没有许可限制；自由雇佣劳动力；享受东南非共同市场区域经济成员国优惠市场待遇。

根据苏丹《鼓励投资法》，苏丹对投资于基础设施、道路、港口、电力、水坝、能源、运输等战略性项目，自商业性生产或者投资经营活动开始之日起，至少 10 年之内，免征所得税，10 年优惠待遇期满后，还可适当延长。具体而言，对投资额在 1 500 万美元以上的投资，企业可享受免除企业利润税待遇，最高免税期为 10 年；投资项目实施所需机械设备、非建筑用材料物资、办公及生活用品等均可免税，并可通过发票抵扣增值税。个人所得税、建筑材料、包装材料等税费不可免除。投资额在 1 500 万美元以下，可免除 1—2 辆办公用车 50%的关税，对施工用车、通勤车可免除关税，但需要到相关部门办理申请免税指标。

对于一般性项目，自商业性生产或者投资经营活动开始之日起，5 年内免征营业税。经联邦政府工业和投资部部长批准，可将此期限延长。

26.4.3 税收鼓励措施

根据苏丹《鼓励投资法》，苏丹对于外资投资的战略性项目，在免税期内，项目进口产品的关税和其他任何税费均全部予以免除。对于一般性项目，在免税期内，项目进口产品的关税和其他任何税费均全部或部分予以免除。

26.4.4 其他非税收鼓励措施

根据《鼓励投资法》规定，苏丹政府对战略性投资项目免费提供项目专用地，对非战略性项目以优惠价格提供用地。对基础设施领域的投资，具体包括公路、港口、电力、水坝、通讯、能源、交通、建筑、咨询服务、教育、医疗、旅游、信息技术、供水，以及由国务委员会特别规定的其他任何领域的重点项目，从有关部门的计划用地中为重点项目无偿划拨必要的土地。非重点投资项目用地，可以优惠价格获得所需土地。

26.5 苏丹主要贸易投资管理部门

26.5.1 投资管理委员会

根据苏丹投资法，联邦政府工业与投资部设有投资管理委员会，负责管理外国投资。委员会由一位主席和若干成员组成，成员包括联邦政府工业与投资部部长的代表、其他相关部委的代表、私人部门的代表。

管理委员会的职能包括：研究具体项目对于策略性投资领域的投资优先权的适合性；审视策略性项目对于基础设施和基本服务的需求，以及这种需求可以得到满足的程度，或者这种需求可以得到满足的可能性；审视策略性项目对于特殊学历的人力资源的需求，这些人员可以按照相关的有效法律，从国外聘用；实现各部门对于所提出的、经过批准的投资项目的投资计划；在有关项目投资方面，特别是在有关投资的土地规划方面，协调联邦政府工业与投资部与联邦政府其他各有关部以及州政府之间的工作。管理委员会可以邀请有关的人员或者团体，参加讨论这些团体在投资领域的本身权限之内的任何问题，但是被邀请者没有投票的权利。

26.5.2 政府行政部门

苏丹工业和投资部是外国投资的主管部门，负责外国投资政策的制定和企业的审批。根据苏丹投资法，任何投资项目都需经过该部门评估，并在苏丹银行进行登记。州政府主管部门负责地方投资及企业的审批和提供相关优惠待遇。此外，作为投资管理委员会派出人员的司法部、中央银行、海关等部门，也都参与在苏丹投资企业的管理。

26.6 苏丹注册企业程序

26.6.1 注册企业的一般形式

在苏丹投资设立企业的一般形式包括设立代表处、分公司、独资公司和合资公司，但批发和零售行业不允许外国投资，外贸公司不允许外资独资。

外国独资公司：根据苏丹法律规定，允许外国公司在苏丹当地注册独资公司。这是阿拉伯国家中较为突出的优惠条件，而一般阿拉伯国家不允许在当地注册外国独资公司。

合营或合资公司：多为外国公司提供技术、资金和设备等，当地公司或个人提供场地、厂房、部分资金或以争取项目等形式合作。

贸易公司：按照苏丹法律规定，不允许外国公司或个人在苏丹注册独资贸易公司，只能与苏丹当地人注册合资公司，且苏丹人所占股份应该在51%以上。

26.6.2 注册企业的规定

向相关部门申请许可。在苏丹设立企业首先应按照投资性质和投资规模向相关领域主管部门如工业部、能矿部、财政部、投资部等申请进行投资项目评估以获得许可（申请表在联邦政府工业和投资部或州政府主管部领取）。期间投资方可明确所有的税收和免税政策。获得投资许可后，投资方应到苏丹银行履行登记手续。

委托当地律师或法律顾问办理公司注册。根据苏丹相关规定，办理任何注册外国公司的手续，必须由外国注册公司委托当地律师或法律顾问代办。支付法律顾问代办注册手续费，没有具体金额规定，可由双方协商确定，一般在 3 000 到 5 000 美元之间。

如注册外资独资公司，需寻求当地人担保。外国公司或个人在苏丹办理独资公司，必须有当地人担保。担保人与注册公司之间的担保关系和经济关系由双方自行协商。

苏丹对外资注册成立公司没有具体资金限制，注册资本由外国公司自行设定，苏丹方面不验资。

注册公司审批手续包括：(1) 公司所在国母公司的营业执照；(2) 银行的资信证明；(3) 母公司董事会对组建苏丹分公司的决议，要求注明注册公司性质（独资、合资或合营）、机构设置、公司职员名单、公司总经理、副总经理和财务经理（工程类公司必须有工程师）任命书等文件。上述内容必须在国内公证处公证，并办理外交认证。如个人在本国没有注册公司，只需提供本人简历、学历证书、职称证书等公证材料和外交认证即可。

26.6.3 投招标许可

苏丹尚未颁布有关投招标的专门法律，也没有统一的管理机构及招标规则。目前各类政府项目或公共设施项目均由政府相关主管部门分别制定招标规则、编制招标文件并组织招标。各部门在组织招标时，原则上会在报刊上发布招标公告，出售标书，然后进行资格认定、资格预审和组织招标答疑。

政府发标的工程项目主要由政府相关职能部门实施管理，如石油项目由石油部负责管理；水利、水电项目由大坝电力部负责管理；铁路项目由铁路局负责管理；港湾工程由道路桥梁部下设的海港公司负责管理；地方政府的项目则由当地政府自行组织招标并实施管理。

26.7 中国与苏丹的投资关系

26.7.1 相互投资概况

据中国商务部统计，截至 2009 年底，中国在苏丹直接投资累计达到 5.64 亿美元。2010 年中国对苏丹直接投资额为 1.76 亿美元。中国在苏丹投资的主要领域是石油开发和基础设施建设。1996年11月，中石油参加了苏丹石油开发的国际招标，并最终获得了在苏丹南部穆格莱德盆地几个区块的石油勘探权。1997年，苏丹石油公司与中石油及马来西亚、加拿大石油公司共同组建了四方联合体共同开发苏丹油田。中石油建成了一个大型油田，完成了全长1 540多公里的输油管线铺设工作，并于1999年正式出口原油。目前，中国中石油公司、中石化集团公司参与苏丹3/7区、1/2/4区、6区等5个上游投资项目和喀土穆炼油厂等3个下游投资项目。苏丹在中国投资金额甚少。

26.7.2 国家间的投资协定

1997年5月30日中国和苏丹共和国签署有“中华人民共和国政府和苏丹共和国政府关于鼓励和相互保护投资协定”。根据协定，有效期为10年，但到期前一年如没有单方面要求终止协定，将继续有效。目前中国同苏丹签署的该投资保护协定进入第二期。

根据协定，缔约一方的投资者与缔约另一方之间就在缔约另一方领土内的投资所产生的任何争议应尽量由争议双方友好协商解决。如争议在六个月内未能协商解决，争议任何一方有权将争议提交接受投资的缔约一方有管辖权的法院。如涉及征收补偿额的争议，在诉诸本条第一款规定的程序后六个月内仍未能解决，可应任何一方的要求，将争议提交专设仲裁庭。该仲裁庭应按下列方式逐案设立：争议双方应各任命一名仲裁员，该两名仲裁员推选一名与缔约双方均有外交关系的第三国的国民为首席仲裁员。前两名仲裁员应在争议一方以书面形式通知另一方提出仲裁后的两个月内任命，首席仲裁员应在四个月内推选。如在上述规定的期限内，仲裁庭尚未组成，争议任何一方可提请解决投资争端国际中心秘书长做出必要的委任。仲裁庭应自行制定其程序，但可以参照解决投资争端国际中心仲裁规则。①

除以上“投资保护协定外”，中国同苏丹政府间还成立有经贸混委会，迄今召开过9届会议。

26.7.3 未来投资合作趋势

近年来中国同苏丹的经贸合作不断深化。基于苏丹政府重视同中国的合作，双方政治、经济领域合作互信程度日益加深，中国不仅重视在苏丹能源、矿产、加工制造业方面的投资，同时也重视包括道路、水利等基础设施的投资。一方面，中国对苏丹投资的不断增加，增加了苏丹经济增长的活力，促进了苏丹经济发展。从苏丹资源禀赋来看，有着巨大的开发潜力。苏丹境内水资源、土地资源、矿产资源都很丰富，这是苏丹未来吸引外资的重要有利条件。

未来合作前景广泛。受近年来苏丹蓬勃发展的石油工业的带动，苏丹经济呈现出前所未有的活力。在政府财政收支不断得到改善的情况下，国家提出了在各领域的发展规划。为此，当前苏丹处于投资活力较为旺盛的时期。在农业、畜牧业、石油、化工、加

① http://china.findlaw.cn/fagui/p_1/136907.html

工制造业以及包括供水、供电、桥梁、道路等基础设施建设领域都存在较大的投资机会。此外，受经济增长影响，传统服务业和电信、金融服务业也发展较快。此外，作为最不发达国家，尽管苏丹当前因达尔富尔问题受到西方国家的制裁，但作为联合国千年发展计划的对象，国际社会对苏丹的援助仍将是长期的。因此，随着苏丹国内问题的逐步解决，苏丹国内农业、基建、服务、工业等各部门的发展，将为外资的进入提供广阔的天地。

第 27 章

苏丹金融环境

27.1 苏丹货币体系

27.1.1 货币体系概况

从独立以来，苏丹共进行了四次货币改革。1956 年，苏丹货币委员会发行了苏丹第一套货币——苏丹镑，面值分别为 1、5 和 10 镑的纸币。1980 年，增加了面额为 20 镑的纸币。1991 年，苏丹在提高纸币防伪技术的基础上，发行了面值为 100、500、1 000 和 5 000 第纳尔的纸币和面值为 10、50 第纳尔的硬币。这是苏丹的第二套货币。2006 年 1 月 10 日，苏丹央行发行新货币——苏丹镑，用以代替第纳尔。2011 年 7 月 18 日，南苏丹在独立后发行新货币，24 日，苏丹中央银行推出新货币。

27.1.2 苏丹汇率制度

目前苏丹实行浮动汇率制。自 1992 年以来，苏丹政府采取了一系列贸易自由化政策，放宽了外汇管制，实行自由浮动汇率。但由于外汇短缺，其外汇管制政策经常变动，时松时紧。2003 年之后苏丹中央银行开始实行有管理的浮动汇率制度。根据相关规定，当天汇率波动幅度超过 2%时政府将进行干预。目前已在中央银行和商业银行之间形成外汇交易市场。但因受美国制裁影响，苏丹外汇流通出现困难，对外汇的汇入、汇出实施审批，限制美元的汇款和流通等。

27.1.3 苏丹汇率的历史阶段

多年来苏丹政府围绕促进经济发展的目标，多次调整汇率制度。1990 年苏丹实施浮动汇率制取代多重汇率制。1992 年到 1993 年，政府重估汇率并再次引入多重汇率制。其时，苏丹有三种汇率制，一种汇率由苏丹中央银行用来指导出口，一种汇率由政府的银行代表委员会用来指导进口，一种汇率是以市场决定的用于指导个人换汇。这种低效的多重汇率导致农产品出口下降。因此，政府在 1994 年再次引入统一汇率。新汇率以超过本币市值的 20%－25%范围内波动。1995 年之后，汇率维持在稳定水平。1998 年，政府开始实施更为综合的汇率改革。为稳定汇率，中央银行在加强调控的基础上，加大了对以石油相关的外汇流动的监管。结果，当外汇储备下降时，实际汇率明显高估。近年来，苏丹外汇政策一直处于由固定汇率向有监管的浮动汇率转变的调整中。其目标是清除由汇率高估带给农产品的隐性税收。

27.2 苏丹金融机构

27.2.1 金融机构体系

苏丹金融市场体系属于伊斯兰金融市场体系，金融机构以银行业为主，且银行经营原则主要依靠《古兰经》教义，属于不涉及利息的金融体系。中央银行规定不允许收取利息，而是按照协商价格收费。商业贷款由中央银行根据行业发展优先程度进行配额分配。

27.2.1.1　苏丹中央银行

苏丹银行是苏丹中央银行，成立于 1960 年，位于首都喀土穆，现任行长穆罕默德·凯尔·祖贝尔（Mohamed Kheir El-Zubeir）。国家银行主要负责货币的发行、管理国家收入/支出、制定货币政策、调控宏观经济以及调控汇率、监管外汇交易、打击黑市交易、监管个人购汇等。

27.2.1.2　商业银行

苏丹共有 24 家本国商业银行，以前均为国有银行。随着银行业的改革，目前已有 16 家银行私有化或私人参股，但经营活动受苏丹银行控制，其余 8 家国有商业银行占据重要地位。商业银行资本金充足率不到 8%。主要商业银行包括：苏丹银行、苏法银行、苏沙银行、农业银行、恩图曼银行等。在苏丹的外资银行包括阿布扎比银行、巴比伦银行。

27.2.1.3　证券公司

苏丹于 1995 年 2 月在喀土穆建立证券市场——喀土穆证券交易所。但证券交易不对外销售，只是内部发行。目前有 50 多家上市公司，2006 年收益率在 20%。

27.2.2　金融机构特点

按照《古兰经》教义维持国家金融体系是苏丹金融机构的最大特点。1984 年苏丹引入伊斯兰法后，银行经营活动按照伊斯兰教义进行。受此影响，中央银行规定金融机构运营不允许收取利息，而按照协商价格收费。商业贷款由中央银行根据行业发展有限程度进行额度分配。

苏丹金融体系较为封闭。一方面，苏丹金融业以伊斯兰交易为指导原则束缚了苏丹金融业的国际业务，另一方面，美国对苏丹长期的经济制裁隔离了苏丹货币金融与世界金融的融合。

27.3　苏丹金融市场

27.3.1　资本市场

苏丹资本市场很不发达，资本市场规模很小，主要市场是成立于 1995 年的限定国内居民和企业交易的喀土穆证券交易市场。2009 年，苏丹证券公司上市的公司数仅 53 家，多年没有变化。同年，上市公司市值 6 961.9 百万苏丹镑（约 3 026.9 百万美元），交易额 2 246.6 百万苏丹镑，合同数 8 069（见表 27－1）。

表 27－1　　苏丹资本市场概况（2005－2009）

	2005	2006	2007	2008	2009
份额数（千）	1 731 670	7 567 782	9 411 559	289 008	172 359.5
交易额（百万苏丹镑）	1 216.8	2 068.1	1 799.6	1 879.41	2 246.6
公司数（个）	49	52	53	53	53
资本市值（百万苏丹镑）	7 473.3	9 312.4	10 121.6	8 541.5	6 961.9
合同数（份）	3 673	5 842	7 195	8 569	8 069
年均汇率（苏丹镑/美元）	2.44	2.17	2.02	2.09	2.30

数据来源：苏丹中央银行网站：http：//www.cbos.gov.sd/en/node/1000（2011 年 11 月 21 日）

苏丹根据伊斯兰教原则发行政府和央行债券，但由于市场狭小，市场融资情况较差。此外，受美国经济制裁及苏丹伊斯兰金融体系影响，苏丹参与国际金融市场活动能力较弱。根据苏丹金融市场规定，中国无法直接参加苏丹金融市场交易活动。

27.3.2　金融衍生品市场

由于苏丹实施较为严格的伊斯兰法，并在金融市场上遵循这一原则，因此，从公开信息来看，苏丹并没有发展或参与金融衍生品市场和交易。

27.3.3　外汇市场

苏丹属外汇管制型国家。苏丹央行下设外汇公司，负责外汇的交易，主要是同苏丹商业银行间的外汇交易。2011 年 6 月，苏丹央行将外汇公司的美元外汇日交易额度提高 50％，由之前的每天 200 万美元提高到 300 万美元。

外国投资者在苏丹各银行可以开设外汇账户，但外汇汇出汇入都要接受苏丹中央银行的监控，所有进口付汇或出口收汇企业必须在贸易部登记。2009 年底，苏丹央行允许个人出境从银行或货币公司兑换 2 000 欧元或等值其他外汇。

在苏丹，外国企业同当地企业同样可获得商业银行贷款，抵押和担保条件相同。但由于苏丹本地银行信誉较低，当地银行开出的保函等一般难以获得承认。

27.3.4　苏丹金融监管立法

苏丹中央银行是苏丹主要金融监管机构。苏丹关于金融监管的立法主要有“苏丹银行法”（Bank of Sudan Act）、“苏丹央行法”（Central Bank of Sudan Act）、“阿拉伯苏丹银行业行为法”（Law on Regulation of Banking Activity Arabic）、“金融机构法”（Financial Institution Act 2003）、“反洗钱法”（Money Laundry Combating Act）、“鼓励投资法”（The Investment Encouragemengt Act 1999）。

第十篇

阿尔及利亚商务环境

阿尔及利亚经济结构单一，在对外贸易中，油气产品出口额约占总出口额的98%。非碳氢产品出口主要是钢铁废料、无水氨等。阿尔及利亚主要贸易伙伴按地区划分是欧盟（约占进出口总额的55%）和经合组织国家。阿尔及利亚外贸体制改革以来，大部分关于进口审批和外汇管制的规定均被取消，基本实现了进出口的自由化，但在某一产品进口数量危及国内产业的情况下可以采取关税和数量的限制措施。阿尔及利亚出口受国际油价涨跌而波动，2009年受国际金融危机、油价下跌以及全球经济复苏缓慢影响，外贸顺差骤降。未来受高油价影响，阿尔及利亚外贸顺差将继续扩大。商业和贸易作为经济和社会发展的重要领域，在阿尔及利亚却一直未能得到足够的重视。总体来看，阿尔及利亚出口发展缓慢；无力应对进口不平衡状况；非法市场猖獗；价格不断上涨；行业培训缺失。虽然政府在近年陆续发表一些研究报告并相继出台了一系列政策法规，但是推进缓慢，效果并不明显。根据世界经济论坛公布的《2010年全球贸易报告》，阿尔及利亚排名第119位，排名落后的主要原因是实行外贸关税壁垒以及繁杂的海关手续和2009年《财政补充法》规定的单一信用证付款方式。另外，收费缺乏透明度、服务质量差、运输基础设施不完善也是阻碍贸易增长的主要原因。

自2001年以来，阿尔及利亚加大对外资吸引力度，外国直接投资持续增长。一度曾经在阿国内乱时期撤出市场的法、意、西、美等欧美国家资金在近几年重新回到了阿尔及利亚并迅速抢滩阿各重要经济建设领域，主要是能源、基础设施建设和消费品生产等领域。然而，据阿尔及利亚投资发展局的统计，由于受阿投资环境的负面因素影响，如工业土地获得难；培训体系薄弱；银行效率不高，融资服务落后，外汇管制较为严格；政府对于制成品的进口和销售引导、监管不力，走私逃税现象较严重；工业知识产权缺乏保护；不愿轻易开放自己的市场使外国投资者获利等，阿尔及利亚吸引外资水平仍较低，外国直接投资和私营部门投资成果不显著，还没有很好地发挥促进生产的作用。依据世界银行和国际金融公司联合出版的《2010 年营商环境报告》，阿尔及利亚总体排名 136 位，与前一年相比下降了两位。由此看来，阿尔及利亚的投资和营商大环境与同地区的经济体相比较为落后，投资环境亟待改善。受全球金融危机和经济衰退的影响，特别是受 2009 年《阿财政补充法》对外国投资限制条款的影响，外商投资直线下降。未来，为促进经济多元化以及迎合保守派的需求，阿尔及利亚政府将继续主导国家投资，优先投资石油石化部门。

自 20 世纪 90 年代外贸垄断体制被废除以来，阿外汇管理限制已有大幅减轻，资金流入流出较前已大为自由，阿企业家、商人以及阿民众较以往能够更为便利地获取外汇并将其作为支付和消费手段。这不仅推动了对外贸易发展，而且对于促进外来投资也有积极作用。自 2005 年以来，阿尔及利亚金融改制步伐不断加快。具体措施包括加强国有银行资金监管、鼓励企业社会融资、提升银行最低注册资金、出台金融法律法规、推广现代化支付方式、加强证券市场建设、推动国有银行私有化等。但是金融领域仍严重滞后于民众期待，不能适应阿经济形势发展需要。阿尔及利亚国有银行市场化程度仍较低，不按商业银行模式运作，中小企业获得融资困难，国有银行效率低，处理转账较慢。与此同时，阿尔及利亚资本市场不发达，股票市场发展滞后，债券市场极不发达。总的来说，阿尔及利亚银行在国际市场上并不按商业银行运作，金融创新不足，没有直接与国际金融市场相连。

第 28 章

阿尔及利亚贸易环境

28.1 阿尔及利亚进出口贸易

28.2 阿尔及利亚外贸管理机构

28.3 阿尔及利亚进口管理制度

28.4 阿尔及利亚出口管理制度

28.5 阿尔及利亚贸易协定

28.6 阿尔及利亚贸易习惯

28.7 阿尔及利亚海关监管制度

28.8 阿尔及利亚关税计征制度

28.9 阿尔及利亚海关行政处罚规定

28.1 阿尔及利亚进出口贸易

商业和贸易作为经济和社会发展的重要领域，在阿尔及利亚却一直未能得到足够的重视。从媒体报道和评论可以归纳公众对阿尔及利亚贸易领域的批评：出口发展缓慢；无力应对进口不平衡状况；非法市场猖獗；价格不断上涨；行业培训缺失，等等。虽然政府在近年陆续发表一些研究报告并相继出台了一系列政策法规，但是推进缓慢，效果并不明显。根据沃斯世界经济论坛公布的《2010 年全球贸易报告》，阿尔及利亚排名第 119 位，报告分析，阿尔及利亚排名落后的主要原因是实行外贸关税壁垒以及繁杂的海关手续和 2009 年《财政补充法》规定的单一信用证付款方式。另外，收费缺乏透明度、服务质量差、运输基础设施不完善也是阻碍贸易增长的主要原因。

28.1.1 进出口概况

阿尔及利亚有进口商 3.2 万家，专业出口商仅 180 家左右。阿尔及利亚出口受国际油价涨跌而波动。2003 年以来随着石油价格上涨，油气产品和非油气产品出口都得到较快增长。2009 年受国际金融危机、油价下跌以及全球经济复苏缓慢影响，外贸顺差由 2008 年的 334.1 亿美元骤降至 77.8 亿美元。2010 年随着油价回升以及全球经济回暖，外贸顺差增至 188.1 亿美元。未来受高油价影响，阿尔及利亚外贸顺差将继续扩大。2008 年阿尔及利亚进入全球出口 50 强国，排名第 46 位，并进入非洲前 3 强。2005—2010 年贸易情况如下表：

表 28—1　　阿尔及利亚近年外贸情况一览表　　（单位：亿美元）

年　份	出　口	进　口	余　额
2005	460.0	204.0	256.0
2006	547.4	206.8	340.6
2007	605.9	263.5	342.4
2008	785.9	451.8	334.1
2009	451.8	374.0	77.8
2010	571.9	383.8	188.1

资料来源：EIU，Country Report-Algeria，September，2008；July 2011.

阿尔及利亚经济结构单一，在对外贸易中，油气产品出口额约占出口总额的 98%。非碳氢产品出口主要是钢铁废料、无水氨等。主要进口产品为机械设备（42.3%）、生产原料（28.3%）、谷物面粉等食品（17.7%）、药品等非食品消费品（14%）。① 其中消费品的构成随石油收入的波动有很大变化。

① 中华人民共和国商务部，《对外投资合作国别（地区）指南：阿尔及利亚》，2009 年版。

28.1.2 主要贸易伙伴关系

阿尔及利亚主要贸易伙伴按地区划分是欧盟（约占进出口总额的55%）和经合组织（除欧盟国家外）；按国别划分，主要出口目的国是美国、意大利、西班牙、法国、加拿大、荷兰等，主要进口来源国是法国、意大利、中国、德国、美国、西班牙等（见表28—2）。

表28—2 2009年阿尔及利亚主要出口目的国、来源国及比例 （单位：%）

出口目的国	比 例	进口来源国	比 例
美国	23.2	法国	19.6
意大利	17.2	意大利	12.0
西班牙	10.8	中国	10.1
法国	8.0	西班牙	8.1
其他	40.8	其他	50.3

资料来源：EIU，Country Report-Algeria，July 2011，P.21.

1997年以来中阿双边贸易快速增长。自2005年起，中国成为阿尔及利亚第三大进口来源国，仅次于法国和意大利。中国主要对阿尔及利亚出口机电产品（28%）、车辆及零部件（16%）、纺织服装（14%）、钢铁制品（13%）；主要从阿尔及利亚进口原油（86%）和液化天然气（12%）。2010年双边贸易额51.8亿美元，同比增长1%。其中中国出口40亿美元，同比下降4.3%，进口11.8亿美元，同比增长24%（见表28—3）。

表28—3 近年中阿双边贸易统计 （单位：亿美元，%）

年度	双边贸易额		中国向阿出口		中国从阿进口	
	金额	同比增幅	金额	同比增幅	金额	同比增幅
2005	17.69	42	14.05	43	3.64	40
2006	20.91	18	19.47	38	1.43	—60
2007	38.28	83	26.89	38	11.4	696
2008	45.3	17.30	36.9	36.20	8.5	—27
2009	51.25	13.13	41.81	13.31	9.46	11.32
2010	51.76	1	40	—4.33	11.76	24.28

资料来源：中国海关统计

28.2 阿尔及利亚外贸管理机构

28.2.1 立法制度

阿尔及利亚外贸体制改革以来，大部分关于进口审批和外汇管制的规定均被取消，基本实现了进出口的自由化。只要持有外汇，任何法人和自然人进行商业注册后均可进口不被禁止进口的商品。进口商须在当地银行注册资金账户，通过提交法定合同发票，指定银行办理外汇支付和赎单结账等进口事项，按官方汇率借记第纳尔。在办理进口支付前，银行一般要求进口商存放与进口货物价值等值的第纳尔款项。在指定银行持有外币账户的进口商可以使用这些外币账户支付进口。黄金、其他贵金属和珍贵宝石的进口支付必须使用外币账户。

在阿尔及利亚外贸体制改革初期，曾实行指定进口商和批发商制度，旨在放宽与规范各类进口行为并增加进口商品的种类和数量。在经批准后，被政府指定的经营实体有权进口和出售包括发动机、农用和捕鱼机械、家用电器、医药品以及供暖和空调设备等在经营范围内的商品。无论是否使用官方的外汇，所有这类商品的进口必须通过这些指定进口商或批发商办理。

28.2.2 行政机关

阿尔及利亚贸易部主管内外贸易，包括国内市场流通、双边多边经济合作、贸易促进、经济检查和反走私（政策）等。为促进外贸健康发展，控制进口，2010年年初贸易部成立了对外贸易监督委员会，由包括内政部、国防部、财政部、工业和贸易部、中小企业部以及国家银行、国家宪兵、统计局等多个机构在内的12家单位组成。其职责是跟踪、分析外贸状况，定期评估外贸数据，并提出外贸活动的监管和补救措施，提供进口合理化意见，促进非石油产品的出口，确保决策的正确性。

28.2.3 司法体系

阿尔及利亚商贸领域相关法律法规主要包括：《海关法》、《投资法》、《商业法》、《商标法》、《市场法》、《植物检疫和卫生控制条例》、《劳动法》、《税法》、《公共合同法》、《货币和信贷法》、《银行保险法》、《反走私法》等。《商业法》规定了商业运作的主体、营业执照的颁发、经营资质的鉴定以及商业机构的经营方式等，以保障正常的商业经营秩序。阿尔及利亚财政部每年公布的财政法令其补充法令会对贸易、税收、投资领域的有关规定进行补充或变更。

28.3 阿尔及利亚进口管理制度

28.3.1 进口配额

阿尔及利亚基本实现进出口自由化。对于某一产品进口数量危及国内产业的情况可以采取关税和数量的限制措施。

28.3.2 进口许可证制度

阿尔及利亚基本实现进出口自由化，但对于某一产品进口数量危及国内产业的情况可以采取关税和数量的限制措施。《关于自贸协议框架下进口产品清关程序追踪的行政法令》第二条中规定，为获得进口许可证，所有进口商必须办理一系列行政手续，包括向当地工商会提交含有交易发票、商业注册公证件、缴税证明、公司情况等多种文件在内的清关详情，同时还须提供由阿尔及利亚国家商业注册中心（CNRC）出具的开户证明公证件、任职证明等，地方相关商业主管部门在收到所要求材料后六个月内发给有效期六个月的进口许可证。对用于生产再加工目的和直接用于销售的进口产品采取同样措施。

28.3.3 原产地标志要求

根据阿尔及利亚商标规定，所有商品本身及其包装、标签、包装纸因某一厂家标志或商品标志、名字、符号、图形或某一说明，使人误认为商品是阿尔及利亚本国产品，而又没有用清晰和无法抹去的字母注明如“原生产地”时，该商品禁止进口。葡萄酒、蔬菜罐头、鱼罐头、制干的李子、坚果仁和胡桃、蜂蜜、人造黄油、奶制品等商品无论什么情况都须注明原产地。

28.3.4 反倾销税和反补贴税

阿尔及利亚为了适应入世的要求，还制定了反倾销、反补贴和保障措施的有关规定。对于某一产品进口数量危及国内产业的情况可以采取关税和数量的限制措施，对于构成倾销、补贴的进口行为可采取关税措施。

28.3.5 进口管制

据中华人民共和国商务部 2009 年发布的《阿尔及利亚投资指南》介绍，阿尔及利亚绝大部分产品可自由进口。限制进口的仅涉及违反公共秩序、不利于公共卫生和环境保护的产品。如禁止进口猪肉产品。对其他肉类产品的进口要求通过特别测试并进行标识。阿尔及利亚政府强制规定进口产品，特别是消费品必须用阿拉伯语进行标识。2008 年 11 月 30 日阿尔及利亚卫生部通过禁止在阿尔及利亚可生产人用药品进口的法令。目前阿尔及利亚已有 239 种药品限制进口。阿尔及利亚还禁止进口冷冻羊肉（斋月期间可能临时取消禁令）。阿尔及利亚禁止生产和进口石棉以及含石棉纤维的产品。为规范汽车零配件市场，阿尔及利亚禁止进口非汽车零部件制造商供应的零部件，禁止进口二手设备，包括工程机械、原材料以及零配件。此外，阿尔及利亚禁止从以色列进口商品。2009 年财政补充法案中规定进口冷冻肉需在 17%的增值税外加增额外税。

28.3.6 其他贸易壁垒

阿尔及利亚本国出口商在他国需履行的出口手续，阿尔及利亚有可能根据对等原则，也对这些国家的对阿尔及利亚出口商实施相同的政策。在国际合同方面，禁止阿尔及利亚企业为其外国合作伙伴缴税。根据 2010 年《关于自贸协议框架下进口产品清关程序追踪的行政法令》第二条中规定，为获得进口许可，所有进口商必须办理一系列行政手续，包括向当地工商会提交含有交易发票、商业注册公证件、缴税证明、公司情况等多种文件在内的清关详情，同时还须提供由阿尔及利亚国家商业注册中心（CNRC）出具的开户证明公证件、任职证明等，地方相关商业主管部门在收到所要求材料后六个月内发给有效期六个月的进口许可证（Visa d’Importation）。

28.4 阿尔及利亚出口管理制度

28.4.1 出口管制

基于规范商业活动，保护国有资源和环境，鼓励高附加值加工的需要，阿尔及利亚政府于2007年出台了对于废金属、旧设备、初级动物毛皮和初级软木等产品出口的管理措施，上述产品的出口商必须获得出口许可证和出口证书，并符合贸易部制定的技术要求和条件方能出口，实行时有两个步骤：1. 申请出口许可证，出口商向注册地所在的省政府商务局提出申请，商务局出具意见报贸易部，经贸易部审查合格后即开具出口许可证。许可证有效期一年，可复查延展。2. 获得出口证书，对于遵守有关产品出口技术细则、从业合法透明的出口商，省商务局出具出口证书，作为海关办理出口货物清关的必需文件。有关产品出口的技术条件和要求主要包括：出口商通过合法渠道取得拟出口产品，合法经营，严格遵循商业法规；仓储要求不得危害环境和人员健康并保证安全；产品运输的安全性；其他特殊要求，如出口的毛皮需从持执照的屠宰场获得，软木取得必须由地方森林管理局批准等。阿尔及利亚政府除了限制出口棕榈秧苗、绵羊和历史古文物之外，取消了其他的出口限制。为鼓励非石油产品的出口，阿尔及利亚政府建立了出口保险和担保公司，并设立促进出口特别基金。2009年财政补充法规定部分产品、材料和商品出口，尤其是废铁、皮革、软木出口，需提前填写技术规格表获得批准，暂停非铁类金属废料出口。

28.4.2 出口鼓励

阿尔及利亚为发展非油气产业，对于非碳化氢产品出口采取了一系列的促进措施，主要包括：

1. 税收优惠。（1）减免公司利润税，并取消公司收入和利润转为再投资的硬性税务条件；（2）将出口部分营业额刨除在职业行为税（TAP）的税基之外；（3）出口环节增值税退税；（4）免除出口产品生产过程中所需的产品和服务进口和购买的增值税。

2. 海关便利。海关可为出口企业提供保税仓库、用于生产的进口关税减免、临时出口再进口加工等便利。

3. 结汇规定。（1）收汇期限为120天；（2）出口的外汇收入，50%转为阿尔及利亚第纳尔，30%存入法人外汇账户，20%存入出口商个人账户。

4. 国家财政支持。（1）出口促进特别基金：用作出口企业出国参展，用作补贴出口商品境内外运费，椰枣出口有特殊补贴待遇，所有农产品出口补贴 80%运输费，但非金属、初级动物皮毛的出口不能享受运费补贴。(2) 国家农业发展和调配基金：用于出口业务的农业开发贷款贴息；用于椰枣出口奖励。(3) 设立出口保险和担保公司。

28.5　阿尔及利亚贸易协定

28.5.1　阿尔及利亚与欧盟的联系国协议

根据 2005 年阿尔及利亚与欧盟签订的联系国协议，自实施之日起，阿欧双方将在 12 年内即 2017 年前分阶段、有步骤地削减并取消关税，最终实现双边自由贸易。根据 2011 年的第六轮谈判，欧盟产品向阿尔及利亚出口将逐步免除关税，部分产品截至 2012 年，另一部分产品至 2020 年，并建立欧盟—阿尔及利亚自贸区。尽管双方就推迟时间表达成初步一致，但双方对冻结解除关税所涉及的工业产品清单内容仍存在分歧，阿尔及利亚方建议冶金、纺织、电子和汽车等工业产品暂不列入免征关税清单之列。

28.5.2　大阿拉伯自由贸易区

2004 年 11 月，阿尔及利亚签署《发展和促进阿拉伯贸易往来协定》，标志阿尔及利亚正式成为大阿拉伯自由贸易区成员。2009 年阿尔及利亚加入阿盟自贸区，为保护国内产业（尤其是农业、食品工业、农产品、纺织品、造纸和家电），阿尔及利亚根据自贸区协议第 15 条制定今后一段时期内不享受自贸区关税优惠的进口产品名单，自贸区其他成员国家同样实行此类限制名单以保护国内生产。非盟、非洲经济共同体、地中海联盟以及马格里布联盟都有分阶段建立自由贸易区、关税同盟和共同市场的目标。但截至目前，这些区域合作组织所确定的目标受多种因素制约均没有实现。尤其值得关注的是，由于关税是不少非洲国家最主要的财政收入来源，非洲国家在关税减让方面似乎并不太积极，因此，即使在优惠关税区这一非常初级的区域合作阶段，非洲的情况也不乐观。阿尔及利亚产品已列入美国的 GSP 系统，部分产品出口美国可享受关税减让优惠。

28.6　阿尔及利亚贸易习惯

28.6.1　通用的贸易方式

28.6.1.1　代理

自 2009 年 3 月 15 日起，进口商办理进口手续不能再通过代理商，需亲自或授权其配偶或直系亲属到进口地的相关贸易管理部门办理。另外在外地的进口商如果从多个港口收货还需同时去几个港口办理。该项措施对国有企业、外企、公有企业和私企都有同样约束。

28.6.1.2 直接销售、寄售

阿尔及利亚对用于直接销售的进口行为征收银行票据付款税。阿尔及利亚2008年财政法规定，从事进口原样销售业务必须注册公司（即通过公司形式经营），但取消了原有最低注册资本2 000万阿尔及利亚第纳尔的限制。从2005年8月15日开始，所有进口最终产品并用于销售的进口商在每一笔进口业务送银行进行结算前，都必须先到公司所在地税务部门登记并缴纳指定开户银行税（每笔业务10 000阿尔及利亚第纳尔），税务部门在审查相关进口单据后出示已缴税收据，一式三份。一份进口商本人留存，其余两份交银行，其中一份银行留存，另一份由银行交税务部门备案。银行在审查收据与进口商开户申请的一致性后，方可开户并进行后续往外汇款等业务。此项手续办理时间大约为一周。2009年财政补充法案规定对用于直接销售的进口行为征收银行票据付款税，进口货物每次申请开具银行票据需缴纳1万阿尔及利亚第纳尔的税，对于服务进口征收银行票据上金额的3%。

28.6.1.3 国际招标

国际招标是阿尔及利亚国有公司从事进口所采用的主要方式。进口招标广告一般在当地报纸上刊登。出口商要购买标书。根据招标情况，阿尔及利亚进口公司选择两三家报价较低者进行具体磋商，当面议价，最后宣布中标者。投标和签订标书一般用法文。

28.6.2 对阿尔及利亚贸易应注意的问题

28.6.2.1 商品质量

所有进口商需向银行出具进口商品质量检验证明方可办理外汇汇出业务，该证明应由企业外的各领域相关权力部门出具。进口商品检查部门为海关边防质量检查和制止走私部门。海关商检部门在收到报关材料后对货物进行一般检验，检验的内容主要为核实单据内容和货物是否相符，货物与包装标签是否相符等；进一步的对可能存在的其他质量问题进行判断，若商检员认为货物对消费者健康和安全存在隐患，或先前对于该货物质量信息已告知质检部门需要进一步核实的，则需要进行深入检验，即取样送往实验室检验。货物经检验合格后，海关商检部门出示合格通知，作为清关放行的依据。若货物检验不合格，则出示不合格通知。商检部门应在48小时内做出检验决定。对于商检不合格的货物，进口商可申请对货物进行技术处理使之符合规定。对货物进行处理的申请须在检验不合格通知下达8日内向所在省政府商务局提出，申请必须明确提出处理货物的方法、所需时间和地点，商务局在收到该申请后4日内应做出评估判断。若其认为货物技术处理方案不可行，则货物必须予以再出口或销毁；若其认为方案可行，则向进口商下达一份货物临时扣留通知，进口商在指定的地点和期限内、在商检部门的监督下对货物进行有关处理使其符合有关规定。对货物的处理可包括以下情况：（1）对货物标签不符合要求的，须重新包装更换符合规定的标签。但以下情况可不看作标签不符的情况：边境的易货贸易另行规定；货物的消费者仅限于外国公司和机构人员；免税店、有关旅游机构、红十字会等国际组织所采购的货物，其标签与其本身行业的规定相符的。

(2) 与货物本身固有性质相关的不符情况，则需根据具体商品及其相关法规而定，一般说来须经过某一法定程序消除其不符因素。(3) 对检验不合格商品的处理方法还可以包括降低品级、使其作为进一步工业加工的对象、改变其用途等。对货物的技术处理不能改变货物本身的品质。货物经处理、不符因素消除后，商检部门向进口商提供货物可自由支配的许可证，进口商可进一步进行提货出关的手续。

28.6.2.2 阿尔及利亚标准

为了保护阿尔及利亚国内生产、杜绝假冒伪劣商品进口和进口过剩，尤其针对进口转卖型商品，2009 年 2 月阿尔及利亚政府颁布新的政府令，主要是强制进口企业遵循 2005 年 2 月 10 日关于进口商品标准合格证的 467/05 号法令以及 2004 年 8 月 24 日 08/04 号商业行为法。进口货物在清关时须有标准合格证（certificat de conformité），该证书由出口国的相关权力部门出具（建议国内企业联系当地商检局出具此证书）。阿尔及利亚以往每年仅制定 50—60 个新标准，2010 年一年为规范生产和服务行业，国家加快了行业标准的出台，新制定了 700 个国家级标准，涉及多个生产和服务行业。据阿尔及利亚标准化研究所称，为保证产品质量、保护消费者、促进出口，到 2014 年还将制定 1 000 个新标准。

28.6.2.3 包装与商标

阿尔及利亚对使用干草和秸秆包装的规定如下：禁止使用任何一种会将病菌带进国境的包装材料。由于货包在阿尔及利亚存放于露天，因此须注意采用防水包装。商品标签是阿尔及利亚消费者保护法中明确提出的消费者对所售商品知情权的重要部分，阿尔及利亚政府对此公布专项法令规定了商品标签的印制内容及要求，家用消费品的标签必须清晰可读、不易抹去，以本民族语言表示，同时可采用另一种语言作为补充。与一般消费品一样，食品标签中的信息不能对消费者产生误导，也不能使其与同类产品过分地区分开来，另外，食品的标签中不能带有对某些疾病预防、治疗性的表述（矿泉水和一些特殊食品除外）。

28.6.2.4 报关清关

在阿尔及利亚，进口商在货物到港后，一般委托某一报关行为其办理清关手续。进口商或其委托的报关行须提交以下材料作为海关部门的检验放行依据：(1) 提单、运单、装箱单等运输单据（正本）。(2) 进口商营业执照经公证的复印件。(3) 货物正本发票。(4) 税卡号码。(5) 其他与商品质量、商品安全、商品合格有关的原始证件，如出口地质检合格证书、原产地证明等，根据进口商品种类的不同而异。

28.6.3 处理纠纷方式

任何争议，将诉之于有关司法部门。与阿尔及利亚政府签有关于调解和仲裁的双边、多边协议的或签有含仲裁条款的特别协定的除外。

28.7 阿尔及利亚海关监管制度

28.7.1 对进出境货物的监管

阿尔及利亚自2009年加大限制进口以来，对进口货物的检查亦更加严格。根据阿尔及利亚出台的2009年财政法补充法案，进口货物在海关停留时间由4个月缩短至2个月。货物到港2个月无人提货海关将对该货物进行拍卖，拍卖收入归阿尔及利亚国家所有，原买主有优先获得权；货物回运、转运或转卖需得到原收货商出具拒收证明，否则任何人（包括货主或出口人）无权将之退运或转运；如果拿到拒收证明，出口者还需要通过一家当地公司，向海关提供有关文件，办理进口和再出口的手续，程序也相当复杂。由于贸易纠纷、走私、假冒等多种原因，阿尔及利亚进口产品滞港问题严重，很多货物直接在港口销毁。为防止外汇非法出境，同时也为控制一些违禁产品的进口，2009年3月阿尔及利亚央行规定今后所有进口商需向银行出具进口商品质量检验证书后方可办理外汇汇出业务。该证书应由企业外的各领域相关权力部门出具。此外，还须出具进口原产地证书，所有农产品加工的产品进口还须有检疫证书。在海关官员查验文件期间，进出口商品可在海关仓库存放最多21天，以等待完备报关手续。根据阿尔及利亚2010财政法和海关修正案，为推动经济发展、简化海关清关手续，阿尔及利亚工商会、阿尔及利亚出口促进局和海关总局签订协议，给予严格遵守海关及其他相关行政法规的公司企业"授权经济运营商"地位，获得授权的企业将享受海港和机场快速清关、远程清关、海关手续简化以及优先提取货物等方面的便利。阿尔及利亚贸易部指出，该制度适用于所有公共和私营部门，获得授权身份的企业必须在税收和海关行政手续上完全符合规范，操作透明，程序清楚。阿尔及利亚同时还将通过违法经营黑名单（Fichier national des fraudeurs）对企业进行筛选。拒绝按规定操作的企业今后将被排除在公共工程招标范围之外，并禁止其开通银行账户。

28.7.2 保税制度

阿尔及利亚政府为方便外国投资者实施投资项目，建立了两个免税区。其中第一个免税区于1997年4月5日由第97－106号法令批准设立，位于阿尔及利亚东部沿海吉杰尔省的Bellara，第二个免税区位于首都阿尔及尔西南部的Sidi Abdellah新城。然而，由于免税区收效甚微，加上阿尔及利亚—欧盟联系国协议生效和入世的需要，2006年6月阿尔及利亚废除了免税区法案，代之以规划有关工业投资区域的新政策，有望在将来与世界接轨，建立真正意义上的免税区，吸引投资。

28.8 阿尔及利亚关税计征制度

28.8.1 海关税则分类

阿尔及利亚新海关关税税率于 2002 年 1 月 1 日起开始实施，按规定对进口产品征收 5%、15%和 30%三种基本关税税率：即所有的原材料和药品按 5%税率计征，半成品以及粮食、干菜和小汽缸轿车按 15%计征，其他成品按 30%计征。此前，阿尔及利亚普通商品进口关税最高税率为 45%，实施新税率后约 2 000 种商品的关税得到不同程度地降低。临时进口（如展会用设备）不需要缴纳关税，但必须取得属于临时进口的证明文件，如进口后在当地销售，则需补缴关税。

28.8.2 海关估价制度

由于部分阿尔及利亚进口商为偷漏关税而有意低报进口产品价格，自 2000 年下半年开始，阿尔及利亚海关对包括中国在内的部分国家出口到阿尔及利亚的产品开始实施严格的审价制度。实行此项政策后，所有从中国进口的商品必须送至阿尔及利亚海关总署进行审价。由此导致不仅海关官员随意定价和罚款的现象增多，而且通关耗时冗长，使集装箱在港口长时间滞留。过去通关一般需要 7 至 10 天，而实施该项政策后一度需要一两个月甚至更长时间。此外，阿尔及利亚认为从中国等国进口的产品假进口真套汇的现象比较突出，规定从中国等国进口货物时，银行在没有得到海关确认进口商已经清关的通知时不得向出口商汇款。此举导致中国出口公司货款回收时间很长。所有进出口商品均应填报详细报关单，详细报关单是一份法律文书，其中标注商品种类、性质、规格、体积、数量、重量、金额、用途、来源地、目的地等相关事宜，以备海关登记查验，确定税率及应缴海关税金。详细报关单中须标注商品所有人、海关代理及运输代理。影响海关税率的主要为商品种类、金额、来源地。若检察官对商品金额持有异议并坚持其观点，报关者可依据相关文件向其上级申诉，若未成功，可投诉于海关协调委员会，该委员会由司法部长任命，以保证其公正和公平性。

28.8.3 海关征税制度

阿尔及利亚 2008 年《财政补充法》中对海关法进行了修改，对海关关税有所调整；营业税法中取消了 4%的追加税；关于进口直接转卖有新政策；免除农产品种子生产相关产品的进口关税。为进一步加强对进出口贸易的管理，打击近年较为严重的进口商偷税漏税行为，阿尔及利亚政府从 2009 年元月 10 日起实行进出口商必须用写有税务识别号的磁卡开展进出口业务的新规定。从 2009 年元月 10 日起进出口商必须用写有税务识别号的磁卡开展进出口业务，建立进口商行为记录卡，减少偷税漏税，对外贸易中的银行票据付款和清关手续的办理必需持有税务部门颁发的税务识别号；所有本地采购或进口的用于科学研究和科技发展的设备免征税；

28.8.4 海关关税优惠制度

2005年9月1日，阿尔及利亚与欧盟的联系国协议正式实施。根据协议规定，阿欧双方将逐步削减包括工业品、农产品、鱼产品和加工成品在内的所有商品的关税。目前双方就减免关税时间表举行了六轮会谈，为保护本国工业品免受欧盟产品冲击，阿尔及利亚建议将文件规定的减免关税时间推至2020年。

28.9 阿尔及利亚海关行政处罚规定

28.9.1 扣留与没收规定

缺少详细报关声明，商品将被强制监管2个月，超过此期限，海关有权将其没收和拍卖，并从拍卖额中扣取仓储费和其他各种费用，剩余款额记入一个特殊账户。供货方可从该账户将款项转到自己账户上。但这一账户申请必须在两年内提出，否则款项将归入国库。若进口商品经检验不合格，并在规定时间、规定条件下未完成有关处理的，则商检部门有权扣留货物，进行再出口或销毁。商品检验不合格后不能进行技术处理使之符合有关规定的商品有：各类奶制品、冻肉冻鱼制品、净菜、肉罐头、真空包装食品、禽蛋类及其他冷冻或易腐食品。

28.9.2 行政处罚规定

阿尔及利亚海关管理主要依据《海关法》。阿尔及利亚2008年补充财政法中对海关法、尤其是进口活动进行了规范：将建立新的消费类商品加工的海关机制；规范海关存放管理，加大对违规的处罚，对于超过法律规定的21天不报关、将货物存留在海关的以及15天内不取货的进行处罚；明确了对假冒伪劣产品的打击政策，加大对假冒伪劣的惩处力度。阿尔及利亚政府规定，自2009年1月10日起，对于不持有新的纳税身份识别卡的进口商，海关和所有银行拒绝清关和支付；建立进口商行为记录卡，所有违反海关和税收法律的行为都将被记录在案。

第 29 章

阿尔及利亚投资环境

29.1 阿尔及利亚投资概况

29.1.1 外资引进规模

自2001年以来，阿尔及利亚外国直接投资持续增长。2005年阿尔及利亚吸收外国直接投资11亿美元，2009年达到28.47亿美元，截至2009年累计外国直接投资额173.44亿美元。但是，阿尔及利亚的外商直接投资水平还较低，2008年，流入阿尔及利亚的外商直接投资仅占全球的0.18%，其累计外商直接投资占全球的0.10%。受全球金融危机和经济衰退的影响，特别是受2009年阿尔及利亚《财政补充法》对外国投资限制条款的影响，外商投资直线下降，2009年全年外国投资项目仅有4个，比2008年的102个项目减少了很多。阿尔及利亚对外直接投资不多，对外证券投资几乎为零。2001年阿尔及利亚对外直接投资仅为900万美元，2009年达到3.09亿美元，累计对外直接投资16.44亿美元。[①] 未来，为促进经济多元化以及迎合保守派的需求，阿尔及利亚政府将继续主导国家投资，优先投资石油石化部门。

表29—1 **阿尔及利亚近年外国直接投资统计** （单位：亿美元）

年份	2004	2005	2006	2007	2008	2009	累计投资额
对内	25	11	18	16.62	26.46	28.47	173.44
对外	2.58	0.57	0.35	2.95	3.18	3.09	16.44

资料来源：EIU，*Country Forecast-Algeria*，July 2008；EIU，*Country risk service-Algeria*，July 2008；UNCTAD，*World Investment Report* 2010.

29.1.2 外资引进方向

自2001年以来，阿尔及利亚加大对外资吸引力度，一度曾经在阿尔及利亚内乱时期撤出市场的法、意、西、美等欧美国家资金在近几年重新回到了阿尔及利亚并迅速抢滩阿尔及利亚各重要经济建设领域，主要是能源、基础设施建设和消费品生产等领域。据阿尔及利亚投资发展局的统计，阿尔及利亚吸引外资效果不明显，2002—2009年投资项目总数达71 185个，其中70 491个项目为本国投资，占总数的99%，外商直接投资与合作的项目数目甚微，仅为694个，不到总数的1%，其中300个项目由阿拉伯国家投资，272个项目为欧盟国家投资，法国投资项目占121个。外商投资的总额为1 680亿阿尔及利亚第纳尔，占全部项目投资额的25%。投资项目主要在交通、建筑、水利行业，工业项目占所有投资项目的10%，农业项目仅占2%。[②] 投资项目绝大多数为私人经营，仅有

① EIU，Country Forecast-Algeria，July 2008；EIU，Country risk service-Algeria，July 2008；UNCTAD，World Investment Report 2010.

② “阿近年吸引外商投资成效不明显”，中国驻阿尔及利亚大使馆经济商务参赞处，http：//dz.mofcom.gov.cn/aarticle/jmxw/201008/20100807071377.html。

近400个公共投资项目。阿尔及利亚主要外资来源国为阿拉伯国家，此外还有美国、法国、西班牙、意大利、德国等。阿尔及尔、奥兰、布利达和君士坦丁等工业发达地区吸引的外商投资最多。安纳巴、乌尔格拉和阿德拉等省区的投资增长迅速。除油气行业外，外国企业大规模投资集中在电信通讯、水泥生产、海水淡化等阿尔及利亚经济发展亟需、风险小、收效快的行业，很少涉足工业制造业。

在油气行业，阿尔及利亚先后同美国、英国、法国、意大利、西班牙、日本、中国等近20个国家签署了50余项合作协定，近50余家国际石油公司参与阿尔及利亚石油天然气勘探开发，外资金额累计逾100亿美元。其中以美国投资居首位，其次为意大利、澳大利亚、英国、加拿大、法国、西班牙和中国。

在非油气行业，电信、金融、农副、医药、旅游、海水淡化和房地产开发等行业系外商投资热点领域。埃及是最大的外资来源国，主要投资电信和水泥工业；美国投资主要涉及海水淡化、石化及医药领域；法国投资主要在石油、食品、药品和轮胎等行业，法国对阿尔及利亚投资活跃一定程度上得益于其多家银行在阿尔及利亚开设了分行；西班牙、意大利和德国等国家在阿尔及利亚投资主要涉足农副、陶瓷、美容、卫生保健、制造、钢铁等生产或服务领域，其中住房领域投资最引人注目。此外，发展中国家在阿尔及利亚直接投资也迅速增长，如印度和韩国。

29.1.3　外资引进模式

外资引进模式包括新建企业、扩大生产能力、企业重组，也可以实物股或现金股形式参股经营，或在阿尔及利亚公有企业部分或全部私有化过程中进行并购，特许经营权或执照的授予（申请专利、注册商标等）也算是一种形式的投资。

以招投标方式并购当地企业程序是：在对收购企业进行资产评估后进行招标，500人以下的公司，双方在参股管理公司指导下进行商谈，500人以上公司的并购商谈由工业和投资促进部监管，双方商妥后将建议报国家参股委员会审批，由委员会全权决定。2010年财政补充法案（LFC）公共工程合同法（No 10－36号法令第24条）中关于“外国投标企业承诺投资”部分做了具体规定：参与国际招标项目投标的外国企业必须与阿尔及利亚当地企业合作，在投标项目相同领域进行投资，而规定中的“阿尔及利亚当地企业”必须由阿尔及利亚居民控股。由于该规定在实施中困难重重，阿尔及利亚政府于2011年3月发布No 11－98号令对新公共合同法中关于投资以及议标项目的规定做出修改，给予部分发标单位自主决定权以确定外资企业参与公共市场投标是否需要做出投资承诺，投资形式和性质：政府部门及其下属单位、国家公共机构招标时可自行决定；由政府全部或部分出资的国有企业招标项目可由相关部委确定，非政府出资的国企招标项目由国家参股委员会确定。此次修改将议标项目分为简单议标项目和协议议标项目两类情况，凡属国家紧急需要、确保经济正常运行、有利于国内生产发展以及应标企业在该领域拥有绝对优势的情况，可按照简单议标程序进行，不受关于投资承诺（第24条）的限制。

29.1.4 外资与生产力的转换

得益于国际油价的飙升，阿尔及利亚近年经济发展保持较快增长，国家财力日益雄厚，一方面政府大力投资基础设施建设，创造了大量的市场机会，一方面也通过各种途径改善投资环境，在贸易、投资和工程领域采取了一系列优惠措施以鼓励外来资本参与本国经济建设。例如，推行国有企业私有化，改革银行金融体系使其与国际接轨，在能源、电信、工业等重要行业中引入了竞争机制；自 2002 年起，阿尔及利亚国家石油天然气公司（国有企业）与世界各国石油公司签署了超过 60 个勘探合同。但由于受阿尔及利亚投资环境的负面因素影响，如工业土地获得难；培训体系薄弱；银行效率不高，融资服务落后，外汇管制较为严格；政府对于制成品的进口和销售引导、监管不力，走私逃税现象较严重；工业知识产权缺乏保护，不愿轻易开放自己的市场使外国投资者获利等，阿尔及利亚吸引外资水平仍较低，外国直接投资和私营部门投资没有取得实际成果，还没有更好地促进生产力的转换。2000—2010 十年中，外国直接投资（不包括石油）不到 20 亿美元。同期，私人投资不足全国总投资的 25%。公共投资没有对经济增长起到带动作用。因此，政府决定更多地支持生产性投资。

29.1.5 主要经济区域

阿尔及利亚全国 96%以上的人口居住在仅占国土面积 17%的狭长沿海地区，其他广大地区居住的人口还不到人口总数的 4%。人口稠密区也是阿尔及利亚经济最发达地区。南部省份人口稀少，经济极其落后。首都阿尔及尔是全国政治、经济、文化和外贸的中心，也是全国第一大城市。西部城市奥兰是第二大城市，东北约 40 公里处的阿尔泽为石油工业基地。离市中心 25 公里的“安达卢士”为著名的旅游胜地，工业有食品加工、各种制造业和少量重工业。安纳巴是东部的重要港口和旅游胜地，工业有铁矿、磷酸盐矿、钢铁联合企业、铝厂、化肥厂、汽车和铁路机车修理厂，交通便利。君士坦丁是一个有着 2 500 年历史的名城，有毛纺织、铁路车辆修理、制革和农业机械等工业。手工地毯以精美著名。这四个城市集中了全国主要的政治、经济及文化活动，除君士坦丁外都是重要的港口城市，交通便利。阿尔及利亚全国目前有 66 个工业区，总面积 12 800 公顷，还有 477 个经济活动区，面积 7 300 公顷，但开发进度缓慢，仅几个大城市的工业区企业较多，且区内目前并无特殊优惠政策。2011 年通过的《财政补充法》为新建 36 个工业园区提供 20%的款项，剩余部分通过国家投资基金筹集。2006 年阿尔及利亚废除了免税区法案，目前尚无免税区，正在实施新工业战略，大力发展经济活动区建设，有望在将来与世界接轨，建立真正意义上的免税区和工业区。

29.1.6 阿拉伯地区内部投资情况

阿尔及利亚重视阿拉伯国家投资，据阿尔及利亚投资促进局提供的统计数据显示，2002 年以来已投产的外国投资项目中一半以上的投资来自阿拉伯国家，主要是阿联酋、沙特阿拉伯等海湾国家，埃及和约旦等国。基础设施和基础工业、旅游、房地产、银行等领域是近年来阿拉伯国家来阿投资的热点领域。2001—2007 年，阿拉伯国家对阿尔及利亚直接投资项目 264 个，投资额达 80 亿美元。

29.2 阿尔及利亚投资政策

29.2.1 外资政策

阿尔及利亚 2001 年 8 月 20 日颁布了 No. 01—03 号《投资法》，并于 2006 年 7 月 15 日颁布了 No. 06—08 号法令对《投资法》进行更新，加大了吸引外国投资的力度。2008 年阿尔及利亚财政补充法规定：在所有外国直接投资或合作投资项目中，阿尔及利亚公司必须控股；外商投资项目在项目整个运行期间必须有利于阿尔及利亚的收汇；给予外国投资的所有优惠，无论是一般性优惠还是特殊优惠，都必须注明，可汇出境外利润中必须扣除享受的这些海关、税收或其他优惠政策减免的同等金额，国家投资发展局负责监督此项举措的实施。阿尔及利亚政府 2009 年 5 月 12 日正式出台 09—181 号法令规定，对在阿尔及利亚注册的、从事原材料、产品和商品进口销售的股东为外国人的商业公司，要进行商业注册，若继续经营，其至少 30%的股份须由阿尔及利亚籍的自然人或股东全部是阿尔及利亚籍的法人持有。此法令自公报公布之日（2009 年 5 月 20 日）起施行。新成立的外国进口公司必须找到阿尔及利亚方合股人才能办理商业注册，而已成立的公司须在 2009 年 12 月 31 日前找到合作伙伴完成股权变更手续，否则将被禁止经营和停止办理任何营业执照变更或延期等手续。因受到诸多外国公司的压力，政府对外国进口公司须向阿尔及利亚国公司出让 30%股份的总统令进行了修改——该股比要求不再具有追溯力，已注册的公司可以继续独资经营，但新成立的公司仍需按照法令有 30%的阿方参股。2009 年财政补充法规定，今后所有外国投资项目必须有阿方参股至少 51%，但阿方股份可由多家股东分担。外商直接投资和合作投资的项目必须在项目整个运营阶段有助于阿尔及利亚的外汇盈余；所有外商投资项目都须提前经国家投资委员会审批（以前只有大项目经该委员会审批）；所有外商直接或合作投资项目须在当地融资；要获得普通优惠政策，受益人需书面承诺优先购买阿尔及利亚本国的产品和服务；增值税免除只针对本地采购，本国没有类似产品生产的除外；阿尔及利亚国家和国有企业享有优先购股权。该法案实施以来，外国投资大大减少，2009 年全年外商投资直线下降，投资项目仅为 4 个。2010 年 9 月阿尔及利亚政府发布了《商业法》和《竞争法》两部法律。为打击市场上猖獗的投机行为和非法经营活动，新出台的《商业法》和《竞争法》给予国家经济职能部门更多监管市场价格浮动的权责，并进一步加大对非法交易的惩处力度。总之，自 2009 年以来，政府对外资设立了一系列限制条款，包括严格的税收体制，49%的外资所有权上限以及限制进口等，这些限制政策得到阿尔及利亚工会的支持。为保护本国国民经济利益以及当地工业发展，2011—2015 年阿尔及利亚将继续对外资进入加以限制，但随着社会经济和政治环境的改善，区位优势逐渐突显，熟练的劳动力、优良的地理位置、价格便宜的能源，到2015年末期，政府对外资限制将有所放宽，流入阿尔及利亚的外商直接投资将增加。

29.2.2 其他产业限制政策

阿尔及利亚对外国投资者实行国民待遇，没有针对外国投资者的限制领域，外国投资者可进行各种相关法律限定的并符合环保规定的投资活动。

但是，政府优先保护本国国民经济投资计划，2008年年底，政府修改相关法案，对投资石油和天然气产业的外国公司设限并增加税收。据阿尔及利亚官方称，在所有的石油和天然气勘探开采项目中，阿尔及利亚国家石油与天然气公司必须占有至少51%的股份；政府还规定，只要北海布伦特原油标准价格超过每桶30美元，外国投资公司就会被征收5%—50%的附加税。在矿业领域，除了已出台的外资项目需要有阿尔及利亚公司最少51%的控股政策外，今后还将增加新的要求，即在合同条款中明确规定外国公司必须拨出特别款项，用于培训阿尔及利亚技术人员，投资者必须遵守此规定，另外，研究经费或用于市场营销的费用也必须达到一定数额。自2009年1月起，所有在阿尔及利亚从事进口业务的外国企业必须有阿尔及利亚自然人或法人出资参股，且阿尔及利亚方须占股30%。2010年财政补充法规定对重型车辆和工程机械的进口增税，以鼓励国内工业生产；允许进口翻新生产线，以鼓励本地投资，同时吸引外国对阿尔及利亚的投资活动；进口硬小麦的价格如低于当地收购的硬小麦的价格，则每次均要增付进口税，以促进当地生产的谷物的消费。

29.3 阿尔及利亚投资管理体制

29.3.1 投资准入程序

所有外国投资项目必须由阿尔及利亚参股至少51%，但阿方股份可由多家股东分担。所有外商投资项目都须提前经国家投资委员会审批（以前只有大项目经该委员会审批）。

29.3.2 投资管理制度

符合阿尔及利亚法律规定的外国投资项目须向阿尔及利亚投资发展局、工业和投资促进部或者国家投资管理委员会申报。外资对本地企业的投资、并购由工业和投资促进部监管，双方商妥后将建议报国家参股委员会审批，由委员会全权决定。在投资的监督工作方面，国家投资发展局负责帮助投资者进行投资运作，调查享受优惠后投资的运行情况。投资受益者姓名、总公司地址、公司条例、投资计划、双方达成的优惠内容、投资实施期限以及投资者须承担的责任将在该局刊发的公报上发表。

29.3.3 国民待遇和部门限制

29.3.3.1 国民待遇

据中华人民共和国商务部 2009 年发布的“阿尔及利亚投资指南”介绍，阿尔及利亚对外国投资者实行国民待遇，没有专门针对外国投资者的限制领域，外国投资者可进行受各种相关法律限定并符合环保规定的投资活动。投资开展相关法律限定的活动，须获得政府批准。政府鼓励非碳氢领域的投资，尤其是工业、农业领域的投资。2010 年农业部决定实行农业对外开放政策，一批示范农场将向国内外投资者开放。

1. 阿尔及利亚对非阿尔及利亚籍居民在阿尔及利亚设立公司并从事进出口贸易没有特殊限制，在履行阿尔及利亚有关法律程序及进行商业注册和税务登记后，上述人员即可自由进行货物的进出口、批发和零售等业务。

2. 无论是阿尔及利亚籍还是外国国籍，无论是法人或自然人，在国外从事主体生产经营活动两年以下的人员被视为非居民，非居民的资金或收益被允许汇入或汇出阿尔及利亚，以支持其在阿尔及利亚境内或境外的生产经营行为；在阿尔及利亚境内从事主体生产经营活动两年以上的人员被视为居民，在法律方面享受与阿尔及利亚公民同等待遇。

3. 按照法律规定，外国人或企业不得购买当地土地。投资项目所需土地可通过租用私人土地（房产）或特许经营国有土地获得。国家鼓励工业、旅游业、服务业投资用地采用国有土地特许经营方式，特许经营权的获得一般通过拍卖或议标，北部大城市主要通过拍卖方式，经营期限可达 44－99 年不等。

29.3.3.2 部门限制

政府鼓励减少商品和服务进口，鼓励本地生产。阿尔及利亚政府宣布 2010－2014 年规划中 99％的公共工程项目将由本国企业实施。2010 年财政补充法规定外国公司投标公共项目必须承诺投资并与当地公司合作；对本国企业在公共项目的投标和本国产品的使用给予 25％的优惠，外方控股的企业不享有该优惠政策；加强外国投资在阿尔及利亚进行资产转让时的国有优先购买权，打击无效转让给外国人的违反国家法律的行为；禁止将国家收回或已国有化的不动产转让给外国人，任何非法交易人或同伙都将受到制裁。

29.3.4 对外投资协定

外国投资除受双边投资保护协定保护外，投资者还可与阿尔及利亚投资发展局双方自行商签投资协议。

29.4 阿尔及利亚税收制度与激励措施

29.4.1 税收优惠

符合法律规定的外国投资项目在向阿尔及利亚投资发展局申报并或批准后，享受不同等级的税收优惠，对于国家投资委员会批准的重要项目优惠年限可达10年。外国投资项目享受以下普遍优惠政策：

29.4.1.1 实施投资阶段

1. 免征直接用于投资所进口的设备关税；
2. 免征直接用于投资所进口或当地购买的产品和服务增值税；
3. 对转口产品或来料加工出口产品等免收增值税；
4. 免征在投资范围内购置的全部不动产的有偿转让税。

29.4.1.2 税务部门证明投资项目进入经营阶段后3年内

1. 免征公司利润税（IBS）；
2. 免征职业活动税（TAP）。

29.4.2 地区和产业优惠

29.4.2.1 地区优惠

在国家特别扶持的区域（目前主要为阿尔及利亚南部省份）的投资，享受以下优惠政策：

1. 实施投资阶段

1）免征在投资范围内购置的全部不动产的有偿转让税；

2）注册和增加资本时，注册税按千分之二征收；

3）经国家投资发展局估价后，国家全部或部分地承担实施投资所需的基础设施建设费用；

4）免征直接用于投资所进口的设备关税；

5）免征在投资范围内购置的全部不动产的有偿转让税。

2. 税务部门证明投资项目进入经营阶段后

1）10年经营期内免征公司利润税（IBS）和职业活动税（TAP）；

2）用于投资范围内的不动产，从购置之日起十年内免征土地税；

3）给予能改善和/或有利于投资的额外优惠，例如结转亏损、折旧期限等；

4）为鼓励高原和南部省份的旅游发展，该地区旅游投资项目土地特许经营租金分别减免50%和80%。

29.4.2.2 产业优惠

对国民经济发展具有特别利益的投资，尤其是利用自主技术促进环境保护、自然资源保护、节约能源、促进可持续发展的投资，需由投资发展局代表国家与投资者谈判、签订有关协议，经国家投资委员会的批准方可给予相应的优惠政策，全部或部分享受以下优惠政策：

1. 实施投资阶段（最长5年）

1）免征进口或当地购买的投资所需产品、服务所有应征税收；

2）免征与生产有关的不动产转移及为其刊登合法公告的注册税；

3）免征注册和增加资本时的注册税；

4）免征生产所需不动产的土地税。

2. 在税务部门证明投资项目进入经营后（最长 10 年）

1）免征公司利润税（IBS）；

2）免征职业活动税（TAP）；

3）此外，根据国家投资委员会的决议，还可依法给予此类投资额外的优惠政策。

为鼓励旅游业的投资，阿尔及利亚政府对旅游业投资者给予更多的税收优惠政策。从事旅游活动的企业、旅行社将享受免 10 年企业利润税的优惠政策，企业增值税从现在至 2019 年也将从 17%降至 7%。另外，还将对旅游业免除注册税、注册资本增加税，对南部的旅游投资项目或现代化项目国家给予 4.5%的补贴，其余地区补贴额为 3%。此外，2014 年前对本国不能生产的设备进口给予关税减免。

29.4.3 税收鼓励措施

为加大引资力度，政府建立了优先投资机制，对某些特别需要开发的地区及对国民经济发展有重大推动作用的投资给予特殊税收照顾及经营便利。阿尔及利亚政府对投资项目的总体税收优惠制定了一项新政策，促使投资者将享受公司税减免的利润用于再投资，且投资额不低于其 4 年内获得的所有税收减免额度总和。如公司拒绝再投资，将无法再享受税收优惠，还将受到其他的税收制裁。

29.4.4 其他非税收鼓励措施

投资法保证外国投资者将利润汇出境外，明确在物资生产和服务的经济活动中实施的本国和外国投资以及在转让经营和许可证范围内实施的投资均可享受法律提供的优惠。

为加大引资力度，政府建立了支持投资基金，主要用于资助政府应当为投资所承担的开销，特别是用于为实现该项投资所必需的基础设施建设。

29.5 阿尔及利亚主要贸易投资管理部门

阿尔及利亚投资主管部门包括国家投资管理委员会、工业和投资促进部、国家投资发展局。

29.5.1 国家投资管理委员会

委员会对阿尔及利亚总统负责，由财政部长、工业和投资促进部长、内政与地方行政部长、贸易部长、能源矿业部长、工业部长、中小企业和手工业部部长、国土整治与环境部长组成。投资金额超过 500 万美元以上的项目均须经委员会审批。委员会每季度召开一次全体会议，如有需要，任何成员均可申请召开会议。达到或超过 5 亿阿尔及利亚第纳尔的投资要获得一般性优惠政策必须经过国家投资委员会批准。

29.5.2 工业和投资促进部

制定国家投资政策，初步审批重大投资项目。

29.5.3 国家投资发展局

系行政公共机构，具备法人资格，是投资政策的协调部门。其主要职责为：保证国内外投资的实施、发展与监督，给予常驻和非常驻投资者投资信息指导和支持，通过“一站式”服务简化创建公司的手续，保障投资优惠有效落实，管理投资扶助基金和投资范围内的不动产，负责收集整理各类投资信息，与阿尔及利亚和国外的公共私人机构建立合作关系，发现投资障碍并建议政府将其清除以创建良好的投资环境。金额低于500万美元的项目可由阿尔及利亚国家投资发展局直接审批（2009年《财政补充法》规定，所有外资项目都须经国家投资管理委员会审批）。国家投资发展局在阿尔及尔、布利达、奥兰、君士坦丁、安纳巴、乌尔格拉和贝贾亚设立了7个“一站式”办公机构。

29.6 阿尔及利亚注册企业程序

29.6.1 注册企业的一般形式

当地法律允许外国投资企业在阿尔及利亚注册的商贸公司形式有：

1. 合伙公司：合名公司、简单两合公司、合资公司。

2. 资本公司：股份公司（SPA）、有限责任公司（SARL）、独人有限责任公司（EURL）、简单两合公司（SCS，不常用）、股份两合公司（SCA，不常用）。最常见的为有限责任公司和股份公司。几乎所有在阿尔及利亚设立的外国公司都是有限责任公司。

3. 还可以为集团和联合体形式，目前联合体的模式被实际应用于以下情况：若干家外国企业或外国企业和本国企业联合投标、承揽某一工程项目。承揽项目的外国公司联合体中各个组成公司在阿尔及利亚必须有其自身法律存在，即以在阿尔及利亚本国注册的公司、或子公司、或其他稳定的机构形式存在。

4. 此外，还有联络处、分公司（须在当地商业注册）、代表处和常设机构等形式。

29.6.2 注册企业的规定

29.6.2.1 资格

阿尔及利亚2008年财政法规定，从事进口原样销售业务必须注册公司（即通过公司形式经营），但取消了原有最低注册资本2 000万阿尔及利亚第纳尔的限制。阿尔及利亚政府对于贸易公司成立资格的政策变化较多，特别是对于最低注册资本问题。

29.6.2.2　类别

外国企业既可直接在阿尔及利亚投资办厂，也可通过参与国有企业私有化进行参股、并购，并保证外国投资者将利润汇出境外，在所有外国直接投资或合作投资项目中，阿尔及利亚公司必须控股。

29.6.2.3　公司名称

申请注册的公司名称不能与已注册的公司名称重复。商业注册中心出具有效期为六个月的“非重名”证书。

29.6.2.4　资金

投资股金包括货币投入和实物投入。货币投入的公司资金需通过公证人或银行申报，非本国居民的股东或合伙人的资金需通过在阿尔及利亚当地银行开设开放性的外汇账户申报。对于实物投入，由法院指定审计员对实物投入进行估价，评估报告归入公司章程中。注册资金（公司资本额）：不同法律形式的公司注册资金有所不同。

29.6.2.5　程序

阿尔及利亚国家商业注册中心（CNRC）负责受理企业注册，该中心在各地设有分支机构。注册企业的主要程序：

1. 命名；
2. 开设公司临时账户；
3. 租赁或购买房屋作为公司注册地；
4. 在阿尔及利亚公证处办理章程签署手续；
5. 将公司章程刊登在阿尔及利亚官方通告报及一份全国级日报上；
6. 在工商局登记；
7. 税务局登记；
8. 在社保局登记；
9. 获得公章；
10. 财务账本送至法院认证。

注：若从事法律有特殊规定的行业，应出示有关许可证。根据阿尔及利亚2010年《财政补充法案》，今后将取消无限期商业注册，所有在阿尔及利亚国家商业注册中心（CNRC）注册的法人和自然人都只能获得一定期限的商业注册权限，商业注册中心将有权不经司法裁定而直接注销公司注册。实行注册有效期机制将有助于贸易主管部门分辨注册企业是否仍处于营业状态抑或已经停止业务活动。

29.7　中国与阿尔及利亚投资关系

29.7.1　相互投资概况

截至2008年，阿尔及利亚对华实际投资额1 733万美元，主要集中在纺织服装、文具制造和塑料制品领域。中国对阿尔及利亚投资增长迅速，2003 年中国对阿尔及利亚直接投资流量和存量分别为 247 万美元和 570 万美元，2009 年中国对阿尔及利亚直接投资流量和存量分别达到 2.28 亿美元和 7.51 亿美元。① 中国对阿尔及利亚投资主要集中在油气和矿业领域。主要投资公司有中石油、中石化、中地、河南少林水利、中联矿业、河北地矿等。主要项目有阿德拉尔油田上下游一体化项目、扎尔扎亭油田提高采收率项目、油气区块风险勘探项目以及矿业勘探开发项目。软木生产、饭店、纺织、贸易等方面也有少量私人投资。

29.7.2 国家间的投资协定

1996 年 10 月中国与阿尔及利亚签署双边投资保护协定；

2006 年 11 月中国与阿尔及利亚签署避免双重征税协定。但目前尚无法解决双重征收社会保险问题。

2011 年 2 月 17 日，中国与阿尔及利亚在阿尔及尔签署了中国政府向阿尔及利亚政府提供无偿援助的经济技术合作协定。

29.7.3 未来投资合作趋势

阿尔及利亚油气资源丰富，是一个极具吸引力的投资目的地。阿尔及利亚开放市场以来，逐渐敞开国门，为吸引外资采取了一些措施，但结果却不尽如人意。世界银行和国际金融公司联合出版的《2010 年营商环境报告》通过有关商业监管的量化指标对 183 个经济体的监管情况进行了比较，阿尔及利亚总体排名 136 位，阿尔及利亚投资环境亟待改善。阿尔及利亚引资方面存在的障碍包括：恐怖主义尚未根除；外汇管制；产业结构单一；非正式市场问题严重，不正当竞争普遍；市场经济法律体系不健全。2009 年财政法中增加了进口和限制外国投资的严格政策，例如所有投资项目须有阿尔及利亚方参股并控股的投资政策；外国投资者享受税收减免获得的相应利润必须本地再投资；对子公司利润汇出进行征税等。虽然在 2010 年财政法案中稍有放松，但仍不利于改善营商环境和私营行业发展。这不仅抬高了外资进入的门槛，也使不少已有投资意向的外国企业停止了项目进程。然而，从中长期来看，阿尔及利亚将继续执行经济振兴计划，同时，政府还鼓励和加大对生产部门的投资，以增加社会财富而不仅仅依赖石油出口的收入，并继续私有化进程。石油和天然气产业仍是阿尔及利亚重大发展产业。总体来看，阿尔及利亚政治、经济形势稳定，与西方国家关系密切，因而投资风险较低。

中阿有着传统友好关系。建交以来，两国战略合作关系深入发展，在政治、经济、军事、文化、卫生等各领域友好关系发展顺利。中国公司在阿尔及利亚拓展业务，范围

① 中华人民共和国商务部、国家统计局、国家外汇管理局，《2009 年度中国对外直接投资统计公报》，第 34 页、第 40 页。

已涉及建筑、能源、水利、交通、道路建设、通讯等领域。中阿两国的投资规模不是很大，阿尔及利亚欢迎中国投资，中国也看好阿国丰富的油气资源和其他领域潜力，因此未来合作潜力巨大。对中方企业来讲，投资阿尔及利亚是可行和较好的选择。在中国强劲的油气需求和“走出去”战略的影响下，中国重点关注区域仍旧是石油、天然气区块地带，矿产资源地带，以及地中海沿岸地区，同时加大对高原、南部地区的投资，扩大对阿尔及利亚的投资渠道和领域，农业、渔业、加工业（家电、电脑、手机组装等）以及再生能源、环保类行业是油气以外较好的投资领域。

第 30 章

阿尔及利亚金融环境

30.1 阿尔及利亚货币体系

30.2 阿尔及利亚金融机构

30.3 阿尔及利亚金融市场

30.4 阿尔及利亚金融监管

30.5 阿尔及利亚金融市场融资

30.6 阿尔及利亚与国际金融市场

30.1 阿尔及利亚货币体系

30.1.1 货币体系概况

阿尔及利亚货币是阿尔及利亚第纳尔，1964 年发行流通，采取百进制，1 第纳尔＝100 分。货币有纸币和硬币两种。阿尔及利亚第纳尔未实现完全可自由兑换，美元和欧元为主要对外结算货币。在对外结算时，阿尔及利亚允许进口商使用供货商总部所在国的流通货币或商品来源国的货币进行支付，而在与未签订支付协议的国家进行结算时要求进口商使用美元、欧元等可自由兑换货币。目前人民币与第纳尔不可直接结算。

30.1.2 汇率制度

1974 年 1 月，阿尔及利亚放开外汇市场，允许第纳尔在外汇市场自由浮动，但国家并没有放弃对外汇的管制，而是实行有管制的浮动汇率制，中央银行掌控所有外汇资源，仅实现经常项目下部分可兑换。实现货币——阿尔及利亚第纳尔的完全可自由兑换是阿尔及利亚外汇政策的任务与目标。自上世纪 90 年代外贸垄断体制被废除以来，阿尔及利亚外汇管理限制已有大幅减轻，资金流入流出较前已大为自由，阿尔及利亚企业家、商人以及阿尔及利亚民众较以往能够更为便利地获取外汇并将其作为支付和消费手段。这不仅推动了对外贸易发展，而且也促进了外来投资的增长。汇率制定的依据是第纳尔与一篮子货币之间的关系，一篮子货币的构成及其权重是由其在对外支付和资本交易中的所占比重确定的。阿尔及利亚中央银行经常调整本币与各国货币的汇率，以便及时反映本国经济的真实情况及货币之间的供求关系。阿尔及利亚政府设立了外汇稳定基金，以减轻国际货币市场的波动给阿尔及利亚国民经济及金融市场带来的冲击、保持经常项目下以及资本项目的国际收支平衡。阿尔及利亚目前正进行经济体制改革并在积极谋求加入世界贸易组织，阿尔及利亚外汇管理方面的规定也在不断地修改和完善。

30.1.3 汇率变动的历史阶段

阿尔及利亚把美元作为本国货币的干预货币。阿尔及利亚第纳尔与美元的最初比价为 1 美元等于 4.937 第纳尔。美元与其他特定货币（欧元、日元、英镑、瑞士法郎、挪威克朗、瑞典克朗等）与第纳尔之间的兑换率由阿尔及利亚中央银行制定，并每天公布。1980 年以前第纳尔的兑换率保持稳定，基本为 4 第纳尔兑换 1 美元。1980 年以后，阿尔及利亚第纳尔经过几次大幅贬值，1987 年 1 美元兑换 6.686 2 第纳尔，之后，第纳尔不断贬值，从 1990 年 1 美元兑换 9 第纳尔到 2000 年 1 美元兑换 75.3 第纳尔，货币贬值 8 倍之多，此后外汇汇率一直维持在 70 第纳尔左右。其中最主要的原因是国际市场石油、天然气价格暴跌，阿尔及利亚碳氢产品出口收入锐减，经济出现严重困难，国家不得不采取紧缩财政政策。2010 年第纳尔汇率为 1 美元＝74.39 第纳尔。

30.1.4 外汇管制

外汇监管机构：阿尔及利亚中央银行在外汇管制上有总的管辖权，负责制定外汇交易管理法规并监督指定的银行实施这些法规。此外，中央银行把外汇管理权下放给阿尔及利亚国民银行、人民信贷银行、对外银行、地方发展银行、农业与乡村发展银行、互助储蓄银行六家国有商业银行，并允许在阿尔及利亚设立分行的美国花旗银行、法国兴业银行等少数几家外国银行或私人银行进行外汇业务操作。只有中央银行及其授权外汇银行才可进行第纳尔与外汇之间的兑换。除此之外，其他在阿尔及利亚境内的任何外汇交易都属非法行为。阿尔及利亚国有领域的进口用汇实行“外汇预算制”，每年由政府通过中央银行及其授权外汇银行向有进口任务的国有公司拨给年度外汇预算额度，并优先对粮食、药品和生产资料等产品的进口予以批汇。

外汇账户管理：阿尔及利亚银行允许外国人和外国公司开立外汇账户。根据新规定，在阿尔及利亚居住或非居住的外籍自然人和不在阿尔及利亚居住的外籍法人均可以在阿尔及利亚开立可自由兑换的任何一种外币的外汇账户，但阿尔及利亚不承认国籍的自然人或法人被排除在本规例之外。根据阿尔及利亚银行的规定，外国人开设的外汇账户可以接收来自国外的汇款，也可以接收来自阿尔及利亚不同银行外币账户的转款，甚至是等值的阿尔及利亚第纳尔，但在存储或支出时必须按向国外转汇的条件办理。根据同一规定，以相关人员名称开设的外汇账户只有在债权人的情形下操作，在任何情况下，不能出现借方余额。在账户余额内，持有人可以取款或往国外转款。

贸易领域的外汇管理：在阿尔及利亚从事贸易活动的外籍公民须使用自带外汇进行公司注册及商品进口，在进入阿尔及利亚时须向海关申报其所带外汇金额，在商业经营期间购置商品或劳务等消费的外汇须提供阿尔及利亚授权的外汇银行出具的换汇证明，向阿尔及利亚海关申报的外汇资金可自由带出阿尔及利亚。阿尔及利亚法律规定，外籍公民在阿尔及利亚从事 5 年及以上商业经营活动时，才可将其商业利润汇出阿尔及利亚，违者现金将被没收。

投资领域的外汇管理：阿尔及利亚投资法规定，在阿尔及利亚从事生产经营的外国投资者，其投资建设或生产用的外汇资金和实物等须向阿尔及利亚中央银行或授权的金融机构申报，法律保证在阿尔及利亚投资资金、投资的收入、利润、清算或转让中产生的实际净收入等在申报后可汇出境外。然而，阿尔及利亚有关法律对可汇出的资金范围规定缺乏透明度。从境外汇入的投资资金部分没有异议，但对于投资的收入、利润、清算或转让中产生的实际净收入，央行的审核时间往往比较长。另外，对于合资企业，还需计算外国投资者的相关参股比例。

2010 年 8 月阿尔及利亚内阁通过《关于外汇兑换和资本流动》，批准了 1996 年 7 月 9 日关于对违反外汇兑换和股本流入或流出的外汇资金管理法的惩罚法律的修改和补充。主要内容为：扩大了合法进出口之外的交易管制范围，即以本国或外国货币计价的证券或债务证券、金条和金币以及宝石和贵金属均不得违法交易；取消财政部或阿尔及利亚银行对非法交易先行采取以及纪要形式给予预控告的方式改为直接通告和调查、起诉的方式；简化原法律中违法诉讼范围，将原规定的5 000万阿尔及利亚第纳尔犯罪最高限额缩减为2 000万阿尔及利亚第纳尔。同时，贿赂、洗钱、贩毒或有组织犯罪，也属于法律禁止的犯罪行为。对于利用欺诈手段妨碍刑事处罚的，在罪行确凿时，法庭可提高罚款。由财政部和阿尔及利亚银行共同确定违法交易国家清单，明确禁止对外的金融违法，包括对外贸易活动中的此类行为。

30.2 阿尔及利亚金融机构

30.2.1 金融机构体系

30.2.1.1 中央银行

阿尔及利亚银行为中央银行，成立于1963年，行长和副行长均由总统任命，中央银行负责制定国家货币政策、发行货币、管理国家外汇储备等，尤其是监管对外信贷和资本流动。2009年中央银行的净外国资产为10.8万亿阿尔及利亚第纳尔，净国内资产为8.6万亿阿尔及利亚第纳尔，银行网点49家。①

30.2.1.2 商业银行

阿尔及利亚现有国有银行15家，21家私营银行，银行网点约有1 373家（含中央银行网点），遍布全国。93%的银行贷款由国有银行发放。国有银行市场化程度较低，不按商业银行模式运作。2010年阿尔及利亚国有银行利率：短期贷款8%－9%；中期贷款5.5%－9%；短期存款1.25%－1.75%，中期存款2.25%－2.5%。商业银行净国外资产201亿阿尔及利亚第纳尔，净国内资产4.7万亿阿尔及利亚第纳尔，存款4.7万亿阿尔及利亚第纳尔。② 国有银行主要包括：阿尔及利亚对外银行、阿尔及利亚农业和乡村发展银行、阿尔及利亚国民银行、阿尔及利亚人民信贷银行、阿尔及利亚地方发展银行、国家储蓄和互助银行、国家农业互助银行、阿尔及利亚发展银行、SOFINANCE银行、SRH银行、ESSALEM LEASING银行。私营银行（外资银行）主要包括Banque Al Baraka银行、阿拉伯合作银行、美国花旗银行、法国兴业银行阿尔及利亚分行、法国Natexis Al Aman银行、法国里昂信贷银行、法国巴黎国民银行、Trust Bank银行、约旦阿拉伯银行、阿尔及利亚海湾银行、马格里布租赁银行、黎巴嫩银行等。

30.2.1.3 保险公司

阿尔及利亚独立以来，保险业的发展可以分为三个阶段：第一阶段为独立后当时存在的保险公司恢复营业，并由财政部统管，确立了保险业务需政府授权的公司或机构经营的原则；第二阶段为国有化，保险公司由国家垄断控制，同时设立了几家新的保险公

① Bank of Algeria, IMF, Country Report-Algeria, No. 11/40, Feb 2011, p. 31.

② Bank of Algeria, IMF, Country Report-Algeria, No. 11/40, Feb 2011, p. 31.

司，如再保险公司，农业互助保险公司等；第三阶段为 1995 年制定了保险法后，保险业实行市场经济自由化，保险业务对私人和外资开放。阿尔及利亚共有 16 家保险公司，共 1 500 个营业点，还有 450 家保险总代理和 30 家保险经纪公司。经营的保险产品大约 100 种。国有保险公司占了大多数的市场份额，约 80%，私人和外商近年来也开始进入保险市场，营业规模逐渐扩展。2009 年 12 月阿尔及利亚政府决定提高保险和再保险公司的门槛，将最低注册资金限定为 10 亿－50 亿阿尔及利亚第纳尔。利比亚保险业仅占本国 GDP 的 1%，未来发展潜力大。①

30.2.1.4 证券公司

阿尔及利亚证券交易所由有价证券管理公司（SGBV）全权经营，该公司成立于 1999 年。为鼓励企业参与证券市场，2002 年建立了阿尔及利亚清算公司（ALGERIA Clearing），作为企业参与证券市场的中央受托人，该公司主要股东为银行。

30.2.2 金融机构特点

早在 2004 年，阿尔及利亚政府即着手启动了金融体制改革，尤其是哈里发银行丑闻事件的发生使阿尔及利亚政府更加深刻地认识到金融体制改革的重要性和必要性。但因阿尔及利亚金融传统管理模式的制约以及阿尔及利亚政府部分高层人士的反对，改革进程一度缓慢。阿尔及利亚总统布特弗利卡力排众议、坚决推动，并于 2005 年更换了财政部长，任用了改革派人士梅德尔希，其后阿尔及利亚金融改制步伐不断加快。具体措施包括加强国有银行资金监管、鼓励企业社会融资、提升银行最低注册资金、出台金融法律法规、推广现代化支付方式、加强证券市场建设、推动国有银行私有化等。目前，金融和银行业整合重组工作正积极进行，政府重视银行业的合资行为，鼓励国内外财团在阿尔及利亚建立外资金融企业，促进国有银行采用新机制和新技术，提高服务水平，便利存贷款手续，增加资金流通效率。但是阿尔及利亚金融领域仍严重滞后于民众期待，不能适应阿尔及利亚经济形势发展需要。阿尔及利亚国有银行市场化程度仍较低，不按商业银行模式运作；国有银行效率低，处理转账电传较慢，且电子邮件基本不通行。

30.3 阿尔及利亚金融市场

30.3.1 资本市场

30.3.1.1 股票市场

阿尔及利亚股票市场起步较晚，发展较为滞后。1993 年颁布法令建立有价证券市场，2003 年 2 月补充颁布了关于有价证券交易所的法律。目前，在阿尔及利亚交易上市的仅有两家国有企业：Saidal-Alger（制药公司）和 EGT Aurassi（宾馆餐饮业）。2010 年阿

① EIU, Country Report-Algeria, July 2011, p. 15.

尔及利亚股市市值1.06亿美元，占阿拉伯国家股市总市值的0.01%。[①]

30.3.1.2 债券市场

阿尔及利亚债券市场极不发达。2004年之前，全国只有国家石油天然气公司于1999年发行了债券。之后，其他一些债券也开始发行，主要为大型国有企业的投资项目融资，如国家石油天然气公司、国家电力煤气公司、阿尔及利亚航空公司、阿尔及利亚电信都发行了公债。

30.3.2 外汇市场

根据1991年7月制定的有关法律，居民可以通过上述6个商业银行办理远期外汇交易以防范汇率风险。外汇的交割可以在远期合同签订之日按即期汇率办理；也可以使用阿尔及利亚银行挂牌的远期汇率，按远期期限交割。阿尔及利亚银行挂牌美元、欧元3个月、6个月和1年的远期汇率。

30.4 阿尔及利亚金融监管

30.4.1 金融监管机构

阿尔及利亚中央银行为其金融监管机构，实行外汇管制，有总管辖权，负责制定外汇交易管理法规并监督指定银行实施这些法规。

证券市场的调节部门为交易所运行监管和组织委员会（COSOB），该委员会自1996年起运行。

30.4.2 金融监管政策

阿尔及利亚中央银行制定和执行比较严格和审慎的金融政策；证券交易所运行监管和组织委员会制定管理证券市场的实质性规范。

30.4.3 金融监管法规

2004年，阿尔及利亚政府出台了关于防范金融风险的第2004－03号法令。2005年，阿尔及利亚金融立法程序进一步加快，当年相继出台了《抵押债权法》、《资本投资公司法》、《保险法》等相关金融法规，使得阿尔及利亚金融法律体系进一步完善并丰富，2010年8月阿尔及利亚内阁议会通过了《关于货币和信贷管理》的法令，批准了2003年8月26日03－11号关于货币和信贷条例的修改和补充法令。修订包括：

第一，在阿尔及利亚银行金融系统现代化的基础上，赋予其有效监管所有支付系统及制定相关规则的职能，以确保支付系统效率和安全。

---

① 阿拉伯货币基金组织

第二，加强包括私营银行的监管力度，建立安全、稳健的银行体系，以确保维护客户的利益，保持货币和国家金融的稳定。

第三，打击由银行和金融机构操作进行的欺诈和挪用公款的行为，加强银行行使职能的管理，禁止贿赂犯罪。此外，为了加强银行业务的透明度，国家将持有私人银行和金融机构的特别资本股，通过这一特别股成为私人银行的一部分，但无表决权。这种做法在许多发达国家中常见。

第四，确定并实施确认银行和金融机构外国投资国家法（立法），加强对国家利益的保护，其中规定：今后任何新的外国投资银行或金融机构，必须执行由阿尔及利亚股东控股 51%的规定；在任何银行或金融机构中，外资转让国家有优先购买权；任何一家银行或金融机构的股份转让必须事先经得阿尔及利亚银行的同意，否则任何转让均无法律效力。

第五，随着信贷的发展，及时保护银行和金融机构客户的利益。

30.5 阿尔及利亚金融市场融资

30.5.1 信贷融资

阿尔及利亚国有银行向阿尔及利亚国有企业提供了大量的信贷资金，私营企业和小企业获得银行融资困难。但阿尔及利亚国有企业大多经营不善，造成上述信贷资金无法正常收回。阿尔及利亚国有银行呆坏账总额约占国有银行金融资产总额的 20%以上。为减少国有银行呆坏账现象的发生，阿尔及利亚政府在 2005 年进一步加强了对国有银行的信贷资金监管，在中央银行内部设立了金融监督管理局，以加强对信贷资金流向及流量的监控，要求国有银行向中央银行上报有效合理的资产运作目标，以减少信贷资金回收风险。外国企业可在阿尔及利亚当地银行融资，但须以母公司名义申请，且母公司的资信状况须得到信用等级为一级的国际银行的证明。银行或金融机构可以向其参股的企业提供不超过自身基本金 25%的贷款，但不可以向其领导者或股东提供贷款。在加强国有银行信贷资金监管的同时，阿尔及利亚政府鼓励企业采用融资贷款方式直接向社会募集发展资金。自 2004 年起，阿尔及利亚国家石油天然气公司、阿尔及利亚国家煤气电力公司、阿尔及利亚航空公司等国有大型企业先后通过上述形式募集社会资金，这在一定程度上减轻了国有银行的资金借贷压力，是金融体制改革进程中的一个有益尝试。2009 年财政补充法案规定取消消费贷款。

30.5.2 债券市场融资

阿尔及利亚债券市场非常滞后，尤其是二级债券市场。尽管一些大型国有企业通过发行债券获得融资，但对急需资金的中小型企业来说，通过债券市场融资还几乎不可能。

30.5.3 股票市场融资

由于阿尔及利亚证券市场几乎不运行，国有企业私有化主要是通过招投标和自行商谈，也有部分企业由本地收购，但是通过股票上市融资等金融市场手段在此过程中几乎不发挥作用。

30.5.4 其他融资方式

30.5.4.1 贸易融资

阿尔及利亚政府2009年出台新政，规定国际贸易支付方式仅限于信用证。

30.5.4.2 项目融资

国家参股委员会（CPE）允许国家投资基金：设立分支机构；参股已成立的或将成立的公司；为投资项目提供融资，并规定其融资条件。2009年财政补充法规定项目融资需用当地货币，除了基本金以外，所有外国直接投资或合作投资的项目必须在当地金融市场筹集实现项目所需的资金。为减少国家外债，2010年12月阿尔及利亚银行决定，禁止在阿尔及利亚注册的外国公司汇出由其母公司向其前期垫付的资金，这意味着在阿尔及利亚外国公司将不可能再向其母公司申请资金资助，而将不得不在阿尔及利亚当地银行融资。但实际上融资市场是被遵守政治法令的阿尔及利亚国有企业控制的。

30.6 阿尔及利亚与国际金融市场

30.6.1 阿尔及利亚在国际金融市场的角色

2004年以来，阿尔及利亚开始金融体系改革，国有银行及保险市场逐步实行私有化改造，并对外资开放。阿尔及利亚金融体制改革得到了世界银行和国际货币基金组织的肯定，然而，总的来说，阿尔及利亚银行在国际市场上并不按商业银行运作，金融创新不足，没有直接与国际金融市场相连。在国际金融危机席卷全球时，阿尔及利亚银行体系并未受国际金融危机影响。阿尔及利亚于2000年设立了主权财富基金——收入调节基金，截至2010年年底资产达到567亿美元。[①] 然而，由于政治形势不稳、经济实力不强以及对法律和国际标准的忽视，阿尔及利亚主权财富基金声誉并不是很高，2010年年底以来的中东政治动荡对其产生了重要影响，有可能将引起阿尔及利亚当局对未来投资政策的分歧。

30.6.2 中国在阿尔及利亚金融市场的角色

目前阿尔及利亚尚无中资银行，阿尔及利亚第纳尔与人民币尚不能直接兑换。中资银行主要是为中国企业“走出去”服务。

---

① USA, Sovereign Wealth Funds Institute, Dec 2010.

第十一篇

利比亚商务环境

利比亚位于北非中部，面积177万平方公里，其中90%为沙漠地区。利比亚拥有丰富的石油、天然气、铁、钾盐、锰、磷酸盐、铜、锡、硅石、石灰石、高岭土等矿产资源。利比亚原油探明储量404亿桶，估计总储量达1 000亿桶；天然气总储量达1.31万立方米；铁矿石储量20—30亿吨；石灰石储量1 840万吨；高岭土储量2 004万吨。

利比亚是石油生产国，国内除了石油和石化业及部分农牧业外，其他工业品、日用品及80%的食品基本上都依赖进口，主要出口商品为石油、天然气和石化产品，占95%以上，其他工农牧业产品出口总量不足5%。进口商品中机械设备和交通工具所占比重最大，其次分别为各类工业制成品、粮食及活畜、原材料等。利比亚主要进口贸易伙伴是欧盟、中国、意大利、韩国、美国等国家，约占其进口总额的55%以上；主要出口贸易伙伴是意大利、法国、德国、美国、西班牙等国家，约占其出口总额的74%。

利比亚是单一石油经济国家，严重依赖石油的生产和出口。据统计，石油行业在利比亚GDP所占的权重目前为52.7%，占其出口总额的95%，利比亚国家财政收入80%来自石油出口。

利比亚贸易政策限制因素多，主要表现在下述几方面：

1. 利比亚不允许外商在境内设立商业性质的公司和代表处，也不允许雇佣外籍劳工从事商业活动。

2. 贸易代理制时紧时松，限制了市场自由竞争。利比亚贸易代理制规定，大宗商品进口必须由利比亚注册代理从事。

3. 单证认证繁琐。利比亚海关要求，出口到利比亚的商品，原产地证和商业发票需到当地的利比亚使馆认证，同时要求将有关单证译成阿拉伯文，而且单证认证时间较长。

4. 商品检验标准高。利比亚的商品检验标准多是照搬欧洲标准，对食品和药品检验控制较严，已有多起中国食品因含人工色素被拒通关。

5. 支付风险较高。近两年来，已发生多起利商以 T/T 方式支付中方货款，余款不能按合同收回的案例。

6. 进口费用增加幅度较大。2009 年，利比亚海关将商品进口服务费从 4.25%增加到 10%，增加了进口商品成本。

近年来，利比亚为快速发展国内经济，实现经济多元化，开始实行对外开放，鼓励外商来利投资。目前利比亚投资政策体现在 1955 年第 25 号《石油法》及其修正案、1997 年第 5 号《促进外国资本投资法》和 2000 年第 9 号《自由贸易区法》三部法律之中。

1. 1997 年，利比亚出台了第 5 号法律《鼓励外国资本投资法》，该法律就外资项目立项的条件、对外资项目的豁免、外国投资的保护和保障等做出了规定。此后，又对该法律进行了多次调整，使其更适合利比亚国情；

2. 建立经济自由区。2004 年，建立了米苏腊塔经济自由区，制定税收优惠政策，与外商合资建立各种工业企业。

3. 组建专门机构负责外商投资。利比亚外国投资局（LFIB）是专门负责招商引资和对外投资工作的部门。

目前，由于利比亚具有石油资源优势，外商投资主要领域是石油领域。2005 年以来，利比亚国家石油公司共进行了四轮油气区块招标，吸引了 BP、EXXON、SHELL 等石油行业国际知名公司来利比亚投资。在非石油领域投资规模不大，2007 年外商直接投资仅 3.59 亿美元。投资行业主要包括服务业（42%）、旅游业（25%）和房地产业（22%），主要外资来源国为英国、美国、马耳他、阿联酋和科威特。2009 年金融危机发生后，利比亚加大了基础设施领域对外招商力度。

利比亚石油的勘探开发实行“勘察许可证”和“特许权协议”制度，利比亚国家石油公司行使原石油部的职能，是石油勘探开发的主管部门，负责对外谈判、签约、监管开发商从事石油勘探开发工作以及征收各类税费、原油收购和出口等工作。法律规定，特许权协议有效期 50 年，并可以展期，但前后两次期限总和不得超过 60 年。

第 31 章

利比亚贸易环境

31.1 利比亚进出口贸易

利比亚实行单一国营经济，依靠丰富的石油资源，曾一度富甲非洲。1992 年开始，受洛克比问题影响，经济状况不断下滑。1999 年联合国终止对利制裁，再加上近几年国际油价持续居高，利比亚石油收入大幅增加，利经济出现较好的发展势头。自 2003 年起，利开始实行经济改革，尝试建立股票市场，加快部分国营企业和银行的私有化进程，允许外资银行在利比亚营业，将过去单一的国家所有制改为国营、集体和私营三种所有制，加快基础设施建设，放宽进出口权限，鼓励出口创汇型企业发展，改善投资环境，积极吸引外国公司来利比亚投资和开展贸易，以促进经济多元化发展。2009 年，因石油价格下跌，利比亚出口收入受较大影响。2011 年 2 月至 10 月，利比亚内战，卡扎菲政权被推翻，利比亚全国过渡委员会成立新政府，新政府的具体贸易政策尚不明晰，故本文主要分析的是内战前利比亚的贸易情况。

31.1.1 进出口概况

石油工业是利比亚的经济命脉和主要支柱，95%以上的出口收入来自石油。20 世纪 50 年代发现石油后，利比亚石油开采及炼油工业发展迅速。2008 年出口石油创汇达 473 亿美元，其中 74%出口至意大利、德国、西班牙、法国等国。此外，还有石化、钢铁、水泥、建材、电力、采矿、纺织品、食品加工等。

利主要出口产品是石油（产量 80%以上供出口）。除石油及石油衍生品和部分农产品外，利比亚国内 90%的商品依赖进口。主要进口粮食、食品、机械、建材、运输设备、电器、化工和轻工产品以及武器装备。利比亚 80%的粮食和畜牧产品依赖进口。2009 年利比亚外贸总额约 563.5 亿美元。

表 31—1　　利比亚近年外贸情况一览表　　（单位：亿美元）

年度	2003	2004	2005	2006	2007	2008	2009
出口	143	202	271	393	363	634	342.4
进口	63	86	108	145	153	138	221.1
差额	80	116	163	248	210	496	121.3

2009 年，利比亚出口贸易伙伴主要为：意大利 37.65%，德国 10.11%，法国 8.44%，西班牙 7.94%等；进口贸易伙伴主要为：意大利 18.9%，中国 10.54%，土耳其 9.92%，德国 9.78%，法国 5.63%等。

31.1.2 主要贸易伙伴

同欧盟的关系：欧盟是利比亚第一大贸易伙伴和石油主要销售地。1999 年联合国宣布终止对利比亚制裁后，欧盟率先宣布取消对利比亚单方面制裁，并于 2004 年

10 月解除对利比亚实施了长达 18 年的武器禁运。欧盟国家中意大利与利比亚的关系最为密切，是利比亚石油的主要进口国。欧盟统计局、欧盟卢森堡统计办公室指出，在 2009 年意大利购买了利比亚对欧盟 27 国出口额的 49%，并在欧盟对北非销售总量中占有 39%的比例。

同美国的关系：“九·一”革命后，利美关系一直紧张。1986 年美国以打击恐怖主义为由空袭了利比亚首都的黎波里和第二大城市班加西。1991 年，美、英指控利两名情报人员策划了 1988 年“洛克比空难”事件，并推动安理会通过有关决议对利比亚实施制裁。2003 年 8 月，利比亚在洛克比问题上对美英做出重大让步，表示愿意支付 27 亿美元巨额赔偿并为利比亚官员行为承担责任。同年 9 月，联合国安理会通过解除对利比亚制裁的决议后，利比亚大幅调整对外政策。2004 年 6 月，利比亚美国恢复代办级外交关系。同年 9 月，美国宣布全面取消对利比亚经济制裁。2011 年 10 月，利比亚反对派全国过渡委员会在以美国为首的北约的支持下夺取了政权，建立了新政权。新政府有望加强与美国的贸易关系。

同阿拉伯国家的关系：利比亚是阿拉伯国家联盟（阿盟）和阿拉伯马格里布联盟（马盟）成员国。卡扎菲认为阿盟没有发挥应有的作用，曾多次威胁要退出阿盟。1992 年后，利比亚对马盟国家执行安理会对利比亚制裁决议表示不满，长期拒绝担任马盟主席国。在与阿拉伯国家双边关系中，利比亚与埃及、突尼斯、苏丹关系密切。

同中国的关系：自利比亚解禁以来，中利贸易发展迅速。2009 年，中利双边贸易额达到 51.7 亿美元。其中中国对利出口 20.0 亿美元，同比上升 20%；对利进口 31.7 亿美元，同比上升 22.6%。利比亚统计局 2008 年公布的数据显示，中国对利出口位居第二，仅在欧盟之后；对利进口位居第六，所占比重有所上升。中国对利进口的主要产品是原油，对利出口的主要产品是：汽车及汽车零配件、工程机械、小型加工机械、纺织品和服装、鞋、家电、家具、玻璃、轮胎、箱包、玩具、食品和日用品等。具体情况分品种介绍如下：

1. 小型加工机械。利比亚私营经济近年发展势头较猛，国家通过税收优惠等政策鼓励个人发展加工业。由于利比亚在制裁前，国内加工业除石油业外几乎为空白，制裁结束后兴起了像中国 20 世纪 80 年代后期的各种小型加工业，进口番茄酱、果汁等食品加工机械、包装机械、洗衣粉生产线等化工机械、废品回收处理机械、水泥生产机械、制砖生产机械等。由于利比亚采购商通常对这些产品缺乏最基本的专业知识，所以他们一般需要出口商在出口加工机械的同时，还要求派人进行安装调试，提供必要零配件和一年左右的质保，并培训当地工人。

2. 汽车。利比亚进口中国的汽车主要车型为轿车、SUV、皮卡、轻卡和大巴。

（1）轿车市场情况，利比亚汽车市场分三个档次，第一档是欧美车，约占 25%，第二档是日韩车，约占 70%，第三档是中国车约占 5%。2003 年以来，利比亚市场上的中国车主要有奇瑞、吉利、华普、吉奥、灵目、昌河、长城等 9 个品牌。最初是以价格优势进入该市场，但由于利比亚居民收入逐渐提高和中国车自身质量不好的原因，这些车相继在利比亚失去市场。

（2）卡车市场情况。目前受欢迎的是皮卡、轻卡和大巴。其中，扬子皮卡是做得最成功的，自 2004 年以来，进口量逐年增加，销售价格也逐年增长，得到了用户的普遍认可。

（3）客车市场情况。随着利比亚旅游业和长途客运的逐渐恢复，对中国的大巴有一定需求。河南宇通、厦门金龙和中通客车都有一定的销售，其中金龙客车份额较多。

3. 工程机械和建筑材料。利比亚为庆祝革命胜利 40 周年，计划实施一大批住房、机场、铁路、公路、酒店、旅游设施等基础设施项目，三年投资额约 1 500 亿利比亚第纳尔，2008 年就做出 339 亿利第的发展预算。在这一背景下，利比亚市场对工程机械和建筑材料有着强劲的需求。目前，就工程机械而言，三一重工、山东福田在利比亚市场上均有很好的业绩。2008 年利比亚“的博会”与往年最显著不同的特点是，工程机械参展商增多，其中韩国的 HUNDAI、土耳其 HIDROMEK 和美国的 BOBCAT 等品牌的车辆都已经进入利比亚市场。此外，由于利比亚在水泥、玻璃、钢材、铝材、卫生陶瓷等建材方面存在着很大的缺口，因此建筑材料将是中国对利出口的新的增长点。目前，玻璃、钢材和瓷砖的进口量在逐年增加。

4. 油田设备。利比亚是以石油业为主的单一经济国家，油田钻采设备和加工设备的需求量很大。与其他商品不同的是油田设备的进口基本上是由石油公司招标采购进行的，出口商需及时掌握有关的招标信息。

5. 纺织品、服装和鞋类。由于利比亚是阿拉伯国家，中国的服装只有男装、童装和运动装能被当地人接受，而女装则不太符合当地的着装习惯。在鞋类中，中国的旅游鞋、拖鞋比较受欢迎，尤其是比较高档的皮拖鞋，这和利比亚人每天要穿着拖鞋去清真寺做礼拜有关。中国的床上用品也开始在利比亚市场走俏。

6. 家电。目前中国的彩电、空调、洗衣机在利比亚市场上都有销售，但份额不大。家电市场仍被韩国的 LG、日本的松下、索尼和一些欧洲品牌占领。单就空调为例，目前市场上中国品牌主要有格力、奥克斯、TCL 和 GENERAL 等。

7. 茶叶。从 20 世纪 80 年代起，利比亚就从中国进口茶叶。利比亚首都附近喜欢绿茶，而班加西一带则喜欢红茶。2007 年以前，茶叶在利比亚是国家专营商品，由国家供应公司独家采购。该公司绿茶全部从中国进口，年进口量在 5 000—7 500 吨左右。2007 年以后全部放开经营，并且政府取消了对茶叶的财政补贴，受茶叶市场价格提高和周边国家从利比亚走私茶叶减少两大因素的影响，茶叶需求量大幅下降，年进口量约在 2 000—3 000 吨左右。

31.2 利比亚外贸管理制度

31.2.1 立法制度

到目前为止，利比亚适用的贸易方面正式法律除 1956 年颁布的《商业法》外，在过去50多年中，几乎没有正式法律出台。只是从2002年以来，才陆续以总人委（国务院）和经贸部等部门的名义，以会议决定、政府规定、公开信函的形式对外颁布。利比亚贸易法律法规有三个特点：一是高度集权性。从严格意义上讲，目前利比亚经济性质更多成分还是计划经济色彩，政府限制因素多，干预程度大，并把这些干预内容渗透到法律法规中。美国传统基金会和《华尔街日报》共同发布的《2009－2010年度“全球经济自由的指数报告”》中，利比亚列179个国家中的第173位，全球倒数第七。二是法律法规的独特性。利比亚目前仍不是WTO组织成员，其很多贸易法规与国际惯例尚不接轨。如目前利比亚强行推行的代理制、禁止外商在利比亚从事商业活动、利比亚关税名目设置等都体现了这一特点。三是立法和执法的随意性。从2002年以来，政府关于贸易进口操作方式、实行法定代理商品名单、禁止进口商品名单、商品进口关税税率等反复更改，有的甚至还没来得及执行就被废除。

31.2.2 行政机关

利比亚主管贸易的政府部门是利比亚工业经贸部。

31.2.3 司法体系

1979年9月卡扎菲宣布由司法人民委员会掌管司法权。原有最高法院等机构基本上被各地革命委员会建立的特别法庭和革命法庭等取代。为了统一审判工作，1988年3月成立人民法院和人民检察局（1996年2月14日改为人民检察院）。1990年10月恢复最高法院。

31.3 利比亚进口管理制度

31.3.1 进口配额

利比亚对进口一般不予限制，但对某些商品采取关税和数量的限制措施，以保护国内经济。

31.3.2 进口许可证制度

利比亚的进口商品需要进口许可证。原产以色列的产品不得进口。所有工业品、食品和消费品可以在一些限制下进口到利比亚。进口产品没有官方的价格限制。办理清关手续需要指定一家当地代理机构办理。

31.3.3 原产地标志要求

出口商在向利比亚出口商品时，需要向代理提供以下主要文件和单证：

1. 商业发票。发票须注明商品内容、重量及单位、价格等。

2. 产地证。产品要有进口国主管部门颁发的原产地证并到利比亚驻外使馆进行认证。如果产品含有一定比例的第三国产品成分，要注明国别及所含比例。同时原产地证一定要注明利比亚进口公司名单。

3. 装箱单。要注明托运人的名称、目的港、商品名称、数量、重量等内容。

31.3.4 其他贸易壁垒

【贸易代理制度】利比亚关于实行代理制的法规主要有：1971 年《关于组织贸易代理业务》的第 33 号法令、1975 年第 87 号《关于组织贸易代理业务的某些规定》、2001 年第 178 号《关于贸易代理法实施细则的决定》、2003 年初利比亚经贸部的重要通知和 2005 年第 190 号《经贸总人委关于禁止非授权贸易机构进口商品的决定》等。

目前关于代理制的最新规定是：从 2007 年 1 月 1 日起，利比亚经贸部决定部分商品进口必须由利比亚注册代理从事，明确规定代理商的代理品种和代理范围。对一般商品，一个代理商最多只能代理三家外国公司的产品；而对汽车等部分重要商品，一个代理商只能代理一家外国公司的产品。

【公司进口资质制度】根据经贸总人委 2004 年第 52 号《关于对进口商品实行分组管理的决定》，利比亚对允许进口的商品分为 9 组，每个公司只能在自己注册的经营范围内进口商品。同时规定一个公司只能经营一组商品。根据近两年中利贸易实践看，该制度执行得并不十分严格。

【禁止进口商品名单】利比亚禁止进口商品主要分三大类，一类是出于宗教民族习惯考虑，如禁止进口酒精类饮料、猪肉和猪肉制品；二类是出于国家安全考虑，如禁止进口色情书籍和音像制品、限制进口部分外文书籍和没有健康证和注射疫苗的猫狗等动物等；三类是出于国内产品稀缺程度考虑。即利比亚境内能够生产，且经主管部门认定可以满足自己需求的商品禁止进口，如柑橘等水果和部分蔬菜和鸡蛋等。利比亚经常调整第三类禁止进口商品名单，出口利比亚企业需要向利比亚工商总会查询最新规定。

31.4 利比亚贸易习惯

31.4.1 通用的贸易方式

1. 商业从业管理制度。利比亚不允许外商在境内设立商业性质的公司和代表处，也不允许雇佣外籍劳工从事商业活动。也就是说中国出口企业不能自己直接报关进入利比亚市场，也不能在利比亚市场上直接销售商品，参加展销会的展品除外。目前有些中国商人与利比亚人达成私下协议，以利比亚人的名义报关销售，但是风险极大，一旦被官方查到或被合伙方欺诈，将会损失惨重，建议大家不要冒险。

2. 贸易代理制度。利比亚为保证进口商品质量，一直实施贸易代理制，由代理商保证进口产品质量和提供售后服务。从 2007 年 1 月 1 日起，利比亚经贸部决定部分商品进口必须由利比亚注册代理商从事，明确规定代理商的代理品种和代理范围。对一般商品，一种商品只能在利比亚有一个代理，而代理商则可以代理不同企业的同类商品。2008 年 4 月，由于社会各界普遍认为代理制加剧了商业垄断，限制了自由竞争，造成了目前利比亚市场商品价格快速上涨。因此，利比亚经贸部正在研究取消代理制。

3. 单证认证制度。利比亚海关要求，出口利比亚贸易原产地证和商业发票需要到当地的利比亚使馆进行认证，同时要求将有关单证译成阿拉伯文。同时，还要提醒的是要考虑到认证时间和认证费用。

4. 商品检验制度。利比亚的检验标准多是照搬欧洲标准。对于食品和药品检验控制较严，实行注册登记制度，只有拥有注册范围内商品的企业才有资格投标。目前利比亚检验部门还没有同中国政府达成产品质量检验合作协议，对于中国质检部门检验合格的商品仍需重新检查。

31.4.2 对利比亚贸易应当注意的问题

1. 提高出口产品质量。利比亚是非洲国家，但其经济实力和消费水平却高于大部分非洲国家，利比亚市场的主要商品来源于欧洲，不能把这个市场定位等同于其他非洲国家。实际上，利比亚对产品的质量要求比较高。利比亚一些中高收入家庭很少购买中国产品，这主要是目前利比亚市场上的中国产品大多质次价廉。希望中国企业能将更多质量过硬的商品出口到这个市场，以提高产品形象，扩大市场份额。

2. 寻找有实力的代理十分重要。由于利比亚限制外国公司在利直接经商和代理制等原因，选择一个有实力的代理尤为重要。如果选择的代理实力不够或声誉不好，就会影响其代理的商品进入这个市场。另外，要对代理进行全面考察后，再确定代理关系。

3. 一定要充分了解当地市场的需求和风俗习惯。如利比亚是阿拉伯国家，喜欢穿民族服装，天气炎热，对服装面料是否纯棉等要求不高，但一定要透气，凉爽。利比亚人崇尚绿色，对车更喜欢白色和银灰色。利比亚人喜欢追求时尚，对于新款车型、电器、电子产品等接受很快，而且相互攀比。

4. 遵守商务程序，注意提高防范风险的意识。近年来，随着利对外贸易的逐步放开，一些故意以赊购等形式拖欠货款，甚至恶意赖账的贸易纠纷时有发生。希望中国企业要按照商务程序进行贸易活动，要有风险防范意识，注意进口商的信誉调查，规范合同条款，采用信用证等有保障的付款方式，尽量避免 D/P、预付款、托收等风险大的付款方式。

5. 积极参加利比亚举行的各种展销会。由于利比亚对中国产品的了解很少，参加利举办的各种交易会是推介中国产品的一个很好的途径。另外，利比亚商人为了减少中间环节，降低成本，所以一般更偏向于同生产企业直接交易，而不愿和进出口公司联系。

所以建议组织企业参加利比亚各种展销会时，优先考虑选择生产企业。

6. 利比亚社会治安状况有所恶化。由于利比亚青年失业率居高不下，部分青年染指吸毒等恶习，针对外国人的抢劫盗窃案件明显增加。所以来利考察市场的中国商人一定要注意随身携带的物品和人身安全。

31.5 利比亚海关监管制度

31.5.1 对进出境货物的监管

2005 年 4 月 13 日，利比亚通过了第 190 号决议。该决议规定，如果下列产品的制造商在利比亚没有授权代理，自 2005 年 7 月 1 日起禁止进口：

（1）小汽车、轻型和重型卡车、客车；

（2）摩托车；

（3）影印机；

（4）烤炉、冰箱和制冷空调；

（5）电视机、传真机和计算机；

（6）修路机、混凝土搅拌车、叉车；

（7）收割机、播种机、农用水泵等农业机械。

从 2002 年 12 月 21 日起，利比亚禁止进口下列食品：

（1）有效期短的食品，从生产之日起至到达利比亚港口之日，有效期已过三分之一者；

（2）有效期为一年的食品，从生产之日起至到达利比亚港口之日，有效期已过半年者。

31.5.2 自贸区的监管

2000 年利比亚出台了《自由贸易区法》，通过建立自由贸易区促进开展转口贸易、过境贸易和加工装配业务，向国民提供更多的就业机会。

《自由贸易区法》规定，在自由贸易区内开展的经贸活动免缴除服务费以外的所有税收和关税，不受利比亚现行的有关工商、税务、海关、进出口等法律法规的限制。

自由贸易区内投资者和使用者所拥有的项目、资金和转运货物为私人财产，有关部门不得随意扣押、掠夺、没收、国有化、征用或冻结，如果依法对其采取上述措施，应按公平原则予以补偿。

31.6 利比亚关税计征制度

利比亚从 2005 年 8 月 1 日起宣布取消除烟草以外的所有进口商品的关税，代之以对进口货物征收货值 4%的进口服务费，2009 年初，利总人委发布 26 号决定《利比亚关于进口服务的决定》，将进口服务费调整为 10%，并于 2009 年 2 月下旬开始执行。此外，利比亚还对 81 种进口商品征收 2%的生产税、25%的消费税。香烟的进口税和消费税分别是 2%和 4%（见表 31—2）。无论是生产税还是消费税都是由海关来征收，其功能仍然相当于关税。利比亚对于承包工程项目的自带设备免征关税，但进口服务费不免。

表 31—2　　利比亚生产税和消费税税率

编号	种　类	生产税	消费税
1	小麦、大麦和燕麦改良品种	2%	25%
2	饲养肉禽的种禽	2%	25%
3	通心粉	2%	25%
4	面粉	2%	25%
5	酸奶	2%	25%
6	椰枣酱	2%	25%
7	矿泉水、汽水	2%	25%
8	非酒精饮料	2%	25%
9	冷饮	2%	25%
10	天然或非天然果汁（保健品和糖尿病果汁除外）	2%	25%
11	甜点（沙姆甜点和普通甜点）	2%	25%
12	高档面点（饼干）	2%	25%
13	毛巾（棉）	2%	25%
14	印花棉布	2%	25%
15	尿布	2%	25%
16	卫生巾	2%	25%
17	地毯	2%	25%
18	家具及其构件	2%	25%
19	纸巾	2%	25%
20	包装食用盐	2%	25%
21	氢氧化钠	2%	25%
22	盐酸	2%	25%
23	香水	2%	25%
24	香波	2%	25%
25	肥皂	2%	25%
26	绿色香皂	2%	25%
27	洗衣粉	2%	25%
28	各种 PVC 管	2%	25%

续表

编号	种　类	生产税	消费税
29	包装液化氯	2%	25%
30	直径为12—15mm的滴式灌溉管	2%	25%
31	直径为0.75—400mm的PVC、聚乙烯管	2%	25%
32	各种塑料制品（箱子、瓶子、包装袋、直径为6—48mm的塑料绳、家用器皿、工具等）	2%	25%
33	人造海绵	2%	25%
34	农用拖拉机	2%	25%
35	田间作业车	2%	25%
36	犁、轻便农用工具	2%	25%
37	载重1.5吨以上的货车	2%	25%
38	排气量大于2.0升小于3.0升的轿车	2%	25%
39	手推车	2%	25%
40	视听广播接收器	2%	25%
41	录音机、音像播放器及同类产品	2%	25%
42	电视接收锅	2%	25%
43	电热油汀	2%	25%
44	烹饪炉灶（家用）	2%	25%
45	冷冻冰柜（家用）	2%	25%
46	冷冻冰箱（家用）	2%	25%
47	螺旋焊接管	2%	25%
48	非镀锌直缝焊接管	2%	25%
49	喷水式铝制灌溉管	2%	25%
50	拖挂车、房屋旅行式活动挂车	2%	25%
51	各种铁制容器	2%	25%
52	铁丝、网	2%	25%
53	普通有线电话和低于60线的程控交换设备	2%	25%
54	绝缘金属板	2%	25%
55	铝门窗	2%	25%
56	各种普通自行车	2%	25%
57	家用煤气罐	2%	25%
58	高于1 000伏的电缆（中高压）	2%	25%
59	电塔	2%	25%
60	（支撑屋顶、桥等的）成套桁架、构架及其零件	2%	25%
61	各种卡车货运车	2%	25%

续表

编号	种　　类	生产税	消费税
62	可移动冷柜、箱	2%	25%
63	水泥、石灰、石膏的纸包装袋	2%	25%
64	普通塑料混凝土、电线管	2%	25%
65	井盖、自来水、电话检修盒盖	2%	25%
66	粉碎机	2%	25%
67	医用酒精	2%	25%
68	天然蜂蜜	2%	25%
69	排气量 3.0 以上的轿车	2%	50%
70	排气量 250cc 以上的摩托车	2%	50%
71	75 马力以上、长 10 米以上、准载 6 人以上的游船	2%	50%
72	水上摩托	2%	50%
73	工业酒精	2%	50%
74	禽鸟类皮毛	2%	50%
75	头发、眉毛、睫毛及头发制品	2%	50%
76	魔术玩具	2%	50%
77	镶有贵金属的打火机、烟斗	2%	50%
78	真品艺术画板、雕塑、雕刻品	2%	50%
79	镶有贵金属的家用工具	2%	50%
80	象牙制品	2%	50%
81	毛皮	2%	50%

第 32 章

利比亚投资环境

32.1 利比亚投资概况

32.1.1 外资引进规模

据2010年世界投资报告统计，2009年，利比亚吸收外资为26.74亿美元；截至2009年年底，利比亚累计吸收外资为155.08亿美元。

非石油领域的十大外资来源国是英国、美国、马耳他、阿联酋、科威特、毛里求斯、突尼斯、约旦、巴拿马和意大利。

32.1.2 外资引进方向

由于利比亚的石油资源优势，外国投资主要集中在石油领域，石油行业的知名跨国公司ENI、BP、EXXON、SHELL、OMV、REPSOL等在利比亚石油领域均有投资；由于利比亚非石油领域工业基础薄弱、产业链缺陷、官员腐败、效率低下等原因造成投资环境欠佳，其非石油领域吸引外资的总体规模不大，外商投资的主要领域是服务业（42%）、旅游业（25%）和房地产业（22%）。

32.1.3 外资引进模式

根据《外国投资促进法》的规定，进入利比亚的外国资本，可以以下几种方式：

1. 可兑换的国外货币或通过正规的银行渠道进来的国外货币的替代物。
2. 项目所需机械、设备、仪器、备件以及原材料。
3. 当地买不到的交通工具。
4. 项目建设或运营所必需的专利技术、发明、证书、商标和商号等无形资产。
5. 项目利润和收益的再投资。
6. 入股、买断国有企业。

2003年4月利比亚首次提出国营企业股份化、私有化的政策，同年11月正式宣布了国有企业股份制改革计划：对除石油企业外的361家国有企业（占国有企业的半数以上）进行股份制改革或变卖，将其中261家企业变为私营企业，外商和利公民享有同等权利，可以以投资入股、买断或其他方式参与投资合作，对这些转型的股份制合作企业或私人独资企业，利政府给予5年免税的优惠待遇，使企业与政府脱钩，成为自主经营、自负盈亏的经济实体。

32.1.4 主要经济区域

【米苏腊塔自由贸易区】位于的黎波里以东210公里的米苏腊塔自由贸易区是按照利比亚总人委2000年第495号决议建立的，不受海关、税务、贸易和金融部门的限制，在自由贸易区投资，可享受以下优惠、减免政策：

1. 项目或投资不需进出口登记和商业注册。

2. 对项目及其收入免征所有税收和费用。

3. 对区内的金融、证券、交换、汇兑、保险等活动不设限制并免税。

4. 对区内的过境货物或其他货物、工程项目、商品、服务、金融、进出口等免征除服务费以外的所有关税和课税。

5. 除非得到法律允许或法院判决，否则不得查封扣押项目及投资人的财物，不得对其活动予以干涉。

6. 对区内项目，不得将其国有化，不得扣押、霸占、没收、冻结其财产，不得对其施加心理影响，如依法对其采取上述措施，应给予公正的补偿。

7. 允许将项目部分或全部资产转用于其他投资。

32.2 利比亚投资政策

32.2.1 政府的外资政策

目前利比亚投资政策体现在 1955 年第 25 号《石油法》及其修正案、1997 年第 5 号《鼓励外国资本投资法》和 2000 年第 9 号《自由贸易区法》三部法律之中。

利比亚《鼓励外国资本投资法》中的优惠政策：

1. 外商独资的最低投资金额由 5 000 万利第调整为 500 万利第（1 美元约合 1.27 利第），但如果本国资本占投资项目总资本 50%或以上，项目投资的最低金额为 200 万利第。

2. 对投资项目的豁免

（1）对项目所需的机械设备及相关装置免征所有关税及有关税收。

（2）对项目所需的零配件、原料等必需品免征五年进口关税及其他相关税收、费用。

（3）自项目开始生产或开始实施起五年内免征收入税，经总人委同意，免税期可再延长三年。

（4）用于出口目的的产品免征生产税，同时免除出口时应缴的相关费用和税收。

（5）免除所需商业文书和文件的印花税。

（6）将投资收益用于再投资的，享受上述豁免。

（7）在总人委制定的开发区建立的项目或属于保障食品安全、节能节水、利用太阳能等新能源或再生能源及保护环境等方面的项目，经总人委同意，可延长其免税期。

3. 投资者享有的权利和优惠

（1）投资者在获得投资许可证后，可在利比亚商业银行或阿拉伯对外银行以投资项目的名义开设本外币账户。

（2）经投资促进局同意后，投资者可使用、租赁或开发投资项目所需土地。

（3）在当地无合适人选的条件下，允许使用外籍劳工，外籍劳工可将从项目中获得部分工资、奖金汇出。

（4）允许每年将其项目收益及利息通过银行的投资项目账户汇出，同时通知投资促进局。

（5）投资者有权将其免税期内产生的亏损延后。

（6）可以将项目收益的部分或全部用于其他投资项目。

（7）下列情况，投资者有权撤回投资：项目期限结束、项目清算、项目部分或全部转售、自投资许可颁发之日起五年以上，投资者可提交相关申请。

32.2.2 其他产业限制政策

利比亚政府没有对禁止、限制、鼓励外商投资的行业的具体名单，但是利比亚总人委2004年第147号《决定》明确了对外资开放的具体领域，包括：

1. 交通领域

机场建设/机场管理/机场传送、供应和地面服务/与民航总局合作建设民航系统（民航总局需占50%以上股份）/高速公路建设/地铁和铁路建设/与港口公司合资建设、改善和运营港口。

2. 卫生领域

医院建设/实验室和诊断分析中心建设/制药/医疗设备生产/医疗设备维修。

3. 教育领域

大学建设/高等学院建设/培训和教育中心建设/学校和国际科研机构。

4. 工业领域

水泥工业/卫生材料/电子工业/家庭用品/塑料工业/皮革工业/饲料工业/与利国内公司合资兴办面粉加工业/与利国内公司合资兴办食品工业/机械工业/化学工业/制造和维修海洋捕鱼设备/教学用具制造/机器、设备和零配件的制造/钢铁工业/废物回收工业。

5. 农业领域

农作物栽培/牧草种植/种禽厂。

6. 海洋资源领域

水产业/鱼罐头。

7. 旅游领域

宾馆、旅游景点和度假村等旅游设施/旅游设施管理/游艇设施建设/休闲设施建设/旅游房屋建设。

8. 公共设施建设领域

居民住房建设/民用液化气网络开发和建设/海水淡化站建设/废水净化和排污站建设/废水回收利用工厂建设。

32.2.3 双边投资协议

利比亚是国际投资保障机构如阿拉伯投资保障机构、国际投资保障机构等的成员，承诺保护外国在利的投资；利比亚同二十多个国家签署了保护保障投资双边协议、禁止双重征税及其他保护保障协议。

32.3 利比亚投资管理体制

利比亚主管外国投资的政府部门是利比亚外国投资局（Libya Foreign Investment Board），简称 L. F. I. B，它的职责是：1. 研究制定本国管理监督外国投资的计划；2. 受理外国投资的申请并说明具体投资项目的可行性报告和实施项目的法律条件，为部长提出具体建议；3. 搜集公布信息，并对某些有益于本国经济的项目进行可行性研究；4. 采取各种必要措施吸引外资，并促进投资机会；5. 为有益于本国经济重大项目的免税、便利、优惠政策以及免税和优惠政策的延期提出建议，并把建议递交相关部门；6. 公正地、没有偏见地处理投资者的投诉或纠纷；7. 经常性地研究投资立法和法律修订，并对相关机构提出建议；8. 总人委授权的其他职能。

32.4 利比亚税收制度和激励措施

32.4.1 税收优惠

利比亚税务局征收的税种是以所得税、印花税为主，以圣战税（国防税）、生产税、消费税为辅。其中，所得税包括公司税（即公司所得税）和个人所得税。没有增值税、地方税、赠与、遗产税和保费税。利比亚海关征收的税种有进口服务费（准关税）、进口产品生产税和消费税。课税税基及对象包括企业利润、个人所得、项目合同、商品交易等。

税收优惠主要包括外商投资所得税减免政策、贸易自由区内经营减免政策、避免双重征税签订国之间符合条件的税收减免政策。

32.4.2 地区和产业优惠

在利比亚自由区内开展贸易活动可以免除税收和关税，并可免除在区外需要执行的商业和货币的限制。这有利于促进转口贸易和多种制造或加工生产的开展。有关银行，保险，投资服务和其他服务的条款也可以在自由区内实施。

利比亚鼓励在非石油领域的外商直接投资，这些领域主要包括工业、农业、卫生、旅游和服务业等。

32.4.3 税收鼓励措施

利比亚给予投资项目的税收鼓励措施：1. 对项目所需的机械设备及相关装备免征所有关税及有关税收；2. 对项目所需的零配件及初级产品免征五年进口关税及其他相关税

收、费用；3. 自项目开始生产或开始实施起五年内免征收入税，经总理的同意，免税期可再延长三年。投资者有权将免税期内项目产生的亏损向后顺延；4. 以生产出口商品为目的的项目免征生产税，同时免除出口时应缴的费用和税收；5. 免除行文和函电往来中应缴的印花税；6. 将投资收入用于再投资的，享受上述豁免；7. 在重点地区建立的项目或属于保障食品安全、节能节水、利用太阳能等新能源或再生能源及保护环境等方面的项目，经总人委同意，可延长上述第二、第三项免税期。

32.4.4 其他非税收鼓励措施

利比亚对于外国投资者的非税收鼓励措施：1. 投资者凭投资许可证，便可在商业银行或阿拉伯利比亚对外银行开设本外币账户；2. 经投资促进机构同意后，投资者通过项目开发有权获得土地使用权，并有权租用或建设用于执行项目房地产；3. 在当地无合适人选的条件下，允许使用外国人，他们可将从项目中获得的部分工资、奖金汇出；4. 允许每年将投资项目获得的收益及利息汇出；5. 投资者有权将其免税期内产生的亏损延后；6. 可以将项目资产部分或全部用于其他投资项目；7. 在下列情况下，投资者有权撤回其投资：（1）项目期限结束；（2）项目清算；（3）项目部分或全部转售；（4）自投资许可颁发之日起不少于五年，投资者有权对侵害其权益的决定提出书面申诉。

32.5 利比亚主要贸易投资管理部门

32.5.1 利比亚经济贸易投资部

利比亚主管贸易的政府部门是利比亚经济贸易投资部。

32.5.2 利比亚外国投资局

利比亚主管外国投资的政府部门是利比亚外国投资局（Libya Foreign Investment Board，LFIB）。

32.5.3 投资政策的制定部门

利比亚总人民委员会，是利比亚最高行政机构。负责制定各种与贸易投资相关的政策。

32.6 利比亚注册企业程序

32.6.1 注册企业的一般形式

外国公司在利比亚设立企业的形式包括公司代表处、分公司、合资公司、独资公司四种。

企业注册的受理机构分别为：设立代表处由母公司或其委托当地律师向利比亚经贸与投资部企业与商业注册司申请；设立分公司由母公司或其委托当地律师向利比亚经贸与投资部企业与商业注册司申请；设立联合公司由母公司或其委托当地律师及其当地合作伙伴向 GHAD 合同公证中心申请；设立投资公司由母公司或其委托当地律师向投资促进局申请。

32.6.2 注册企业的规定

申请注册不同的企业形式需要提供相应不同的文件。

1. 申请注册分公司所需材料：（1）母公司董事会同意在利比亚设立分公司的决议，包括分公司地址、分公司营业范围（应与母公司业务范围一致）、不少于 150 000 利比亚第纳尔的注册费，分公司经理和副经理的任命（其中一人必须为利比亚人）等；（2）母公司设立合同和章程；（3）母公司营业执照副本；（4）母公司董事会根据分公司的损益编制年度预算的承诺书；（5）母公司关于不干涉利比亚政治事务的保证；（6）子公司在利比亚相关领域开展业务的经验资料。

备注：

* 向利比亚工业、经济贸易总人民委员会的公司及商业注册司提供正式信函（正本及复印件）；

* 所有提供的文件均应是原始文件；

* 提供母公司所在国利比亚使馆的英文认证文件；

* 在利比亚所需文件的英文翻译件应经利比亚合法翻译途径和外交部领事司认证处认证；

* 利比亚当地银行相当于壹拾伍万（150 000）利比亚第纳尔的证明；

允许外国公司在利设立分公司的经营范围：

A. 石油领域

（1）石油勘探，包括使用地质、地球物理、地球化工等方式进行地壳调查；

（2）油井钻探；

（3）检查和分析数据，提供地质研究及可行性报告；

（4）兴建油气存储设施及油气泵站及必要的防护设施；

（5）建设海上油气钻井平台；

（6）炼油厂设备及石化设备；

（7）油区排雷。

B. 测量及规划领域

（1）用于不同目的的各种方式的测量或航拍地图；

（2）为城市和城建规划提供必要的工程咨询报告。

C. 环保领域

（1）建立环境治理点；

（2）废物处理及转运，建设废物处理和回收站；

（3）环境污染治理及专门设施的安装与维护；

（4）治理海水倒灌及淡水管网的维护及排水。

D. 电子计算机领域

自动化程控系统安装、软件开发和维护。

E. 咨询及学术领域

（1）编写科技、无线电通讯、控制设备等领域的研究报告，提供必要的咨询；

（2）对科技、无线电通讯、控制设备等领域的必要的咨询执行进行监督；

（3）对大型项目的股票上市进行技术及财政估价；

（4）对大型项目具有先进技术的安装和运行提供设计。

F. 健康领域

医疗设备及仪器的安装与维护。

2. 申请注册代表处所需材料：（1）母公司董事会同意在利比亚设立代表处的决议，注册资金不少于50 000利第；（2）公司设立合同和章程；（3）代表处负责人任命书（说明代表处主任是外国人或利比亚人）；（4）母公司商业注册副本。

备注：

＊向公司及商业注册司提供正式信函（文件正本及复印件）；

＊所有提供的文件均应是原始文件；

＊提供母公司所在国利比亚使馆的英文认证文件；

＊在利比亚所需文件的英文翻译件应经利比亚合法翻译途径和外交部领事司认证处认证。

3. 申请注册联合公司注意事项：

（1）外国公司在利比亚从事以下领域必须与当地公司成立联合公司：① 承包、民用建筑工程领域（特殊、大型项目除外）；② 电力领域；③ 石油服务领域（包括维修、运输、装备、油井服务、钻井及勘探物品的生产，油气管线的设计和修建等）；④ 交通与通讯领域；⑤ 工业、农业、畜牧业、渔业领域。利方合作伙伴必须持有至少35％的股份，合资公司一律视为利比亚公司，可为股份公司、有限公司等任何形式。

（2）注册审批：经贸与投资部企业与商业注册司在注册申请递交7天之内，对申请所附材料进行研究审核，并将相关意见在申请递交15天内报经济贸易投资部长，在经济贸易投资部长签署决定后的15天之内通知相关当事人。商业注册有效期5年，可延期。

（3）申请营业执照：企业在获得经济贸易投资部的注册批文后，到批准注册地的工商局申请营业执照，申请时须提交经济贸易投资部注册批文、总公司章程、分公司经理委任书等材料。

（4）刻制公司印章：公司凭工商营业执照到当地刻制公司印章。根据当地习惯，公司印章一般刻有公司名称的英语和阿拉伯语两种名称。

（5）开立银行账号：企业在获经济贸易投资部的注册批文后，须在利比亚银行开设公司银行账号，开账号时须提供经济贸易投资部的公司注册批文、工商营业执照复印件、总公司章程复印件等材料，一般需要 2 周左右。

（6）申请商会注册：企业在获经济贸易投资部的注册批文后，须到注册所在地商会进行商业注册，注册时须提供经济贸易投资部的公司注册批文、工商营业执照复印件、总公司章程复印件、邮箱等材料。

（7）申请税务局注册开设档案：向税务局提供经济贸易投资部的公司注册批文、工商营业执照复印件、总公司章程复印件、银行开户证明等，申请开设税务注册档案。

（8）申请社会保险：向税务局提交经济贸易投资部的公司注册批文、工商营业执照复印件、总公司章程复印件、商务批文、税务局档案开设、银行开设证明、租房合同等材料，申请在社保局开户，一般需要 3 周左右时间。

32.7 中国与利比亚的投资关系

32.7.1 相互投资概况

【石油合作】目前，中石油集团下属的 7 家石油企业和中海油集团下的 1 家企业先后到利比亚开拓业务，其中，中石油国际工程公司于 2005 年中标一石油区块，BGP 石油物探行业在利比亚市场份额约达 60%，中石油管道局 2002 年以来，一直承担着利比亚重要的油气管道输送项目。

【承包工程】中国在利比亚市场的承包工程主要在建筑和通信两大领域，其中中兴和华为于 2004 年先后进入利比亚通讯市场，承担了一大批利比亚移动通讯项目。2007 年以来，中建集团、中土集团等 13 家企业在利比亚累计签署了 130 多亿美元的承包工程合同。建筑项目涵盖了住房、铁路、公共设施、大学城等。

32.7.2 国家间的投资协定

1978 年，中国与利比亚签署了两个政府间的经济协定《双边贸易协定》和《经济技术和科学技术合作协定》。1982 年 10 月签订了《成立经贸混委会协定》，成立了中利经贸混委会。2002 年 4 月签订了《 投资合作谅解备忘录》。但中国和利比亚未签订双边投资保护协定，利比亚内战对中国在利的投资造成的损失只能在单边的机制下向利比亚通过外交的途径进行索赔。这种索赔不在法律框架的保护下，结果很难预料。

第 33 章

利比亚金融环境

33.1 利比亚货币体系

33.1.1 货币体系概况

利比亚现在市面流通的钞票有0.25、0.5、1、5、10第纳尔5种面额的纸币，另有1、5、10、20、50和100迪拉姆6种面额的铸币。利比亚的辅币进位是1第纳尔等于1 000迪拉姆（Dirhams）。

33.1.2 汇率制度

利比亚原来使用的货币名称为利比亚镑，与英镑等值。1959年该国正式公布货币的含金量为2.488 28克，官方汇率为1利比亚镑等于1英镑，又等于2.80美元。1967年11月18日，英镑贬值14.3%，利比亚镑未随同贬值，故对英镑改为0.857 143利比亚镑等于1英镑。

1971年9月1日，利比亚政府发行新货币第纳尔，并以1∶1的比率收回利比亚镑，含金量及官方汇率均维持不变。12月14日利比亚退出英镑区。12月20日美元贬值后，第纳尔对美元的官方汇率改为1第纳尔等于3.04美元，并允许4.5%的波动幅度存在，1973年2月12日美元再度贬值后；利比亚宣布仍维持第纳尔的含金量，对美元的官方汇率改为1第纳尔等于3.377 78美元。从1974年起第纳尔和美元的汇率一直固定在1第纳尔等于3.377 8美元的水平。

1986年3月18日利比亚第纳尔以1第纳尔等于2.80特别提款权的比率盯住特别提款权，上下浮动幅度不超过7.5%。在该幅度内，第纳尔曾贬值到1第纳尔兑换2.604 65特别提款权。根据其他16种货币兑特别提款权的比价，套算得出第纳尔兑该16种货币的汇率。这16种货币是：奥地利先令、比利时法郎、加拿大元、丹麦克朗、德国马克、法国法郎、意大利里拉、日元、荷兰盾、挪威克朗、英镑、沙特阿拉伯里亚尔、瑞典克朗、瑞士法郎、突尼斯第纳尔和美元。

2001年12月24日，利央行发布公告，决定自2002年1月1日起，确定1美元兑换1.3利第的汇价，但在实际操作上，汇率仍然存在官价、商价和黑市价，且各价格相差较大，2003年6月，利比亚央行实现了汇价的并轨，经过这几年的实践证明，该汇价基本适应利当前的经济发展状况，这一点也得到了国际货币基金组织的肯定。

33.2 利比亚金融机构

33.2.1 金融机构体系

33.2.1.1 中央银行

利比亚中央银行成立于1956年，既是国家中央银行，又是最大的商业银行，其总部设在的黎波里，在班加西、塞卜哈和锡尔特设有分行。作为金融体系的核心机构和宏观调控的管理机构，利比亚中央银行和其他国家的央行一样，主要职能包括：(1) 负责货币的发行；(2) 保持货币稳定；(3) 监管国家的黄金和外汇储备；(4) 根据经济增长和货币稳定的实际需求，控制银行信贷；(5) 采取应对国内外经济或金融危机的必要措施；(6) 对商业银行进行监管；(7) 国家和国有企业的金融银行；(8) 为制定国家经济和金融政策提供建议；(9) 管理外汇；(10) 发行国债等。

33.2.1.2 商业银行

利比亚当地主要商业银行有：新共和国银行、撒哈拉银行、瓦哈达银行、国家商业银行等。

2004年，利比亚同意卡塔尔国家银行在利比亚开设办事处。2005年3月，利比亚出台新的法律，第一次允许资本金达到5 000万美元的外国银行到利比亚开设分行或办事机构，但目前在利外资银行办事处业务主要仍集中在咨询与信息服务，并不提供实质性银行业务。

33.2.2 金融机构特点

利比亚的金融市场较为封闭，金融市场很不完善，金融业刚刚起步。利比亚属于外汇管制国家，禁止货币自由进出。在利投资项目到期、项目清算、项目出售等情况下，允许投资人将其在利投资汇出境外；允许投资人每年把在利比亚投资所赚取的净利润和红利汇出境外。在利比亚注册的外国承包企业可以在利比亚银行开设账户，用于进出口结算。但根据伊斯兰法律，在利银行储蓄无利息。

33.3 利比亚金融市场

33.3.1 资本市场

33.3.1.1 债券市场、股票市场

利比亚证券业始建于2006年。利比亚有两个证券交易所，分别在的黎波里和班加西，总部设在的黎波里。利比亚目前上市的证券公司一共有13家，先后分两批上市的，第一批为7家，第二批为6家。①

33.3.2 金融衍生品市场

利比亚金融业尚在起步阶段，在投行和金融衍生品方面的资产有限。

① 商务部国际贸易经济合作研究院、商务部投资促进事务局和中国驻利比亚大使馆经济商务参赞处合作出版《对外投资合作国别（地区）指南：利比亚》。

33.3.3 外汇市场

利比亚对外汇实行严格管理。1994 年 4 月份，利比亚颁布新的外汇管理法令规定如下：

(1) 未经中央银行批准，不得进行外汇交易，也不得汇进和汇出外汇。在任何情况下，都不得把允许汇出的外汇用于其他用途。

(2) 出口商应根据中央银行规定的条件收回其商品出口的外汇。允许出口商用其出口商品做易货贸易，用其出口商品所得外汇进口商品。

(3) 允许私人在商业银行保存其自己所有的外汇，并对自有外汇有权通过经批准的外汇银行进行任何外汇业务，包括汇进和汇出。

(4) 任何人都可以向利比亚带进任何货币，不受限制。但是进入海关时，应进行申报。根据海关申报单和银行汇款单带进利比亚的外汇，带出时不受限制。

(5) 在利比亚投资办企业可以将其资本的投资所得利润汇往国外。外国承包公司和劳务人员可按规定的比例兑换外汇汇出。

利比亚中央银行与商业银行之间只进行美元和英镑交易。商业银行可通过其国外代理行进行其他货币对美元和英镑买卖，但他们之间不得进行外汇买卖。指定银行和进出口商均不得进行远期外汇业务。从 1985 年起，开始对外汇资金向国外流动征收费用，以便为“大人工河”项目融资。这笔费用的征收使得官方汇率与实际交易汇率之间的差异超过了 2%。利比亚对外汇买卖不征收其他费用，也不进行补贴。

33.4 利比亚金融市场融资

33.4.1 信贷融资和其他融资方式

2006 年央行第 3 号决定允许商业银行向在利比亚执行项目的外国公司提供不超过项目所需资金 50%的贷款。

33.4.2 债券和股票市场融资

利比亚的债券和股票市场刚刚起步，融资有限。

33.5 利比亚与国际金融市场

33.5.1 利比亚在国际金融市场的角色

由于遭受十年之久的经济制裁，利比亚银行业的发展长期停滞不前，导致银行业基础设施、技术装备和管理经验都比较落后。解禁后，利比亚着手对其银行业进行改革，减少国家对银行的干预，对部分银行实行私有化，并把银行业作为较早向外国开放的领域之一。为此，利比亚在近两年出台了诸多改革的新措施，银行金融业实现了新的发展，金融环境得到较大改善，实现了银行金融系统的安全。但利比亚的金融体系很不完善，金融市场相对封闭，金融业的发展刚刚起步，尚难与国际接轨。

33.5.2 中国在利比亚金融市场的角色

随着近年来中国企业在利承揽工程项目逐渐增多，两国银行业间往来开始起步，中国银行、中国进出口银行、中国建设银行等中资银行与撒哈拉银行、新共和国银行等在工程保函方面开展合作。但目前，两国银行间开立信用证仍需通过第三国银行转开。

第十二篇

伊朗商务环境

伊朗是一个自然资源丰富、工农业欠发达的国家，对外贸易在国民经济中占有重要的地位。2010 年伊朗对外贸易总额为 1 757 亿美元，其中出口 950 亿美元，进口 807 亿美元。作为欧佩克中第二大石油生产国和出口国，石油是伊朗外汇收入最重要的来源和国家经济的命脉。2010 年伊朗原油净出口收入约为 750 亿美元，占国家财政收入的 60%左右。伊朗其他出口产品主要有石化产品、矿产品和手织地毯等。此外，伊朗每年需要进口大量生产资料、零配件和生活必需品。中国、印度、阿联酋、德国、土耳其、日本、韩国等是伊朗最主要的进出口对象国。

伊朗有严格的进出口管理制度、一系列相关的法律和法规以及专门的监督和执行机构。商业部是主管贸易的政府部门。《伊朗伊斯兰共和国海关法》和《伊朗伊斯兰共和国进出口法》及其实施细则是与对外贸易有关的最主要法规。伊朗对进口货物实行配额和许可证管理，在质量和卫生方面有明确的要求和标准，对一些商品限制进口或提高关税以保护民族工业。伊朗海关负责对进口商品征收关税。伊朗政府对出口创汇实施鼓励政策，并为出口商提供必要的信贷资金和外汇保障。《海关法》对禁止进出口的货物有明确的规定。

伊朗不具备良好的投资环境。伊朗一度完全禁止外资进入。虽然 1995 年伊朗颁布了《鼓励和保护外国投资法》，但在实际操作中伊朗国内许多单行法规进一步规定了外资准入某一特定产业领域的门槛或限制条件。此外，由于受伊斯兰教义和过度保护本国市场等条件的制约，伊朗外商投资法律制度中存在许多与一般国际投资法律原则和惯例相悖的规则，因此外商对在伊朗投资一般持谨慎态度。从1993年度至2009年度，伊朗吸收外资总额为320.6亿美元。亚洲和欧洲是伊朗最主要的外资来源地，石油、天然气、石化、工矿业和农业是吸引外资的主要领域。中国对伊朗直接投资累计不超过10亿美元，伊朗在中国没有大型投资项目。受伊朗核问题和制裁的影响，近年来，外国对伊朗投资明显减少，欧洲公司已停止投资伊朗的油气项目。伊朗投资和经济技术协助组织是伊朗唯一的鼓励外国在伊朗投资、审批与外国投资有关所有事务的官方机构。

伊朗的金融体系由伊朗中央银行、分支商业银行、专业银行和非银行信贷机构组成，最主要有10家银行、有4家非银行信贷机构、4个保险公司和德黑兰证券交易所。伊朗实行统一汇率兑换体制已近十年，但一直存在两种牌价的汇率。当国家外汇充足时，银行汇率和市场自由汇率价格基本一致。在目前外汇短缺的情况下，两种汇率差价很大。伊朗对外汇出入境控制较严。大多数外国银行与伊朗中央银行有短期融资业务，为货物进口融资或为未加工货物出口作前期融资。

第 34 章

伊朗贸易环境

34.1 伊朗进出口贸易

34.1.1 进出口概况

伊朗是一个自然资源丰富、工业欠发达、农业落后的国家，对外贸易在本国经济中占有重要的地位。伊朗每年需要进口大量生产资料、零配件和生活必需品，并主要通过出口石油、天然气和石化产品换取所需外汇。据IMF预测，2010年伊朗对外贸易总额为1 757亿美元，其中出口950亿美元，进口807亿美元。石油是伊朗最主要的出口商品，约占出口总值的75％－90％（取决于国际原油价格），并占国家财政收入的60％左右。2009年和2010年，伊朗分别出口原油590亿和750亿美元，占出口总额的81.4％和80％。为摆脱对石油收入的过度依赖，自20世纪90年代起，伊朗政府通过出台和实施一系列鼓励非石油产品出口的政策促使出口贸易转向多元化。近年来，伊朗非石油产品出口增长显著，已成为国家外汇收入的重要来源。但由于伊朗石油产量和国际原油价格一直高位徘徊，石油出口收入在伊朗出口贸易中占比最大的状况并没有根本性的改变。目前，伊朗主要的非石油出口产品包括：石化产品（包括凝析油）、矿产品、皮革、手织地毯和工艺品、水泥、钢材、有色金属、鱼子酱、粗铜、车辆和干果等，其中铁器和钢、铜条、润滑油、铜制品、塑料和三聚氰胺制品是主要的工业出口产品，液化天然气、聚乙烯、甲醇、苯和沥青是主要的石化出口产品。2011年，中国、阿联酋、伊拉克、印度和阿富汗依次为伊朗前五大非石油产品出口市场。

尽管高油价给伊朗带来丰厚的外汇收入，但伊朗仍实行严格的限制进口政策。一方面，伊朗因核问题受到联合国制裁以及西方国家对其金融领域的单边制裁，外汇结算渠道不畅而导致国内外汇短缺；另一方面，伊朗政府实行积极发展民族工业，减少产品进口，努力实现自给自足的方针政策。伊朗进口商品主要有食品、燃料、运输工具、机械设备和零配件、化工原料、通信设备、药品、饮料及烟草等，其中超过86％的进口货物是原材料。在过去相当长的时期内，由于伊朗自身的石油提炼能力不能满足国内日益增长的需求，国家每年不得不耗资数十亿美元进口成品油。2007年起，内贾德政府开始实行限量供应平价汽油政策，并加大了对炼厂的投资和改造。2009年伊朗成品油日进口量为13万桶。随着旧炼厂完成改造和新炼厂投入使用，炼化能力大幅提升。①

表34－1　　2006－2010年伊朗进出口贸易额　　（单位：亿美元）

	2006	2007	2008	2009	2010
对外贸易	1 261.8	1 559.1	1 804.9	1 436.9	1 438.9
出口	761.9	976.7	1 012.9	847.2	849.2

① 上述数据主要来自商务部网站：http：//ir.mofcom.gov.cn

续表

	2006	2007	2008	2009	2010
进口	499.9	582.4	792.0	589.7	589.7

数据来源：Economist Intelligence Unit，Country report —Iran，September 2011，p17.

34.1.2 主要贸易伙伴关系

伊朗尚未加入世贸组织（WTO），但于2005年成为该组织的观察国。欧盟长期是伊朗最重要的商业伙伴。近年来，伊朗凭借地缘和资源优势，与伊拉克、土耳其、阿富汗、巴基斯坦、波斯湾沿岸国家、高加索国家、中亚独联体国家建立了较好的经贸合作关系。

2010年，伊朗主要出口对象及所占百分比为：中国（16.9%）、日本（10.4%）、印度（12.3%）、土耳其（7.1%），伊拉克、意大利、南非、韩国、阿富汗等国家共占53.3%；进口主要来源地和百分比为：阿联酋（16.3%）、中国（17.8%）、韩国（6.0%）、德国（7.7%）、印度（16.3%），土耳其、法国、意大利和瑞士等国共占52.1%。

自2008年起，中国已成为伊朗第一大贸易伙伴。2010年，中国与伊朗的贸易额为294亿美元，2011年超过400亿美元。

34.2 伊朗外贸管理机构

34.2.1 立法制度

伊朗宪法规定：立法权由伊斯兰议会行使。

在伊朗，议会讨论的议案一般经内阁同意由政府相关部门提出或由15个以上议员联名提出。未经宪法监护委员会审批的提案和法案均不具备法律效力。议会与宪法监护委员的分歧由“确定国家利益委员会”进行最终裁决。

伊朗法律中与对外经贸活动密切相关的有：《伊朗伊斯兰共和国宪法》、《伊朗伊斯兰共和国海关法》（以下简称《海关法》）、《伊朗伊斯兰共和国进出口法》（以下简称《进出口法》）、《伊朗鼓励和保护外国投资法》、《商法典》、《民法典》和《伊朗伊斯兰共和国劳动法》（以下简称《劳动法》）等，此外还有一些相关的法规和实施细则。

1993年伊朗伊斯兰议会通过了《进出口法》。在伊朗，凡涉及商品进出口和对进出口商提供服务的规则及法律均以《进出口法》为基准，凡与此法相悖的均视为无效。伊朗最主要的进出口规则由议会和部长委员会负责制定。

34.2.2 行政机关

伊斯兰议会是伊朗伊斯兰共和国最高立法机构，其主要职能是主持制定和修改宪法，制定法律和法令，审查和批准国家的经济发展计划和财政预算，监督政府的工作，审查和批准政府同外国签订的条约和协定。

宪法监护委员负责审查议会通过的一切决议、提案，裁定其是否违背伊斯兰原则和宪法。

确定国家利益委员会的职责是在宪法监护委员会与伊斯兰议会发生争执时，做出最终裁决，并就一些问题向领袖提供咨询意见。

根据伊朗法律规定，在体制内通过正常途径无法解决的难题由最高宗教领袖最终定夺。

商业部是伊朗主管贸易的政府部门，负责制定和执行国家贸易政策、方针、商业规则；调整国家贸易平衡；准备和执行内外商业发展计划和方案；与其他国家签署商业条约；编制国家进出口法规并监督执行；协调进出口贸易活动和所需配套服务间的关系；制定为进出口提供服务方式的规则；组织国内外展览会；负责申请加入世贸组织；调查研究其他国家的对外贸易法规，保持与各国的贸易关系和调查有关商业免税事项；对进出口条款和进出口商品的复审提出必要的意见；审批和发放进出口许可证；统计、编制、整理和发布贸易数字。

伊朗贸易促进组织是商业部下属单位，其主要职能包括：通过让出口商了解对外合同推动非石油产品的出口；制定和实施出口计划；与伊朗工业标准和研究组织合作研究并提供资助以发展非石油产品的出口；负责发放或延长贸易许可证的具体事务；负责进口商品的订货登记和收取相关费用；为制定和修改国家进出口规定进行调研和完成一些必要的工作，并监督规定的执行；制定举办国际展览会的政策并负责发放许可证。

出口保证基金会附属于商业部。该基金会的组建以促进和增加国家出口为目的，在出口商遭遇不在贸易保险公司承保范围内的金融风险时保护出口商的权益，并保证其商品和服务业出口所需的信贷。

伊朗伊斯兰共和国商会是以发展经济、为工矿业、农业和商业部的管理者们交换意见、阐述观点提供平台而创建的非营利性组织。其主要职能包括：在商人、工矿业和农业经营者们执行国家相关法律和法规过程中建立协调和合作，向国家立法、司法和行政机构提交有关国家经济的商讨结果，努力在境外推介伊朗出口市场，通过组成仲裁中心，对内贸、外贸问题进行调查和判决。此外，负责发放经商业部确认了的贸易许可证和伊朗出口商品的原产地证明。

保护消费者和生产者组织、外交部、工矿部、伊朗工业标准和研究组织、财经部、伊朗伊斯兰共和国海关、伊朗伊斯兰共和国中央银行、伊朗中央保险、国家税务组织（附属于财经部）、经济委员会、投资和经济技术援助组织、农业圣战部、医疗卫生部、道路交通部、信息与通讯部、石油部等都是与对外贸易密切相关的行政机构。

34.2.3 司法体系

司法总监是伊朗司法机关的最高首脑。

高等法院是国家最高的司法机关，并在全国设有33个分院。

总检察院与高等法院并行参与司法工作，并就彼此矛盾的判决发表初步意见。为了建立司法一致，负责将高等法院各个分院的不同观点和二级法院对同一问题的异议、引起对同一法律不同推论的内容提交最高法院普通委员会解决。

司法部是政府机构。司法部长是本部门的最高行政首脑，负责协调司法机关和行政部门、立法机构之间的联系，回答议员向司法机构提出的问题，并作为政府或司法机构的代表向议会提出法案。

伊朗宪法对法院类型和司法程序有明确的规定，商业纠纷归属普通法院审理。

34.3 伊朗进口管理制度

34.3.1 进口配额

伊朗实行进口商品配额制度，进口货物被分为授权、有条件授权（需由多部门决定）、未授权和禁止进口四类。商业部负责制定允许、限制和禁止进出口商品的品种和数量，主要工作程序包括：所有负责生产的部委根据下一年度国内市场和国家的需要，在每年伊历 11 月 15 日（公历 2 月 3 日）前将各自有关商品进出口条件的建议报告商业部。与此同时，其他有关机构和商会也将自己的建议提交商业部。在每一年结束之前，商业部将就下一年度《进出口法实施细则》中所有的更改部分及进出口规定附表向有关部门和商会征询意见，并在得到部长会议批准后向有关执行部门发布通告。

34.3.2 进口许可证制度

商业部对其他进口货物实行许可证管理。商业部有责任每年以公开且透明的方式发放进口许可证，并将《进出口法实施细则》的补充内容，以及所有允许进口商品的条件、关税种类等公布于众。许多工业用化学药剂需要特殊的进口许可证。商品交易的范围和商业许可证的发放、延期和取消皆以部长会议通过的实施细则为依据。当许可证申请人与商会之间发生争端时，由商业部负责进行调查并做出最后的裁决。

申请许可证的步骤：

具有法人资格的进口经营者须持有由伊朗商会发放的、商业部认可的商业许可证。进口经营者无论国营和非国营的都应持相关机构对其申请进口商品颁发的技术、卫生、安全确认书去商业部申请进口指标，领取进口许可证，并对所定购货物的标准及规格进行登记。商务部将按所需进口商品发票金额的千分之五收取费用。商品一旦被批准进口，清关许可证也就同时获得，无需再单独申请。

以下情况无需申请商业许可证：

1. 边民家庭和其合作社、海员，如持有（合法的）由社会事务劳工部发给的就职履历表，其所需商品的货物清单在低于《进出口法实施细则》中限定的贸易量时无需办理商业许可证；

2. 经国防部确认和武装部队支持的特殊军需品，及由原子能组织主席确认的本组织所需的特殊商品；

3. 旅行者回国所带的、不超出商务部货物清单限量的商品；

4. 通过邮寄、不构成贸易行为的商品；

5. 不构成贸易行为的产品和商品样品。

34.3.3 原产地标志要求

在伊朗现行贸易体制中对原产地标志没有特殊的要求，但在伊朗与一些发展中国家和地区组织签订的协议中对原产地标准可能会有具体规定。

34.3.4 反倾销税、反补贴税和贸易保护法

伊朗没有反倾销税、反补贴税和贸易保护法。

在市场竞争法方面，伊朗国内市场尚无较成熟的《反不正当竞争法》、《反垄断法》等规制，外资企业在伊朗长期经营势必会遭遇此类法律问题。

伊朗已经同60个国家签署了双边投资保护协议。

34.3.5 其他贸易壁垒

如果某国对部分或所有伊朗出口商品采取限制或歧视政策，部长委员会可以应商业部的请求随时对上述国家的部分或所有商品进行限制或增加其特别贸易税。伊朗不是WTO成员，与所有国家没有关税互惠协议，只是在地区经济合作组织ECO之间对特定产品有少量的关税互惠协议。为保护民族工业，伊朗对进口消费品征收高额关税，大大高于关税平均水平。此外，伊朗还通过加税对国有资源进行保护。如：近年来中国对伊朗铁矿石的需求量快速增长，伊朗政府出台了对铁矿石出口实行加税30%的政策。

国家交通最高协调委员会根据部长会议批准的有关章程，负责制定使用外国的不论是海上的、空中的、公路的运输工具的规则。凡属政府进口的商品，运输时需优先考虑使用伊朗的运输工具。

34.4 伊朗出口管理制度

34.4.1 出口管制

在伊朗出口货物目录中允许出口的商品无需在商务部和银行系统登记注册，也不需要出口许可证，但须有由相关的部委和组织负责发放出口商品的卫生证明和合格证书。在伊朗现行贸易体制中对于出口产品没有价格限制。商务部出口商品定价常委会公布的伊朗出口国际市场的价格是以统计为目的的大致出口价。为便于统计，在办理海关手续时，出口经营者要填写有关出口商品详情的海关表格，并提供商业许可证上的经济代码。

过境商品如租用国内运输工具，则其无需承担任何责任，亦无需取得出口许可证。

由境外或自由工业贸易区或其他经济特区进口到另一经济特区的商品可以不办理任何出口手续。

需要临时进口原材料、零配件和其他生产必需品的出口商品经营者有责任使所生产的商品以不低于临时进口商品价值的 125% 出口，临时进口的包装设备则不在此列。

以下商品禁止出口：

1. 未获得伊斯兰文化指导部许可的古董和古玩；

2. 需要保护的珍稀动物和植物；

3. 政府已给予直接补贴的商品，如：大麦（非国内产的）、糖、食用油、新闻纸、洗衣粉、杀虫剂、药品等。此类产品的出口需有相关机构的建议和经济委员会的许可，并向保护消费者和生产者组织交纳补贴差价后才可出口。

出口商品关税分类目录与《伊朗伊斯兰共和国进出口法》附录（HS2002）一致，出口商品属原材料类的可免关税，但不免海关服务费。出口商品的海关税费与进口商品一致，除非属于出口优惠商品之列。

34.4.2 出口鼓励

伊朗政府通过制定多项政策鼓励增加产品出口，其中包括为生产出口创汇产品的企业提供必要的信贷资金和外汇周转；海关减免税费；帮助企业提高产品质量、技术含量和市场竞争力；消除经济活动中的垄断等。一些银行设有相应的出口优惠项目。如：“出口发展银行”作为国家专业银行为鼓励出口承诺向出口商提供下述信贷资金：

1. 商品出口前用于采购和包装及其他费用；

2. 为生产出口产品而购买工业资本货物提供必需的资金保障；

3. 对于那些需要资金购买原材料和机器设备的，并有能使所生产的产品出口创汇的出口商提供必要的资金保障；

4. 为海陆运输、货物装运和转口提供资金保障；

5. 为生产出口产品而需要进口原材料的出口商提供优惠外汇；

6. 对在国家自由区从事与出口相关的活动或项目提供信贷资金。

此外，“出口保证基金”承担确保向出口商品及服务提供信贷资金和便利条件的责任。当出口经营者向境外买方寻求规避政治或商业风险保证金，而对方贸易保险公司按照惯例不予受理时，可由“出口保证基金”负责承担。

根据《进出口法》，为生产、加工、准备和包装出口商品需暂时进口商品的相关费用可减免。

商业部提议并获部长会议批准后，政府每年可以从年度预算中拨出一笔资金作为鼓励出口基金，以优惠利润补贴的名义发放给出口商。政府有责任向那些非政府部门进口经营者所进口的所有商品征收关税和商业利润税以外的百分之一的特别费，并将其全部存入国家公积金账户。经部长会议批准后，在每年的预算中将上述费用通过信贷渠道交由有关执行机构支配，并依照《进出口法实施细则》将其用于鼓励和促进非石油产品的出口、出口保障基金的启动、商业培训和宣传。

34.5 伊朗贸易协定

伊朗与委内瑞拉和叙利亚签订了自由贸易协定。

34.6 伊朗贸易习惯

34.6.1 通用的贸易方式

根据法律规定，外国公司可以采取以下5种方式在伊朗进行商贸活动：

1. 与伊朗合作伙伴签订独家分销、许可或特许协议；
2. 指定国外独家代理；
3. 利用伊朗公司建立当地办事处或代表处；
4. 与伊朗公司建立合资企业；
5. 在自由贸易区设点。

伊朗对外国制造商与本国公司签订代理或销售合同没有法律限制，但对国内公司向外国公司购买机器、设备以及获得外国公司提供的服务方面有相关规定，特别是外国销售商在伊朗没有正式登记的代表处时。《公司注册登记法》和《外国分公司和代表机构注册管理法》以及其他相关的补充规定，均明确限制了外国分公司和代表机构在伊朗从事商业活动的范围，并且对伊朗本地居民代理外国公司的登记注册作了强制性规定。

34.6.1.1 代理

伊朗法律中只提到经纪人业务、佣金代理和商务代位清偿3种代理形式，其他一些代理形式，比如信用担保和商业征信代理等都未提到。对外国代理来说，最重要的是在代理合同中不能出现与伊朗法律相抵触的内容。

伊朗法律中对委托人和代理之间的关系有详细的规定：

• 佣金代理必须向委托人通报自己从事代理业务的情况。

• 如佣金代理因为按照委托人的指示而出现差错，必须承担因此造成的全部损失和损害。

• 佣金代理在完成代理事务后才可获得佣金；如果因委托人的行为所致代理事务未达到预期目的，佣金代理也有资格获得佣金。

• 如果佣金代理的行为缺乏诚信，将没有资格获得佣金。

• 如果委托人在代理人开始办理委托业务前撤回委托，代理人就不得再成为买方或卖方。

34.6.1.2 独家分销

外国销售方与伊朗买方签订独家分销协议，使伊朗买方享有在伊朗境内销售某种特定商品的独家贸易权，并约定在需求这种特定商品时，只能将卖方作为唯一的进货来源。

伊朗法律中没有涉及此类协议的限制条款。因此，协议的权利和义务由协议双方确定。伊朗买方应将双方所签订的协议上交有关授权部门备案，尤其是当协议涉及在伊朗被认为是重要的材料、设备和商品时。分销协议中如果未就约束协议的司法管辖权作特别说明，该协议将受实施地的法律约束。外国公司要特别注意这样的约束对自己是否合适。分销协议通常包括仲裁条款，一旦发生争端可以先尝试通过仲裁解决，无需直接告到法庭。

34.6.1.3　直接销售、寄售

伊朗的大部分商品通过独立的私营零售店销售。零售商店的进货渠道主要有批发市场、私营销售公司和直接从生产厂家进货等。

2010 年伊朗颁布法律规定，所有上架出售的商品必须要贴有包括：生产厂家名称、地址、商品生产许可证号码、生产日期、零售价格等信息的标签。

34.6.1.4　补偿贸易和易货贸易

在政府层面，目前伊朗没有补偿贸易和易货贸易方式。多年以前，伊朗政府在对外贸易中停止了易货贸易方式。但因美国的金融制裁，近两年来伊朗无法通过正常渠道回流境外石油买家支付的购油款，导致国家巨额外汇滞留于中国、印度、韩国、日本等国。由于很难找到根本性解决方案，因此伊朗政府正在考虑通过易货贸易方式“消化”这些外汇。

在非政府层面，伊朗与邻国的民间边境贸易以多种形式进行，其中包括在政府监控下的易货贸易。

34.6.2　对伊朗贸易应注意的问题

34.6.2.1　交货期

伊朗商人多习惯于苛求他人遵守合同，不迟于商品交易合同规定的日期交货，一旦对方延迟交货将会被索赔。相反，对自己的违约则百般推卸责任。

34.6.2.2　商品质量

在进出口产品交易合同或单据中是否明确发货前验货由买方自行决定，但必须注明质量标准。发货前有必要验货，进口商品经营者须持有发货前的验货单才可办理海关进口许可证。进口商品质量标准和要求每年由伊朗工业标准和研究组织制定，商务部负责发布通告。

2011 年 8 月，伊朗工业标准和研究组织与中国商品监督检验局共同签署了伊朗与中国出口商品质检与监督执行计划合作文件。文件规定，今后所有出口到伊朗的商品都要符合两国强制性标准，并经过两国的商品监督和检验中心的认证。自 2011 年 12 月 1 日起，4 600 种中国商品将被伊朗纳入强制标准管理范围。检验内容包括产品质量、数量、安全、卫生、环保等项目。

34.6.2.3　安全卫生标准

对进口活动物、蜜蜂和昆虫、禽蛋、植物的根、球茎、杆梗、嫩枝、新鲜的水果蔬菜、种子及任何植物或植物部分，都需原产国的卫生证明文件。进口许可通常规定了入境要求、特殊对待、入境口岸限制及有关细目所需的证明文件。另外，向伊朗出口兽药制品（包括喂养精料和补充饲料）要按伊朗农业部的要求提交一份证明，阐述该产品在原产国内自由生产、使用和销售的情况。该证明书要有原产国农业部兽医药部门的确认。

根据《伊朗国家植物保护法》，进口任何植物或植物体的任何部分以及进口、加工、包装和分销所有的植物杀虫剂、植物激素和除草剂必须事先获得伊朗农业部颁发的进口许可证。

为保护自然环境，进口、加工、试验、使用化肥和植物杀虫剂的规则由伊朗农业部、卫生部、国家环保组织和国家标准局负责制定，并交部长会议批准。

伊朗国家畜牧组织负责控制牲畜和生肉产品的进出口，监管其运输流程，并对出口产品发放卫生证明；确定和监管牲畜专用的各种药物、疫苗、血清和生化制品。

进口在海关允许进口产品目录之列的食品、饮料、化妆品和卫生用品必须取得伊朗卫生部的许可证。进口经营者在办理许可证时，须向卫生部提供产品的卫生证明。

34.6.2.4 伊朗标准

进口货物要注意遵守伊朗工业标准和研究组织（ISIRI）的新标准。对于国内生产和进口的商品主要由伊朗工业标准和研究组织负责确定是否符合所规定的质量标准。根据《防辐射保护法》，原子能组织负责确定相关产品的质量标准。药品的质量标准则由卫生部订立。但各行业的质量标准统一由伊朗工业标准和研究组织进行监管。

伊朗规定进口商品必须符合下述规格和质量标准：

（1）消耗或能源转换型进口设备必须满足第二个五年计划中所规定的消耗、能耗和其他特殊的技术要求。进口商品如未能达到所要求的标准，须按照双倍的商业利润率计费。能源设备进口经营者有责任在商品和包装上明码标注具体的技术指标和哪些指标不符合伊朗国家标准。

（2）依照《防辐射保护法》，那些由原子能组织负责监管的进口商品进口和通关前必须获得该组织颁发的许可证。

（3）非欧洲—1（EURO—1）标准的中巴汽车、柴油机公共汽车禁止进口。

（4）汽油汽车进口经营者有责任遵守欧洲标准（ECE—15.04）或与之相当的83/351/EEC标准。此外，对于废气排放量也必须遵循规定的标准。

（5）在生产、出口和进口商品标准中，伊朗工业标准和研究组织所规定的强制性标准必须执行。如：对于每种进口汽车在安全和使用方面都有51项强制性标准。

对于进口商品，伊朗工业标准和研究组织认可下述标准：

（1）伊朗国家标准（ISIRI）；

（2）国际标准（CODEX，ITU，IEC，ISO）；

（3）欧洲标准（BSEN，DINEN）和欧盟国家的国别标准，包括：英国的BSI、德国的DIN、法国的AFNOR、意大利的UNI、荷兰的NNI、西班牙的AENOR、葡萄牙的IPQ、比利时的IBN、奥地利的ON、丹麦的DS、卢森堡的SEE、芬兰的SFS、爱尔兰的 NSAI、希腊的 ELOT 标准；

（4）北美洲国家的标准，包括：ANSL、ASME、ASTM、UL、API 和 AGE；

（5）日本国家标准（JIS）。

34.6.2.5　包装与商标

伊朗海关对某些食品、饮料、药品和盥洗设备有检验建议规定，例如标签上必须写上：

1）商品名称和制造商的地址以及原产地；

2）商标在伊朗登记注册号码。

34.6.2.6　低价倾销

伊朗《海关法》规定，如果某国以不相适宜的价格和不正常的优惠条件向伊朗倾销商品，此举将被视为是对伊朗国家经济的不正常竞争，政府可以应商业部的请求随时对上述国家的商品设置特别贸易税。

34.6.3　纠纷处理方式

根据伊朗宪法规定，贸易诉讼案交由普通法院审理。伊朗主要有两类法院：军事法院和普通法院。

诉讼程序：当事者可向法院提起诉讼，无须聘请律师。诉讼方不能有两个以上的律师代理。受理法院是被告的住所地法院，如果被告在伊朗无固定住所，由其所在的临时居住地法院受理。如果被告在伊朗既无固定住所和临时居住地，也不拥有房地产，由原告法院受理。涉及商业事务和财产、合同事务的案件，原告可选择向合同产生地或义务履行地法院起诉。同一案件在外国法院尚未结案，不影响伊朗法院的受理。在法院宣布裁决的 20 天之内可向上级法院要求复审。如果当事人在伊朗境外居住，提起上诉的时限可延长到 2 个月。本省的中心复审法院是负责复审本地区法院判决的复审机构。对于中心复审法院的判决仍不服者，可以向国家高等检察院提出上诉申请以获得最终判决。

诉讼费必须在每一级诉讼开始时付清。涉案金额在 1 000 万伊朗里亚尔以内的部分，初审费为 1 000 万伊朗里亚尔的 1.5%，超过 1 000 万伊朗里亚尔的部分以 2%计算。上诉费为涉案金额的 3%。由最高法院审理的上诉案件，涉案金额在 1 000 万伊朗里亚尔以内的部分诉讼费为 3%，超过部分诉讼费为 4%。

伊朗设立有准司法机构解决分歧委员会，在向法院提其诉讼前，分歧双方可以尝试通过该委员会协商解决。

有公证文件或支票为据的索债行为无需诉诸法律，可通过契约和房地产注册局执行部解决。

在伊朗，对于有关商品买卖、服务、运输、保险、财产事务、咨询服务、投资、技术合作、代理、佣金、承包和此类国际贸易中的分歧，将根据《国际商务仲裁法》的规定进行仲裁。伊朗已加入《1958 年承认和执行外国仲裁决议的纽约公约》，并对此提出了下述保留意见：

1. 本公约只适用于有关被伊朗伊斯兰共和国法律认定为合同性或非合同性商业法律关系所产生的纠纷。

2. 伊朗伊斯兰共和国将在对等的原则上实施本公约，并承认和执行在缔约国领土内所产生的裁决。

3. 必须履行《宪法》第139条规定的原则，即：凡涉及公共或政府资金事务的仲裁须事先得到批准。

34.7 伊朗海关监管制度

34.7.1 对进出口货物的监管

伊朗伊斯兰共和国海关总署负责对进出口货物的监管。伊朗海关由一个中央总部和十个监管分支机构组成。海关总长是伊朗海关的最高行政长官，同时也是伊朗财政和经济事务部副部长。

伊朗海关中央总部由海关总长办公室和四个副总关长办公室组成，负责十个监管分支机构和德黑兰各执行海关的管理和监督工作，而分布在全国各地的十个监管机构则对地方执行海关进行管理。迈赫尔阿巴德海关（MEHRABAD）、沙里亚尔海关（SHAHRIYAR）、西南海关（WEST & SOUTH）和展览及邮政海关的运行由德黑兰中央总部直接管理。

伊朗全国共有141个执行海关，分布在德黑兰和各大城镇、边境地区和一些波斯湾岛屿及边境市场。

伊朗海关中央总部下设安全保障部、地区海关协调部、公共关系及国际关系部、调查部和争端解决委员会，对监管机构和执行海关的工作进行指导和协调，根据情况，颁布或通告海关条例、指令和业已通过的法律、法规及其他必须遵照执行的措施，对执行海关提出的异议和问题进行调查并作出最终裁决。上述部门在海关总长的指导下进行工作。

四个副总关长分别下辖以下部门和办公室：

1. 海关事务副总关长：进口部、出口部、海关估价及关税税则部。

2. 法律和监管事务副总关长：过境事务部、文件核审部、法律事务部。

3. 行政和财政事务副总关长：服务及采购部、行政事务部、财政事务部、组织及预算部。

4. 工程和规划事务副总关长：海关体系规划和改进部、统计和服务自动化部、海关培训和研究部、海关数据自动化系统国家工程部。

伊朗对于进出口货物的规定在每年伊历的新年（3月21日）由商业部颁布，具体内容可向“采购供应中心”进行咨询。办理进出口商品手续根据《海关法》及其实施细则，申报人需填写申报单并递交海关。申报单必须附有必要的单据，如购物发票、产地证明、银行文件及法规规定的其他许可。

伊朗《海关法》规定下列商品禁止进口：

（1）海关税目表和专门法律规定禁止进口的商品。

（2）根据有关法律规定认为属不许进口的商品。

（3）任何武器、猎枪、炸药、雷管、子弹、炮弹、爆炸物、易燃易爆物品，除非获得国防部和武装部队后勤部的许可。

（4）任何毒品，除非获得卫生医疗教育部的许可。

（5）空中摄影、摄像专门仪器，除非获得国防部和武装部队后勤部的许可。

（6）任何发射机及其零配件，除非获得邮电部的许可。

（7）经伊斯兰文化指导部认定属破坏公共秩序、有损国家形象、宗教风化的唱片、录音带、电影片、书籍。

（8）经情报部队认定属破坏公共秩序、有损国家形象、宗教风化的杂志、报纸、图画、标记、出版物。

（9）外表装潢上、提货单及有关文件上有破坏公共秩序、有损国家形象、宗教风化的语句或标记的商品。

（10）在发行国已作废的外国纸币、仿制的纸币、邮票、货签。

（11）彩票。

（12）会使消费者和购买者因为商品外表装潢上的名字、标志、商标或其他特征而对原产品制造商、生产厂家和其特性产生误解的商品。

根据伊朗《进出口法实施细则》规定，海关有责任至少每 3 个月向商业部、相关机构和商会提交已清关和申请清关货物的统计数据。

对于确因国内无法加工或修理而临时出境进行加工或修理的商品，在返境时将收取其增值部分 15％的关税，除非为该商品所定的关税或其自身价格低于 15％或该商品属免税商品，可根据对该商品的有关规定收取增值税或对其免税。修理时更换和增加的零件、部件、工具按一般进口规定办理。

海关有责任对外国向伊朗低价倾销商品进行监管。

在收取商品关税、增值税、报关费时，商品的重量按毛重量减去包装物估计重量计算，根据海关实施细则规定，其比例视装商品的器皿而定。如果商品装在豪华、异常的容器里入关，根据税目表规定，如装商品容器的关税高于商品，那么，商品和容器应分别收税。如果商品与装商品的容器是不可分的，分开后会导致商品外表的残缺或倒伏，那么，商品与装商品的容器一起缴纳较高的关税。如果商品与装商品的容器（各种器皿、装潢及类似物）是可分的，则分别缴纳各自的关税，在正常情况下，海关按商品的重量计算和收取关税、增值税、海关报关费和海关费用。已进口的装商品的容器或支架，不论其是否已通关，商品的拥有者可以将其带出伊朗。

海关自接受货物之日起至交付货物之日止有责任代货主或货主代表为其国内过境货物和暂存海关货物办理火灾险、爆炸险，在清关时向货主收取保险费。如果被交货物已办理有关保险，并向海关提供了一份有效保险单，只要保险单未过期，就不再向其收取保险费。

由境外或自由工业贸易区进口到经济特区的商品海关手续有所简化。

进口货物分类目录与出口货物分类目录一致。出口商品中与原材料相关的特殊项目可免征关税，但仍需交纳海关服务费。出口商品的海关费用与进口经营商品一致，除非属于出口优惠之列。

边境地区的进出口贸易须遵守国家海关相应规定，并交纳进口关税。如属于政府性质的边贸行为，在进口基本粮食产品时可减免30%—100%的关税，其他商品可减免50%的关税，减免量依据该地区所处的贫困等级而定。

在伊朗与邻国签订的谅解备忘录中确定的边贸市场从事农用商品和农产品的买卖需遵守《伊朗进出口法实施细则》的规定。边境地区的居民从事边贸活动必须拥有商业部颁发的、限定经营地区和额度的许可证。每个从事边贸的法人在边贸市场上的货物进出口额应保持平衡。

除了《海关法》附件关税表所列免税商品和根据议会批准的专门法律或合同明确的免税商品外，下列进关物品也免交关税、增值税和报关费，但海关各项费用不能免交。

1. 属外国国王和王后、外国首脑和夫人的物品免税。

2. a. 按照1961年4月18日通过的日内瓦公约关于外交关系的规定，经外交部和海关确认后，外国使馆使用的东西和物品，外国外交官员及其家属使用的东西和物品以对等方式免税。

b. 经外交部和海关确认后，凡在伊朗设立总领事馆和领馆的，设馆后九个月内上任的总领事、领事和副领事使用的东西和物品，以及总领馆、领馆使用的东西和物品以对等方式免税。

注：按照对等的原则，本款规定的领馆免税物品规定可延续至领馆官员在伊朗任期的结束。

c. 按照日内瓦公约有关规定和1946年公布的联合国特权，经外交部和海关确认后，联合国在伊朗的代表处及其下属专门机构使用的东西和物品，联合国在伊朗工作人员和专家使用的东西和物品免税。

d. 根据议会财政委员会1966年通过的海关实施细则中有关外国专家免税物品和优惠条件的规定，经外交部和海关确认后，国际机构和其他国家派到伊朗从事经济、技术、科教、文化援助的专家使用的物品和东西免税。

3. 国外过境商品、被退回商品、转运商品、沿海贸易商品、临时进口商品以及国家出口商品免交关税、增值税和报关费，但海关各项费用不能免交。

4. 旅客随身携带的自用物品及旅行用具免税。

5. 在国外居住了一年或一年以上的或入境前在国外连续居住六个月的持普通护照、公务护照、外交护照的伊侨的家具和私人物品，来伊朗居住的外国人的家具和私人物品视下列情况而定：

a. 旅客从原居住国运出的家具和物品需在旅客入境前一个月或入境后九个月抵港，除非经海关调解委员会确定因不可抗力的原因而延误。

b. 上述家具和物品符合旅客所在国国情并不属经商性质。

c. 旅客入境前五年内未享受过免税待遇。

6. 进入伊朗的伊朗人和外国人携带的与其工作和专业有关的手工工具和仪器。

7. 居住国外的伊朗人一旦死亡，其用过的个人物品、家具和工具可免税运回国，但不包括汽车，并需出示由伊朗伊斯兰共和国驻外领馆或当地权威机关出具的遗产文件证明（领馆的证明不需经所在国外交部的确认）。遗产文件证明需自死亡之日起六个月内出具。

8. 外国政府、个人、部门赠送给伊朗政府、市政府、大学、高教部门、慈善机构、公共福利部门、经学院、宗教名人的遗孤、革命组织、被解放者组织的礼物只要属非经商性质可全部或部分免税。

9. a. 伊朗红新月会所需的药品、医院用设备和后援装备凭卫生医疗教育部和财经部的证明免税进口。

b. 慈善机构、公共福利部门（由财经部长提议经内阁批准后公布）

所需的药品、医疗保健器械凭卫生医疗教育部证明免税进口。

10. 经伊斯兰文化指导部同意，由联合国教科文组织成员国考古小组带来的只用于科考钻探研究的设备、仪器、化学品、技术装备、运货车等可免税进口。

11. 经伊斯兰文化指导部同意，与伊朗文明、文化遗产有关的文物不论是以前被带出国的，还是在国外获得的，其进口免税。

12. 由伊斯兰文化指导部进口的用于建档案馆、博物馆、文化艺术展览馆、图书馆、直观教学馆、艺术馆、进行文化艺术交流和修缮古迹所需的物品可免税。

13. 经伊斯兰文化指导部同意，为建立或完善公共博物馆而带进伊朗的属其他国家文明、文化遗产的古董可免税。

14. 带有普通装潢、包装物、小滑轮、支架等物的入关商品，如果发票上标明有单独价格并可能返回的，按临时进口申报，原样返回的出口商品，退还国内工厂机制产品原材料关税。

15. 出、入境车辆自带的消耗性燃料、油料。

16. 从国外进口、喂养后重新出口的仔畜。

17. 根据有关协定，无价格的商品样品。

18. 外国政府部门和国际机构授予伊朗公民的奖章、奖品。

19. 凭农业部和卫生医疗教育部的证明，进口的国家急需的农用杀虫剂和用于公共卫生方面的消毒、防腐剂。

34.7.2 对进出境运输工具的监管

不论是已载货的还是未载货的水上运输工具一旦进入伊朗领海，只能停泊在指定的港口或码头。在办理海关手续前不许在靠岸码头或停泊地装卸货物。

入境的飞机只能在指定的机场降落并办理相关的海关手续。在办理完海关手续前，机场当局无权放飞。

陆地运输工具必须从指定线路入境，并需在入境海关办理海关手续。

34.7.3 保税制度

伊朗只在6个自由贸易区实行保税制度，享受保税的货物仍需交纳一定数额的存储费。在其他海关虽未设立保税区，但海关服务处能为转口货物提供存放地。转口货物可免交伊朗海关关税，但需接受海关的监管。货物的主人或其代理人在收到海关书面许可后，可进行组装、配料、混合、重新包装和分类挑选等工作。

34.7.4 对外贸加工区的监管

根据伊朗自由贸易区技术商务委员会颁布的进口和通关条例，所有允许和有条件允许进入自由贸易区的物品，包括基本材料和原材料及生产线零件、生产工具和设备（工业机械）、附件和生产原料，不需要有关部门的许可，各生产单位和个人可以在没有货币流动、不通过银行系统的情况下进口以上物品到6个自由贸易区。所有进口到自由贸易区的物品可转口到第三国，但在其他海关应遵守各自相关的规定。进口商品加工或增值后，可以出口到其他国家，而且不需要交纳商业税、海关税。

34.8 伊朗关税计征制度

34.8.1 伊朗海关税则归类

伊朗采用世界海关组织税则商品分类目录的关税体制。每年年初公布上一年年末确定的进口关税新目录，其中按统一体制对商品进行了编号和注解。伊朗商品关税分类目录有8个序列编码，2007年含98大类共计6 731项商品，其中2 278项关税被定为4%，占33.8%，在各等级关税中占比例最大；关税低于10%的占4%。大部分机械设备的征税比例为到岸价的5%到10%，某些产品则高达150%。98大类的平均关税为25.5%，其中工业类25%，农业类29.6%，最高关税率为200%。2006年平均进口关税率为11.6%。

伊朗国家海关税目表对于任何国家没有种族歧视，但除巴基斯坦以外不提供免税待遇。伊朗与巴基斯坦的双边协议中规定部分商品享受关税优惠政策。

表34—2　　伊朗主要商品关税税率

商品分类	税率（%）
化工产品、金属制品、测量仪器、医药制品及其他	10

续表

商 品 分 类	税率（%）
食品、矿石、皮革、纺织品、纸张、机械设备	15
农产品、电子仪器	25
交通工具及配件	25—120

资料来源：伊朗海关

34.8.2 伊朗海关估价制度

由于伊朗是世界海关组织和海关合作委员会的成员国，因此伊朗海关的估价方式与国际通行的估价方式基本一致。总之，进口商品的实际交易价从海关角度无需隐瞒，伊朗海关根据《海关法》承担着为商品估价的责任。如果进口商品价值低于实际交易价，海关将根据合法的标准进行修正。

进关商品的价值由商品的到岸价格（离岸价加上运费、保险费和包装费）、开信用证费用、汇票结算费用、商标、图案、模型使用专利权费用以及商品抵关前的其他费用组成，从商品拥有者的购货发票和其他报关文件确定，并按递交报关单当天伊朗中央银行公布的外汇比价计算。

如果在报关时未出示购物发票或海关认为发票上写的价值不合适，海关可以按商品购买时发货国类似出口商品的价值或按发货国该类商品零售价减去正常出口的免税价值确定。

如果无法得到上述商品的参考价值，海关可以参照发货国当时该商品或类似商品在其国内市场的批发价格，减去该类商品通关时缴纳的关税、增值税、海关报关费、海关费用和正当利润，以此为依据确定该商品的价值并计收该商品的关税、增值税、海关报关费和海关费用。

如果海关确定的商品价值自海关书面通知货主之日起一个月内无异议，就作为最后价值；如果货主有异议，则由海关调解委员会进行调解。

34.8.3 伊朗海关征税制度

自 2003 年，伊朗清理了海关各种零乱的税费，规定进口税不得低于 4%。商品的关税率在进出口规定附表中分类明晰，进出口经营者须按伊朗中央银行制定的汇率价格以里亚尔结算。经批准的外国投资项目所需进口的资本货物和原材料可免除关税，对医药、实验室用的化学品不征关税。

进口货物除应交纳进出口规定附表中的关税外，还要被抽取数笔小税，其中包括占到岸价总值 1.5%的商会税。几乎所有的货物都要征收商业利润税，其税率在每年的进口规则中列出。商业利润税中包括了垄断税，该税必须在清关前付清。商业利润税大都以重量计，但某些也以数量或价值计。若以重量来计算的话，海关会按毛重量减去包装物的估计重量计算，具体计算方法需视包装物而定。按照税目表规定，如装商品容器的关税高于商品，商品和容器应分别收税。这种情况下，如果商品与装商品的容器分开后会导致商品外表的残缺或倒伏，商品需与装商品的容器一起缴纳较高的关税；如果商品与装商品的容器是可分的，则需分别缴纳各自的关税，商品按其净重量收税。按值计价的税率从1%到200%各不相同。

如果在双（多）边政府贸易协议中订立了税目表之外某种商品的关税率，该商品的关税在上述协议有效期内或按照协议执行，或在税目表中将该种商品的关税率调低，或给予免税。

如果生产、组装、包装某种商品所需进口零配件或材料的关税、增值税、报关费高于产品，经有关工业部门核实确认，只收取产品的关税、增值税和报关费。

为了保护本国工业，政府会考虑有关工业部门的建议，降低或免除国内工厂为生产、组装、加工机电产品、工业机械、农业机械所需进口零配件和原材料的关税。

为生产、加工和包装出口产品所需临时进口的原料及货物，在向海关做出承诺或提供有效票据后，可以免交所有进口税，包括手续费和工资税。如果在规定的期限内，用临时进口的原料及货物生产的商品未实现出口，海关有责任追缴进口商应纳的税款。此类商品无需获得进出口法规附加条款中所需的许可，进口经营者也不需亲自经营出口，但要提交海关许可，即可免去其出口义务。

海关费用包括商品装卸费、仓储费、化验费、商品分类定价费、特别服务费和承运费，海关费用收取的条件和数额经内阁批准，海关费用收取的程序及其使用方法在《海关法实施细则》中有明确阐述。

如果海关与申报者之间（就商品归属范畴，即：允许进口、不允许进口、有条件进口、禁止进口）发生纠纷，在货物清关时应交付超过申报需交的金额，申报者在提货时可以用现金一次性缴纳关税、增值税、海关报关费和海关各项费用，而差额和可能的罚款用现金支票或银行保函抵押，如果货主不愿就货物清关等待海关的最终意见，可以收回已交的所有费用。如果海关的最终意见与货主的申报相符，货主可免交自申报之日至宣布海关最终意见期间的仓储费，同样，如果入关货物根据政府规定和指令并经海关确定被非法地扣压一段时间，经伊朗总海关同意免交被扣压期间的仓储费。

任何商品在海关最长滞留时间自递交申报单之日起为四个月。如果四个月内申报者未办理清关手续，商品被认为是无主货物。如果经伊朗海关确认货主有特殊情况不能在规定的四个月内提货，货主又书面请求延长货物滞留期限，海关可以允许最多再延长滞留四个月，但需先交付仓储费。政府部门所需商品存放在官方一般仓库和专用仓库，其滞留期限不受四个月的限制，只要获财经部同意，海关允许其随意延期。

34.8.4 伊朗海关退税制度

以生产、加工和包装出口产品为目的进口的商品、原料和零配件所缴纳的关税，在成品全部经海关出口后，海关负责向出口商退还。除香烟和石油产品外的出口商品所交纳的税费，海关凭借可靠收据进行退税。

34.8.5 伊朗海关关税优惠制度

根据《进出口法实施细则》，为生产、加工和包装出口产品所需进口的商品和原料可免去所有的进口关税。

在伊朗进行转口贸易的商品 100%免税。

伊朗不是 WTO 成员，与世贸组织国家没有关税互惠协议，只是在地区经济合作组织 ECO 之间对特定产品有少量的关税互惠协议。

34.9 伊朗行政处罚规定

34.9.1 伊朗海关扣留与没收规定

若申报不实或有其他违反进口规定的行为，海关将会没收货物或处以罚款。

如果被要求补交费用者对补交持有异议，可以在补交通知书发出之日起 30 天内以书面形式向海关提出申述。海关在对申诉书进行仔细地研究后，如认为申述理由成立，就可不再要求其补交费用。否则，通知其被驳回申述的理由并要求他补交费用。如果交款者在收到第 1 次补交通知后 30 天内未提出申述请求或在第 2 次补交通知书后 7 天内未向海关调解委员会提出申述，或未支付应补交款，将对其立即执行处罚。如果收到第 1 次补交通知书 30 天后才进行申述，对申述的研究取决于申述人是否已支付补交款或是否已准备好补交款而定。

如果货主在海关确定了商品的价值或海关调解委员会做出了最后裁决之日起 30 天内不交款，不提货，其货物自抵港之日起满 4 个月后被视为无主货物，无需提醒和通知即可被拍卖。

34.9.2 伊朗海关对违约金的征收规定

从应缴纳罚款那天算起，如果在 2 个月内还没有付款，海关将会公开拍卖相当于罚款价值的部分货物。如货物被海关无理扣留，扣留期间每个月可得到不超过货物价值 1%的赔偿费。

除司法机关根据伊斯兰惩处法第 10 条下令没收的货物外，其他有关部门以某种理由对货物进行没收不影响有关规定的执行和对货物的放弃。如果无主货物被拍卖，扣除其永久进口的费用和货主该缴纳的关税、增值税、海关报关费和海关费用后剩余部分归宣布没收的部门。

货物清关后如果发现多收、少收、错收或根本没收取费用，海关和货主可以在货物清关单发放之日起 8 个月内进行协商解决。

第35章

伊朗投资环境

35.1 伊朗投资概况

35.1.1 外资引进规模

从伊朗伊斯兰共和国建立到20世纪90年代初，伊朗禁止外资入境。90年代中期以后，吸引外资被看做是发展经济的重要环节。1995年，伊朗第一次制定了针对外国投资者和外国资本的法律、法规，并于2002年5月颁布《伊朗吸引和保护外资法》及其《实施细则》，对经政府批准的外商投资加以保护，外国投资者和外资企业在伊朗可享受特殊优惠待遇。据伊朗中央银行统计数据，从1993年度至2009年度，伊朗吸收外资总额为320.6亿美元。其中2007年度（2007年3月20日至2008年3月20日）吸收外资达35亿美元，2010年超过30亿美元。由于伊朗核问题和美国制裁的影响，外国对伊朗投资呈明显下降趋势。

石油、天然气、石化、工矿业和农业是吸引外资的主要领域。伊朗官方报道，截至2009年年底伊朗外国投资分布情况如下：农业领域0.2亿美元，矿业24.5亿美元，工业205.1亿美元，水、电、气领域47.7亿美元，建筑领域9.1亿美元，交通/电信18.3亿美元，服务业36.4亿美元，其他领域0.06亿美元。

从外资来源地看，亚洲和欧洲是伊朗最主要的外资来源地，截至2009年年底，亚洲和欧洲国家对伊朗投资额分别为116.9亿和110.6亿美元。来自非洲的投资出现明显增长，已达79.9亿美元。同期美洲国家在伊朗投资共计10.40亿美元，大洋洲6.8亿美元。此外，另有17亿美元外资来自跨国财团，0.3亿美元来自国际组织。伊朗侨民在伊朗的投资额快速增长，从2009年的3 000万美元增加到2010年的约20亿美元。

伊朗汽车行业的主要外资/合资公司有：起亚、尼桑、标致和雷诺；食品饮料行业有：雀巢、可口可乐和百事可乐；天然气行业的主要外资企业有：法国Total、挪威Statoil、荷兰壳牌、俄罗斯Gasprom和韩国Lucky Goldstar；电信行业有：法国Alcatel、南非MTN集团和德国西门子公司。

35.1.2 外资引进方向

此前，伊朗吸引外资总量中欧洲公司的投资占到一半以上，其次是来自亚洲的投资约占40%。

2000—2007年，法国在伊朗投资合作项目累计299亿美元，其中对石化、天然气、石油工业累计投资185亿美元。在欧洲几大石油公司中，法国Total公司在伊朗油气领域的执行项目最多。除油气领域外，法国在银行、金融、出口信贷领域累计投资92亿美元，在建筑、能源领域累计投资11.5亿美元，在电信领域累计投资4.8亿美元，在交通运输领域累计投资6亿美元。

2000—2007年，德国在伊朗投资合作项目累计254亿美元，其中对石化、天然气、石油工业累计投资 98.2 亿美元，对银行、金融、出口信贷领域累计投资 21.4 亿美元，在建筑、能源领域累计投资 33.8 亿美元，在电信领域累计投资 2.45 亿美元，在交通运输领域累计投资 98.6 亿美元。德国目前最大的投资项目是于 2007 年签署的总额 91.4 亿美元的德黑兰—马什哈德磁悬浮铁路合同。

此外，2000—2007 年，伊朗第三大贸易伙伴意大利在伊朗投资合作项目累计 247 亿美元。伊朗第二大贸易伙伴日本在伊朗投资合作项目累计近 169 亿美元。同期，俄罗斯、英国、美国在伊朗投资合作项目分别累计达 37.5 亿美元、127 亿美元和 36 亿美元。

据中国商务部统计，截至 2010 年底，中国对伊朗直接投资累计 6.75 亿美元。主要投资项目包括：海尔集团公司在伊朗伊斯法罕工业园合资成立伊朗海尔公司；苏州阀门厂在伊朗投资建立合资阀门生产厂；秦皇岛市冠宇鸵鸟发展有限公司在伊朗投资建立合资鸵鸟养殖场；北方工业公司、长春客车厂与德黑兰城乡铁路公司合资组装地铁客车以及大众陶瓷厂在马什哈德投资生产瓷砖等。

2008 年 10 月，伊朗官方公布了亚洲和欧洲主要国家与伊朗进行油气投资的消息。实际上自 1995 年以来，欧洲国家的一些油气大公司受美国经济制裁的政治压力，逐步减少或中断了在伊朗的油气项目投资。近年来，伊朗转向亚洲国家寻求新的合作伙伴。亚欧国家在伊朗油气领域投资概况如下：

日本 INPEX 集团公司曾占到伊朗最大的 Azadegan 油田 75%的股份，但 2006 年在谈判发展计划时，因各种原因未能达成一致而导致日本在 Azadegan 油田的股份减少到 10%；中国石油化工集团公司投资 20 亿美元的雅达瓦兰油田项目已于 2008 年 9 月正式启动。中国海洋石油总公司投资 160 亿美元开发北帕尔斯天然气项目和建设液化天然气项目已达成协议。中国石油天然气总公司在伊朗南帕尔斯、北 Azadegan 和南 Azadegan 油田项目上的投资总额超过百亿美元；印度的 ONGC、IOC 和印度石油有限公司曾与伊朗洽谈投资 30 亿美元开发伊朗 Farsi 油气区块项目。印度 ONGC 公司正与 Hinduja 集团会谈开发 Azadegan 油田项目及购买南帕尔斯天然气事宜。此外，印度 Essar 公司计划在阿巴斯港投资 100 亿美元建设日加工能力 30 万桶原油的炼油厂项目；2008 年 11 月 16 日，土耳其与伊朗签署了开发南帕尔斯天然气 22、23 和 24 三个区块项目的合同，总投资达 120 亿美元。此外，土伊两国能源石油部长于 2008 年 11 月就共同兴建伊朗 Assaluyeh 至土耳其 Turkish 的 1 800 公里输气管道项目进行了磋商；马来西亚 SKS 于 2007 年 12 月与伊方签署了总投资约 60 亿美元开发 Golshan 和 Ferdows 天然气的一揽子协议。SKS 与伊朗国家石油公司合作在马来西亚建设一座日加工能力 20 万桶原油的炼油厂项目；印度尼西亚国有石油公司 Pertamina 与伊朗合作计划在印尼建造一座日加工能力 30 万桶原油的炼油厂。另外，该公司计划在伊朗的阿巴斯港投资兴建一座日加工 36 万桶原油的凝析油炼厂项目；巴基斯坦与伊朗和印度就共同投资建设伊朗—巴基斯坦—印度天然气管道项目谈判多年；泰国、越南等一些中小国家近年来也开始进口和参与投资伊朗的小规模油气开发业务。

俄罗斯帮助伊朗建造了第一座核电站。自 2007 年以来，俄罗斯 Gazprom 公司在伊朗投资了40亿美元开发南帕尔斯天然气项目，其所属GAXP. MM公司也在伊朗南部进行油田勘探；奥地利能源巨头OMV公司计划建设伊朗Nabucco天然气管道项目，2007年与伊方签署了开发部分南帕尔斯天然气和建设一座天然气液化项目的初步协议。此外，OMV公司还计划与西班牙Repsol公司和智利Sipetrol合作开发伊朗迈赫尔油田项目；法国石油巨头Total公司至少在伊朗投资了40亿美元；意大利Eni公司在Darkhovin油田第二期开发中投资了10亿美元，2008年12月下旬，与伊朗签订了Darkhovin油田第三期开发合同。Eni公司在伊朗至少投资了50亿美元；西班牙Repsol原计划参与壳牌公司开发南帕尔斯天然气及建设一座天然气液化站的项目，由于政治局势紧张的原因壳牌公司退出了此项目；瑞士EGL公司于2007年3月与伊朗签订了期限为25年的进口天然气合同，总金额达130亿美元；英国荷兰皇家壳牌公司曾计划参与南帕尔斯开发项目，后因伊朗核问题宣布退出，但同时表示将参与后期的项目开发。

35.1.3　外资引进模式

《伊朗鼓励和保护外国投资法》规定外资可直接进入对私营企业开放的领域，或以“建设—经营—移交（BOT）”、“回购（Buy-Back）”、“国民参与（Civil Participation）”的方式流入。

BOT方式是伊朗从20世纪90年代起开始采用的一种利用外资的方式。在进行大型能源和油气项目时，为避免涉及宪法对国家自然资源和基础设施所有权的限制，BOT方式成为利用外资的有效方式。伊朗政府更希望采用回购方式利用外资，一方面伊朗国内企业能够拥有外商投资企业或项目的所有权，另一方面能够大大促进出口。

35.1.4　外资与生产力的转换

由于伊朗国内失业率多年居高不下，伊朗劳工部对于雇员本地化有严格的规定，要求外资企业雇佣外籍员工与本地员工的比例达到1∶6，且要为本地员工缴纳各类社会保险，由此给外资企业在伊朗长期经营增加了不合理负担，并成为影响外商在伊朗投资的重要原因之一。由于外资进入伊朗的数量有限，对当地经济的影响可以说是无足轻重。

35.1.5　外资主要经济区域

石油、天然气、石化、工矿业和农业是吸引外资的主要领域。外资主要集中在基什岛、格什姆岛、恰巴哈尔、阿尔万德、阿拉斯、安扎利6个自由贸易区和以下经济特区：西里建经济特区、萨拉赫斯经济特区、湖泽斯坦经济特区、左尔法经济特区、石油化工经济特区、矿山金属经济特区、帕尔斯能源经济特区、设拉子电力电子经济特区、波斯湾造船经济特区、霍拉姆沙哈经济特区、布沙哈经济特区、拉贾衣经济特区。

35.1.6　本地区内部投资情况

伊朗具有丰富的可开发资源，其经济极具发展潜力。虽然对外资来伊朗市场很有吸引力，但由于外部受到制裁、内部政策落实不到位等条件制约，投资风险较大、投资环境不够理想。本地区国家在伊朗没有大型投资项目，主要是直接的商品交易。

35.2 伊朗投资政策

35.2.1 政府的外资政策

2002 年 5 月伊朗颁布的《鼓励和保护外国投资法》共有 25 项条款和 11 条注释，内容包括接受外资的一般条件、外国投资的主管部门、外国投资在伊朗享有的权利、保护和优惠、外资进出境的规定和解决纠纷的办法等。

该法规定，外国人只能通过权益资本参与现有伊朗企业或新建伊朗企业的经济活动。外国投资在合资公司中所占股份一般不超过 49%。外国人可以以先进机械设备等形式投资，在得到伊朗政府批准后，若以发展工业、采矿业、农业和运输业的生产为目的，则可以享受以下优惠政策：

【共同优惠】

（1）外国投资者享受国内投资者同等待遇。

（2）外国现金资本和非现金资本的进入完全根据投资许可，无需其他许可。

（3）任何方面的外国投资没有金额方面的限制。

（4）外国资本在被执行国有化和没收所有权时，将获得赔偿，外国投资者具有索赔权。

（5）允许外资本金、利润及派生的利益按照投资许可的规定以外汇形式或商品方式转移。

（6）保证外资使用单位生产的商品出口自由。如果一旦出口被禁止，则生产的商品在国内销售，收入以外汇方式通过国家官方金融系统汇出国外。

【特殊优惠】

（1）外国直接投资：允许在所有获许可的私人经营的方面投资。对外国投资不设百分比的限制。

（2）合同条款范围的投资：新法或政府决策导致财务合同的执行被禁止和终止所造成的投资损失由政府保证赔偿，但最多不超过到期的分期应付款额。以“建设、经营、转让”和“国民参与”方式实施的外国投资项目生产的商品和服务由合同政府部门方负责收购。

石化工业是伊朗近年来重点发展的产业之一，政府为该领域吸收外资创造了较好的环境，鼓励国内石化企业在此领域内的国际和地区合作。伊朗在建的经济特区中，Petrochemical Special Economic Zone（PETZONE）和 Pars Special Economic. /Energy Gone（PARSEZ）均为石化工业特区，在这两个特区内石化工业的原材料进口和外国投资均享有税收、审批手续和其他政策方面的优惠。

此外，伊朗政府鼓励和支持外资进入伊朗矿业勘探、开采、加工、冶炼等上下游产业链的各经营领域。伊朗工矿部鼓励外国资本进入上游勘探领域。根据《伊朗采矿法案》及其实施条例的规定，伊朗工矿部向申请矿产勘探的合格外资企业发放勘探许可证。勘探发现矿源并经检查确认后，工矿部向勘探许可证持有人颁发标明矿源详细情况的“发现证书”。发现证书持有人具有法定的优先采矿权，并可在发证一年后将证书转让给第三人。若勘探没有发现矿源，勘探许可证持有人也无法获得任何赔偿或补偿。在采矿领域，外资仅允许以与伊朗企业合资的形式进入，且外资占股比例不允许超过49%。事实上，大型矿山开采多采取回购方式，以产出的矿石分批优先折抵外商投资及利润。在下游加工、冶炼、运输、销售领域，外资可以独资或合资合作的方式进入。出口环节，须取得由伊朗工矿部统一发放的矿产品出口许可证。目前，伊朗工矿部、海关、商检等多部门对原矿出口采取了一些限制措施，鼓励外资在伊境内开展矿产加工和冶炼，以提高产品附加值并带动国内就业。近年来，伊朗政府还积极拓展与外国政府在矿业领域的合作，通过政府间协议吸收引进伊矿业发展所需的资金、技术、设备和人才。目前，伊朗已经与世界上30多个国家开展了矿业领域的合作。其中，中国是伊朗矿业领域的重要合作伙伴。2011年5月，伊朗工矿部代表团在北京与中国相关行业政府主管部门签订了6项重要合作协议，双方议定将在地质勘探、矿业开发规划等领域进行更紧密合作。

35.2.2 地方的外资政策

为了加快基础设施建设，发展经济和投资事业，提高公共收入，增加就业机会，整顿劳务市场和商品市场，积极参加地区市场和国际市场，生产和出口工业产品和加工产品，提供公共服务等工作，政府建立了6个自由工业贸易区，并在区内对外资提供了优惠政策。为吸引更多的外商投资，地方政府会出台更加优惠的政策。如2011年7月，恰巴哈尔自由贸易区推出系列新的外资优惠政策，其中包括外资免征20年税（政府规定15年）、外资出入不受限制、提供外资投资保障和允许外商长期土地租赁等。但是，伊朗的地方政策存在不稳定性和落实不到位等问题。

35.2.3 其他产业限制政策

不允许以外国投资者的名义拥有任何种类、数量的土地。

绝对禁止批准外国人在商业、农业、工业、矿业和服务业方面建立公营公司、机构和企业。

在油气资源开发领域，伊朗政府不允许外资在上游占有任何股份，只允许以“回购”方式进行合作，外资可以以合资和BOT方式进入中下游领域。不允许外商独资企业进入矿产资源开发领域。外国投资者在工业领域的主要投资方式是先向地方矿产部门或工业部门的公司投资参股，然后再进一步提供股东贷款、技术转让等；在农业和服务业领域的主要投资方式是采取合资公司的形式。

除非必要，禁止政府雇用外国专家。雇用外国专家必须经过伊斯兰专家委员会的批准。

35.3 伊朗投资管理体制

35.3.1 投资准入程序

伊朗投资和经济技术支持组织是伊朗唯一的鼓励外国在伊朗投资、审批与外国投资有关所有事务的官方机构。外国投资者的有关投资许可、资本进入、项目选择、资本利用、资本撤出等事项都必须向该组织提出申请。

该组织接到申请后，将在 15 天内对申请进行初步研究并将意见提交委员会，委员会应在组织提交意见后 1 个月内书面通知审批结果。一旦委员会通过并经财经部部长签字，马上签发投资许可。

为了简化和加速外国投资申请的审批手续，所有有关机构包括财经部、外交部、商业部、劳工部、伊斯兰中央银行、伊朗伊斯兰海关、工业所有制企业和公司注册机构和环境保护组织，都要向该组织推荐一名由本单位最高领导签字授权的全权代表。被推荐的代表作为该部门与组织之间的协调者处理与该部门相关的一切事务。

根据《伊朗鼓励和保护外国投资法》之规定，在工矿业、农业和服务行业进行建设和生产活动的外国资本的准入，必须同时符合伊朗其他现行法律、法规的要求，并符合下列条件：

（1）有利于经济的增长、技术的发展、产品质量的提高、就业机会的增加和出口的增长及国际市场开发。

（2）不得危害国家安全和公共利益、破坏生态环境、扰乱国民经济及阻碍国内投资产业的发展。

（3）政府不授予外国投资者特许权，授予特许权将使外国投资者处于对国内投资者的垄断地位。

（4）外资提供的生产性服务和生产的产品价值的比例不应超过外资在获取投资许可时国内经济部门提供的生产性服务和生产的产品价值的 25%、国内行业提供的生产性服务和生产的产品价值的 35%。

外国投资可以是无形资产投资，如：专利权、专家服务等，也可以是资金、信贷等金融工具投资。

35.3.2 投资管理制度

2008 年 5 月，伊朗中央政府将部分外资管理权限下放给了伊各省经济主管部门，为外资直接进入地方省市开辟了道路。为防止外资垄断伊朗经济命脉，伊朗议会对外资控股 49%以上的项目拥有最后的否决权。

《鼓励和保护外国投资法》规定，德黑兰投资、经济和科技促进局下设外资服务中心，负责外资管理和协调工作。根据该法 20 款规定，该中心的主要职能是：

1. 向外国投资者提供信息服务；

2. 在签发投资许可证前，协调办理开业、环保、水、电、气及通信接入、矿产开发等相关许可证；

3. 协调办理外资企业人员签证、居住证和工作准证；

4. 协调办理公司注册、进出口、投资收回和退税等相关许可证；

5. 协调各相关行政主管部门关系；

6. 监督投资效果。

根据政府的新决议，以上职能将由各地方省政府负责实施。

在合资股份公司和限制外商占有大股的矿产和金属行业里，外商持有的股份受事先设定的亏损上限约束。

35.3.3 国民待遇和部门限制

《伊朗鼓励和保护外国投资法》及其《实施细则》中规定了外国投资者与伊朗国内投资者享有同等待遇的“一般国民待遇原则”。外商在伊朗可享受的特权包括：政府征用时给予公平的补偿，外汇自由汇出。但外国股东的红利和贷款的偿还，需要从出口所得中支付。外国投资的合资企业可享受6年的免税。如果项目在偏远落后地区，免税可延长到9年。此外，如果合资企业用其出口所得外汇来支付企业的外债，那么这些企业的出口就不受一般出口数量限制的规定，这些企业也可以不按照一般规定将出口所得外汇汇回伊朗。

按照规定，外资可以以合资、合作或独资方式进入伊朗国内对私营企业开放的所有领域，或以“回购”等特定形式进入油气、大型矿山等国有垄断经营领域。但实际上，伊朗国内许多单行法规进一步规定了外资准入某一特定产业领域的门槛或限制条件。例如，《伊朗采矿法案》及其《实施细则》中要求，外资参与私有矿山开发持股比例和拥有矿权不得超过49%，在勘探、开采、销售、出口各环节都要取得伊朗工矿部颁发的许可证。此外，伊朗政府内阁会议决议、各地方政府出台的管理文件中都有一些对外资准入或本地化经营的限制条件。这些具有法律效力的各层级规范相对分散，且透明度差。由于伊朗国家政策经常落实不到位，地方产业政策“朝令夕改”，因此外商在伊朗投资风险偏高，权益也很难得到保障。

35.3.4 对外投资协定

对伊朗开展投资合作应以政府间双边投资保护协定作为基本法律保障。在此基础上，双方还可针对双边投资发展出现的新情况、新问题对协定中的某些重点领域或未涵盖的问题签订补充协定。伊朗政府对外签订的投资协定及其补充协定，经伊朗议会批准后，在伊朗国内具有法律效力。

签订政府间双边投资协定实际上是将两国双边投资的重大事宜纳入“国际条约法”及一般国际强行法规的约束之下。同时，在协定中应特别强调“一方缔约国应保证遵守其对另一方缔约国投资者在其本国境内投资所作出的相关承诺”。这样可以通过政府信誉和国际法规则加强对投资者正当权益的保护。2000 年，中国与伊朗签订了《关于相互促进和保护投资的协定》，其中明确了中伊相互促进和保护投资的若干重要规则，并对东道国政府履行对对方投资者的承诺作了特别强调。

针对某一具体投资项目而言，在伊朗恐怕没有比订立一份完善细致的合约有更好的法律保护手段。鉴于伊朗外商投资法律制度的特殊性和不完善性，且外商在伊朗大型油气、矿产项目上的投资必须采取“回购”等法定的特殊商业模式，因此在合作协议中有必要结合项目的具体情况对合作的相关细节作出全面、细致、清晰的约定。投资协定重点应针对项目商业模式的流程、人员派遣、技术标准、管理权分配、工作签证和准证办理、项目融资和支付方式、本地化经营的限制条件、不可抗力的免责情况、争议解决方式等作出周密安排。

依合约法规则，合同约定的条款与强行法冲突时无效。因此，在拟定相关合同条款时仍需要仔细研究伊朗国内的相关投资法规则。在伊朗国内强行法没有规定或是规定抽象、笼统、模糊的领域，制定详细周密的合同条款就凸显出重大价值。通过合同条款对合作双方的权利、义务作出明确约定，可以大大减少不确定性和不可预见性带来的风险。签订详细明确的合作协议，在伊朗可获得相对充分的法律保障。

35.4　税收制度与激励政策

根据《鼓励和保护外国投资法》第 3 条款，在伊朗投资的全部资本和从中增长的利润，将受到政府保护。给予国内资本和私人生产事业的全部权利、免税和便利，也同样对外资和外国公司提供。外国人也可享有伊朗和他们各自的国家之间签订的避免双重征税协议内提供的优惠和便利。

经许可建立的生产企业和采矿单位、或者从工矿金属部或者圣战建设部取得身份卡的单位，从他们的营业开始日期起，获得的收入 80%将免除征税。如果这样的单位在伊朗不发达地区经营，其收入的 100%免税 10 年。全部货物和服务的出口将免除征税。所有从农业活动、耕作、畜牧业、渔业等等获得的收入也免除税收，除以上情况外，直接税收法和其他立法机构对一些公用事业以及文化、宗教和科学基础的活动的税收也给予免除和减免。

公司和其他法人在伊朗或在国外以各种来源赚取的总应征税的收入在减去本法规定的免税款额之后，分别依照 25%纳税。其股票在证券交易所市场上市的非商业的伊朗法人和公司，将免除 10%的公司税。

根据直接税收法的第 105 条款，外国法人须对在伊朗投资或者（通过代理人、分公司等）从直接或间接的活动、委托他们的版税或者其他权利、在伊朗提供训练和技术帮助赚取得的全部应征税收入，根据本条款规定的比率纳税。尽管如此，关于外国航空公司和航运公司在伊朗经营运输乘客和货物所得收入的直接税收比率，依照第 113 条，是按照从这些经营活动中，无论在途中，或者在最后目的地得到的全部收入总额的5%的统一比例征收。凡是伊朗航空公司和航运公司在国外的收入税款超过征收数额的5%，伊朗经济财政部当收到有关伊朗实体的通知时，将要求上述国家的航运公司和航空公司在伊朗的收入税率增加至那个国家对伊朗公司征收的数额。

· 根据第107条，在伊朗的外国合同方的应征税的收入，例如在建筑、技术安装、运输、楼房设计和装置、地形测量和绘制、技术监督和计算方面，是按照全部收入的12%的统一比例税制纳税。有关由外国人执行的合同工作，如果雇主是部、政府组织和公司或者直辖市，合同中从国外供应和购买设备的价格部分，免除所得税的支付。

如第107条规定的那样，外国法人通过委托他们的版税和其他权利、专门技术训练和转让电影影片（按价格出售、扫描权或者相反）的应征税的收入将取决于具体情况，为一个财政年度内实体获得的收入总额的20%到40%。每种情况确定的比率根据部长会议批准的规章确定。当为政府组织提供训练和技术支持时，有关实体的应征税收入等级可能定在20%以下。根据第109条，外国保险公司通过再保险赚取他们的利润可能按其收取保险费的2%的比率缴纳税款，他们在伊朗的存款利息将自动增值。如果伊朗保险公司在外国再保险公司所在国家经营再保险活动免除税款的支付，那么伊朗政府也将免除外国公司的税款支付。

根据伊朗伊斯兰共和国自由贸易工业区的行政管理法的第13条，在这样的地区进行经济活动的自然人和法人，从许可经营之日起，15年内免除直接所得税的支付。

为了防止双重税制，伊朗政府已经同40个国家签署了避免双重征税协议。按照协议规定，某些国家在伊朗进行运输乘客和货物赚取的收入免除征税。

根据伊朗的相关规定已登记注册的外国公司的分支机构和代理，按他们的协会章程未授权从事盈利的活动，只是做营销和收集经济信息的，不负担从母公司中得到的周转基金总额的任何税收义务。但是，如果证明上述分支机构和代理在伊朗从事盈利活动并且从中获得一份收入，所赚取的总额将根据有关的规定征税。

35.4.1 税收优惠

根据《鼓励和保护外国投资法》第3条，在伊朗投资的全部资本和从中增长的利润，将受到政府保护。给予国内资本和私人生产事业的全部权利、免税和便利，也同样对外资和外国公司提供。外国人也可能享有伊朗和他们各自的国家之间签订的避免双重征税协议内提供的优惠和便利。

35.4.2 地区和产业优惠

地区优惠政策：

法人和具有法人资格者、国内外企业、国际组织均可在伊朗自由贸易区独立投资或建立合资公司或分公司。

外国投资者可以任意地在该地区开展经济活动。

外国投资者的合法权益是受伊朗自由贸易区管理局保护的。

伊朗自由贸易区管理局通过与伊朗中央银行、其他银行以及保险公司签订合同，赔偿有可能为投资者造成的损失。

外国投资者在伊朗自由贸易区进行经济活动所获得的利润和利益均可转出境外。

除了违背伊斯兰教规定和有关方面规定的商品外，其他所有商品均可进入自由贸易区。

进来的商品可以寄存在自由贸易区仓库中。

与劳动就业、社会保障、向外国人发放签证有关的规定均须符合自由贸易区专门的法律章程。

伊朗自由贸易区与其他国家间进行的商业贸易经海关登记后，不受进出口法规的约束。

在伊朗自由贸易区生产的产品进入国家的其他地区，在自由贸易区增值的限度内，可免征部分关税和贸易利润税。

资本和在伊朗自由贸易区所获得的利润可转往世界的任何地方或国内的任何地区。

在自由区从事各种经济活动的自然人和法人按照由内阁提议的经伊朗伊斯兰议会通过的文件，其在自由区经营的任何经济活动 30 年内免交直接税收法规定的收入和财政税。

国内其他地区进口自由区生产的商品，其商品在自由区增值部分按照内阁通过的文件全部或部分免交关税和商业利润税。

部分或全部原材料由国内提供而在自由区生产的商品，其原材料可全部或部分免交关税和商业利润税。

行业优惠政策：

伊朗鼓励国内石化企业在此领域内的国际和地区合作。在 Petrochemical Special Economic Zone（PETZONE）和 Pars Special Economic/Energy Zone（PARSEZ）这两个石化工业特区内石化工业的原材料进口和外国投资均享有税收、审批手续和其他政策方面的优惠。

伊朗钢铁行业鼓励外商投资并给予优惠政策，投资比例不设限。

外国的银行、保险公司和证券公司可以到自由区开展业务。

35.4.3 税收鼓励措施

伊朗政府已决定将自由工业贸易区免税期从目前的 15 年延长到 30 年，同时，对到自由区投资经营的伊侨和外国人在签证发放方面给予更大的便利。

35.4.4 其他非税收鼓励措施

2011 年，伊朗议会通过新法案，允许其外交部为本国商品及工程服务出口商以及外国投资者提供签证便利。

35.5 伊朗主要贸易投资管理部门

35.5.1 议会

宪法规定，议会有权对国家一切事务进行调查和审核。批准同外国签订的条约、协议和重大合同。

35.5.2 政府行政部门

伊朗投资和经济技术支持组织、商业部、中央银行、财经部（国家税务局、海关）、外交部、劳动部、矿产金属部、农业圣战部、中央银行、工业资产和公司注册总局、环保组织和其他执行部门。

35.5.3 投资政策的协调部门

财经部下属的伊朗投资和经济技术援助组织是伊朗唯一的鼓励外国在伊朗投资、审批与外国投资有关所有事务的官方机构。

35.6 伊朗注册企业程序

35.6.1 注册企业的一般形式

外国公司要在伊朗建立分公司和办事处，这些分支机构的经理进入伊朗，必须持有有效期不少于30个月的签证。其护照上必须根据实际情况，注明“商人（Businessman)”或“技术人员/商人（Technician/Businessman)”等字样。分公司或办事处经理到达伊朗后，必须办理以下事宜：

1. 从该国驻伊朗使馆获得推荐信；
2. 在公司注册局办理全部注册手续；
3. 从伊朗劳工部获取工作许可证；
4. 在当地银行设立账户，并由银行开具证明；
5. 如开展进出口业务，需填写有关表格，并连同以下文件一起提交给伊朗商会，以获取贸易许可证：

（1）护照及签证；

（2）使馆的推荐信；

（3）注册文件和财务注册证书等的复印件（可从公司注册局获取）；

（4）工作许可证；

（5）在银行设立账户的证明信（可从开户行获取）。

35.6.2 注册企业的规定

到伊朗投资，应先到伊朗投资和经济技术援助组织申报投资项目，提交相关材料，如投资种类、详细的执行计划，填写申请表交该组织，45 天后签发许可证。

伊朗法律允许外国投资企业注册代表处、分公司、有限责任公司及股份公司。

注册企业的主要程序：

(1) 从工业资产和公司注册局领取注册申请表；

(2) 公司书面申请注册函（需公证、认证）；

(3) 母公司董事会决议（需公证、认证）；

(4) 母公司董事会成员名单（需公证、认证）；

(5) 母公司章程（需公证、认证）；

(6) 母公司资产负债表（需公证、认证）；

(7) 母公司在伊朗主要代表授权书（需公证、认证）；

(8) 公司经营范围情况报告；

(9) 在伊朗注册分公司（子公司）的可行性报告；

(10) 子公司在伊朗地址及其性质（股份公司、责任有限公司）；

35.7 中国与伊朗的投资关系

35.7.1 相互投资概况

据中国商务部统计，截至 2010 年年底，中国对伊朗直接投资累计 6.75 亿美元。主要投资项目包括：海尔集团公司在伊朗伊斯法罕工业园合资成立伊朗海尔公司；苏州阀门厂在伊投资建立合资阀门生产厂；秦皇岛市冠宇鸵鸟发展有限公司在伊朗投资建立合资鸵鸟养殖场；北方工业公司、长春客车厂与德黑兰城乡铁路公司合资组装地铁客车以及大众陶瓷厂在马什哈德投资生产瓷砖等。

伊朗在中国没有大型投资项目，虽有在中国建立原油存储基地和炼油厂等合作意向，但未签订项目合同。

35.7.2 国家间的投资协定

伊朗与许多国家如：德国、法国、中国等签订了双重税收抵免协定。

中国与伊朗签署的有关协定：

《关于相互促进和保护投资协定》(2000 年 6 月)；

《关于对所得避免双重征税和防止偷漏税的协定》(2002 年 4 月)；

《中华人民共和国政府和伊朗王国政府民用航空运输协定》(1972 年 11 月)；

《中华人民共和国政府和伊朗王国政府贸易协定》(1973 年 4 月)；

《中华人民共和国政府和伊朗王国政府支付协定》(1973年4月);

《中华人民共和国政府和伊朗伊斯兰共和国政府关于成立经济、贸易和科学技术合作联合委员会的协定》(1985年3月);

《中国工商会和伊朗商会合作协议》(1989年9月);

《中华人民共和国政府和伊朗伊斯兰共和国政府贸易协定》(1991年8月19日);

《中国机械电子工业部与伊朗重工业部谅解备忘录》(1991年12月);

《中国铁道部和伊朗道路与交通部铁路合作谅解备忘录》(1996年5月);

《中国农业部和伊朗农业部合作谅解备忘录》(1999年9月);

《中国人民对外友协与伊朗伊中友协合作谅解备忘录》(2001年3月);

《中华人民共和国政府和伊朗伊斯兰共和国政府航空运输协定》(2001年8月);

《中华人民共和国政府和伊朗伊斯兰共和国政府关于在石油领域开展合作的框架协议》(2002年3月);

《中华人民共和国政府和伊朗伊斯兰共和国政府关于植物保护和检疫合作协定》(2002年3月)。

35.7.3 未来投资合作趋势

中伊双方都有强烈的投资合作意向,但未来的投资合作将受伊朗核问题前景和国际制裁的影响。

第 36 章

伊朗金融环境

36.1 伊朗货币体系

36.1.1 货币体系概况

伊朗国家发行的流通货币是纸币和金属硬币，货币单位是伊朗里亚尔和土曼。10个里亚尔合1个土曼。根据《伊朗国家货币银行法》规定，政府垄断国家流通货币的发行权，并授权伊朗中央银行发行货币。国内流通的纸币和金属硬币的数额、名称、外观、质地、颜色、尺寸、图案和其他具体规格由中央银行行长提议、财政部长批准制定。

伊朗的黄金储备包括：金锭、银行库存金币、在外国银行和国际机构中存放的黄金，以及根据现行法律提供给国际货币基金组织或类似机构及其所属部门的配额和资本。

伊朗的外汇储备包括：

(1) 为伊朗中央银行接受的可兑换的外国纸币；

(2) 六个月内可收回的外汇债务；

(3) 根据有关法律支付给国际货币基金组织或类似机构及其所属部门的配额和资本；

(4) 由国际正式组织及其所属机构发行和担保的证券；

(5) 由外国政府发行和担保的证券；

(6) 按照国际支付协定或易货贸易协定预计可收到的外汇或可兑换外汇的伊朗里亚尔；

(7) 由外国自然人或法人承担的、有包括责任银行在内的三方有效签字并在六个月内可兑换外汇的商业票据；

(8) 为伊朗中央银行接受的可兑换外汇的外国有价证券；

(9) 根据有关法律在国际货币基金组织中特别提款权账户的存款。

外国货币与伊朗里亚尔的比价以及外汇的买入卖出价由伊朗中央银行根据本国对国际货币基金组织承担的义务计算确定。

36.1.2 汇率制度

自2002年3月21日开始伊朗实行统一汇率兑换体制。此前，伊朗伊斯兰共和国在市场上设立三种类型的外汇价格，即官方平价汇率、官方议价汇率和市场自由汇率（黑市汇率）。进口商经营非政府立项的产品和项目时，可以通过政府审批，购买界于官方汇率和市场自由汇率之间的议价外汇。目前，伊朗仍存在两种牌价的汇率，即：银行汇率和市场自由汇率。

36.1.3 汇率的历史阶段

2002年3月20日以前，兑换汇率有两种官方批准的汇率，一种叫“石油国家汇率”，通常适用于政府预算目的和一些重要部门的对外交易，第二种汇率叫“非石油出口汇率”

或“存款证明汇率”，相当于市场兑换汇率（即所谓的德黑兰证券交易所 TSE 汇率），适用于非石油产品出口结汇和一般进口贸易。

2002 年 3 月 21 日开始，伊朗中央银行将官方汇率和市场汇率合并，建立起统一的浮动汇率体制，与国际通行的汇率制度接轨。取消对国营公司的汇率补贴，使私人公司和国营公司处于平等的竞争条件。

36.2 伊朗金融机构

36.2.1 金融机构体系

36.2.1.1 中央银行体系

伊朗中央银行（The Central Bank of Iran）负责根据国家总体经济政策制定和执行国家货币和银行政策。

国家货币和信贷委员会负责就国家货币、银行和信贷问题向政府提出意见、建议和忠告，确定信贷额度上限、银行系统信贷部分拨款和各种贷款利率。国家货币和信贷委员会的成员包括：伊朗中央银行行长、财经部长或副部长、国家计划和管理组织主席或副主席、除商业部长外另外两名部长、两名由伊朗中央银行行长推荐、总统确认的货币和银行业专家、最高法院院长或副院长、商会主席、合作社主席、议会经济、计划、预算、清算委员会代表各 1 人。伊朗中央银行行长兼任国家货币和信贷委员会主席。

每年在提交国家财政预算时，伊朗中央银行向货币和信贷委员会提交国家金融政策的具体内容。金融和信贷政策的核心内容须经部长会议通过。一年期信贷利率由伊朗中央银行联委会提出，政府内阁确认；五年期和长期信贷利率需根据国家五年和长期发展计划确定，并提交议会审批。此外，伊朗中央银行享有发行纸币和硬币、监管银行和信贷机构、制定有关外汇政策和交易的规定、制定黄金交易规章及制定国家货币流动规章等特别权力。作为政府银行，中央银行受委托管理政府的账户，向政府企业和代理发放大额信贷，授权其他商业银行经营政府债券销售及其他合法银行业务。

36.2.1.2 商业银行

伊朗主要的商业银行包括：伊朗国家银行、伊朗国民银行、伊朗出口银行、伊朗军队银行、伊朗贸易银行和新经济银行等。

36.2.1.3 投资银行

伊朗不设专门的投资银行，但有福利银行、出口发展银行、农业银行、住房银行和工矿银行等专业银行。

36.2.1.4 政府专业信贷机构

目前有 4 家非银行信贷机构拥有中央银行的许可证。发展信贷机构（CID）是第一家得到中央银行颁发执照的信贷机构；萨曼经济信贷机构（Saman Eqtesad Credit Institution）得到中央银行允许其进行外汇交易业务授权；卡拉法里南信贷机构

(Karafarinan Credit Institution）有两个大股东，即伊朗工业经营者协会和建筑公司、公用工程师、咨询工程师和建筑师联合会；基金会信贷机构（Bonyad Credit Institution）附属于穷人和退役军人基金会。

36.2.1.5 保险公司

伊朗的保险业当前由国家控制和监督。伊朗中央保险公司是国家保险业的执行机构，下属4个保险公司：伊朗保险公司、亚洲保险公司、阿勒伯兹保险公司和Dana保险公司。伊朗保险业是非准入市场，所有的生命和财产险均须由中央保险公司指定的保险公司投保。由于国家垄断保险业，效益低下，从第三个五年计划开始，国家对保险业逐步实行私有化。除上述保险公司外，伊朗还有一些不在伊朗中央保险公司的管辖之下的保险机构，如：社会保障组织、医疗服务组织、农产品保险基金、伊朗出口保险基金。

36.2.1.6 证券公司

德黑兰证交所（TSE）。2009年度（2009年3月至2010年2月），德黑兰证交所已注册3 219 000个股市交易者；2009年度投资汽车工业客户超过431 142个，超过46 100名新客户购买了汽车制造相关的股票；超过30 000个新客户投资于银行和金融机构；投资石油、焦炭和核燃料的新增客户为3 000个；投资公司拥有562 375个投资者，是最受青睐的投资产业。

2010年1月德黑兰证交所上市企业共330家。交易所数据显示，76%TSE股东主要投资的领域是金融机构和银行、汽车制造、房地产、水泥、石灰、塑料、与金属制造有关的矿业、食品和饮料、化工、石油、焦炭和核燃料。

36.2.2 金融机构特点

1983年，伊朗议会通过《无息银行制度法》。伊朗银行实施两种无息存款方式，即善贷存款和有期投资存款。善贷存款是一种无息活期存款，存款者将资金以善贷方式存入银行，相当于把资金投入社会公益事业，银行将存款用于向贫穷顾客提供无息贷款，帮助他们解决生活困难。有期投资存款以利润分成为基础，储户和银行的关系是共同投资或经营的商业合作关系，银行用现金、实物奖励或利润分成代替利息，给存款者优惠。

银行系统的利润和它的总资产相比非常低。原因在于，雇用法的限制，业务审批程序繁杂，呆坏账比例过高，同行之间缺乏竞争，包括与外国银行的竞争，管理水平低下等。

36.3 伊朗金融市场

德黑兰证券交易所（TSE）是伊朗唯一的正式资本市场，也是中东地区一个重要的资本市场。在伊朗建立证券交易所的最初设想始于20世纪30年代，并由国家银行进行了可行性研究。但由于第二次世界大战爆发，此计划中断。直到1968年，伊朗开始重新实施这项计划。最初其经营范围只限于政府债券和有价证券的交易，但随后由于伊朗企业募集资本和发行股票的迫切需要，德黑兰证券交易所开始进行全面的股市交易。

1979 年的伊朗伊斯兰革命，以及随后的两伊战争，对德黑兰证券交易所的业务造成很大的冲击。由于国家对经济的干预，使对私人资本的需求下降。新的银行体制建立后，禁止带息股票的发行，加速了 TSE 经营状态恶化，其经营一度处于萧条阶段。

1988 年两伊战争结束后，政府开始实施战后重建计划，制定第一个五年经济发展计划，私有化政策第一次在五年计划中提出。此后，TSE 进入了一个新的发展时期。1994 年股票交易达到 1.492 亿股，1995 年交易增加 115%，同期市场资本增加 234%，股票交易额达 8 亿美元。2002 年伊朗股市交易额达 28.5 亿美元，股票价值增长 34.69%，股票收入占 GDP 的 13.5%。截至 2002 年年底，在 TSE 注册的公司有 324 家，股市资本已达 114.397 万亿伊朗里亚尔，自 2003 年 11 月始，外国资本被允许进入伊朗股票及证券交易市场，德黑兰证券交易所在中东证券市场的领先地位得到进一步巩固。

2004 年，德黑兰证券交易所资本市场获得进一步发展，在 11 个省会城市设立新的证券交易中心，农产品首次上市交易。当年，德黑兰证券交易所上市企业 423 家，股票交易量达 142.7 亿股，交易额约 114 亿美元，股市资本增至 387.547 万亿伊朗里亚尔（约 430 亿美元），较上年同期分别增长 81.1%、55.8%和 20.15%。2005 年以来，因受保守派控制内阁、伊核问题动摇投资者信心和世界金融危机影响，德黑兰证交所发展一度趋缓，但 2009 年该交易所又出现了恢复性发展。2010 年 1 月德黑兰证交所上市企业共 330 家，总市值达到 920 亿美元，预计到 2011 年将突破 1 000 亿美元。伊朗电信公司、Sederat 银行、霍德罗汽车公司等大型企业的私有化改造均通过德黑兰证交所完成。

36.4 伊朗金融监管

36.4.1 金融监管机构

伊朗中央银行、国家货币和信贷委员会、德黑兰证券交易委员会，是其主要金融监管机构。

36.4.2 金融监管法规

《货币和银行法》、《无息银行制度法》、《离岸银行法》、《允许开立非政府银行法》、《股票交易法》、《中央保险法》。

36.5 伊朗市场融资

36.5.1 信贷融资

大多数外国银行与伊朗中央银行有短期融资业务，为货物进口融资或为未加工货物出口融资。

外国银行一般愿意为那些信誉较好的伊朗生产商提供贷款（通常为中期贷款），用来购买原材料和生产设备。

伊朗多数大型开发项目都是通过出口信贷机构业务范围内的买方信贷来融资。因此发生的贷款费用由伊朗买方支付。贷款本金和利息的偿还通过分期付款方式进行，通常从项目开始运行时起付。

36.5.2 其他融资方式

由于伊朗当地融资成本较高，外国企业一般难以在当地取得融资。到伊朗从事工程承包项目一般要求承包商提供融资方案。

36.6 伊朗与国际金融市场

36.6.1 伊朗在国际金融市场的角色

2003 年，伊朗中央银行代表伊朗政府加入国际伊斯兰金融市场（IIFM）。

36.6.2 伊朗在本地区金融市场的角色

德黑兰证券交易所（TSE）是中东地区一个重要的资本市场。

第十三篇

土耳其商务环境

土耳其是中东地区经济大国，自 1980 年以来，在世界货币基金组织的帮助下，在加入欧盟进程的推动下，土耳其实现了经济结构的重大调整。近年来国内政局稳定，经济发展进入快速发展期，现已成为全球增长最快的经济体之一，2010 年经济实际增长率达 8.9%，人均 GDP 达 100 079 美元，世界排名第 16 位。

就进出口贸易环境而言，伴随着经济的快速发展，土耳其进出口贸易发展迅速。2010 年土耳其货物贸易进出口额比上年同期增长 22.0%，主要出口商品有纺织品及原料、贱金属及制品和机电产品，这三类商品同时也是土耳其进口的主要商品。德国、英国、意大利和伊拉克是土耳其主要的商品贸易出口国，俄罗斯、德国、中国和美国是土耳其主要的商品进口来源国，对外贸易的逆差主要来源于俄罗斯、中国、美国、德国和伊朗。在服务贸易方面，土耳其是中东地区最大的旅游目的地国家。2010 年服务贸易出口总额达 95.3 亿美元，同比增长 8.5%，其中旅游业占 63.7%、其次是交通运输、建筑业、金融保险和电信业。

就投资环境而言，近年来土耳其投资环境日益改善，根据联合国贸发会《2008—2010 年世界投资前景调查》，在全球最受欢迎的外国直接投资目的地中，土耳其排名第 15 位。2010 年土耳其全年吸引外商直接投资 90.71 亿美元，增长 7.85%。在吸收的外国直接投资总量构成中，工业部门占 49%，服务业占 50%。外国直接投资的主要来源是欧盟国家。土耳其实行非常宽松的投资准入政策，外资可采用独资、合资、合作经营、许可证、特许经营权经营等多种投资方式并享有与国内企业同等优惠的政策。2009

年土耳其新修订了投资激励政策，实行免征关税、免征增值税、降低贷款利率等一系列的优惠政策，内容涉及用工激励措施、研发支持等10个方面，并逐步推进自由贸易区建设，规划建设了技术开发区、组织工业区和免税区三类投资特区，全面促进经济快速发展。

就金融环境而言，2008年国际金融危机发生后，土耳其流动性大幅紧缩，但没有一家金融机构破产或需要危机救助，表现出强劲的盈利能力①。2009年的统计数据显示，在土耳其金融业资产规模中，银行业占80.9%，中央银行占11%，其次是保险公司、证券投资基金、金融租赁公司等。土耳其金融机构资本充足。在2010年上半年，土耳其银行体系的总资产已达905.7亿里拉，约占国内生产总值的92%，平均资本充足率达到19.34%，远高于《巴塞尔协定II》规定的8%的最低安全水平。同时，土耳其已经建立起由资产市场委员会、银行业监督委员会、储蓄存款保险基金、中央银行和国库署五个部门构成的严格的监管体系，对金融机构实行全方位监管。土耳其计划将伊斯坦布尔打造成世界金融中心，在全球金融业中发挥枢纽作用。

土耳其国内市场活跃，一个开放的、广阔的国内市场正在逐步形成。2010年10月，温家宝总理对土耳其进行正式友好访问，两国关系提升为战略合作伙伴关系。中国在土耳其的投资领域从早期的产品制造和加工，逐步发展到金融、商业零售、旅游、工程等服务领域，未来两国的经贸合作还有很大的发展空间。

① 土耳其政府投资部：http：//www.invest.gov.tr/zh-CN/infocenter/publications/Documents/FINANCE.INDUSTRY.PDF，2011－11－17。

第 37 章

土耳其贸易环境

37.1 土耳其进出口贸易

37.1.1 进出口概况

土耳其是中东地区经济大国，近年来国内政局稳定，经济发展进入快速发展期，现已成为全球增长最快的经济体之一，2010 年经济实际增长率达到 8.9%。

伴随着经济的快速发展，土耳其进出口贸易发展迅速。据土耳其国家统计局统计，2010 年土耳其货物贸易进出口额为 2 966.9 亿美元，比上年同期增长 22.0%。其中，出口 1 129.8 亿美元，同比增长 10.6%；进口 1 837.1 亿美元，同比增长 30.4%。贸易逆差 707.3 亿美元，同比增长 82.4%。

土耳其的主要出口商品有：纺织品及原料、贱金属及制品和机电产品，2010 年出口额分别为 216.5 亿美元、172.4 亿美元和 167.4 亿美元，占出口总额的 19.2%、15.3%和 14.8%，增长率分别为 12.1%、16.3%和 13.4%。在主要大类商品中，矿产品的出口增长最快，同比增长 21.6%。矿产品、机电产品和贱金属及制品也是土耳其进口的主要商品，2010 年合计进口额为 975.3 亿美元，占进口总额的 54.1%。贱金属及制品、运输设备等主要进口大类商品同比增幅均在 40%以上，土耳其进口增长速度明显快于出口增速。

2010 年，土耳其位列前四位的商品出口贸易伙伴有：德国（10.1%）、英国（6.3%）、意大利（5.7%）和伊拉克（5.3%），对上述四国出口占土耳其出口总额的 27.4%。位列前四位的商品进口国是：俄罗斯（11.6%）、德国（9.5%）、中国（9.3%）、美国（6.7%）；土耳其前五大逆差来源国依次是俄罗斯、中国、美国、德国和伊朗，分别占逆差总额的 23.7%、20.9%、12.0%、8.5%和 6.4%。顺差主要来自伊拉克、阿联酋和英国，顺差总额分别为 46.5 亿美元、26.3 亿美元和 25.3 亿美元，同比增长 11.5%、18.1%和 3.4%①。

在服务贸易方面，土耳其是中东地区最大的旅游目的地国家。据 OECD 统计数据，2009 年土耳其服务贸易出口额为 85.4 亿美元，其中旅游业占 63.7%、交通运输业占 23%、建筑业占 3.8%、金融保险业占 3.38%、通信业占 1.8%。2010 年服务贸易出口总额达 95.3 亿美元，同比增长 8.5%。

37.1.2 主要贸易伙伴关系

土耳其的外交重心在西方，其经济贸易关系服从于外交关系。土耳其与美国保持传统的战略伙伴关系，将加入欧盟作为重要国家战略和外交核心，重视建立和维护同邻国的友好关系，推行与周边邻国“零问题”政策，强调发展同世界及地区大国的关系。在

① 商务部：《对外投资合作国别（地区）指南：土耳其》（2011 年版），http：//fec. mofcom. gov. cn/gbzn/upload/tuerqi. pdf. 2011—11—5。

中东、黑海和巴尔干地区，积极开展多边和双边外交，突出其地区大国的重要性。在中亚，利用与突厥语国家在民族、宗教、历史、文化和地缘方面的联系，密切地区国家关系。注重发展同阿拉伯和伊斯兰国家的关系，承认阿拉伯、以色列的合法权益，支持中东和平进程。重视发展同中国、日本等亚太国家的关系。

同美国的关系：土耳其重视同美国的关系，视其为对外关系基石。1947 年以来，两国在政治、经济、军事、科技、文化等领域开展了广泛的合作。冷战结束后，土耳其地缘战略重要性上升。1991 年，两国确定建立合作伙伴关系。1999 年，双方确立战略伙伴关系。2006 年，两国提出增强战略对话框架。2009 年，双方签署了新的内阁级战略性经济和商业合作框架协议，目的是促进双方贸易和投资关系，并且召开了贸易和投资框架协议（TIFA）年度会议，以及经济合作委员会（EPC）年度会议。2010 年 10 月，战略性经济和商业合作框架协议正式启动。

同欧盟的关系：加入欧盟是土耳其的既定战略目标，旨在成为欧盟完全成员国。自 1987 年开始申请加入欧盟，1996 年加入欧盟关税同盟。注重经济外交，维护自身利益，主张以和平方式解决国家间争端。1999 年 12 月，欧盟赫尔辛基会议确定土为入盟候选国。2000 年 11 月，欧盟委员会公布土入盟条件。2005 年 10 月 4 日，欧盟宣布正式启动土入盟谈判。11 月，欧盟委员会公布入盟常规报告和入盟伙伴文件。土耳其在人权、民主、塞浦路斯等问题上与西方国家分歧较大。

同俄罗斯的关系：两国同意建立欧亚大陆合作伙伴关系，加强两国在经贸、能源等领域合作，共同打击恐怖主义、宗教极端势力和跨国有组织犯罪。两国间签署了外交领事条约、社会安全协议、军事领域合作框架协议和军事人员培训合作协议。2002 年 12 月 30 日，被称为“蓝色溪流”的俄罗斯至土耳其天然气管道正式开通。2004 年俄总统普京访问土耳其，双方就加强经贸、军事等领域的进一步合作达成协议。2009 年，土耳其总统居尔访问俄罗斯，认为能源领域是发展俄土两国关系的基础，双方将加强在电能、核能和工业等领域的发展合作，共同维护黑海地区和整个高加索地区的和平。

同中东地区国家的关系：土耳其重视发展同伊斯兰和阿拉伯国家的关系，同时与以色列保持军事同盟关系，强调土阿合作和土以合作均不妨碍第三方利益。支持中东和平“路线图”，主张用和平方式解决巴以冲突，反对实施军事打击，支持巴勒斯坦独立建国。主张维护伊拉克国家统一、主权和领土完整，坚持伊拉克北部库尔德族区必须成为统一的伊拉克的一部分。土耳其希望进一步扩大同邻国——伊朗的经贸关系，对安理会对伊朗实施制裁决议持反对立场，同时也反对美国和欧盟对伊朗实施单方面制裁。

同中国的关系：1971 年 8 月 4 日，中土两国建交。近年来，中土两国高层互访频繁，政治互信增强，为双边经贸发展奠定了良好的合作基础。2009 年 6 月，居尔总统对中国进行国事访问，双方签署了七份双边合作协议。2010 年 10 月，温家宝总理对土耳其进行正式友好访问，两国关系提升为战略合作伙伴关系。目前，中土两国在贸易、工程承包、相互投资等领域的合作已初具规模。据土方公布，中国连续四年成为土第三大进口来源国、第四大贸易伙伴。中国在土投资领域从早期的产品制造和加工，逐步发展到金融、商业零售、旅游、工程等服务领域。目前，承包工程已成为中土两国经贸合作的亮点，中国企业正积极研究以BOT形式参与投资土耳其发电、交通等大型项目，中国铁道建筑总公司和中国机械进出口总公司已经参与承包安卡拉—伊斯坦布尔高速铁路项目。2009年双边贸易额达100亿美元，2010年达到151亿美元①。

37.2 土耳其贸易管理机构

37.2.1 立法制度

土耳其外贸署（Undersecretariat of the Prime Ministry for Foreign Trade）是土耳其总理府下属的一个副部级机构，负责与贸易相关的所有法律、法令、法规的制定，汇率和税务相关法律法规的制定则由金融部和国库署负责。具体程序如下：

首先，土耳其外贸署、海关署协同其他相关部委、贸易团体和非政府组织等起草贸易法规草案。可以参与贸易法规起草的政府机构有司法部、财政部、国家计划委员会、国家人事部、欧盟事务总秘书处以及其他相关部门；非政府机构有非政府组织、大学、地方政府和其他民间组织；其次，外贸署、海关署和工业贸易部向部长委员会提交贸易法规草案，由总理府的法律法令总局（the Directorate General for Laws and Decrees）进行审议并提交大国民议会；最后，贸易法规草案经议会批准和联邦总统签署后，即成为正式法律条文，并由官方公报正式发布。

土耳其新的规范立法程序的法律——《法律起草程序和准则法》于2006年生效，该法律增加了法规实施后的影响分析内容。此法的颁布实施也是土耳其入盟谈判期间，完善法律制度，确保立法环节高效、透明和公正的一项重要举措。

37.2.2 行政机关

土耳其政府的行政机构设置包括总理府、14个部和23个直属总理府的署或总局等。主要经济部门有：外贸署、国库署、进出口银行、海关署、工业和贸易部和交通部等。

外贸署是管理对外贸易的主要政府机构。其职责包括：制定、贯彻、协调土耳其的对外贸易政策，收集整理国内其他部门、机构针对贸易问题所提出的意见和建议，并提交立法部门进行审议等。

海关署主要负责制定海关政策、参与制定关税税率、征收关税和其他税费、控制和检验货物和车辆、编纂海关数据、打击走私等。

工业和贸易部主要负责贸易类法律的制定与贯彻，例如，与技术性贸易壁垒、知识产权保护、工业及商业产权、竞争保护及消费者权利等相关的法律。

---

① 商务部：《中土经济贸易合作简况》，http：//tr.mofcom.gov.cn/aarticle/zxhz/200210/20021000044978.html，2011—11—7。

国家计划署主要通过设定经济发展目标和优先投资公共项目，制定土耳其五年发展计划，也负责实施地区发展激励及扶持项目。

国库署外国投资总司是土耳其向外商企业提供一站式服务的机构，职能包括指导和协助外商企业在土耳其开拓投资机会，接受并处理外商投资申请及给予投资优惠，办理许可证、技术及管理协议，代表政府与外商进行双边投资促进及保护协议的谈判等。

37.2.3 司法体系

基于 WTO 成员义务、欧洲关税同盟国协议、欧洲自由贸易联盟的协定、普惠制原则和国家发展需要，土耳其奉行自由贸易的政策。其贸易法规体系主要包括关税体系、进口管理、出口管理和贸易救济四个组成部分。

《对外贸易法》是土耳其贸易管理的重要法律，其他法律法规还包括《海关法》、《进口产品不公平竞争保护法》、《自由贸易区法》、《增值税法》、《配额及关税配额行政法》和《进口制度法令》、《出口制度法令》、《出口加工体系法》、《技术规范和标准法令》等。

37.3 土耳其进口管理制度

37.3.1 进口配额

1995 年土耳其加入世贸组织，1996 年加入欧盟关税同盟。通过了欧盟的共同对外关税（CCT），并对来自第三国的进口已引用欧盟的共同对外关税政策（Common External Tariffs），即货物若在进口国办妥关税手续，可在欧盟与土耳其间自由进出。关税同盟成员国之间实行零税率，对来自欧盟和欧洲自由贸易联盟（EFTA）的原产地国的非农业产品没有配额限制。但对于来自第三国的部分产品进口设定了配额，配额数量每年由外贸署发布。

近年来，土耳其加大了限制进口中国产品的力度。据土耳其公布的《2007 年设限公告》，对中国出口的日用陶瓷设有配额限制；对来自中国的 44 类纺织品进口继续实施数量限制，并将各设限类别数量分为两部分，一部分为可自由申请的额度，一部分为只限于传统进口商的额度。

37.3.2 进口许可证制度

依据土耳其《与进口监管执行相关的法令》和《进口监管实施法令》，外贸署进口司可根据申请或自行对某种产品的进口做出监管决定。特别是针对那些因国家利益必须进口，但又对国内生产属性相同或相似产品的生产商造成损害或威胁的产品，在进口时，除必须符合《海关法》的规定外，还必须出具进口司颁布的该产品的进口许可证。

根据土耳其《2007 年外贸标准公告》，土耳其对下列产品实行进口许可证制度：

第一类：农产品、食品、动物制品等要从农业部取得进口证书。在土耳其有 50 个隶属于外贸署的外贸商品检测站。这些检测站依据70种标准（这些标准同经济合作与发展组织和欧洲经济委员会的标准相同），对进出口的农产品进行检测和证书发放。

第二类：工业品的检测由土耳其标准局负责。进口商进口前必须取得进口合格证书，以确保产品对人、畜、植物和环境无害。如进口商要求，标准局可以按照相应的国际标准（ISO，CEN，IEC，CENELEC，ETSI）进行检测。如果进口商已经取得欧盟标准（如CE标志、E标志、e标志），产品可以在欧盟国家内自由销售，进口商可以从标准局取得免检证书。需要售后服务的产品进口，如汽车，家庭电器，办公设备和电脑，收银机，电视和视频设备，电热水器，燃气炉，工业机械，汽车，无线设备需要从工业和贸易部获得进口许可证。同时，进口商必须保证通过设立办事处或与现有的服务/零部件公司签订协议，提供服务和备件。使用率较高的特定产品，需要在土耳其的七个地理区域分别设立售后维修站。

第三类：药品、有机化工产品、人用和动物用疫苗、化妆品、清洁剂的进口要从卫生部取得进口证书。如果这类商品已经取得CE认证标志，并可以在欧盟国家自由流通，则可直接从卫生部取得进口证书。

第四类：电信设备的进口，如所有的无线设备、自动数据处理器、有线电话或电报设备、电话答录机等，需要得到电信管理局的批准证书。

第五类：与环境保护有关的燃料和废物、化学品的进口，如硬煤，褐煤，石油，砷，汞，铅硫化物和碳酸盐，碳氟化合物，其他化学品和废金属等，要从环境部取得进口证书。

37.3.3 原产地标志要求

土耳其采用两种不同的原产地规则：非优惠原产地规则和优惠原产地规则。

根据土耳其《海关法》第17条和第21条规定，非优惠原产地规则主要适用于原产地为产品最终实质性改变和重要生产阶段所在地的进口产品。优惠原产地规则主要适用于关税同盟成员国，与土耳其签订了双边或多边贸易优惠安排的国家，以及欠发达国家和部分发展中国家的产品，该原产地规则设定了相关产品的加工及增值标准。

37.3.4 反倾销税和反补贴税

根据土耳其《进口产品不公平竞争防止法令》第二条规定：对倾销产品和补贴产品可溯及既往地征收反倾销税或反补贴税。

倾销产品：存在长期倾销并造成损害，进口商知道或应知道出口商在进行倾销且将造成损害；认识到倾销的数量在短期内即会造成损害，并达到一定程度，即要消除倾销及损害就必须对这些产品溯及既往地征收反倾销税。

补贴产品：接受补贴的外国出口产品造成难以消除的损害，且其接受补贴不符合WTO有关条款的规定，为消除损害即应溯及既往地征收反补贴税。

此外，若出口商违反对倾销或补贴产品的有关承诺，也应溯及既往地对其采取措施，但该措施只能从其违反承诺之日后开始适用。溯及执行期限不超过 90 天。目前，土耳其反倾销调查程序仍存在不透明、通知不及时以及对应诉企业信息披露不充分等问题，在损害幅度上也往往不做解释就直接给出结论，导致涉案企业无法及时、准确地获得信息。土耳其反倾销调查案件应诉费用高、程序复杂，增加了外国企业应诉的困难①。

近年来土耳其频繁对中国发起贸易救济调查。在发展中国家发起的涉及中国出口产品的贸易救济调查案件中，无论案件数量还是涉案金额，土耳其均仅次于印度居第二位。同时，土耳其还与美国并列成为对中国发起特保调查最多的国家。2009 年，土耳其对中国实施五起新的反倾销调查，对中国的反补贴调查没有特殊保障。此外，还对中国产品实施了一般保障措施调查和两个反规避调查。土耳其已对中国产品发起了 54 起反倾销调查，20 起一般保障措施调查，6 个特殊保障措施调查和 2 起涉及中国轻工纺织产品的反规避调查。

37.3.5 其他贸易壁垒

非关税壁垒：土耳其外贸署进口司可以对国内同类产品或直接竞争产品造成损害或损害威胁的进口产品实施监管措施。如果进口产品低于外贸署规定的最低监管价，除须具备海关法规所规定的文件外，还须出具进口司颁发的监管商品进口许可证。2008 年，土耳其对进口的人造花、文件夹、眼镜及框架产品、地板革和打火机等产品设置最低监管价，并修改了部分产品的进口监管条件。

技术性贸易壁垒：土耳其政府对其技术规则和卫生标准对 WTO 成员的通报一般不及时。大多数的法规一经修订就立即生效，很少或者根本不告知其贸易伙伴。土耳其在实施技术法规、标准及合格评定程序时存在严重任意性，并且不同港口对于法律和法规的执行也不一致。土耳其要求影印机、数据处理设备以及发电机等进口产品必须获得进口许可证，要求除欧盟以外的第三国部分进口产品必须加贴 CE 标志，并且还必须通过额外的测试。此外，玩具、医疗器械、机械、低电压设备等产品除了 CE 认证外，还需要接受土耳其标准协会的检查。某些进口玩具产品不需通过 CE 认证，但要符合《关于进口玩具法》的规定。瓷制餐具必须通过土耳其标准协会的强制性试验和认证，试验时间有时要耗费数月，试验费用也非常高昂。此外，还必须提供当地兽医办公室出具的卫生报告以及由当地商会出具的产品技术数据清单。这种多重管理和繁琐试验，对进口产品给予了歧视性待遇②。

服务贸易壁垒：土耳其的经济结构是发达国家的模式，服务业占国内生产总值的 60%以上，其中旅游、交通、金融、电信等服务行业发展迅速。土耳其规定：外国旅游经营商只能从事入境旅游业务，不能承接出境旅游业务。金融服务、石油部门、广播以及海运部门限制建立外资企业。外国持股广播公司比例最高为 25%，海运和航空公司最

---

① 中国投资指南网：《国别地区系列报告——投资土耳其》，http：//www. fdi. gov. cn/pub/upload/pdf/. pdf，2011－11－7。

② FOB Business Forum http：//bbs. fobshanghai. com/thread－3611225－1－1. html，2011－11－7。

高外资持股不得超过49%。经营航空许可证只对由土耳其公民掌控管理、且投票股份为土耳其公民所有的本地股份有限公司发放。多数投资比例由外国人控制的航空公司不允许载客在国家机场之间飞行。要获得航空运输地面服务的许可证，公司的主要授权管理人和代表必须是土耳其人。土耳其已承诺结束土耳其电信在固定电话服务方面的专营权，但是在出台执行法规方面的滞后导致了确立其他固定电话提供商的滞后。

通关环节壁垒：土耳其海关规定：货物到港45天内，非海运方式到港20天内，若无人认领将被拍卖、出售或销毁，进口商可以作为第一竞拍人参与拍卖。如果出口商要求退货，则必须取得土方进口商签字同意的正本文件，使得出口商处于不利地位。

出口补贴：土耳其对部分农产品及农业加工品提供出口补贴。享受出口补贴的产品包括切花、冷冻蔬菜水果（除番茄）、蜂蜜、橄榄油等。出口补贴的范围为出口额的10%到20%。

政府采购：土耳其不是WTO政府采购协议的签署国，只是观察员。土耳其的《公开投标法》为监督公共投标建立了一个独立的委员会。符合一定标准的外国公司可以参与国家投标。该法律为国内投标人提供了一个最高15%的价格优惠，并要求投标者之间竞争投标政府采购，但是合资企业则无法享受此种优惠。

37.4 土耳其出口管理制度

37.4.1 出口管制

依据《巴塞尔公约》、《濒危野生动植物种国际贸易公约》、《禁止化学武器公约》和《不扩散核武器条约》等国际公约和协约，土耳其规定出口商必须注册成为出口商会或当地商会的会员。并且对部分产品、特别是对可用于制造大规模杀伤性武器和常规武器的产品实行出口管制，这些商品的出口需获得相关部门发放的出口许可证。

在WTO规则框架内，基于对公共安全、环境、道德、健康和稀缺产品的保护，动植物种群以及具有艺术、历史和考古价值的商品出口会受到限制或禁止。土耳其禁止出口的产品有：文化性和历史性的作品、野生动物、印度大麻、烟草、核桃、桑树等，以及违背《维也纳公约》内容的产品。并且对下列产品的出口需要备案：向支持价格稳定基金支付货款的产品、根据土耳其与俄罗斯双边协议进口后再出口的天然气、受到国际制裁的产品、部分电子设备、《瓦森纳协议》下的离心分离机及相关产品、导弹技术控制体制管辖下的产品、未加工的橄榄油、加工过的桶装橄榄油、甘草根、生海泡石、活牛和活羊等。

37.4.2 出口鼓励

自1980年实施出口导向战略以来，土耳其出台了一系列促进出口的法律法规。在成为世界贸易组织和欧盟关税同盟成员后，1996年颁布的经过修订的《出口制度法令》是出口鼓励的根本法规。2006 年 6 月，该法令再次修订后颁布实施。根据该法令第 4 章 (e) 款规定：任何有土耳其纳税税号的自然人或法人、合资企业和联合体，只要成为出口商会及当地商会的会员，就具有了出口产品的资格，可以遵照现行出口规则、海关规则，将产品出口到土耳其海关监管领域以外或自由贸易区，或按照外贸署规定的其他方式进行产品出口。除法律、法规及国际协议禁止出口的商品之外，所有商品都可在出口制度法令框架下自由出口①。

根据 WTO 和欧盟关税同盟规则，土耳其出口鼓励措施主要体现在两个方面：一是出口信贷和保险；二是提供市场推广和销售促进援助。为了扩大出口，实现从低价出口转向优质高价出口，政府出台了《2004 年出口战略计划》，进一步促进包括纺织业在内的 12 个行业的产品出口。为了最终消除补贴，土耳其正在进一步修订外贸政策，增加出口补贴项目的透明度②。

37.5 土耳其贸易协定

1995 年，土耳其成为关贸总协定缔约国，目前是世界贸易组织（WTO）、经济合作组织（OECD）等国际组织成员，也是黑海经济合作组织、伊斯兰会议组织等区域贸易组织成员。先后与 80 个国家/地区订立了双边协定，与 74 个国家/地区签订了避免双重征税协定，与 22 个国家/地区签订了社会保障协议③。

37.5.1 欧盟（European Union）

1996 年，土耳其和欧盟之间的关税同盟协议正式生效，土耳其和欧盟国家之间的贸易不受任何关税限制。土耳其关税可调整到与欧盟普惠制优惠条件一致，并制定有利于欠发达国家和一些发展中国家的自主关税优惠。土耳其 2004 年 8 月 25 日实施新法令，其主要目的是与欧盟普惠制保持一致。根据该法令，欧盟普惠制涵盖的工业产品全部都包含在土耳其的普惠制中，土耳其按国家和产品完全采纳了欧盟普惠制。

37.5.2 黑海经济合作组织（Black Sea Economic Cooperation）

1992 年土耳其和保加利亚、罗马尼亚、希腊、摩尔多瓦、亚美尼亚、阿塞拜疆、格鲁吉亚、俄罗斯、乌克兰和阿尔巴尼亚 10 个国家组成黑海经济合作组织，又称黑海经济合作计划，签署了《黑海经济合作组织章程》。后来塞尔维亚和黑山共和国也成为黑海经合组织成员，该章程于 1999 年 5 月 1 日起生效。

该组织不仅重视区域内经济和贸易的合作，而且也着眼于信息和通讯技术、资源保

① 中国商品网：http：//ccn. mofcom. gov. cn/spbg/show. php? id=4976，2011—11—10。

② http：//www. turkey—now. org/? mID=3&mSID=106&pgID=699&langid=1，2011—11—11。

③ 商务部网站：http：//tr. mofcom. gov. cn/aarticle/ddfg/waimao/201003/20100306826411. html，2011—11—10。

护、环保、公众健康、绿色技术推广等领域的合作，建立了综合法律框架，成立了黑海银行和项目促进基金两个金融组织，并且签署了内容涉及建造环黑海高速公路，发展黑海地区海运线路以及缓解道路货运紧张状况等谅解备忘录。该协定有效降低了成员国之间的贸易障碍，在一定程度上促进了经贸交往。目前该组织正在积极推进黑海经济合作组织自由贸易区的建立。

37.5.3 双边贸易协定

目前，土耳其与欧洲自由贸易联盟（EFTA）、格鲁吉亚、以色列、马其顿共和国、克罗地亚、波斯尼亚一黑塞哥维那、突尼斯、摩洛哥、巴勒斯坦民族权力机构、叙利亚、埃及和阿尔巴尼亚等与12个国家/地区签订了自由贸易协定（FTA），并已实施。另外，土耳其还与黑山共和国、塞尔维亚、智利和约旦等达成自贸协定，在双方履行批准程序后即可实施。如今，在优惠贸易机制下与土耳其开展贸易往来的国家的总人口约占世界人口一半，GDP占全球47%，出口占世界47%，进口占世界44%①。

为了促进双边贸易，目前土耳其正在开展与法罗群岛，乌克兰，韩国，南方共同市场国家（阿根廷，巴西，巴拉圭，乌拉圭）和海湾合作委员会自由贸易区国家（沙特阿拉伯，科威特，阿拉伯联合酋长国，阿曼，巴林，卡塔尔）的自由贸易谈判。

37.6 土耳其贸易习惯

37.6.1 通用的贸易方式

注册出口：土耳其《对外贸易法》规定，所有具有税号的自然人或法人，合资企业和联合体，只要成为土耳其商会或地方商会成员，均可经营出口业务。土耳其共有59个出口商会和13个属于商会下辖的总司。这些机构属于外贸署管辖，但由于商会的董事会均由会员企业选举产生，实际上属于半官方的组织。所有的出口申报在提交海关之前，必须获得商会的批文。出口商须采用国际统一的电子数据互换系统——EDI（Electronic Data Interchange），通过公共EDI网络，完成出口申请。获准后，即可到海关办理通关手续②。

37.6.2 对土耳其贸易应当注意的问题

37.6.2.1 付款方式

对土耳其贸易应注意的重要问题是付款方式。一般通用的是信用证和预付加托收两

① 商务部网站：http://tr.mofcom.gov.cn/aarticle/ddfg/waimao/201003/20100306826411.html，2011－11－07。

② 土耳其海关和贸易署：http://www.gumruk.gov.tr/ENG/legislation/Documents/turkishcustomslaw.pdf，2011－11－07。

种主要方式。除现金外，有银行保兑的汇票和银行保兑的商业支票也是较安全的。但不要接受进口商以个人财产抵押的个人汇票①。

37.6.2.2　海关通关规定

土耳其海关规定：货物到港后，如未收到收货人的正式“拒绝收货通知”，海关不允许出口商将货物拉回或转运；货物放在海关 4 个月后，海关将作无货主处理，有权拍卖该批货物；货物被拍卖时，原进口商为第一购买人。货物抵达港口后，如原进口商拒收，货物转售提单时，提单上必须有第一收货人的背书，如收货人不肯背书，只能通知银行退回提单到国内更改提单。

37.6.2.3　合同和报关单的认证

为了减少进口商的低值报关、错报商品等现象，土耳其政府内部规定：对来自远东国家（包括中国）的进口货物报关时，要求销售合同和出口报关单必须经过土耳其驻华使馆和领馆认证。尤其是在信用证条款中有认证合同要求的，必须经过认证。出口公司应该在出口前办好认证手续，以便顺利结汇和进口商顺利清关。

37.6.2.4　安全卫生标准

土耳其现行的与进出口商品安全卫生标准相关的法律法规有：《卫生法》、《农业检疫法》、《动物卫生检验法》、《食品的生产、消费和检验法令》、《水产品法》、《土耳其食品药典法规》。

土耳其规定，药品、化妆品、清洁剂、食品等进口商品，必须经卫生和健康检验方能批准进口。进口农产品和食品需提交由农业和农村事务部签发的检验证书，进口医药产品、化妆品、清洁剂需提交由卫生部签发的检验证书。进口商为取得上述检验证书需向上述相关部门提交下列文件：由生产国有关机构出具的卫生证书、分析证书、产品含量清单、动物血缘关系证书和辐射分析报告（依不同商品所需证书不同）及形式发票。上述文件必须是出口国的正本文件并附有土耳其译文。进口商需在进口前取得上述检验证书并在进口时向海关申报，一般期限是 4－12 个月。土政府不断调整其卫生和植物卫生的法律法规，向欧盟靠拢，但实施时缺乏透明度②。

37.6.2.5　包装和商标

产品包装和标签：依据是《土耳其产品包装和标签标准法》（第 4331 号），并且对于国内产品和进口产品的标准一致。所有商品的包装、箱、盒必须贴有装船标志，并注明品名、规格、重量。但过境贸易货物提单上和包装上必须标明“在转运中”方可入境并重新装船。所有经由伊斯坦布尔或其他港口（伊斯肯德伦、安卡拉、伊兹密尔、安塔利亚、梅尔辛、锡诺普、萨姆松和特拉布宗）的货物，若无“在转运中”标签，必须报关并交纳关税③。

---

① 中国投资指南网：http：//www.fdi.gov.cn/pub/FDI/dwtz/ggtzzc/yz/teq/t20091208_115552.htm，2011－11－13。

② http：//blog.tianya.cn/blogger/post_read.asp？BlogID=3626937&PostID=34035419，2011－11－12。

③ http：//www.globaltrade.net/international-trade-import-exports/f/business/text/Turkey/Legal-and-Compliance-Trade-Regulations-and-Standards-in-Turkey.html，2011－11－12。

商标：依据土耳其1996年出台的《商标法》（556号）第五条规定：只要是能够区分一个企业的产品和服务的标识都可成为商标，商标可以由任何标识组成，如文字、个人姓名，字母、数字、图形的各种设计和组合等，并且都能通过印刷或相似技术进行印制和发行。若注册商标包含产品或包装，则单独的产品或包装注册不具有专利权。依据该法律，商标由专门组成的标志或标识表示，可以说明商品的种类、特点、质量、数量、用途、价值或地理来源，但宗教符号、违反公共政策和道德标准的表示或图形不得用作商标。

37.6.2.6 土耳其标准

土耳其标准的制定由工业贸易部下辖的土耳其标准化机构（TSE）负责。该组织是国际标准化组织（ISO）、国际电工委员会（IEC）、欧洲标准化委员会（CEN）和欧洲电工标准化委员会（CENELEC）的正式成员。同时也是世界包装组织（WPO）的成员，并签署了《WTO技术性贸易壁垒协定》，成为世贸组织标准化咨询国家。2009年6月，土耳其公共工程部向WTO通报了《关于建筑产品必须遵守的国家规定细则》。该细则用以确定根据国家法律允许生产的建筑产品上市所需的标准；及确定所有建筑产品用途适当性的标准。该细则公布一年后开始强制执行。

37.6.3 纠纷处理方式

土耳其当地的所有企业，均为国家或地方商会成员，当与土耳其企业发生贸易纠纷时，可向当地商会投诉，请其出面予以处理。伊斯坦布尔商会和土耳其商会与商品交易所仲裁法庭是两个较大的土耳其仲裁机构。土耳其的国际商会（ICC），伦敦国际仲裁（LCIA），斯德哥尔摩商会和联合国国际贸易法委员会仲裁法院也是较有影响的仲裁机构。与法院诉讼程序相比，仲裁通常具有时效性强的特点。在接受商会仲裁时，相关企业需要准备的文件有：合同、发票、估价单、交货通知、订购单、提货单、报表、付款凭单、来往函件以及其他支持性文件①。

37.7 土耳其的海关监管制度

37.7.1 对进出境货物的监管

2000年颁布的《海关法》（第4458号）规定：公路运输、空运、海运将使用统一的报关单，海关依据报关单和其他单证对实际进出口货物进行查验，审查是否存在错报、漏报、瞒报、伪报等情况，审查货物的进出口是否合法，确定货物的物理性质和化学性质。所有进出口货物应接受海关查验。海关查验货物，一般应在海关规定的时间和监管场所进行，如有理由要求海关在监管区之外查验，应事先报经海关同意。

① http：//crossborder.practicallaw.com/0－505－8217？source＝relatedcontent，2011－11－12。

同时规定：进口产品可适用最长期限为 24 个月的临时性进口程序；临时进口产品可部分减免进口关税；取消海关仓库的垄断性；进口产品在海关仓库的留滞时间不再受到限制；使用更加便利的新报关系统。2001 年 11 月，土耳其海关安全检测系统（GUMSIS）投入运行，2002 年即时报关系统（BILGE）正式使用①。

37.7.2 对进出境运输工具的监管

土耳其《海关法》（第 4458 号）第 1 章第 33 款规定，进出境运输工具包括航海运输工具、航空运输工具、公路和铁路运输工具，其监管由各海关监管区和内陆海关办公室负责实施。所有进出境运输工具必须向海关如实申报；交验单证；接受海关监管；接受海关检查。运输工具进境后向海关申报以前，或者办结手续出境前，要按照交通主管部门或海关规定的路线行进。运输工具抵离时间、停留地点、装卸时间，应当由运输工具负责人或有关交通运输部门事先通知海关。运输工具装卸进出境货物、物品或者上下进出境旅客接受海关监管。但是，无货物的土耳其海军和外国海军的舰艇，土耳其空军飞行器和部长理事会批准的外国飞行器和舰艇不受海关监管②。

37.7.3 对自由贸易区的监管

土耳其于 1985 年通过了自由经济区法，先后在地中海地区、爱琴海地区、伊斯坦布尔地区、东南安纳托利亚地区、东安纳托利亚地区、马尔马拉海地区、安纳托利亚中心地区、欧洲区和黑海沿岸的特拉布宗成立了 21 个自由经济区。自由经济区虽然是其领土的一部分，但不属于土耳其的关税监管区。货物进出自由经济区要按照一般的海关通关流程进行操作，进入自由经济区或由自由经济区进入土耳其境内要交纳货物 CIF 或 FOB 价格 5%的费用，而从自由经济区到第三国的货物不用交此项费用③。

37.8 土耳其关税计征制度

37.8.1 土耳其海关税则归类

依据欧盟关税同盟的海关条令，土耳其重新修订了原有的法律法规，并于 2000 年颁布实施新的《海关法》（第 4458 号）。土耳其征收的税费包括：海关税（关税和民众住宅基金税）以及国内税（货物税，即特别消费税、增值税及印花税）。民众住宅基金税适用于进口鱼类和鱼产品。特别消费税主要适用于（1）石油产品（特别税）；（2）机动车

① 商贸部土耳其经商处：http：//tr.mofcom.gov.cn/aarticle/ddfg/haiguan/201003/20100306826423.html，2011－11－13。

② 智库文档：国际贸易 http：//doc.mbalib.com/view/5c39141c8a1a2573e7baed84d0508043.html，2011－11－13。

③ 山东国际商务网：http：//www.shandongbusiness.gov.cn/index/content/sid/4480.html，2011－11－13。

（从价税）；（3）酒精饮料和烟草产品（从价及/或特别税）；（4）奢侈品（从价税）。增值税对农产品和基本产品征收1%—8%的税率，对部分非农产品和奢侈品（包括化妆品、皮草、电视和汽车）征收18%的税率。印花税是由财政部对所有涉税申报的法人征收的税费。

根据WTO统计，2008年土耳其的简单平均最惠国适用关税税率为9.7%，农产品的简单平均最惠国适用关税税率为42.2%，非农产品为4.8%①。

37.8.2 土耳其海关估价制度

土耳其政府已于2009年3月出台了新的《海关估价法令》，并采用《关贸总协定》第七条规定的估价方法，即进口货物交易价值法，相同货物交易价值法，同类商品的交易价值法，演绎法，计算值法和回落法进行估价②。

37.8.3 土耳其海关征税制度

根据《海关法》（第4458号），土耳其作为欧盟关税成员，通过了欧盟的共同对外关税（CCT），并对来自第三国的进口已引用欧盟的共同对外关税政策（Common External Tariffs），即货品若在进口国办妥关税手续，货品可在欧盟与土耳其间自由进出，关税同盟成员国之间实行零税率，对来自欧盟和欧洲自由贸易联盟（EFTA）的原产地国的非农业产品没有配额限制，并且完全接受了欧盟的普惠制原则。

土耳其对于来自除欧盟以外的第三国商品，针对不同国家、不同国群清晰标出各自关税税率，所有产品按六大目录来划分，即农产品（目录I）、工业品（目录II）、农业加工品（目录III）、鱼类和水产品（目录IV）、暂缓名单（目录V）、用于民航免关税的产品（目录VI）③。

2006年，土耳其对《海关法》进行了修改，降低或免除了部分进口产品的关税，包括酒精饮料、烟草、动物油、纺织品原材料和半成品、部分农产品和部分农产加工品、矿泉水和毛发等产品。一般情况下，投资者作为投资进口的机械设备（资本货物）免征关税，当需要缴纳时可分期支付，只有部分资本货物需缴纳5%—20%的基金税④。根据WTO统计，土耳其的简单平均最惠国适用关税税率为9.7%，农产品的简单平均最惠国适用关税税率为42.2%，非农产品为4.8%⑤。

---

① 中国投资指南网：《投资促进国别地区系列报告——投资土耳其，2010》http：//www.fdi.gov.cn/pub/upload/pdf/.pdf，2011－11－12。

② 中国设备网：http：//www.cnsb.cn/html/news/269/show_269203.html，2011－11－12。

③ 中国驻土耳其经商处网站：http：//tr.mofcom.gov.cn/accessory/201008/1281076198449.pdf，2011－11－12。

④ 商务部：政策法规 http：//fec.mofcom.gov.cn/article/gbhj/gjgk/200811/971121_1.html，2011－11－12。

⑤ 商务部：进出口公平贸易局 http：//gpj.mofcom.gov.cn/accessory/201004/1271300880042.pdf，2011－11－12。

37.8.4 土耳其海关退税制度

商品进口所付的费用在履行出口诺言后可以退税。在退税制度下，商品在土耳其进入自由流通，应缴纳进口税和增值税。当成品出口后，可以退还增值税和进口税。

37.8.5 土耳其海关关税优惠制度

根据关税同盟协议条例，土耳其把自己的关税调整到与欧盟普惠制优惠条件一致，制定有利于欠发达国家和一些发展中国家的自主关税优惠。欧盟普惠制涵盖的工业产品都包含在土耳其的普惠制中，土耳其完全按国家和产品采纳了欧盟普惠制。同时，土耳其对暂停名单做了重新安排，对目录V中的产品实行减税或取消部分产品关税，后者主要针对用作原材料或化工、电子业的某些中间产品。

根据《海关法》（第4458号）的规定，土耳其还对以下商品免征关税：国防部、宪兵司令部和海岸保安司令部从国外采购的武器、车辆、设备、机械及其零配件和燃料、油料、原料、材料和战利品。警察总局进口的上述物品；社会公益慈善用品；公共机构、为公共机构工作的协会和内阁批准的免税基金会，为其机构进口的非商业目的的商品；旅游广告材料；残疾人使用的物品；救灾物资等①。

37.9 土耳其海关行政处罚规定

37.9.1 土耳其海关扣留和没收规定

土耳其对于海关扣留和没收的规定如下：列入海关没收清单的货物有：在海关仓库存放并逾期的旅客行李；在45天内未清关的海运货物及在20天内未清关的其他运输工具运来的货物；在一个月未取走的剩余样品；报关单已登记，但却在规定的期限内未清关的货物；在海关仓库内，报关单登记后30内未清关的货物；在海关仓库清点中被发现多余的货物；在国际邮政协定规定的期限内未取出的邮寄货物；在海关监管地60天内未转运的转口货物；在不考虑其是否有法定期限的情况下，易腐烂或储存费用昂贵和难以储存的货物；反走私法清单中的货物。

37.9.2 土耳其海关对违约金的征收规定

土耳其海关对违约金的征收规定：如与海关税则有关的品种、种类和性质上或与关税有关的数量、重量等方面单货不符，按报关单数据计算的关税与实际应交关税差额超过5%，除关税外将对其处以上述差额3倍的罚款；如货物的价值与实际不符，除按规定

① 中国驻土耳其经商处网站：http：//tr.mofcom.gov.cn/aarticle/ddfg/haiguan/200304/20030400086751.html，2011—11—12。

征收实际关税外，将对其处以关税差额 3 倍的罚款；在尚未清关的情况下，未经允许出库或从海关指定的地点部分或全部提货，除征收其关税外，还将处以其关税 3 倍的罚款；如在海关仓库或海关指定的地点进行的清货中发现货物数量不足，除对其不足部分征收进口或出口税外，还将处以其关税 3 倍的罚款；如在海关仓库或海关指定的地点进行的清货中发现货物数量多于报关数量，除对其多余部分征收进口或出口税外，还将对其处以其关税总额的罚款①。

① 中国驻土耳其经商处：http：//tr.mofcom.gov.cn/aarticle/ddfg/haiguan/200304/20030400086751.html，2011—11—12。

第 38 章

土耳其投资环境

38.1 土耳其投资概况

38.1.1 外资引进规模

近年来土耳其政局稳定，社会安定，经济发展迅速，投资环境日益改善。2010 年，土耳其是 2008 年金融危机后，全球经济增长率先恢复发展的国家之一。全年吸引外商直接投资 90.71 亿美元，比 2009 年增长 7.85%，吸引外商直接投资存量达到 1 811 亿美元，外资企业总数达 24 490 个，截止到 2010 年底，土耳其国内生产总值世界排名居第 17 位①。

38.1.2 外资引进方向

根据联合国贸易与发展会议（UNCTAD）《2008—2010 年世界投资前景调查》，在全球最受欢迎的外国直接投资目的地中，土耳其排名第 15 位。根据土耳其外国投资协会发布的数据，2010 年土耳其外国直接投资的来源地主要有：奥地利、法国、荷兰、德国、希腊、日本、美国、卢森堡、英国和西班牙。在外国直接投资总量构成中，投资工业部门的 FDI 占 49%，投资服务业的 FDI 占 50%。其中能源和金融部门获得的 FDI 分别占总量的 33%和 25%②。

38.1.3 外资引进模式

根据土耳其《引进外资法》规定，对土耳其私人企业开放的领域，均对外国投资者开放，外国投资者享有国内企业同等优惠政策，可采用独资、合资、合作经营、许可证、特许经营权经营等多种投资方式。如果外国投资经营范围中包括土耳其的国家垄断行业项目，则其不能在该实体中占有主要股份。

38.1.4 外资与生产力的转换

外国直接投资主要流向土耳其政府提供的投资重点行业部门，如旅游饭店设施、旅游区的综合基础设施、汽车及配件工厂、电子、化工、机电产品和建设－经营－转让（BOT）项目。此外，还有研究与开发以及防止环境污染和非生产性投资行业。外国直接投资对这些领域的发展产生了重大影响。从旅游业发展来看，外资的进入提高了旅游接待能力，旅游业成为土耳其第二大创汇部门，2010 年实现旅游收入 208 亿美元，游客数量达 2 850 万人次，带动了通信、金融和其他行业的迅速发展。目前，土耳其加大了建筑—经营—转让项目的招商引资，解决基础设施建设滞后问题。

① 土耳其国际投资协会：http：//portal.wko.at/wk/dok_detail_file.wk？angid＝1&docid＝1560116&conid＝544876，2011－11－15。

② 同上。

38.1.5 主要经济区域

土耳其自 20 世纪 80 年代实行自由化改革以来，逐步推进自由贸易区建设，规划建设了三类投资特区，全面促进经济快速发展。

技术开发区——技术园区：技术开发区（TDZ）旨在支持研发活动和吸引高科技领域的投资。土耳其共有 39 个技术开发区，其中 27 个已投入使用，另外 12 个正在建设中。包括中东科技大学科技园、土耳其科学技术研究理事会马尔马拉海研究中心、伊兹密尔技术开发区、比尔肯特软件园等。截止到 2023 年 12 月 31 日之前，技术开发区的优惠政策有：

（1）对软件开发和研发活动获得的收入，免征所得税和企业税。

（2）技术开发区内生产的应用软件的销售，免征增值税。软件种类包括用于系统管理、数据管理、商业应用、各种商业部门、互联网、移动电话和军事指挥控制的软件。

（3）园区内雇用的研发和支持类人员的薪水，免征所有税种。享受免税政策的支持类人员的数量不应超过研发人员数量的 10%。获得土耳其政府部门的批准后，企业可针对研发项目成果，投资生产。

有组织工业区：有组织工业区（OIZ）内建有基础设施和社会公共设施，具有良好的投资环境。园区内的基础设施包括：道路、水电、天然气、通信、垃圾处理及其他服务。土耳其 80 个省中分布着 263 个有组织工业区，其中 148 个已经启用，115 个正在建设中。

有组织工业区内的投资者不仅享有政府发布的一般性鼓励政策，还享有以下优惠政策：免征土地购买增值税；自厂房建成起，五年内免缴房地产税；低价的水、天然气和电信费用；合并或拆分土地不必支付税费（正常情况下大约是总价值的 0.54%）；免缴建筑市政税和厂房使用税。

免税区：免税区是指在国家行政区内，但在关税监管区之外的特殊区域。免税区的目的是为增加出口项目的投资数量，扩大出口。商业、金融和经济领域的法律法规，在免税区只具有部分效力，或完全失去效力。土耳其在临近地中海、爱琴海和黑海的主要港口建有 20 个与欧盟和中东市场紧密联系的免税区（其中 19 个已投入使用），开展国际贸易相当便利。

免税区优惠政策有：完全免除关税和其他对应职责；完全免除制造型企业的企业所得税；完全免除增值税和特殊消费税；完全免除员工工资所得税（适用于出口公司）；商品可在免税区内无限期存放；企业可不受任何限制，自由转移利润。

38.2 土耳其投资政策

38.2.1 政府的外资政策

土耳其财政部通过外国投资总局对外国在土耳其的投资进行管理。与外国投资者有关的法律主要是《外商直接投资法》。其他还包括：《外资框架法令》、《关于外国投资框架法令的公报》等。为了鼓励对制造业、服务业和能源业的投资，促进出口，土耳其不断修订投资激励机制。2009 年土耳其新修订了投资激励政策。主要内容涉及一般投资、大规模投资激励、针对特定地区和行业的激励、用工激励措施、研发支持等 10 个方面。

一般投资激励机制：主要指税收优惠项目，在某些情况下也有信贷优惠。具体实施方式取决于投资的地点、规模和对象。主要的激励措施有：（1）免征关税：有激励证书的项目，进口机械和设备免征关税；（2）免征增值税：有激励证书的项目，在当地购买或进口的机械和设备免征增值税。

大规模投资激励措施：2010 年 12 月 31 日前启动的投资，企业税税率为 2%－10%，2010 年 12 月 31 日后启动的投资，企业税税率为 4%－15%；替雇主缴纳最长 7 年的社保金；有偿分配土地和规模投资限额要求：化工行业：化工原材料生产总投资额不低于 10 亿土耳其里拉，其他化工品生产总投资额不低于 3 亿土耳其里拉。石油行业：总投资额不低于 10 亿土耳其里拉。输送管道服务行业：总投资额不低于 5 000 万土耳其里拉。汽车行业：总投资额不低于 2.5 亿土耳其里拉。铁路运输：总投资额不低于 5 000 万土耳其里拉。港口：总投资额不低于 2.5 亿土耳其里拉等。

针对特定地区和行业的激励机制：针对特定地区和行业，土耳其政府在大规模投资激励措施的基础上，又增加了贷款利率优惠。并根据投资区域不同，享受贷款利率优惠的产业门类和优惠程度均有所不同。即可享受激励措施，又不受投资地点限制的行业有：投资于土耳其工商部设立的专管工业区即可享受地区性激励措施（伊斯坦布尔的工业区除外），即使投资的行业不属于地区性激励措施指定的行业；与海路货运、客运有关的投资可以享受二类地区适用的激励措施，而与航空货运、客运有关的投资可以享受一类地区适用的激励措施。所有地区对城际铁路货运客运的投资以及对本地铁路货运的私人投资都有激励措施。如果运输活动发生在多个地区，则与运输工具采购有关的开支将享受发展程度最低的地区适用的激励措施；地热/电厂余能用于房屋制热/制冷的投资可以享受地区性激励措施①。

38.2.2 产业限制政策

目前土耳其仍对部分产业进行投资限制，包括广播、航空、海运、港务、渔业、会计和审计、金融业、石油、矿业、房地产业、电力、教育和私人雇佣业。投资限制的主要方式包括投资比例限制、禁止经营、不发放许可。投资比例限制：根据土耳其《电台和电视广播设立法》，外国投资比例不得超过 25%。此外，根据《航空法》和《海运法》，外国投资比例不得超过 49%。禁止经营：根据土耳其《渔业法》，外国人不能获得捕鱼许可，并禁止外国人在土耳其注册捕鱼船，除非船只的所有权主要为土耳其人拥有。此外，

① 中国商务部：http：//zhejiang.mofcom.gov.cn/aarticle/sjtongzhigg/201012/20101207323183.html，2011－11－15。

根据《航空法》和《海运法》，航空和海运许可证只能发放给主要股权为土耳其的企业。

38.3 土耳其投资管理体制

38.3.1 投资准入程序[①]

38.3.1.1 外资公司的进入程序

根据土耳其《外资鼓励法》（第6224号），外资企业应在国库署外资总局注册申请，承诺遵守土耳其商业准则，并在贸易注册公告上发布的公司章程中列明的业务范围内，选择从事工业、商业及农业等方面的物资、服务和生产活动。关于设立银行以及基本业务性质为货币、资本市场、保险业的金融机构的组建和审批以及特别领域的各类经营活动的申请，必须报外资总局及其他相关部门审批。外国投资总局同时负责“建立—运营—转让”项目的组织、协调和审批。在土耳其外资总局注册成立的公司和分支机构，享有土耳其本国公司和分支机构的同等权利。外资公司建立的具体程序参见：38.6.2。

38.3.1.2 劳工进入要求和工作签证

土耳其对于外国人在土耳其从事工作实施工作许可制度，即外国人在土耳其工作必须先获得其劳工部颁发的工作许可证。外国人申请工作许可，必须事前取得工作签证或居住许可证。申请工作签证时，必须持有由用人单位申请获得的工作许可证；持有效居留许可证后，可直接向土耳其劳动和社会保障部申请获得工作许可证。工作许可分为有确定期限的工作许可和无确定期限的工作许可。

38.3.2 国民待遇和部门限制

在土耳其国库署外资总局登记注册，并加入商会的外资企业，享有与土耳其本国企业同等的待遇。但依然禁止经营渔业和矿业。对航空、海运等行业有投资比例限制。

38.3.3 对外投资协定

截至2010年1月1日，土耳其已经与82个国家/地区签署了双边投资协定。其中，与66个国家/地区签署的协定已经生效。

38.4 土耳其税收制度和激励措施

38.4.1 税收优惠

土耳其的企业税税率在经济合作与发展组织（OECD）中极具竞争力。2006年6月

---

① 中国驻土耳其经商处：http://tr.mofcom.gov.cn/aarticle/ddfg/tzzhch/200210/20021000043747.html，2011—11—15。

21 日新颁布的《企业税法》不仅对现行税法进行了一些重大修改，还体现了税收立法的新理念。

土耳其税收优惠制度主要体现在优先开发区、技术开发区、规划工业区、免税区、研发、私营教育企业、文化投资和文化企业。对以下经营活动实行免税或补贴：商品和服务出口；根据国际漫游协议中的互惠条款，为土耳其境内的外籍人提供漫游服务；石油勘探活动；国际运输、向享有免税权的外交代表、领事馆和国际组织及其雇员交付的货物；机械设备供应，包括向作为增值税纳税人且持有有关当局颁发的投资证书的个人或公司出口此类设备；在港口和机场为船只和飞机提供的服务；以文化、教育、医疗卫生和其他类似活动为目的，向政府和其他相关机构交付的货物免征社会税和其他税；银行和保险交易免征增值税；从海外分支机构和国内外风险投资机构获取的收益可免税；公司捐赠、援助或赞助体育活动的费用享受一定的减税优惠。

38.4.2　地区和产业优惠

对于外国投资者而言，在土耳其自由贸易区的产业优惠有：外国投资比例和公平待遇，土耳其对于外国资本在自由区域内的投资比例没有任何限制，并且自由区域内的所有公司都享有激励和优惠政策；和世界上其他地方的自由区域不同，土耳其允许自由贸易区的产品在国内销售；土耳其自由区域靠近欧盟和中东市场，毗邻土耳其在地中海、爱琴海和黑海的主要港口，而且有便利的国际机场与高速公路，交通优势明显；自由区域的基础建设达到了国际标准，租金却比其他国家低；对于在自由区域内的货物的价格、规格或质量没有任何限制；在自由区域内经营对于以下公司更有优势：（1）不喜欢官僚作风；（2）用进口原料进行生产然后出口；（3）劳动密集型；（4）经营再出口业务；（5）在所有交易中喜欢使用外国货币的（批发商、生产商）；（6）要求现代化的办公室和良好的工作场所。

38.4.3　税收鼓励措施

外资企业除享受相关税收优惠政策以外，不享有其他税收鼓励措施。

38.5　土耳其主要贸易投资管理部门

38.5.1　政府行政部门

土耳其投资主管部门是工业和贸易部。其职责包括制定必要政策，采取有效措施，实施市场监管和控制机制，以提高土耳其工业和贸易的竞争能力，保护消费者权益。

38.5.2　商会

商会在土耳其经济运行中具有重要作用，很多商会具有半官方性质。主要职能是：

按照土耳其有关经济、贸易、投资、发展政策，管理私人公司和企业，负责公司和企业的登记注册，发放营业执照和商工会会员证书等事宜，为商会会员提供有关经济贸易和市场等方面的信息。土耳其工商联合会有240个成员单位，主要负责协调各省商会之间的关系、组织参加商会活动、推动会员企业对外交往与合作。土耳其最大的商会有：伊斯坦布尔工业协会、伊斯坦布尔商会、安卡拉商会、安卡拉工业协会、伊兹密尔商会、梅尔辛工业与贸易协会、布尔萨工业与贸易协会①。

土耳其现有两家为中国投资者提供服务的商会。一个是位于伊斯坦布尔的土耳其华人商会，成立于2000年，是土耳其最大的华人商会，另一个是位于安卡拉的土耳其中资企业商会，成立于2010年，现有21家会员单位②。

38.6 土耳其注册企业程序

38.6.1 注册企业的一般形式

土耳其注册企业一般分为法团公司和非法团公司两种形式，法团公司有：股份公司（A.S）；有限责任公司（Ltd.）；两合公司；集体公司。非法团公司有：合资企业；工商协会；财团。还一些有特殊法律要求的公司，如银行、民间金融机构、保险公司、金融租赁公司、让购公司、控股公司、运营外汇兑换机构的公司、涉足公共仓储的公司和受《资本市场法》约束的公众持股公司、免税区内的公司等。以上公司需要获得工业和贸易部的批准，方可成立。

38.6.2 注册企业的规定

38.6.2.1 公司注册需要提交的文件③

在土耳其公司注册时，需要提交的文件有：

（1）公司设立申请和通知表，由授权代表公司的人员正确填写和签名。要获取的文件列表和要填写的表格可从土耳其科技部网站和土耳其国库署网站下载；

（2）授权代表公司的人员的签名（须经过公证）以及公司注册名称；

（3）依照《商业注册法规》第29条的承诺书；

（4）银行收据，用于证明已经向土耳其竞争管理局账户存入公司注册资本的0.04%；

（5）自然人创始人身份证及其居留证（如果他们有土耳其公民身份）的经过认证的

① 中国商务部：http：//tr.mofcom.gov.cn/aarticle/jmjg/zwshanghui/201104/20110407523980.html，2011—11—16。

② 新华网：http：//news.xinhuanet.com/world/2010—12/22/c_12904723.htm，2011—11—16。

③ http：//www.invest.gov.tr/zh-CN/investmentguide/investorsguide/Pages/EstablishingABusinessInTR.aspx. 2011—7—15。

复印件；

(6) 如果公司创始人中有任何自然人具有外籍公民身份，须提交其护照的复印件以及护照本身或其经过公证的复印件；

(7) 在外籍股东为法人的情况下，须提交由竞争管理局颁发并由相关土耳其使领馆批准的营业证书原件或经认证和公证的译本；

(8) 如果投入任何权利以及动产和不动产作为将设立的公司的注册资本，须提交用于确定这些资产价值的专家评估报告和用于指派专家的相关法院裁定。

38.6.2.2 在土耳其注册企业的程序

土耳其的监管环境十分有利于开展商业活动。任何人都可以在土耳其创办企业，完全不受国籍或居住地的限制。提供所需文件向相关商业注册办公室申请，可能只需一天时间就能完成注册成立公司的手续。公司向商业注册机构登记后即取得“法人实体”身份。

公司注册必须提供经过公证的三份公司章程（一份原件）。并且在 15 天内向相关商业注册机构提出申请。

38.6.2.3 在土耳其注册企业的类别及规定

股份公司：此类公司的股本划分为股份，股东的责任仅限于股东认购和支付的注册资本。股东（自然人或法人）人数必须达到五名，注册资本必须达到 50 000 土耳其里拉。公司机构中必须包括股东大会、董事会和监事会。

有限责任公司：指由至少两名、至多五名自然人或法人建立的公司，股东的责任仅限于股东认购和支付的注册资本。注册资本必须达到 5 000 土耳其里拉。与股份公司不同，有限责任公司不发行股票。

两合公司：指在一个商业名称下运营一家商业企业而建立的公司。某些股东（出资人）的责任仅限于他们认购和支付的注册资本，而某些股东则没有责任限制。法人股东只能是出资人。不存在最低注册资本要求。股东的权利和义务由公司章程确定。

集体公司：指为在一个商业名称下运营一家商业企业而建立的公司，任何股东的责任都不仅限于股东认购和支付的注册资本。不存在最低注册资本要求。所有股东都必须是自然人。股东的权利和义务由公司章程确定。

38.6.3 外国企业在土耳其开设公司的规定

土耳其对外国投资者实行平等政策，因而外国公民具有与土耳其本国公民相同的权利和义务。外国投资者可以建立全外资企业。几乎所有行业都对外资开放。

土耳其公司建立程序已经得到了很大程度的简化，对于外资进入，已经实现了从“详细审查系统”到“监控系统”的过渡，免去了外国投资者在建立企业过程中不必要的手续。

世界银行 2009 年《全球营商环境报告》中对在土耳其建立企业所需的所有程序和要求进行了总结，注册公司一般需要经过下面六项程序：

（1）对公司章程、管理者签名声明、每位管理者的身份证或护照复印件及商业账簿进行公证。

（2）将一定比例的资本存入竞争管理局的账户，一般金额为注册资本的 0.04%。

（3）向商标注册处提交法人组织成立通知单、承诺书和商会注册声明，办理注册手续。商业登记局通知税务局和地区就业局、劳动和社会保障部及社会安全总局，并在注册后约 10 天内在《商业登记公告》中予以发布。公司从当地税务局获得纳税认定书，从社会保障管理机构获得公司员工社会保障号。有限责任公司的登记费用为 355 土耳其里拉。

（4）对法律文书进行公证。创办人必须在商业登记局进行公司注册的当天对法律文书进行认证，由公证处通知税务局商业账簿的认证情况。

（5）接到商业登记局通知后前往税务局继续进行登记程序。商业登记局就公司成立通知税务局和社会保障部管理机构。税务局官员到公司总部或所在地编制最终报告，并获得授权签名。

（6）将创办资本金存入银行，并保留已缴资本证明。如果不能一次性缴付公司全部注册资本，则必须在公司成立后 3 个月内存入 25% 的创办资本，所确认的资本余额必须在公司成立后 3 年内缴付。

38.7 中国与土耳其的投资关系

38.7.1 相互投资概况

近年来，中国与土耳其双向投资合作发展迅速。中国在土耳其的投资领域从早期的产品制造和加工，逐步发展到交通、能源、通讯、矿产资源开采、贸易、旅游、金融、工程承包等领域。特别是工程承包，项目规模不断扩大，已成为两国经贸合作的亮点。

目前，中国企业以 BOT 形式，积极参与投资土耳其发电、交通等大型项目。据中方统计数据，截至 2009 年底，我国公司在土承揽承包工程合同额累计 53.97 亿美元，仅 2007、2008、2009 三年新签承包工程合同就达 46.5 亿美元，为以往累计合同额的六倍还要多。中国对土耳其累计非金融类直接投资达 3.18 亿美元，仅 2009 年实际投资就达 2.96 亿美元，同比增 5 466%。2010 年，经中国商务部批准或备案，中国在土耳其的非金融类对外直接投资额为 529 万美元，其中中国公司在土耳其完成承包工程及劳务合作营业额为 8.2 亿美元。2010 年，土耳其对华投资项目 42 个，合同金额 1 820 万美元，实际使用金额 986 万美元①。

① 中国驻土耳其经商处：http：//tr. mofcom. gov. cn/aarticle/zxhz/hzjj/200210/20021000044978. html，2011－11－16。

38.7.2 两国间的投资协定

1981年中国与土耳其双方签订《中华人民共和国政府和土耳其共和国政府贸易议定书》和《中华人民共和国政府和土耳其共和国政府经济、工业和技术合作协定》，1995年签订了《关于对所得避免双重征税和防止偷漏税的协定》。近年来双方签署了《能源领域经济和技术合作框架协议》、《关于海关事务的合作互助协定》、《中华人民共和国信息产业部与土耳其共和国交通部关于在信息技术领域合作谅解备忘录》[①]。

38.7.2 未来合作趋势

中国与土耳其均为二十国集团成员，亦同属全球发展最为迅速经济体之列，各自处于不同的经济发展阶段，在许多经济领域具有互补性，两国未来合作发展前景广阔。2010年10月，中国国务院总理温家宝与土耳其总理埃尔多安宣布建立和发展中土战略合作关系，并签订了八项协议，涉及贸易、基础设施、能源以及铁路运输网等，新铁路运输网通过“一条现代丝绸之路”将中土两国联系起来。两国计划通过扩大投资、促进旅游、在第三国家建合资企业、增加对华出口等途径来实现双边贸易平衡，并计划五年内实现双边贸易额增加两倍，2015年时达到500亿美元，2020年达到1 000亿美元。

① 中国驻土耳其经商处：http：//tr.mofcom.gov.cn/aarticle/zxhz/sbmy/200210/20021000045000.html，2011－11－16。

第 39 章

土耳其金融环境

39.1　土耳其的货币体系

39.2　土耳其金融机构

39.3　土耳其金融市场

39.4　土耳其金融监管

39.5　土耳其金融市场融资

39.6　土耳其与国际金融市场

39.1 土耳其的货币体系

39.1.1 土耳其汇率制度

土耳其自2001年开始，实行浮动汇率制。依据土耳其重新修订的《货币价值保护法令》（第32号）规定，利润，股息，销售和清算所得，许可证费，技术诀窍费，技术援助费，偿还贷款和利息的转移，不受任何限制和约束，均受到土耳其法律保护。

土耳其对外汇没有管制，对商人进口用汇没有任何限制。外汇的汇进和汇出无需经任何行政机构审批，完全自由。土耳其里拉可自由兑换。居民和非居民均可自由开设银行外汇账户，非居民的外汇和利息所得，可以通过投资银行转移，并且可以不受任何审查或限制，并可在伊斯坦布尔证券交易所进行证券交易①。

39.1.2 土耳其汇率的历史阶段

1863年，奥斯曼帝国授予奥斯曼帝国银行（Bank-1 Osman-i Şahane）发行货币的合法许可证。1923年共和国成立后，沿用了奥斯曼帝国时期的金融和货币体系，货币发行许可延长至1935年。1930年土耳其颁布了《中央银行法》，1932年土耳其中央银行成立，新的中央银行被授予货币发行权，并且选择了自由浮动的外汇汇率制度，但在实际运行中，货币发行与黄金储备挂钩，一般不超过黄金储备价格的3倍或政府发行的一级债券数量。这种金汇兑制限制了汇率的自由浮动，土耳其外汇汇率的波动水平很低，英镑与里拉的汇率一直保持在1∶0.888。1929年大萧条时期，土耳其货币里拉大幅贬值，英镑与里拉的汇率为1∶1.125。1930年，土耳其成立了“银行财团”，严格控制外汇交易，明确放弃了浮动的汇率制度。土耳其是世界上第一个采用严格的资本管制，实现由浮动汇率制转向固定汇率制的国家。自此以后，固定汇率制度一直延续了60多年的时间。

20世纪80年代，土耳其政府开始实行自由化改革，1987年，土耳其开始实行有管理的浮动汇率制度，由土耳其央行每天发布汇率牌价。但由于各种经济社会原因，土耳其货币贬值和通胀预期日益严重。

1994年土耳其金融危机造成货币急剧贬值，1998年开始实行盯住浮动汇率制度。

1999年年底，土耳其开始实行爬行盯住汇率制度（参考包括美元和欧元在内的一篮子货币）。

2001年2月开始，土耳其实行浮动汇率制。并开始了对政府财政、税收、银行业、工业和劳动力市场的全面改革。货币政策继续保持宽松的浮动汇率制度。私人部门的消费和投资成为经济增长的主要驱动力。2005年初，消费物价通胀率下降9%以下，这是

① 资料来源：http：//www.businessturkeytoday.com/exchange—rate—regime/，2011—11—16。

自20世纪70年代以来，土耳其最低的通货膨胀水平。

自2008年11月始，土耳其央行继续实行浮动汇率制，对金融机构的监管不断加强，成为金融危机后，全球经济恢复最快的国家之一①。

39.2 土耳其金融机构

39.2.1 金融机构体系

39.2.1.1 土耳其中央银行

土耳其《中央银行法》（第1211号）于1970年颁布实施，授权土耳其中央银行独立制定和实施货币政策的权力和义务。土耳其中央银行的主要职责有：（1）制定土耳其货币里拉对黄金和外币的汇率政策；实行即期和远期购买交易，外币销售，外汇掉期及其他衍生工具交易；（2）发行货币，控制其数量和流通；（3）建立支付，证券转让及交割制度；（4）开展公开市场操作；（5）进行再贴现和提前交易；（6）管理黄金和外汇储备等②。

土耳其中央银行由股东代表大会、董事会、货币政策委员会、审计委员会、行长办公室和行政委员会五个部门构成，在国内有21家分行，并在法兰克福、伦敦、纽约和东京设有代办处。

39.2.1.2 商业银行

土耳其商业银行又称存款银行。商业银行中有私人银行、国有银行和外国银行三种类型，从事传统的银行业务，如存款、支付服务、外汇业务和证券及其他金融产品的销售。然而，不得从事金融租赁业务。所有商业银行都是土耳其国家即时支付结算系统（RTGS）和银行同业结算所（ICHs）的成员。截止到2010年底，土耳其共有49家银行，包括32家商业银行，13家投资银行和4家参与银行③。

按照资产规模来看，位于前五位的商业银行有：土耳其农业银行（Agricultural Bank of the Republic of Turkey）、土耳其实业银行（Business Bank of Turkey）、土耳其担保银行（Garanti Bank Turkey）、艾凯银行（Akbank，Inc.）和建设信贷银行（Building and Loan Bank，Inc.）。截至2010年，这5家银行占土耳其银行资产总份额的60.2%，而前10大银行占83.5%，而资产组成中，存款的比例很大。

土耳其规模较大的外国银行分支机构有：隶属于比利时德克夏银行的土耳其海洋银行（Deniz Bank），合股银行巴拉卡银行（Albaraka Turkey）等。

---

① https：//netfiles.uiuc.edu/esfahani/www/MEEA/Conferences/Shahin%20－%20Exchange%20rate%20paper－0611.doc，2011－11－16。

② 土耳其中央银行：http：//eft.tcmb.gov.tr/pdf/Turkey－RedBook.pdf，2011－11－16。

③ http：//www.invest.gov.tr/zh-CN/infocenter/publications/Documents/FINANCE.INDUSTRY.PDF，2011－11－17。

39.2.1.3 投资银行

在土耳其13家投资银行中，3家国营，12家私营，另外3家是外国银行。根据土耳其《银行法》（第5411号）的规定，投资银行除了不能吸收存款外，可以开展其他所有银行业务。同时还针对转让、兼并、财务重组以及商业企业的高效管理实践，开展咨询服务。投资银行还利用自有资金和其他管理资金提供信贷，可以开设支票账户和进行同业结算。

39.2.1.4 参与银行

土耳其参与银行的前身为特殊金融公司，或称为特别金融所（SFHs），也即伊斯兰银行。根据土耳其《银行法》（第5411号），参与银行类似于商业银行，可以吸收土耳其里拉和外币存款。然而，此类银行遵从伊斯兰教规定的“经营利润和亏损共享原则”，不支付存款利息，参与银行提供支付服务，支票、信用卡和其他银行相同的方式参与结算及交割。与商业银行相比，参与银行能够从事租赁业务。目前，土耳其有4家参与银行，业务份额占整个金融体系的2%左右。

39.2.1.5 保险公司

据土耳其财政署统计数据：截至2010年底，土耳其共有69家保险公司，其中51家是国内公司，17家是外资公司，1家再保险公司。2010年土耳其保险收入达14.1亿土耳其里拉，约合94亿美元，比上年增长13.6%，占GDP的比重为1.3%，低于发展中国家2.72%的平均水平①。从保费收入构成来看，位于前五位的保险公司有：雅克萨保险公司（Axa.）占10.2%；土耳其安纳托利亚保险股份公司（Anatolia.）占9.9%；亚里安保险公司（Allianz.）占7.8%；艾凯保险公司（Ak Insurance.）占6.5%；太阳保险公司（Sun Insurance.）占5.3%②。

39.2.1.6 证券公司

伊斯坦布尔证券交易所（Istanbul Stock Exchange，ISE）成立于1985年，是土耳其唯一的证券交易所，为股票、债券、交易所交易基金（ETF）、回购类产品和外国证券等产品的交易提供服务。近年来，土耳其证券市场发展较为迅速，自2004年起，ISE的交易量一直处于世界新兴市场的第四位。2010年，ISE的总交易额达4 257亿美元，比2009年增长35%，日平均交易量为17亿美元，比2009年增长35.7%，ISE－100指数上涨21%，自2000年以来，第一次年内有22家公司上市③。

39.2.2 金融机构的特点

自2001年5月开始，土耳其在国际货币基金组织的指导下，按照《巴塞尔协定Ⅱ》制定了金融重建计划（BSRP）。2008年国际金融危机发生后，土耳其在2008年最后几个

① http：//www.hurriyetdailynews.com/n.php？ n＝turkey-still-a-key-market-despite-difficulties-insurance-professional-says-2011－06－24，2011－11－17。

② http：//www.invest.gov.tr/zh-CN/infocenter/publications/Documents/FINANCE.INDUSTRY.PDF，2011－11－17。

③ 伊斯坦布尔证券交易所：http：//www.ise.org/Publications/AnnualReports.aspx？ sflang＝en，2011－11－17。

月内流动性大幅紧缩，但是没有一家金融机构破产或需要救援，也没有部门需要危机救助。金融机构表现出强劲的盈利能力①。2010 年的统计数据显示，在土耳其金融业资产规模中，银行业占 80.9%，土耳其中央银行占 11%，保险公司占 2.8%，证券投资基金占 2.7%，金融租赁公司占 1.3%，保理公司占 1.1%（见表 39-1）。

表 39-1　　土耳其金融机构资产规模　　（单位：十亿里拉）

资产总额＼年份	2004	2005	2006	2007	2008	2009	2010	占比%
中央银行	74.7	90.1	104.4	106.6	113.5	110.0	111.4	9.9%
银行	313.8	406.9	499.5	581.6	732.5	834.0	908.6	80.9%
保险公司	9.8	14.4	17.4	22.1	26.5	33.3	31.0	2.8%
金融租赁公司	6.7	6.1	10.0	13.7	17.1	14.6	14.2	1.3%
保理公司	4.1	5.3	6.3	7.4	7.8	10.4	12.3	1.1%
证券投资基金	24.4	29.4	22.0	26.4	24.0	29.6	29.8	2.7%
其他金融机构	4.3	7.9	9.2	12.7	14.3	15.3	15.3	1.4%
合计	437.8	560.1	668.8	770.5	935.7	1 047.2	1 122.6	100.0%

数据来源：《土耳其政府金融业报告 2010》②。

土耳其金融机构的特点有：(1) 土耳其中央银行（CBRT）具有高效的提供紧急借贷援助、管理流动性的能力。(2) 金融机构资本充足。在 2010 年上半年，土耳其银行体系的总资产已达 905.7 亿里拉，约占国内生产总值的 92%。在同一期间，股东权益总额达 123.2 亿土耳其里拉，平均资本充足率达到 19.34%，远高于《巴塞尔协定 II》规定的 8%的最低安全水平。(3) 土耳其已经建立起由资产市场委员会、银行业监督委员会、储蓄存款保险基金、中央银行和国库署五个部门构成的严格的监管体系，对金融机构实行全方位监管。规定银行的净外汇头寸不得超过银行股权的 20%，资本充足率最低为 8%。不能达到这项规定的银行将被储蓄和存款保险基金（TMSF）接管③。此外，土耳其金融机构还具有多元化经营特点，可以直接投资实业领域。

39.3　土耳其金融市场

39.3.1　资本市场

39.3.1.1　债券市场

土耳其伊斯坦布尔证券交易所是可直接购买和销售的债券市场。政府债券、私营部

① 土耳其政府投资部：http://www.invest.gov.tr/zh-CN/infocenter/publications/Documents/FINANCE.INDUSTRY.PDF，2011-11-17。

② 土耳其政府投资部：http://www.invest.gov.tr/zh-CN/sectors/Pages/FinancialServices.aspx，2011-11-17。

③ 土耳其政府投资部：http://www.invest.gov.tr/zh-CN/sectors/Pages/FinancialServices.aspx，2011-11-17。

门债券、收入挂钩的债券、土耳其中央银行发行的收益指数债券和流动票据都可以交易。2010年，债券和票据市场总交易额为2.31万亿美元，比2009年增长4.95%；平均日交易额为92.3亿美元。2010年的总成交额中，回购/逆回购市场占87.10%，直接购买和销售市场占12.90%。截至2010年年底，债券和票据市场有130家债券交易商，其中89家是经纪公司，41家是银行。2010年，股票和债券市场交易额占债券市场交易总额的82.96%；场外交易额占交易总额的17.04%，比去年降低0.56%。

39.3.1.2 股票市场

土耳其股票市场近年来发展较为迅速。土耳其股票市场包括全国市场、二级全国市场、新兴公司市场、观察表公司市场（Watch List Companies Market）和交易所交易基金（ETF）市场。交易的股票价格指数包括：ISE全国市场指数，ISE—30指数，ISE—50指数，ISE—100指数，部门和分部门的指数，ISE二级全国市场指数，ISE新公司指数和ISE投资信托指数。ISE—100指数包含ISE—50和ISE—30指数，是国内市场的主要指数①。截至2010年8月，伊斯坦布尔证券交易所有350家上市公司，其中全国市场241家，集体产品市场65家，二级全国市场31家，观察表公司市场11家。2010年，在股票市场总成交量中，全国市场成交量为387亿美元，占总成交量的91%，其他市场的份额较少。外国投资者的股票投资组合的持股量达71.33亿美元，占自由流通市值的66.2%。2009年，批发市场实现的交易额达2.176 5亿土耳其里拉，2010年为9.686亿土耳其里拉，同比增加了345.03%。

39.3.2 金融衍生品市场

39.3.2.1 期货合约

1994年，土耳其资本市场委员会批准了《伊斯坦布尔黄金交易所监管法令》。1995年7月26日，伊斯坦布尔黄金交易所成立。1996年伊斯坦布尔黄金交易所规定了期货、期权市场的运作和监管方式并于1997年7月正式开始交易。在1999年修正法案中，白银被引入到贵金属的范畴中，从1999年7月开始，白银和铂金开始在伊斯坦布尔黄金交易所进行交易。外汇、黄金和土耳其里拉之间的交易和汇寄可以自由进行。银行可以开设黄金储备账户，开展黄金信贷和黄金无息支票等业务。

39.3.2.2 期权合约

土耳其衍生品交易所（Turkish Futures and Options Exchange，TurkDex），电子代码是TurkDEX。主要经营土耳其的资产类上市期货合约、股票、外汇、利率及商品四类期货合约。TurkDEX已成为近年来世界上增长最快的衍生品交易所之一，成为全球排名前25位的交易所。2010年8月，该交易所已经通过美国商品期货交易委员批准，允许伊斯坦布尔证券交易所ISE—30的期货交易进入美国市场。

---

① 伊斯坦布尔证券交易所：http：//www.ise.org/Regulations/Bylaws.aspx. 2011—11—20。

39.4 土耳其金融监管

39.4.1 金融监管机构

土耳其已经建立起由资本市场委员会、储蓄存款保险基金、银行业监督委员会、中央银行和国库署五个部门构成的全方位的、严密的金融监管体系。

资本市场委员会：土耳其 1981 年颁布实施的《资本市场法》规定：土耳其资本市场委员会（CMB）是监管土耳其证券市场的监督机构。1982 年成立了土耳其资本市场监管机构——资本市场委员会（Capital Market Board，CMB），该机构负责监管土耳其境内的所有金融业务，包括：资产管理、银行和信贷服务、证券业务、投资基金、托管服务、商品期货交易、伊斯兰金融、国际股票交易、国际商品衍生物交易等。

银行业监督委员会：土耳其银行业监督委员会（BDDK）成立于 1999 年 6 月，该机构的基本目标是确保财务市场的信誉和稳定，对银行的贷款业务进行有效监督，确保贷款制度的有效运行，保护存款人的权利和利益。在现阶段，银行业监督委员会的职责之一是促进土耳其银行的规定与国际规范接轨，确保土耳其银行机构在实际运营中遵守国际财务准则，不出现违规操作。

储蓄存款保险基金：储蓄存款保险基金（SDIF）在 1983 年最初设立时，由土耳其中央银行管理，后转给银行业监督委员会。依据 2003 年 6 月颁布实施的《银行条例》（第 5020 号）规定，基金的决策机构是基金董事会、总局和代表，董事会各项决议的实施，由基金会主席负责。该基金的资金是从银行征收，由银行业监督委员会管理，目的是为了保证银行业务的正常开展。同时，监管陷入困境的银行，为其恢复经营融资或进行破产清算。

中央银行：土耳其中央银行主要负责对银行准备金的监管，按照政府政策进行公开市场操作，监管土耳其里拉和外汇的同业拆借市场。

国库署：土耳其国库署设有银行和汇兑总局（the General Directorate of Banking and Exchange），专门负责对银行的监管，主要职责包括对资本市场融资、金融租赁和金融机构的监管，以及对外承包项目的协调和监管。财政署还设有保险总局（the General Directorate of Insurance），负责对保险业的监管。

39.4.2 金融监管政策

欧盟（EU）和经济合作与发展组织（OECD）的金融监管规范构成了土耳其金融体系监管政策的基础。除向巴塞尔 II 框架协议过渡以外，土耳其还将实现与欧盟相关政策保持一致，建立信贷和公司治理评价体系，以确保货币和金融稳定性。土耳其金融机构可以分为：银行、合资银行、保险公司、金融租赁公司、保理公司、房地产投资信托公司、养老金管理公司、消费金融公司和证券交易金融中介服务九大类。

土耳其金融监管机构对金融企业的监管分为三个部分：（1）金融机构设立的监管，即金融业从业许可证的监管；(2) 对金融机构经营状况的监管，包括：金融企业资产负债表审核、资本金运用的审查、金融机构违法行为的处理等；(3) 对金融企业破产和清算的监管。

土耳其资本市场委员会和银行业监督委员会负责监管本国银行业和合资银行。土耳其的商业银行、投资银行、参与银行均受其监管。

土耳其财政署负责监管本国的保险公司、金融租赁公司、保理公司和消费金融公司。

土耳其资本市场委员会负责房地产投资信托公司、养老金管理公司、证券交易、金融中介服务等的监管，伊斯坦布尔证券交易所、伊斯坦布尔黄金交易所、土耳其金融衍生品交易所等均受其监管。

39.4.3 金融监管法规

土耳其对中央银行、货币体系和银行系统实施金融监管的国家法律有：《中央银行法》(第1211号)、《银行法》(第5411号)、《租赁法》(第3226号) 等，还有《银行内部控制和风险管理的规定》、《银行资本充足率的评估规定》等。

土耳其关于建立保险机构和保险机构组织运作的法规有：2007年颁布实施的《保险法》(第5684号)，还有关于保险业务的二级立法有：《机动车第三方强制责任险保费规定》、《有害物质第三方强制责任险的规定》、《强制性地震灾害险规定》、《保险、再保险公司和养老金公司的审计条例》、《保险、再保险和养老金公司必须具有的技术储备条例》和《损失理赔监管条例》等。

土耳其资本市场的法律框架主要包括三方面，一是专门适用于资本市场运营和监管的法规——《资本市场法》(第2499号)；二是《证券交易法令》(第91号)；三是《土耳其商法》、《土耳其货币价值保护法》(第32号)、《关于租赁许可和资产租赁公司的规定》、《关于资产担保债券的指导法令》和《交易所基金交易的规定》等。

39.5 土耳其金融市场融资

39.5.1 信贷融资

土耳其银行业改革是按照欧盟的财务标准实行的，在操作层面基本上与国际接轨。随着金融改革初见成效，银行业的存贷款比率有了很大提高。贷款已经成为土耳其银行的主要资产项目。银行通常会向以公司存货或应收账款为担保的小企业发放贷款。土耳其许多小企业以企业主的个人抵押为基础，比如抵押房产，通过银行贷款来实现融资。

39.5.2 债券市场融资

根据2002年颁布实施的《公共财政和债务管理法》(第4746号)，土耳其中央银行代表国库署，发行政府债券和国库券 (DDNS)。2000年10月，中央银行开始在实时支付结算支付系统 (Turkish Interbank Clearing—Real-time Gross Settlement Payment System) 的基础上，采用电子证券转让及交割系统（Turkish Interbank Clearing-Electronic Security Settlement System），政府债券、国库券、流动性票据、收益共享证书、私有化管理局发行的债券和其他政府机构发行的各类证券都可进入此系统交易。但在证券市场中，国库券和政府债券的交易量最大。土耳其在 2001 年金融危机爆发后的金融重建过程中，政府向银行业发行了大量政府债券，证券市场发展迅速。但债券交易仅存在于政府与银行之间，银行与大企业之间，以及银行与银行之间，在土耳其从事经营的企业很难通过债券市场融资。

39. 5. 3 股票市场融资

根据土耳其资本市场委员会发布的《伊斯坦布尔证券交易所上市规定》相关内容，符合一定条件的土耳其本国企业和外国企业都可在伊斯坦布尔证券交易所股票市场（SM）或新兴公司市场（ECM）上市。伊斯坦布尔证券交易所对企业上市的要求如下：①

（1）必须是在土耳其资本市场委员会注册的企业；

（2）已经获得管理层批准的公司章程；

（3）公司经营许可证；

（4）有关公司过去三年召开的股东大会的所有文件；

（5）招股说明书中要求的财务报表（资产负债表、利润表等）和独立审计报告；

（6）资本委员会招股说明书和公司注册文件；

（7）公司所拥有的不动产和动产（机器、设备）明细；

（8）有关该公司所拥有的注册商标、商标、特许权使用费和相关文件；

（9）公司注册成立以来，对外宣布成立的公告和所有修订的章程明细；

（10）符合公众披露要求和交易所规定的其他文件。

39. 5. 4 其他融资方式

根据土耳其政府 1985 年颁布实施的《金融租赁法》（第 3226 号），租赁融资得到法律许可。在土耳其除了非物质权利外，任何种类的动产或不动产均可对外租赁，租赁形式有国内租赁、跨境租赁、出售回租和销售协助型租赁。其他的融资方式还包括保理公司，主要是通过购买债权和承担付款风险融资。由于近年来土耳其国内通胀率的降低，保理公司在兼并和收购方面的利润有所降低。

39. 6 土耳其与国际金融市场

39. 6. 1 土耳其在国际金融市场的角色

土耳其横跨欧亚两洲，三面临海，是连接欧洲、亚洲和中东市场的枢纽。特殊的地

① 伊斯坦布尔证券交易所：http：//www. ise. org/Regulations/Bylaws. aspx，2011—11—19。

理位置，使土耳其具有发展国际金融业的得天独厚的条件。

目前，土耳其是国际货币基金组织、世界银行、国际证监会组织、国际保监会组织、亚洲开发银行、欧洲复兴开发银行、埃格蒙特集团、经济合作与发展组织、世界海关组织等多个世界及区域、次区域金融机构成员，并于1998年倡议成立了中亚、黑海及巴尔干半岛地区央行行长会议组织，推动成员加强金融事务合作，推动成员国货币、银行和金融领域的稳定和发展①。

2001年的土耳其金融危机，促使土耳其政府开始启动一系列金融改革措施，对银行业进行大力整顿，取得了积极成效。2008年国际金融危机发生后，土耳其银行业未受到大的冲击，没有出现银行倒闭现象。在全球金融危机期间，土耳其的银行有着良好的表现，无论是价值和声誉都攀上新高。截止到2010年年底，土耳其有11家银行进入了“全球银行500强”排行榜。其中土耳其实业银行（Isbank）、艾凯银行（Akbank）和担保银行（Garanti）已经跻身于世界100家最有价值的银行之列。伦敦金融品牌公司对土耳其担保银行和艾凯银行的评级为AAA（“实力极强”），对土耳其实业银行的评级则为AA（“很有实力”）②。

据土耳其银行监管局统计数据，2010年，土耳其银行业的净利润增长了8.7%，达到219.3亿土耳其里拉（约合139亿美元），土耳其银行业的贷款额在2010年增长了33.9%，达到5 259亿土耳其里拉，而储蓄额增长了19.9%，达到6 170亿土耳其里拉，银行业资产总额上升了20.8%，达到10.07亿土耳其里拉③。从2009年第4季度开始，土耳其经济就已开始出现了快速恢复的迹象，实现了5.9%的经济增长率。2010年实现了8.9%的总体增长率④。土耳其凭借强劲的竞争表现，成为欧洲经济增长最快，并且是全世界经济增长最快的国家之一。土耳其政府计划将在十年内将伊斯坦布尔打造成区域金融中心，在数十年内成为全球金融中心，发挥土耳其在世界金融业中的枢纽作用。

39.6.2 中国在土耳其金融市场的角色

近年来，随着中国与土耳其经贸关系的发展，两国金融合作也开始启动。2007年，安卡拉一伊斯坦布尔高速铁路项目签署，由中国国家开发银行提供出口买方信贷。随后，中国企业又陆续签署了一批较大规模的火电站、水电站、水泥厂、硫酸厂、煤矿打井、钢厂改造等项目，在这些合作项目中，金融发挥着重要的推动作用。2007年6月，中国银联与土耳其担保银行签署协议，土耳其担保银行将向其客户发行中国银联卡，土耳其持卡人可在中国、土耳其以及世界上其他可受理银联卡的国家和地区的商户和ATM机

---

① 中国人民银行网站：http://www.pbc.gov.cn/publish/goujisi/300/2011/20110418161852155655847/20110418161852155655847_.html，2011－11－19。

② http://www.globserver.com/%E6%96%B0%E9%97%BB/%E9%93%B6%E8%A1%8C%E5%93%81%E7%89%8C%E4%BB%B7%E5%80%BC%E5%A4%A7%E5%B9%85%E6%8F%90%E5%8D%87－%EF%BC%8810022011%EF%BC%89，2011－11－19。

③ http://www.globserver.com/press_releases/%E5%9C%9F%E8%80%B3%E5%85%B6，2011－11－19。

④ http://www.invest.gov.tr/zh-CN/turkey/factsandfigures/Pages/Economy.aspx，2011－11－19。

上使用该卡，并且还可以在该银行设有中文页面的自动取款机上办理取款手续。发卡协议的签署意味着双方的金融合作从受理领域扩展到发卡领域，合作正进一步走向深入。

2010 年，中国国家开发银行与土耳其艾凯银行签署合作协议，协议规定双方必须使用土耳其里拉和中国人民币的对等开放账户，并在土耳其与中国的贸易中支持使用本地货币。该协议成为投资双方达成长期战略合作关系的基础，对两国企业开展基础设施、贸易和投资方面的融资项目起到了很大推动作用。截至 2010 年年底，中国在土耳其非金融直接投资 3.9 亿美元，涉及基础设施建设、工程、通讯、贸易、银行等领域，双边贸易额达到 151 亿美元①。随着中国企业“走出去”战略的实施，中国与土耳其金融合作的层次和水平也将不断提升。目前，我国在土耳其尚无金融机构，仅国家开发银行在伊斯坦布尔派驻了工作组，在土耳其金融市场中的作用十分有限，未来发展前景广阔。

① 中国投资指南网：http：//www.fdi.gov.cn/pub/FDI/tzdt/dt/t20110603_134036.htm，2011－11－19。

第十四篇

以色列商务环境

以色列国土面积小，资源非常贫乏，但以科技立国，经济发达。农业、工业、电子、通讯、军工和医疗工业水平较高，为世人瞩目。经济结构为混合型，私人经济占很大比重，但仍有部分重要行业由政府控制，如电信、航运、民航等。随着经济快速发展的需要，近年来以色列加快推进私有化改革和经济结构调整。以色列总体经济实力较强，全球竞争力居世界前列。以色列风险投资业在全球规模仅次于美国，成为其国民经济的核心特色和国家竞争力的重要源泉之一。2010 年以色列国内生产总值为 2 155 亿美元，人均国内生产总值高达 28 640 美元，属世界发达国家之列。

由于国内市场相对狭小、资源十分缺乏，以色列主要通过进口来满足本国对大部分产品的需求，而以出口高尖精技术和资本密集型产品推动本国经济增长，国民生产总值中工业生产的半数以上用来出口，外贸在以色列国民经济中占较大的比重。以色列 26%的出口商品运往欧盟各国，38%运往美国，18%运往亚洲。在 1995 年加入世界贸易组织后，以色列的非关税壁垒措施逐步减少，对许多进口商品，用关税代替非关税壁垒实施管理，已清除了 200 多项作为非关税壁垒措施的强制性标准。

以色列高度重视并大力吸引外资，特别鼓励有利于提高本国产品竞争力、能够创造就业机会、工业研发型企业和技术创新型企业的长期投资。高科技产业和技术创新产业是外商投资以色列的重点领域，外国对以色列高科技产业投资约占外商总投资的 65%。由于受全球金融危机的影响，2009 年以色列吸引外国直接投资只有 39 亿美元，与 2008 年的 109 亿美元相比下降了 64%，它在世界上吸引外国直接投资的排名也从 2008 年的第

54名下降到2009年的第80名。但综合来看，以色列具备完善的法律体系、优惠的吸引投资条件，仍然是世界上投资环境优越的国家之一。

以色列是中国在中东地区重要的贸易伙伴与投资对象国，两国于1992年10月签署了政府间贸易协定，此后双方还签署了避免双重征税、投资保护、经贸合作、研发合作等一系列经贸合作协定。2005年11月，以色列正式承认中国的完全市场经济地位。两国贸易额不断增长，2010年达到76.5亿美元，同比增长47.6%，其中中方出口50.4亿美元，进口26.1亿美元。两国之间的相互投资也取得长足发展，特别是随着我国加入世界贸易组织和改革开放的深入发展，两国相互投资呈现出逐年增加、快速发展的势头。

以色列金融业发达，具备了参与国际金融市场的明显优势。完善的金融机制、熟练的社会代理人、高效的金融经纪、参与大型投资市场的机会和密集的网络，这些资源都将有助于以色列在国际金融市场上发挥更大的影响力。但是，以色列目前是政府主导的金融机制、现存的金融法律制度体系，以及较为落后的传统公司体制，也将使其在构建金融中心、发展金融之路上困难重重。近年来，中国和以色列在金融领域的合作不断加强沟通，未来中国金融机构在以色列金融市场上发挥作用的潜力巨大。

第 40 章

以色列贸易环境

40.1 以色列进出口贸易

40.1.1 进出口概况

以色列经济发达，但国内市场很狭小，主要通过扩大出口推动经济增长，对外贸易依存度很高。2009年货物和服务贸易额总计达1 314亿美元，占国内生产总值的68%，其中出口679亿美元，进口635亿美元，顺差45亿美元。2009年以色列货物和服务出口（不包括钻石）减少了16.4%，除钻石、船舶和飞机外，以色列对欧盟货物出口减少了30.9%，对美国出口减少了16.2%，对亚洲出口减少了21.8%，对世界其他国家出口减少了19.5%。2010年，以色列货物进出口总额1 095.2亿美元，其中进口586.3亿美元，出口508.9亿美元，贸易逆差77.4亿美元。①

40.1.2 主要贸易伙伴关系

以色列总体上采取自由贸易政策，是世界贸易组织成员之一。由于周边大都是阿拉伯国家，且多数与以色列长期处于敌对状态，它与邻国之间的贸易量不大。因此，以色列集中力量打入远方市场，26%的出口物资运往欧盟各国，38%运往美国，18%运往亚洲。外贸在国民经济中占有很大比重，以色列先后与美国、欧盟、加拿大、斯洛伐克、捷克、土耳其、匈牙利、波兰、斯洛文尼亚等国签订了《自由贸易协定》，工业产品可以免税进入这些国家，农产品享受优惠关税待遇。享有澳大利亚、美国、奥地利、加拿大、日本、芬兰、新西兰等国提供的普惠制待遇。以色列最主要贸易伙伴是美国和欧盟，近年来对亚洲国家的出口有所扩大。2010年，以色列主要出口对象国家和地区为：美国（36.4%）、欧盟（31.4%）、亚洲（16.5%）、其他国家（15.7%）；主要进口来源国家和地区为：欧盟（34.8%）、亚洲（19.4%）、美国（11.4%）、其他国家（34.4%）。②

40.2 以色列外贸管理机构

40.2.1 立法制度

以色列实行议会民主制，议会实行一院制，共设有120个席位，是国家最高权力机构，拥有立法权，负责制定和修改国家法律，表决重大政治问题，批准内阁成员并监督政府工作，选举国家总统和议长等。以色列没有正式的成文宪法，但有一系列基本法，如《议会法》、《总统法》、《政府法》、《国防军法》等。与经济贸易有关一些重要法律有

① 中国商务部：《对外投资合作国别（地区）指南：以色列》（2011年版）。
② 中国商务部：《对外投资合作国别（地区）指南：以色列》（2011年版）。

《国家经济法》、《国家土地法》、《贸易征税法》等。

40.2.2 行政机关

以色列工业贸易劳动部（简称工贸部）是主管对外贸易的政府部门，大多数与进出口有关的事宜均由该部门负责。以色列海关是被授权执行对外贸易有关规定的部门，负责审阅进出口文件、实施进出口限制措施、办理出口退税和贸易临时许可等。

40.2.3 司法体系

与对外贸易相关的以色列法律主要有：《海关法》（1957 年）、《自由出口法令》（1978 年）、《自由进口法令》（1986 年）、《贸易征税法》（1991 年）和《标准法》等。

40.3 以色列进口管理制度

40.3.1 进口配额

目前以色列实施进口限制的领域主要包括农产品、食品、医疗产品、化学产品、涉及安全的产品等。限制方式主要包括高关税、季节调节税（主要是水果和蔬菜）、各种进口税费、保障措施、关税配额和数量限制、卫生和植物检疫、安全、环保、技术标准等。对羊肉、含脂肪 1.5%以上的牛奶和奶油等少数农产品实行数量限制。

40.3.2 进口许可证制度

以色列实施进口许可证管理的商品多是出于安全方面的考虑，仅占全部进口商品种类的 7.8%。对 1986 年《自由进口法令》中规定的 150 类产品和从阿富汗、阿尔及利亚、伊拉克、利比亚、朝鲜、沙特、苏丹和也门进口的商品实行许可证管理。禁止进口商品包括：有损公共道德、健康、安全等方面的产品，毒品、部分化学品，不按犹太教教规制作的肉及肉制品，以及从伊朗、黎巴嫩和叙利亚进口的商品。

40.3.3 原产地标志要求

以色列进口货物有严格的标签及包装要求，必须在注明原产地、生产商名称和地址、进口商名称和地址，成分含量、重量及体积。在所有情况下，标签都应使用希伯来语，但可附英文标签（其字体应不大于希伯来语字体）。对于危险品（如毒药、杀虫剂、药品、易燃物品、弹药、炸药、爬行动物、昆虫、细菌和放射性材料），应在包装外面和里面明确标明。

40.3.4 反倾销和反补贴制度

以色列反倾销、反补贴是根据 1991 年生效的《贸易征税法》执行的。近年来涉及中国的反倾销案有：1999 年开始对产自我国的管件接口征收反倾销税，2005 年开始对产自我国的活动角尺、切割砂轮和胶合板征收反倾销税。

40. 3. 5 进口检验制度

以色列大部分进口商品检验由标准协会负责，医药、农产品等分别由卫生部、农业部负责。检验按照标准协会制订的程序进行。标准协会检验合格后，签发合格证，进口商凭合格证申领进口许可证或直接进口。涉及卫生、安全、环境和消费者保护等方面的检验较为严格，分为强制标准和非强制标准两大类。强制标准是所有企业必须执行的，否则其产品不能进入市场；非强制标准则起指导和参考作用。强制标准适用于大多数食品、饮料、烟草、纺织品、服装、玩具、鞋类和皮革制品。①

标准的制订及监督执行主要由标准协会负责，工贸部、农业部、卫生部和通信部等部门协助执行。标准协会代表政府制订和执行各项标准，负责监督和实施质量体系认证，并对以色列市场上国产或进口的各类产品进行检测并颁发质量证明。目前，标准协会已经公布了 2 600 多项标准，其中 604 项为强制标准，主要涉及电力、机械和食品方面。目前以色列 1/3 的强制标准与国际标准一致。

40. 3. 6 其他进口限制

以色列农业部植物保护和检验中心及兽医服务中心负责执行《SPS 协定》的有关条款，处理有关植物和动物卫生检验及进口许可证发放。卫生部负责化妆品和药物安全管理，所有食品及保健品在以色列市场销售之前须到卫生部注册。

犹太教律法对食品等有一些特别规定，类似伊斯兰教的“清真”要求。进口商欲在以销售带 Kosher（按犹太教规定制作的食品）标记的食品，必须首先获得由犹太教大拉比签发的证书，但要获得 Kosher 证书手续繁琐，成本甚高。

40. 4 以色列出口管理制度

40. 4. 1 出口管制

以色列对出口产品一般没有限制，没有出口配额，也不征收任何税费。仅有少数领域采取出口限制措施，如战略物资、武器、军用产品、限制出口的敏感技术等。为控制产品质量和出于健康考虑，或执行有关国际协议（如动植物保护、毒品、危险品等），或保护本国资源。根据 1978 年《自由出口法令》，目前以色列对 53 种产品实行出口许可证管理，多数为农产品和化学制品，其他还包括钻石和犹太宗教物品等。

① 中国商务部：《对外投资合作国别（地区）指南：以色列》（2011 年版）。

40.4.2 出口鼓励

为加速国家经济发展，以色列政府向符合标准的国内工业企业提供各种类型的出口鼓励措施。资助对象为能够有助于实现政府经济目标，如加强国际市场竞争力、运用创新技术、创造就业等。主要的出口鼓励措施有：设立出口促进基金，鼓励出口商到国外开展市场营销活动；实行原材料退税制度，在出口商品时国内采购或从国外进口原材料所缴纳的大部分税费可以得到返还；出口商可以从国营外贸风险保险公司得到低息短期出口信贷和收款信用保险；建立中长期出口运输融资基金，等等。①

以出口商可以享受进口原材料和中间产品退税，2004 年该类退税额为 1.28 亿谢克尔。此外，出口商支付的港口使用费和搬运费也较进口商低：进口商需支付进口商品 CIF 价格 1.02%的该类费用，出口商只支付出口商品 FOB 价格 0.2%的此类费用。

40.5 以色列贸易协定

以色列是世界贸易组织（WTO）和政府采购协议的成员之一。以色列同主要贸易伙伴间都签有自由贸易协定，如 1975 年与欧共体签订自由贸易协定，1985 年与美国签订自由贸易协定，后来又陆续与欧洲自由贸易联盟、加拿大、捷克、斯洛伐克、土耳其、匈牙利、波兰、斯洛文尼亚、罗马尼亚、墨西哥、约旦等国签署自由贸易协定。以色列对来自自由贸易协定国家的进口工业产品基本免除关税，农产品也享受优惠税率。2010 年 5 月，以色列正式加入经济合作与发展组织（OECD）。

40.6 以色列贸易习惯

与以色列进行贸易合作，必须熟悉并适应当地特殊的贸易环境，采取有效的措施拓展业务。对以色列贸易应当注意以下几方面的问题。

40.6.1 贸易习惯做法

以色列的对外贸易是参照国际惯例进行的，当地商人对合同及合同条款都很重视。信用证被广泛应用于国际间支付，同时托收及汇付也被大多数商人所承认。商人视交货期为合同的要约，延期交货应罚条款被绝大多数合同所采用。

40.6.2 注重商品质量

出口到以色列的产品大都要经过严格的标准检验。样品送以色列标准协会检验合格

① 驻以色列大使馆经商处：以色列的投资、研究开发及出口鼓励措施，http：//www.fdi.gov.cn/pub/FDI/dwtz/ggtzzc/yz/ysl/t20060423_28072.htm

后，凭该协会签发的许可证再申领进口许可证或直接进口。在以色列进行贸易应该注重产品质量，同时提高售后服务。

40.6.3 了解关税政策

以色列关税政策具体体现在其完善的海关税则上，它全面提供并解释了对来自不同国家的进口商品征收关税的基本原则。总体来说，以色列关税政策如同大部分国家一样是鼓励出口，限制进口，特别是对那些具有倾销嫌疑，危及到本国工业利益的进口商品更是课以高关税。但是，由于来自外部的压力和国内进口商的强烈要求，从长远角度看以色列海关税率将呈下降趋势。

40.6.4 熟悉贸易方式

以色列商人和其他西方国家的商人一样，较为直接明了。在商务谈判中往往迅速进入主题，说话言简意赅，业务熟练、注重务实。以色列人的衣着特点是整洁实用和协调庄重，以色列商人精明稳重，重视个人形象和礼节，自信而富有理性。

40.7 以色列海关监管制度

以色列进出口实行海关监管制度。工贸部颁布进出口有关规定，协调有关程序。海关是被授权执行这些规定的部门，负责审阅进出口文件、实施进出口限制措施、退税、办理临时许可与临时进出口等。以色列进出口货物的海关手续快捷简便。由于使用了现代化电子联网系统，部分清关手续可在报关行完成。只要清关文件齐备，90%进口货物的清关手续可在20分钟完成，其余10%的进口货物也可在接到申请的当天完成。

40.7.1 对进口货物的监管

以色列对进口货物实施海关检查，根据商品原产地及具体的海关税则征收有关税费。进口关税由以色列财政部关税与增值税司负责制订，具体通关业务由各入境口岸的海关负责。进口商必须在货物到达后立即或于海关征税员允许的期限内申报，清关时必须按照规定提供相应文件。除非海关官员同意接受复印件，递交的文件必须为原件，但提货单必须为原件。非希伯来语的文件应尽可能使用英语版本。要求外国供应商提供的所有发票、说明书及其他有关文件都必须包括原件及两份复印件。如果货物是分批运输的，则每次入关都必须提供相同份数的文件，以办理清关手续。①

40.7.2 对出口货物的监管

以色列对出口货物一般没有限制，除武器、危险品、古董等特殊商品外，绝大部分

① 中国驻以色列大使馆经商处：《以色列货物进口管理》，http：//www.fdi.gov.cn/pub/FDI/dwtz/ggtzzc/yz/ysl/t20071029_86319.htm

商品都无需出口许可证。出口产品时，必须向海关提供以下文件：出口申报单、发票及说明书、原产地证书、出口商代理的授权书。以色列海关负责办理出口商的返还进口原材料关税、享受购置税等程序，同时接受办理出口商对进口或国内采购时延期纳税的申请。

40.8 以色列关税计征制度

40.8.1 以色列海关税则归类

以色列是世界海关组织成员国，货物分类采用国际通用的《商品名称及编码协调制度》。以色列海关计税方式是按照以《1957 年海关法》执行的，后来根据世界贸易组织海关估价协议的有关条款进行了修订。目前以色列的 8 967 个 8 位商品编码中，99.4%是以从价税方式按照货物进口的 CIF 价征税。另 0.6%以从量税、混合税等方式征收，主要针对农产品。

40.8.2 以色列海关估价制度

以色列是世界贸易组织（WTO）成员国。按照 WTO 有关规定，进口完税价格主要根据进口商支付价格决定；税额一般按完税价格百分比计算，少数货物采用固定税额或上述两种方式结合的办法。

40.8.3 以色列海关征税制度

以色列对进口货物实施海关检查，根据原产地及海关税则号码不同征收有关税费。目前以色列平均最惠国关税为 8.9%，非农产品平均关税为 5.1%，农产品平均关税高达 32.9%。对来自已签署自由贸易协定国家的进口工业产品基本免除关税，农产品也享受优惠税率。约有 48.5%的税目实行零税率，其他经常商品的税率包括 12%（2 094 项）、10%（614 项）、8%（603 项）等不同档次。

以色列进口货物还要交纳 8%到 12%的广告税。除关税外，几乎所有的进口物品和国内生产的物品以及服务都要交纳 18%的增值税。进口产品的增值税是根据商品到岸价格（CIF）和海关关税来征收的。除增值税外，一些被认为属于奢侈品的物品，比如车辆、含酒精饮料、香烟等，都要交纳 15%到 45%的购买税。

40.8.4 以色列海关退税制度

以色列出口商可享受返还进口原材料关税、购置税的优惠。如果使用已缴纳上述税种的原材料生产货物并出口，则可以在各地海关退税部门办理退税申请。既可以根据出口商半年报告，退还出口货物中的进口或国内采购原材料已缴纳的税款，也可以在进口或国内采购时期延期纳税。①

如果出口商为了出口目的而进口或在国内采购货物时，希望得到退税或延期纳税机会，则必须在距离其工厂最近的海关退税科注册，并填写 MB61 表格，提供建立出口商档案所需的信息。

40.8.5 以色列海关关税优惠制度

以色列出口商可享受的税收优惠政策有：返还进口原材料关税；享受购置税优惠；将货物或无形资产出售给国外居民、为国外居民提供服务等出口活动属于零增值税交易；进口货物再出口时，出口商有时可以得到相当于已缴码头税费 80％的退税。

① 中国驻以色列大使馆经商处：以色列货物进口管理，http：//www.fdi.gov.cn/pub/FDI/dwtz/ggtzzc/yz/ysl/t20071107_86856.htm

第 41 章

以色列投资环境

41.1 以色列投资概况

41.1.1 外资引进规模

2009年，受全球金融危机的影响，以色列吸引外国直接投资只有39亿美元，与2008年的109亿美元相比下降了64%，它在世界上吸引外国直接投资的排名也从2008年的第54名下降到2009年的第80名。①

41.1.2 外资引进方向

由于以色列在科技水平、劳动力素质、政府对研发鼓励政策、培育环境等方面的领先优势，外商特别适合投资高科技产业，尤其是在以色列设立研发中心。以色列高科技产业和技术创新企业是外资投资重点，外国对以色列高科技产业投资约占外商总投资的65%。以色列政府特别鼓励有利于提高以色列产品竞争力、能够创造就业机会、工业研发型企业和技术创新型企业的长期投资。②

41.1.3 外资引进模式

在以色列可以进行多种形式的投资和商业运作。不同类型的企业分别由相应法律法规加以规范，适用不同的税收办法，一般分为五类：

以色列公司。以色列企业最通常的组织形式为公司，包括股份有限公司、有限责任公司和无限责任公司三种，均应遵守《公司条例》（Companies Ordinance，2000年2月修订）的规定。

外国公司。海外公司可以在以色列设立分支机构或其他业务场所（包括股份转让或股份注册办事处），但必须于设立分支机构1个月内在以色列注册为外国公司。

合伙制企业。合伙制企业须遵循《合伙制条例》（Partnership Ordinance），并在其成立1个月内到司法部合伙制企业注册局（Registrar of Partnerships）注册，但某些农业合伙企业可以免于注册。合伙制企业中合伙人数量一般不超过20人，公司及外国居民也可以获得合伙人身份。

合作社。根据《合作社条例》（Cooperatives Ordinance），合作社应在工贸部合作社注册局注册，合作社成员的责任一般仅限于其所拥有的股份或在合作社章程中规定的额度，每个成员拥有一票决定权，所占资本不超过总资本的20%。

合资企业。合资企业是由两个或两个以上的合作方共同开展某项活动或在特定基础上进行交易。当有多方参与时，在不同情况下合资企业可能采取“利益共享”、“财团”、

① Foreign Investment in Israel Plunged in 2009，http：//justworldnews. org/archives/004078. html

② 中国商务部：《对外投资合作国别（地区）指南：以色列》（2011年版）。

“成本分摊”等不同形式。典型的合资企业可能联合不同国家、不同地区的实体，表现为一种涉及所有各方的国际战略联盟。合资企业与合伙企业类似，但区别在于合资企业通常为特定情况下某项单一活动或单一交易。

41.2 以色列投资政策

41.2.1 以色列外资政策

以色列主管投资的政府部门是工贸部，其下设的以色列投资促进中心负责协调各政府部门和有关机构的相关职能，并为外国投资者提供帮助和服务。以色列对外商投资采取积极和开放的政策，政府制定吸引外资的政策来促进以色列出口和增加就业。除少数跟国家安全有关的领域外，对外商投资行业基本上无限制。以色列企业也积极寻求与国外投资者合作，以拓展国际市场，提高产品竞争力。

以色列鼓励吸引外国投资，对外商在以色列投资基本上没有外汇控制。外国居民在以色列可从事房地产和证券投资并将投资所得汇出境外，对此并无必须有以色列人参股外资企业的要求。外汇管理机构为以色列央行外汇管理中心。

41.2.2 鼓励投资的法律

以色列涉及鼓励投资的法律主要包括：

《资本投资鼓励法》(1959年）规定了以色列鼓励投资的原因及相关适用条件。该法律还界定获准企业的地位，企业如满足政府关于工业、经济和社会的政策规定，即有权获准拨款和税收减免。

《工业研发鼓励法》(1984年）规定工业研发奖励业务由以色列工贸部科技总监办公室负责，其每年编制的研发业务预算约为3亿美元，对以色列成为高科技业创新中心有相当帮助。政府可以以企业日后专利权使用费为交换而资助技术性研发或分担技术开发的风险。外国投资者可以参与工业研发活动，符合条件者可获得相应资助。

《工业（税收）鼓励法》(1969年）涉及鼓励投资（通常为对国民经济有利的指定领域内投资）的一系列补充立法和特殊项目。

41.2.3 产业限制政策

以色列鼓励外商投资，除少数涉及国家安全的领域外，如国防工业，以及通信、发电和铁路运输的某些领域，对外商投资基本上没什么限制。以色列禁止外资涉足本国博彩业。

41.3 以色列投资管理体制

41.3.1 外资公司的进入程序

在以色列投资设立公司的程序如下：

（一）申办公司登记证：需向以色列司法部公司登记局提出申请并提供公司章程等文件；（二）到商业银行开设公司账户：需准备公司登记证、公司章程、经律师或会计师证明的公司授权签字人等文件；（三）申办增值税登记：需到当地增值税办公室登记，需准备公司登记证、公司章程、办公地购买或租赁契约、银行账户等材料；（四）申办公司税登记：需在公司开始营业后的三个月以内向税务部门申办；（五）需向国家保险协会申办公司员工社会安全保险、失业保险及医疗保险等。

41.3.2 劳工进入要求和工作签证

41.3.2.1 劳工法的核心内容

以色列涉及劳动就业的法律非常具体，共有30多部，对劳动关系的产生、内容、集体协议、劳资双方的权利和义务、福利报酬、就业和保护、妇女和未成年人的雇佣、劳资纠纷的解决、劳工的国家保险等作出了详细规定。

签订工作合同。大部分情况下，由劳动者组织代表个人与雇主签订集体协议，但个人签订工作合同的情况正在增多。相关法律和劳动协议规定雇主必须为雇员支付社会保障、失业保险、离职费、培训费等。

解除工作合同。根据法律规定，在解雇、员工到达退休年龄退休和其他规定情况下，雇主向雇员支付离职费，标准为1个月的基本工资乘以雇佣年限。如为按日雇用的员工，在1993年以前开始雇佣关系的，离职费为12天的基本工资乘以雇佣年限。解除合同需提前通知员工，劳资纠纷由劳工法庭受理。

劳工报酬。以色列《最低工资法》提供了全国统一的最低工资标准，即政府定期制定的全国平均工资水平的47.5%。绝大部分企业采取每周5天工作制，平均工作时间为每周43小时，加班和轮班工资相应增加。雇佣关系超过一年后，雇员根据其工作年限，可获得每年最少10—12个工作日、最多22—24个工作日的带薪休假。

职工社会保险。以色列基本社会保障体系为生病、失业和残疾期间的雇员提供保障，还提供医疗保障和养老金保障。从1995年1月1日起实施的《国民健康保障法》规定，所有交纳健康保险金的居民享有一揽子健康服务。此外，大部分雇主还需为雇员购买国民健康保险以外的补充保险，如离职保险等。相当于雇员年收入15.8%的保险费由雇主承担，5%由雇员承担，这部分保险费为最高可免税的保险费用。

41.3.2.2 外国人在以色列工作的规定

主管部门。以色列工贸部外籍劳工司是负责管理外国高级雇员和外籍劳工工作许可的部门。

工作许可制度。以色列政府对外籍劳务实行配额管理，在配额内按照工作许可制度办理相关手续。外籍劳务在以色列就业的许可有效期一次为两年，最长可延长到 27 个月。期满后必须离境（可以不回母国而去其他国家），但可多次返回以色列。以色列法律规定，只有拥有永久居留权、临时居留权、B1 或 B4 签证的外国人才可以在以色列工作。B1 签证签发给希望在以色列短期工作领取报酬的外国人，B4 签证签发给在以色列从事无报酬自愿工作的外国人。B1 和 B4 签证均需由雇主代为申请。

外籍高级雇员的工作许可申请。高级雇员是指月薪在 14 000 谢克尔以上的行政主管、经理人或专业技术人员。需要外籍劳务的以色列公司、农场或家庭，需向以色列劳工部提供项目资料、劳动力需求量等申报材料。劳工部根据雇主提供的材料审核后决定是否同意引进外籍劳务及可引进外籍劳务的数量。内政部负责外籍劳务的签证办理。劳工部将收到的申请材料送交工贸部外贸管理司进行检查和审核。根据审核结果，外贸管理司向劳工司顾问委员会提出初步意见，然后由该顾问委员会提出建议供劳工司长核定，申请获批准的人需缴纳 500 谢克尔的申请费。此外，申请公司需作出书面承诺，保证所雇员工的月薪至少是以色列月平均工资的两倍，即 14 000 谢克尔。雇员和申请公司缴清申请费并提交所有必需的材料后，劳工司向申请公司签发申请许可（通常情况下许可签发的期限为一年）。获得申请许可的公司必须向内政部申请工作签证批复，签证由以色列设在雇员所属国家的使领馆签发。每年每个工作签证费为 4 000 谢克尔（另有约 150 谢克尔的申请费）。使领馆颁发的签证有效期为一个月，雇员入境后，由内政部根据工贸部劳工司批准的工作期限为其签发延期签证。

外籍劳工（主要为建筑工人）工作许可申请。从 2005 年 5 月 1 日起，单个承包商（建筑商）的外籍工人雇佣许可失效，同时外籍建筑工人的工作签证也失效。从当日起，雇佣外籍建筑工人的新政策开始生效，即单个承包商将不再直接雇佣外籍工人，所用的工人必须受雇于经授权的人力资源公司。以色列政府指定了 43 家人力资源公司，由其负责从海外引进外籍劳工。如要申请工作许可，需通过这些公司向以色列内政部提出申请。申请批准后，以色列内政部再通知以色列驻外使领馆，为申请人颁发工作签证。获取工作签证的申请人需在以色列驻外使领馆进行指纹登记，进出以色列时都需要经过指纹查验。

提供资料。申请公司应以申请表格的形式填写申请材料（可从劳工司索取）并提交劳工司。申请材料必须包括所有与雇员有关的信息，包括雇员在以色列的身份，雇员简历包括先前的工作单位、技能、专业知识和受教育程度等。此外，还需提交雇主在以色列的生产经营状况。①

41.3.3 投资部门限制

根据以色列法律规定，外国承包商在以色列承包工程需获得许可。以色列承包工程

① 中国商务部：《对外投资合作国别（地区）指南：以色列》（2011 年版）。

市场在涉及国防、国家安全及公共安全等问题的项目上禁止外国企业进入，在旅游代理、酒店业、国际通讯、无线电通信服务领域对外国企业参与施工也有不同程度的限制。以色列工程建设实行严格的招投标制度，不进行公开招标的项目需要特别说明。

以色列是世界贸易组织《政府采购协议》缔约方。按照以色列政府承诺，政府投资在500万特别提款权以上的公共工程项目，只对《政府采购协议》成员国开放，非成员国家的企业无权参与。

41.4 以色列税收制度和激励措施

41.4.1 税收制度

以色列实行属地税法和属人税法相结合的征税制度，税制的基本原则与多数西方国家相似，但20世纪80年代的高通货膨胀迫使以色列采取了广泛的联系制度，计算各项税务时通常与消费者物价指数相联系，有时也采取与外汇相联系或以外币结算的形式。以色列是世界上税收负担最重的国家之一，2006年总税赋占国内生产总值的39.1%。税种包括收入和利润税、工资税、财产税、国内产品和服务税、进口税、国家保险税等。另外各地方、各行业还有一些各自的征税和交费。

税务管理机构主要分为4类：一是中央政府部门。以色列财政部所得税与财产税司负责征收各种所得税与财产税；海关与增值税司负责征收与进口、国内制造和增值相关的间接税。另外，交通部、司法部、内政部等分别负责征收有关费用、罚款等。二是国家保险协会。以色列国家保险协会负责征收国家保险费和医疗保险费等。三是地方政府。以色列地方政府分别制订、征收本地区的时政税、地产增值税等。四是其他机构。以色列港口铁路局等部门负责征收本行业的有关费用。

以色列主要税赋包括企业和个人所得税、增值税、资本所得税、销售税、进口税和购置税，他们的税率分别为：

企业和个人所得税。所有在以色列注册的公司需缴纳企业所得税。自2005年起，以色列开始实行税收改革，企业所得税税率逐步降低，2008年为27%，2009年降至26%，2010年进一步降至25%。个人通过主动所得（劳工、贸易、职业等）或被动所得（股息、租金、利息等）渠道从以色列获取的收入应当缴纳个人所得税。个人的工资所得税由雇主代扣，采取超额累进制税率，并根据个人条件的不同享受优惠政策。

增值税。以色列对消费和进口商品、提供服务征收增值税。增值税是以色列使用最广泛的间接税，涉及大部分的交易，税率为商品及服务交易价格的15.5%。出口收入和新鲜蔬菜水果的销售无需缴纳增值税。计算应纳税额时，可以用公司的国内支出和进口货物时的已付增值税额冲抵营业收入中的应缴增值税额。在一定情况下，纳税者可以得到退税，如外国居民在以色列拥有房产时，在该房产上提供服务的增值税可以返还。出口货物（部分钻石及宝石免缴增值税）、向外国居民出售无形资产或提供与资产无关的服务、外国居民使用以色列的游览设施及相关服务、旅游者在饭店享受住宿娱乐等服务时增值税率为零。

资产所得税。出售企业资产、不动产、公司证券以及以色列居民在境外拥有的资产所得收入属于资本所得，应按照以色列法律规定缴纳资本所得税。外国居民在以色列的资本所得按实际利润（去除通货膨胀因素）缴纳资本所得税，个人按 20%—49%缴税，公司按 25%—31%缴税。

销售税。各行业均需缴纳销售税，但实施的减免措施不尽相同。例如，农业税率按 0.5%征收，而房地产销售则按出售房地产的资本收入缴纳销售税，税率为 0—2.5%。

进口税和购置税。进口税最重要的是关税，完税价格为进口的 CIF 价格，以色列是世界贸易组织成员国，还与美国、欧盟等国家和地区签订了自由贸易协定，对大部分工业产品和部分农产品给予互免关税待遇。进口环节购置税和增值税与国内购置税、增值税税率一样。①

41.4.2 税收鼓励措施

以色列政府对投资的鼓励措施主要分为三类：一是对研发性投资给予经费支持；二是提供基础设施方面的支持，减少投资者租赁工厂和培训劳动力的费用；三是采取减免税、税收假期、允许固定资产高折旧率等做法。

根据以色列《资本投资鼓励法》的有关规定，政府鼓励投资的方案主要有拨款计划和自动税收优惠计划。企业可选择某个税收优惠计划，如符合拨款计划规定，则可被认定为获准企业或优惠企业。若 3 年内企业投入工业或酒店的固定资产额满足最低有效投资额，并由以色列投资方控股，则为优惠企业，在 7—15 年内享受低税率，还可享受“税收假期”优惠。公司税和代扣所得税加总后的优惠税率为 15.4%—36.25%。开发区内的获准企业可获 10%—32%的固定资产费用支持，还可在 7—15 年内享受低至 10%—25%的公司税优惠。另外，以色列对满足条件的外国投资者提供免除资本所得税的优惠。

41.4.3 非税收鼓励措施

以色列还采取一系列的促进措施来鼓励投资，主要包括：高科技孵化器、就业资助计划、雇佣新移民资助计划、培训支持计划、工业企业鼓励计划、酒店翻新项目、动画和电视节目开发项目、小企业支持计划、自由港区法、埃拉特自由贸易区、开发区法等。各地方政府也实行多种积极的鼓励措施。

以色列首席科学家办公室对研发活动可提供 20%—85%的经费资助。对以色列与美国、加拿大、新加坡、韩国、澳大利亚等国合作方共同进行的研发活动，可由双边研发基金提供高达 50%的经费支持。另外，由于以色列与奥地利、比利时、爱尔兰、德国、荷兰、法国以及中国等签订了合作研发协议，以色列公司与上述国家合作方进行的研发

---

① 中国商务部：《对外投资合作国别（地区）指南：以色列》（2011 年版）。

活动可获得首席科学家办公室的研发经费支持。以色列还加入了欧盟的7个研究与技术开发框架项目，企业的有关研发活动可获得多边研发经费支持。

根据以色列《证券法》和《资本投资鼓励法》等法律的相关规定，以色列政府允许具备孵化条件的外资公司参与当地的股票和证券交易，且外国人可自由获得在特拉维夫证券交易所上市的任何股票信息，可购买在特拉维夫证券市场交易的所有股票和债券，可以购买参与共有基金的执照，甚至可以投资远期基金，参与国内储蓄计划。只有在涉及企业管理、外资企业财产所有权以及购买与以色列政府相关指数有关的股票、债券时，才有一些限制性规定。

41.5 以色列主要贸易投资管理部门

以色列主管贸易的政府部门是工业贸易劳动部（简称工贸部），大多数与出口有关的事宜均由工贸部负责，该部颁布有关规定，协调有关事务。以色列海关是被授权执行这些规定的部门，负责审阅进出口文件、实施进出口限制措施、退税、办理临时许可证等。

以色列主管投资的政府部门也是工贸部，其下设的以色列投资促进中心负责协调各政府部门和有关机构的职能，并为外国投资者提供帮助和服务。

41.6 以色列注册企业程序

以色列企业最通常的组织形式为公司，在以色列开办以色列籍公司或外籍公司分支机构时，需办的手续包括：公司注册、银行开户、增值税注册、代扣税注册、国家保险与医疗保险注册以及公司税注册。

41.6.1 公司注册

注册以色列公司时，必须向司法部公司注册局提供确认公司法人身份、主要目的、股东责任和股份发行情况的公司备忘录，以及阐明公司行为准则的公司章程。如果未提供这些内容，则自动启用以色列《公司法》中的章程范本。通常由公司的法律顾问起草这些文件，并以适当的表格向公司注册局提出注册申请。以色列的官方语言为希伯来语和阿拉伯语，但公司注册局往往也接受以英文形式提供的文件。公司名称应为希伯来语，同时也可选择加注英文名称，须得到公司注册局的认可方能使用。注册费根据公司注册股本的多少来确定，股本不超过23万谢克尔时，注册费为1%，但不低于380谢克尔；股本在23万谢克尔——77万谢克尔时，注册费为0.6%；股本超过77万谢克尔时，注册费为0.1%。在接受有关文件及注册费后，公司注册局将向公司发放成立证书（公司注册号通常为9位数字，以“5”开头）。在发行或分配公司股本时，应交纳的印花税额为公司收入款额的1%。若公司状况发生变化，必须及时向公司注册局汇报。

注册外国公司的分支机构时，在以色列进行经营活动的外籍公司，必须在开业前一个月内进行注册。应向公司注册局提供所在国发放的公司成立证明、公司章程及希伯来语翻译件（均需公证）、经该公司授权办理有关手续的以色列居民姓名及地址、授权以色列居民代表该公司开展业务的委托书（需公证）、公司董事成员名单等，并通常要事先取得以色列驻该公司所在国领事部门对这些文件的认证。①

41.6.2 银行开户

在以色列商业银行开户通常需要以下文件：公司备忘录、公司章程及公司注册局所发注册证书的复印件、关于复印件真实性的律师证明；关于公司授权签字人、开立银行账户的董事会决议、公司董事、公司股东情况的律师证明。

以色列商业银行将以色列居民持有的账户与外国居民持有的账户分别处理。外国居民可持有两种基本账户：非以色列居民外汇账户（NRFC）和非以色列居民谢克尔账户（NRS）。外国居民可以在这两种账户里存入任何外国和以色列货币，包括来自以色列居民的银行转账、支票及现金，但应向银行解释交易性质。如果银行不知道交易性质，且转账金额不低于 5 万美元（20 万谢克尔），该款的使用将受到限制，仅可存入谢克尔账户或兑现，直到声明交易性质后才可以在两种账户上正常使用该款。

41.6.3 增值税注册

增值税的征收适用于从产品进口到生产、批发、零售、服务等每一个流转环节。在开展实际业务之前，公司必须按以下步骤注册为经销商（Dealer），以便缴纳增值税：

在离公司办公地点最近的当地增值税办公室进行注册。

注册时须提供公司注册局签发的注册证书、公司备忘录及公司章程、公司签订的关于租购办公场所的合同、律师或会计师关于公司授权签字人及公司董事人选的认证书、公司董事的身份证复印件。

如果公司属于初创阶段，尚未开始经营，还可能需递交其他一些文件，包括提供有关今后业务活动的信息，如供货意向、业务合同、建筑用地认购书、建筑许可、地方或国家机关签发的业务开展许可证等。

进行增值税注册时，公司可委托律师、注册会计师或注册税务顾问作为代理人办理，代理人须持有代表公司进行注册的授权书。但注册表格必须由授权签字人签署，而不能由代理人签署。注册时必须派人当面办理，不得通过邮递方式进行。注册时必须使用增值税局制订的 821 及 821A 表格，并由授权签字人签署，内容包括资产总额、投资额、资金来源、第一年度计划销售额、银行账户等详细资料。

在完成注册后，公司首先得到一份增值税注册临时证书，正式证书将通过邮递方式送达，注册编号通常与公司注册局所发编号一致。公司还将收到有关下一次申报纳税的

---

① 中国驻以色列大使馆经济商务参赞处：《以色列公司注册程序》，http：//www.fdi.gov.cn/pub/FDI/dwtz/ggtzzc/yz/ysl/t20060423_28069.htm

通知以及该财政年度再次进行申报时所需的表格。

在以色列定居的外国人或外国实体在以色列开展业务时，同样必须指定一个以色列永久居民作为其增值税代理人，负责处理以色列增值税事宜，有关各方应签署第 22 号增值税表格，该代理人即为增值税负责人。

41.6.4 代扣税注册

以色列广泛实施代扣税制度，工资、服务报酬、利息、股息销售等大部分收入均须预先代扣税。向雇员支付报酬或向其他人支付费用之前，公司应在当地的代扣税办公室注册，设立代扣税档案。

注册时使用第 4436 号表格（与公司注册所用表格相同），并由授权签字人签字生效。完成注册后，税务部门将把含代扣税的付款表格和公司档案序号邮寄给公司。

月报表中应详细记录雇员等各类收款方的代扣税以及某些未经许可发生费用的预付款（指机动车辆费用、旅行费用、娱乐费用中的不应扣税部分等法定“额外费用”）。

一般来说，雇主应设立代扣税档案，从雇员在以色列工作所得报酬中代扣所得税，并于每月 15 日及时申报并汇付代扣税（对象为上月 14 日至本月 13 日的工资）。

向其他人支付专业服务费用、利息、股息、贷款等款项时，一般应由付款方代扣有关税款。如果付款方已扣税，则收款方应得到标明付款总额及已扣税额的临时证明，并在该税务年度最后的三个月内得到正式证明。应注意收款方有可能事先从税务部门获得减免税证明。

41.6.5 国家保险与医疗保险注册

公司必须为雇员支付部分国家保险费用，并负责从雇员工资中代扣医疗保险费用；同时雇主还需要为自己缴纳国家保险费和医疗保险费。但公司不需要到国家保险公司进行注册，向代扣税办公室提交第 4436 号表格后，其副本将被送达国家保险公司，两处档案编号相同。国家保险公司将把每月付款时所使用的表格邮寄给公司。公司填写表格及汇款的工作应于每月 15 日完成。

41.6.6 公司税注册

公司应于开业后 90 天内到有关税务部门办理公司税注册手续。注册时同样使用第 4436 号表格，内容包括公司的基本情况，如开业日期、本年度计划收入、公司名称、地址、电话号码、审计师、雇员人数、代扣税档案编号、股东、董事及有关公司情况等，档案编号通常与公司注册局签发的编号相同。

完成注册后，税务部门将向公司邮寄一本电脑编制的预付税表格。预付税额通常为年营业额的固定百分比，有时为固定数额。对于不应扣税的开支和从纳税人商业收据中扣除的税款，其预付税款可以在实际支付时扣除。

如果预付税额高于公司预计的年税收额，可使用 2216 表格申请减少甚至取消预付税款。但是预付税额减少后，如果实际应纳税额超出了预付额，差额部分将被处以罚款，并应支付相应利息（目前规定的年利率为 4%）以及根据该年度中消费者价格指数计算的通货膨胀差额。

41.6.7 承揽工程项目的程序

获取信息。以色列国家筹资建设的项目由各政府部门网站发布信息，主要的项目主管部门有运输部、住房和建设部、基础设施部、环保部和电信部等。此外，各大媒体也定期发布有关招标信息。

招标投标。根据以色列《招标管理条例》，国家投资项目均采用招投标方式。以色列这方面的法律体制较为健全，项目的招投标往往要经历漫长而严格的审核过程。如项目单位不通过招标方式，须向主管部门申请，获准后才可以其他方式确定项目承办单位。

许可手续。以色列承包工程的主管部门是隶属于工贸部的工业合作局，获准承包工程的企业须到该部门申请承包工程许可证，并接受其对承包工程的审查和项目监督。

41.7 中国与以色列的投资关系

41.7.1 相互投资概况

自中以两国建交以来，双方相互投资取得长足发展。特别是随着我国加入世界贸易组织和改革开放的深入，两国相互投资呈现逐年增加、快速发展的势头。目前在以色列的中资公司主要有中国土木工程集团有限公司以色列分公司、中国远洋运输集团公司以色列代表处、中国海运以色列代理（有限）公司、中兴集团以色列代表处等。以色列对华投资项目分布中国多个省份，主要投资于电子、机械、农业技术、生物医药、海水淡化等领域。

41.7.2 两国间的投资协定

中国和以色列政府均高度重视发展双边经贸关系，并签署了一系列经贸协定，包括两国贸易协定、海运协定、互认标准协议、避免双重征税协定、投资保护协定、财政合作议定书、农业合作协定、工业技术研究与开发合作框架协议、医疗科技合作协定等。2007 年 1 月以色列总理奥尔默特访华时，双方签署了《中国国家质量监督检验检疫总局和以色列农业和农村发展部关于以色列输华柑橘植物检疫要求议定书》和《北京市人民政府与以色列工业、贸易及劳动部水务合作谅解备忘录》。

41.7.3 中国投资者应注意的问题

中国投资者在以色列开展投资合作应注意以下问题：

第一，充分做好市场调研，选择合适的投资领域。以色列作为一个发达经济体，本国市场容量较小，劳动力成本高，因此制造业急剧萎缩，生产大部分转移到新兴工业化国家。与此同时，农业、医药和高科技产业等高附加值行业发展迅猛。特别是以色列拥有大批中小企业和高科技创新公司，具有很强的技术和研发优势，中国投资者可以适时投资和并购这些企业，提高自身的创新研发能力，同时利用犹太人在全球的营销网络，迅速使企业走向国际市场。

第二，适应并严格执行当地法律。以色列作为世界贸易组织成员国，法律体系健全，法律的变动性相对较小。以色列本国法律咨询服务业发达完善，据统计，以色列每百人拥有律师的比例为世界第一。中国企业投资以色列应严格遵守和执行相关法律法规，可聘请当地资深专业法律顾问，处理公司法律事宜。

第三，充分核算税赋成本。以色列是一个高税收国家，除政府正常开支外，每年还要负担高额军费开支。故自建国以来，与其收入相比，以色列居民一直负担着世界上最高的赋税。以色列的税收主要分直接税和间接税两种：直接税包括所得税、公司税、资本收益税和土地增值税等，间接税包括增值税、关税、消费税和印花税，目前间接税在以色列税收中所占比例越来越大。中国投资者要认真了解当地税收政策，充分核算税赋成本。

第四，注意安全和地缘政治因素。目前中东和平进程举步维艰，巴勒斯坦地区局势仍不稳定，中国企业应综合考虑投资合作的经济效益和安全问题。此外，由于战争等历史原因，大部分阿拉伯国家仍对以色列实施经济抵制，中国企业在以色列进行投资合作，还应充分考虑到阿以关系及其对投资合作的影响。

第五，防范投资合作风险。中国企业在以色列开展投资、贸易、承包工程和劳务合作的过程中，要特别注意事前调查、分析、评估相关风险，事中做好风险规避和管理工作，切实保障自身利益，包括对项目或贸易客户及相关方的资信调查和评估，当地政治风险和商业风险分析和规避，对项目本身实施的可行性分析等。建议企业积极利用保险、担保、银行等保险金融机构和其他专业风险管理机构的相关业务保障自身利益，包括贸易、投资、承包工程和劳务类信用保险、财产保险、人身安全保险，以及银行业务、担保业务（包括政府担保、商业担保、保函）等。

第六，建议中国企业在开展对以色列投资合作过程中，使用中国出口信用保险公司提供的包括政治风险、商业风险在内的信用风险保障产品，也可使用中国进出口银行等政策性银行提供的商业担保服务。如果在没有有效风险规避情况下发生了风险损失，也要根据损失情况尽快通过自身或相关手段追偿损失。通过信用保险机构承保的业务，则由信用保险机构定损核赔、补偿风险损失，相关机构协助信用保险机构追偿。

第 42 章

以色列金融环境

42.1 以色列货币体系

42.1.1 以色列汇率制度

以色列货币名称为新谢克尔（New Israeli Sheqalim，简写为 NIS），现在人们习惯称之为谢克尔，由以色列中央银行统一发行管理。以色列实行浮动汇率制，自 2003 年 1 月 1 日起，谢克尔与美元、英镑、欧元等国际货币可自由兑换。2010 年，为保持本国出口商品的竞争力，以色列中央银行多次从外汇市场购进美元，以抑制谢克尔升值过快。2010 年谢克尔对美元平均汇率为 1 美元兑 3.73 谢克尔，较 2009 年升值 5.1%。

企业在与以色列公司签订合约时，应考虑到汇率波动的影响。人民币与谢克尔不能直接兑换，人民币与谢克尔进行结算时需以美元或欧元等国际货币作为中间货币进行兑换。

42.1.2 以色列汇率历史阶段

以色列汇率市场化经历了一个渐进过程：

（一）实行有管理的浮动汇率制度，逐步扩大波动幅度，最终取消对汇率的直接干预。以色列汇率制度的演进包括：盯住一篮子货币的汇率制度（1986 年）、围绕中心汇率在一定幅度内自由浮动的“水平汇率制度”（1989 年）和中心汇率不固定、限制年累积的“爬行波幅汇率制度”（1991 年）。

（二）实现经常项目下的新谢克尔可自由兑换。1993 年 9 月，以色列接受《国际货币基金条约》第 8 款的要求，实现经常项目下的可自由兑换，仅保留对资本账户下的可自由兑换限制。20 世纪 90 年代，以色列中央银行对外汇市场始终采取不直接干预的策略。

（三）取消个人外汇投资和交易限制，放款机构外汇业务限制。1994 年，财政部授权部分商业银行和金融机构经营外汇业务。1998 年 5 月，中央银行颁布《总许可》，除养老基金和保险基金等社会公益部门的外汇交易和投资外，几乎所有的外汇交易都放开。但针对以色列的机构投资者的外汇业务仍存在某些外汇资本管制。

（四）彻底取消外汇管制，新谢克尔成为完全可兑换货币。2003 年 1 月 1 日，以色列中央银行宣布，取消金融机构在海外投资不得超过其总资产 20%的限制，结束了外汇管制，实现了外汇自由化，新谢克尔最终成为完全可兑换货币。

42.2 以色列金融机构

以色列有发达的银行系统。以色列中央银行独立于政府行使职能，主要负责制定和实施货币政策、管理外汇储备、监督以色列各类银行系统、发行货币。以色列央行行长同时担任政府经济发展顾问职务。另外，以色列央行与政府共同制定和实施外汇政策。

2010 年年底，以色列境内共有 25 家注册银行，包括 16 家商业银行、2 家抵押银行、1 家金融协会、2 家金融联合服务公司和 4 家外国银行。2006 年 11 月法国巴黎银行在以色列开设分行，2007 年 3 月印度国家银行在以色列开设分行，另外两家外资银行分别是花旗银行和恒生银行。

以色列最大的 5 家银行集团分别是工人银行集团、国民银行集团、以色列贴现银行集团、联合东方银行集团以及以色列第一国际银行集团，这几家银行占以色列银行市场 95%的份额。

42.2.1 工人银行集团

工人银行集团是以色列最大的银行集团，包括 5 家商业银行、1 家抵押银行和 1 家投资金融银行，其核心机构工人银行（Bank Hapoalim Ltd.）成立于 1929 年，是以色列最大的商业银行，总资产超过 550 亿美元，在伦敦特和拉维夫证交所同时上市。银行的标准普尔信用等级为 A2/A－，穆迪信用等级为 P1/A2，为以色列银行的最高评级。个人银行集团的国内业务涉及投资银行业、抵押、信用卡、对冲基金及养老基金、信托服务以及证券管理。此外，集团还通过其所持有的各种非金融资产参与其他非金融业务，如保险、高科技、旅游、房地产等。集团共有 329 家分支机构、9 个业务中心，50 多个私人银行点和一个专门为主要公司客户提供服务的体系。分支机构主要面向家庭、专业人员及小企业，地区业务中心主要面向中型公司，私人银行点面向国内客户，私人银行中心则服务于外国居民及赴以色列旅游者，总部还有按行业划分的业务组，专门为大的公司客户提供服务。工人银行在欧美地区设有 29 家海外分支机构，业务涉及贸易、集团融资和私人银行服务，另外该行有 2 500 多家联系银行遍布世界各地。

42.2.2 国民银行集团

国民银行集团是以色列第二大银行集团，包括 2 家商业银行、1 家商人银行、1 家抵押银行、1 家投资金融银行和 1 家金融机构。其核心机构国民银行（Bank Leumi Le Israel Ltd.）1902 年成立于伦敦，原名盎格鲁一巴勒斯坦公司，由犹太复国主义运动创始人赫泽尔及其继任者沃尔夫森创立。目前国民银行共有近 300 家分支机构，其国内业务涉及本币和外币存款、基金管理、长短期融资、信用卡、房地产、保险、抵押、银行及信托服务，以及为旅游者和外国居民开设免税外币存款账户等；国际业务包括现金管理、顾客借贷、金融衍生工具、离岸银行业务和信托服务、网上银行业务和私人银行业务，以及贸易融资等。国民银行在欧洲、北美、拉美、澳大利亚、南非和中国香港设有 40 家分支机构，总资产超过 2 140 亿谢克尔，约合 530 亿美元。

42.2.3 以色列贴现银行集团

以色列贴现银行集团包括 3 家商业银行和 1 家抵押银行，其核心机构以色列贴现银行（Israel Discount Bank Ltd.）是该国第三大银行，总资产近 1 200 亿谢克尔（约合 296

亿美元）。集团在以色列国内及欧、美地区设有260多家分支机构，其中在美国纽约的子公司纽约以色列贴现银行是以色列最大的海外银行机构，总资产达52亿美元。为扩大服务范围及顾客基础，2000年贴现银行从国民银行购买了以色列最大的信用卡服务商ICC Visa公司100%的控股权。同时大力扩展其国际网络，在洛杉矶新开设一家分行，在柏林开设一家办事处，并将伦敦的办事处升格为分行，还计划在日内瓦等地设立子公司，专门提供国际私人银行服务。

42.2.4 以色列第一国际银行集团

以色列第一国际银行集团包括2家商业银行、2家抵押银行和1家投资金融银行。第一国际银行（The First International Bank of Israel Ltd.）是以色列第四大商业银行，总资产约640亿谢克尔（约合158亿美元），在全国共设有81家分支机构，业务范围包括经常账户、定期存款、储蓄计划、商业贷款、抵押、信用卡、金融服务、中介服务、资产管理、对冲基金、养老基金和保险服务等。第一国际银行是Safra国际银行集团的成员，该集团活跃在国际资本及货币市场，在各主要国际金融中心均有分支机构，这为其成员扩展在外贸、外币及资本市场领域的业务提供了诸多的便利条件。第一国际银行有两家海外子公司，分别设在伦敦和苏黎世，英国分行主要从事商业银行服务，苏黎世分行则侧重于提供国际私人银行服务。近年来第一国际银行发展较快，银行采取了新的商业发展政策，致力于发展虚拟银行业务，包括建立信用卡银行体系及利用互联网和手机提供各类快捷银行服务。

42.2.5 联合东方银行集团

联合东方银行集团包括1家商业银行，2家抵押银行、1家投资金融银行和3家金融机构，总资产687亿谢克尔（约合170亿美元）。集团业务包括商业银行服务、抵押服务及包括对冲基金在内的各类金融服务等。近年来该集团大力发展网络银行业务，目前已初步建立起网络银行体系，并计划继续扩大其服务范围，网络银行业务将成为其业务的一个重要组成部分。联合东方银行（United Mizrahi Bank Ltd.）在苏黎世、伦敦、洛杉矶和开曼群岛设有4家海外子公司和分行，并在德国设有代表处。

42.3 以色列金融市场

42.3.1 资本市场

以色列政府为了扩大在本国基础建设领域的投资，逐步开放资本市场。以色列在国内的金融体系改革中，逐步取消了对资本国际流动的限制，进一步加强了资本市场的开放力度，使资本市场与国际接轨。在金融深化改革的过程中，2001年以色列政府规定，允许保险公司和养老基金将其总资产的 5%投资于国际金融市场。①

42.3.2 外汇市场

以色列外汇自由化进程从 20 世纪 80 年代末开始，经历了十几年的时间，最具决定意义的是 1998 年 5 月 14 日央行颁布的《总许可》。根据《总许可》规定，除对少数社会公益部门（如养老基金、保险公司等）的外汇交易和投资有所限制外，取消了其他所有对居民和非居民外汇交易的限制措施。2003 年 1 月 1 日以色列央行宣布，取消金融机构在海外投资不得超过其总资产 20%的限制，这使得以色列的外汇管制历史宣告结束，完全实现了外汇自由化，本币谢克尔最终成为可自由兑换货币，以色列央行外汇控制司也相应改名为外汇活动司。

42.4 以色列金融监管

42.4.1 金融监管机构

以色列银行是以色列的中央银行，独立于政府行使职能，主要负责制定和实施货币政策、管理外汇储备、监督以色列各类银行系统、发行货币。以色列银行行长同时担任政府经济发展顾问职务。另外，以色列银行与政府共同制定和实施外汇政策。

42.4.2 金融监管政策

在建国后的前 30 多年里，政府主导是以色列经济发展的基本特征，金融业在很大程度上只是经济发展的手段而非发展目标，金融业抑制现象十分明显。20 世纪 80 年代中期开始，以色列政府实施“经济稳定计划”和转变政府职能，以金融自由化为主线的金融深化也由此拉开帷幕，20 多年的实践证明以色列金融改革和发展取得了初步成功。

42.4.3 金融监管法规

以色列政府在金融改革过程中，逐步完善银行业监管法律和制度。包括单独监管政府持有的商业银行股份、完善商业银行准备金制度的相关法律、完全出售辅助银行、剥离其商业银行附属的非银行企业，以使商业银行所持有的非银行公司的股份控制在 20%以内。以色列商业银行的准备金要求不断下降。

42.5 以色列市场融资

根据有关法律，在以色列注册的外国公司在大多数融资渠道方面与本土公司享受同

① 张东祥，武泉冬：《以色列金融深化与金融发展》，http：//www.gygov.gov.cn/gygov/1442575838544461824/20090310/159902.html

等待遇。特拉维夫股票交易所（TASE）是以色列唯一的证券交易市场，也是中东地区颇有影响力的证交所，本国绝大多数重要企业、公司都选择在该所上市。2010年年底，特拉维夫股票交易所共有613家上市公司，总市值达2 271亿美元，日平均交易额达5.47亿美元。2003—2007年间，特拉维夫股票交易所股指全面上扬，但在2008年受国际金融危机影响暴跌51%，2009年恢复性增长90%，2010年继续上扬22%。以色列证券交易管理机构通过双重上市规则，允许在纽约证交所和纳斯达克证交所上市的以色列公司在特拉维夫股市上市。

42.6 以色列与国际金融市场

42.6.1 以色列在国际金融市场的角色

20世纪80年代中期以后，针对当时国内恶性通货膨胀状况，以色列政府制定并实施经济稳定计划，以自由化和市场化为主要特征的金融转型由此拉开序幕。主要措施有：放松对金融机构的控制，利率市场化并与国际接轨，放松信贷管制，稳定物价，利率自由化，放松对资本市场的管制，政府逐渐从风险投资中退出等。以色列金融改革是经济转型的重要内容，是在“经济稳定计划”总体框架下进行的，改革后的以色列金融市场更加开放化，更加与国际接轨。

以色列金融业发展潜力巨大，具备参与国际金融市场的明显优势。完善的金融机制、熟练的社会代理人、高效的金融经纪、参与大型投资市场的机会和密集的网络，这些资源都将有助于以色列在国际金融市场上发挥更大的影响力。但是，以色列目前政府主导的金融机制、现存的金融法律制度体系，以及较为落后的传统公司体制，也将使其在构建金融中心、发展金融之路上困难重重。

42.6.2 中国在以色列金融市场的角色

20世纪90年代以来，为了促进两国经贸投资关系的发展，特别是为了满足中国对中长期赊购交易融资的巨大需求，促进以色列对中国的出口业务，两国财政部先后于1994年、2004年和2010年签署了3份财政合作协议，为设立银行间贷款额度以及促进融资事宜建立了一套比较完善的机制，双方协议额度在第三次的合作中增加到了5.5亿美元。

近年来，中国与以色列开始就金融合作进一步加强沟通。以色列官方明确表示，以色列欢迎中国金融机构投资，希望加大与中国在证券期货市场监管方面的合作。2011年3月，以色列证券管理局主席佐哈·戈申访问中国，此行的目的就是向中国的金融机构“推销”以色列。戈申代表以色列证券管理局与中国证券监督管理委员会在北京签署了谅解备忘录。两国在证券市场全球化的重要性上达成共识，未来两国将在信息共享、证券法规落实上加强合作，为两国相互投资开辟更广泛的空间。戈申在北京的媒体见面会上表示，希望加强与中国在证券期货市场监管方面的合作，加大监管力度，推动双方相互投资的增长，他还鼓励中国金融机构到以色列投资。“只有 700 万人口的以色列是一个小而复杂的经济体。在 2008 年经济危机中，依靠强有力的银行体系及充足的资本，以色列只用了六到十个月的时间就实现了快速复苏。近期复杂多变的国际形势也未对具有较强稳定性的以色列金融市场产生较大影响。”①

尽管以色列方面积极促成两国金融合作，但也应看到，由于政治、军事、投资环境等因素，目前中国金融机构在以色列开展的金融业务仍然有限，未来中国金融机构在以色列金融市场上发挥作用的潜力巨大。

① 财新网：《以色列欢迎中国金融机构投资》，http：//international. caixin. cn/2011－03－30/100243192. html。